Jus Internationale et Europaeum

herausgegeben von
Thilo Marauhn und Christian Walter

200

D1672962

Maria Prietz

Weiches Recht und normative Härtung

Eine Konzeptualisierung am Beispiel des
UN-Migrationspaktes

Mohr Siebeck

Maria Prietz, geboren 1993; Studium der Rechtswissenschaften an der Universität Göttingen mit Station an der University of Notthingham; Wissenschaftliche Mitarbeiterin am Institut für Völker- und Europarecht der Universität Göttingen; Referendariat am Kammergericht Berlin. orcid.org/0009-0004-6362-5443

ISBN 978-3-16-162138-3 / eISBN 978-3-16-162472-8
DOI 10.1628/978-3-16-162472-8

ISSN 1861-1893 / eISSN 2568-8464 (Jus Internationale et Europaeum)

Die Deutsche Nationalbibliothek verzeichnet diese Publikation in der Deutschen National-bibliographie; detaillierte bibliographische Daten sind über *https://dnb.dnb.de* abrufbar.

© 2023 Mohr Siebeck Tübingen. www.mohrsiebeck.com

Das Buch wurde von Gulde Druck in Tübingen auf alterungsbeständiges Werkdruckpapier gedruckt und gebunden.

Printed in Germany.

Für Dominik

Vorwort

Die vorliegende Arbeit ist von Oktober 2018 bis Januar 2022 in meiner Zeit als wissenschaftliche Mitarbeiterin am Göttinger Institut für Völkerrecht und Europarecht entstanden. Im Juli 2022 wurde sie von der Universität Göttingen als Dissertation angenommen. Das Manuskript wurde für die Drucklegung überarbeitet und aktualisiert.

Herzlicher Dank gebührt meinem Doktorvater, Herrn Prof. Dr. Frank Schorkopf. Die Zeit an seinem Lehrstuhl hat meine juristische Ausbildung und Haltung entscheidend geprägt. Die offene Diskussionskultur dort, die es ermöglichte, in geschütztem Raum eigene Positionen und Ideen zu entwickeln, legte den Grundstein für mein wissenschaftliches Forschungsvorhaben. Ich werde die vielen Gespräche und Diskussionen in Lehrstuhlrunden, bei Mittagessen oder Wanderungen in wacher Erinnerung behalten. Für die Möglichkeit selbstständig und eigenverantwortlich arbeiten zu können und zugleich durch das rege Interesse und die gewinnbringende Kritik durch die Promotionszeit begleitet zu werden, bin ich ihm sehr dankbar.

Bedanken möchte ich mich auch bei Herrn PD Dr. Roman Lehner für seine zügige Erstellung des Zweitgutachtens. Den Herausgebern danke ich für die Aufnahme meiner Dissertation in die Reihe *Jus Internationale et Europaeum* und ferner dem Bundesministerium des Inneren für den großzügig gewährten Druckkostenzuschuss.

Meinen Kolleginnen und Kollegen am Institut für Völker- und Europarecht danke ich für den gewinnbringenden Austausch und das gegenseitige Interesse an den jeweiligen Forschungsvorhaben. Einen großen Beitrag leisteten Dr. Anna-Lena Poppe und Jonas Tafel, deren freundschaftliche Ermutigungen und Rückhalt mich in weiten Teilen durch die Promotionszeit getragen haben.

Meiner Familie sei für ihre weitreichende Unterstützung während meiner gesamten Ausbildungszeit gedankt. Sie haben großen Anteil an den Höhepunkten und Herausforderungen genommen. Meinen Eltern sei insbesondere für ihre Unterstützung bei der Fertigstellung des Manuskripts gedankt. Sie haben mein Interesse für die Welt des Wissens und der Bücher geweckt und nie gezögert, mich bei meinen Vorhaben zu bestärken und zu ermutigen.

Schließlich möchte ich mich besonders bei meinem Ehemann Dominik bedanken. Sein fachlicher Rat, sein Zutrauen und nicht zuletzt seine große Empathie haben mir ermöglicht dieses Projekt erfolgreich zu beenden. Ihm ist die Arbeit gewidmet.

Inhaltsübersicht

Inhaltsverzeichnis

Abkürzungsverzeichnis

a. A.	andere Ansicht
Abl.	Amtsblatt der Europäischen Gemeinschaft/der Europäischen Union
Abs.	Absatz
Absch.	Abschnitt
Adv. Op.	Advisory Opinion
AdV	Archiv des Völkerrechts
AEUV	Vertrag über die Arbeitsweise der Europäischen Union
AfD	Alternative für Deutschland
AFDI	Annuaire Français de Droit International
AJIL	American Journal of International Law
AktG	Aktiengesetz
Alt.	Alternative
Am. Polit. Sci. Rev.	American Political Science Review
Am. U. Int'l L. Rev.	American University International Law Review
an.	angenommen
AöR	Archiv des öffentlichen Rechts
APuZ	Aus Politik und Zeitgeschichte
Art.	Artikel
ASIL Proceedings	Proceedings of the Annual Meeting of the American Society of International Law
AufenthG	Aufenthaltsgesetz
ausf.	ausführlich
ausdr.	ausdrücklich
Austr. Yb. Int'l L.	Australian Yearbook of International Law
Az.	Aktenzeichen
Bd.	Band
BeschV	Beschäftigungsverordnung
BFH	Bundesfinanzhof
BFHE	Entscheidungssammlung des Bundesfinanzhofes
BGBl.	Bundesgesetzblatt
BH VERW	Die Verwaltung, Beiheft
bspw.	beispielsweise
BT-Drs.	Drucksache des Deutschen Bundestags
BT-Plen. Prot.	Plenarprotokoll des Deutschen Bundestages
BTW	Bundestagswahl
BVerfG	Bundesverfassungsgericht
BVerfGE	Entscheidungssammlung des Bundesverfassungsgerichts
BVerfGG	Bundesverfassungsgerichtsgesetz

BYIL	British Yearbook of International Law
Cal. W. Int'l L. J.	California Western International Law Journal
CDT	Cuadernos de Derecho Transnacional (Zeitschrift)
CDU	Christliche Demokratische Union
CEDAW	UN-Ausschuss für die Beseitigung der Diskriminierung der Frau
CESR	Committee of European Securities Regulators
CFC	Common Fund for Commodities
CiLSA	The Comparative and International Law Journal of Southern Africa
Colum. L. Rev.	Columbia Law Review
CONUN	Gruppe „Vereinte Nationen" des Rats der EU
CSR	Corporate Social Responsibility
CSU	Christlich-Soziale Union in Bayern
ders./dies.	derselbe/dieselbe
d. h.	das heißt
Diss. Op.	Dissenting Opinion
DÖV	Die Öffentliche Verwaltung
DStR	Deutsches Steuerrecht (Zeitschrift)
Duke Law J.	Duke Law Journal
ebd.	ebenda
ECOSOC	UN-Ausschuss für wirtschaftliche und soziale Rechte
EGMR	Europäischer Gerichtshof für Menschenrechte
EJIL	European Journal of International Law
ELJ	European Law Journal
EMRK	Europäische Menschenrechtskonvention
ESM	Europäischer Stabilitätsmechanismus
ESMFinG	Gesetz zur finanziellen Beteiligung am Europäischen Stabilitäts-mechanismus
EU	Europäische Union
EuGH	Europäischer Gerichtshof
EuGRZ	Europäische Grundrechte-Zeitschrift
EuR	Zeitschrift Europarecht
EUV	Vertrag über die Europäische Union
EuZA	Europäische Zeitschrift für Arbeitsrecht
EUZBBG	Gesetz über die Zusammenarbeit von Bundesregierung und Deut-schem Bunddestag in Angelegenheiten der Europäischen Union
EuZW	Europäische Zeitschrift für Wirtschaftsrecht
EWG	Europäische Wirtschaftsgemeinschaft
f./ff.	folgende/fortfolgende
FAO	Food and Agriculture Organization of the United Nations
FAZ	Frankfurter Allgemeine Zeitung
FDP	Freie Demokratische Partei
Fn.	Fußnote
FS	Festschrift
G10	Gremium innerhalb des IWF best. aus den wichtigsten Industrie-nationen
GA	Generalversammlung der Vereinten Nationen
GA. J. Int'l & Comp. L.	Georgia Journal of International and Comparative Law

GASP	Gemeinsame Außen- und Sicherheitspolitik der Europäischen Union
GATT	General Agreement on Tariffs and Trade
GFK	Genfer Flüchtlingskonvention
GG	Grundgesetz
ggf.	gegebenenfalls
GGO	Gemeinsame Geschäftsordnung der Bundesministerien
GK	Große Kammer
GO-BT	Geschäftsordnung des Bundestags
GRCh	Grundrechtecharta der Europäischen Union
grds.	grundsätzlich
Gruppe 77	loser Zusammenschluss diverser Staaten, überwiegend Länder des globalen Südens
GSVP	Gemeinsame Sicherheits- und Verteidigungspolitik der Europäischen Union
GYIL	German Yearbook of International Law
Harv. Int. Law Journal	Harvard International Law Journal
HbStR	Handbuch des Staatsrechts
How. L. J.	Howard Law Journal
Hrsg.	Herausgeber
HR & ILD	Human Rights and International Legal Discourse
IAIS	International Association of Insurance Supervisors
IASB	International Accounting Standards Board
IBRD	Bank für Wiederaufbau und Entwicklung
ICAO	International Civil Aviation Organization
ICCPR	International Covenant on Civil and Political Rights
ICESCR	International Covenant on Economic, Social and Cultural Rights
I.C.J. Rep.	Annual Reports of the International Court of Justice
ICLQ	International & Comparative Law Quarterly
I. CON	International Journal of Constitutional Law
i. d. S.	in diesem Sinne
IFAD	International Fund for Agricultural Development
IGH	Internationaler Gerichtshof
IJRL	International Journal of Refugee Law
ILA	International Law Association
ILC	International Law Commission
ILO	International Labour Organization
IMO	International Maritime Organization
Ind. J. Global L. Stud	Indiana Journal of Global Legal Studies
insb.	insbesondere
int.	international
Int. Affairs	International Affairs (Zeitschrift)
ICLR	International Community Law Review
Int. J. Law in Context	International Journal of Law in Context

IntVG	Integrationsverantwortungsgesetz des Bundestages und des Bundesrates in Angelegenheiten der Europäischen Union
IOM	International Organization for Migration
IOSCO	International Organization of Securities Commissions
i. S. d.	im Sinne des/im Sinne der
ISO	International Organization for Standardization
i. V. m.	in Verbindung mit
IWF	Internationaler Währungsfonds
J.	Judge
JZ	Juristenzeitung
KJ	Kritische Justiz
KritV	Kritische Vierteljahresschrift für Gesetzgebung und Rechtswissenschaft
KSZE	Konferenz über Sicherheit und Zusammenarbeit in Europa
krit.	kritisch
lit.	littera
LJIL	Leiden Journal of International Law
Mich. J. Int'l L.	Michigan Journal of International Law
Minn. L. Rev	Minnesota Law Review
MPEPIL	Max-Planck-Encyclopedia of Public International Law
m. w. N.	mit weiteren Nachweisen
NATO	Nordatlantisches Verteidigungsbündnis
NGO	Non-governmental Organization
NIEO	New International Economic Order
NILR	Netherlands International Law Review
NJW	Neue Juristische Wochenschrift
NLMR	Newsletter Menschenrechte
Nord. J. Int'l L.	Nordic Journal of International Law
NordÖR	Zeitschrift für öffentliches Recht in Norddeutschland
No./Nr.	Nummer
NVwZ	Neue Zeitschrift für Verwaltungsrecht
Nw. U. L. Rev.	Northwestern University Law Review
NYU JIL	New York University Journal of International Law and Politics
NZWiST	Neue Zeitschrift für Wirtschafts-, Steuer und Unternehmensstrafrecht
OECD	Organization for Economic Co-operation and Development
OEEC	Organization for European Economic Co-operation
OPEC	Organization of the Petroleum Exploring Countries
Osteur.	Osteuropa (Zeitschrift)
OSZE	Organisation für Sicherheit und Zusammenarbeit in Europa
Oxford J. Legal Stud.	Oxford Journal of Legal Studies
ParlBG	Parlamentsbeteiligungsgesetz
PDS	Partei des demokratischen Sozialismus
PSPP	Public Sector Purchase Programme
RabelsZ	Zeitschrift für ausländisches und internationales Privatrecht
RdC	Recueil des Cours de l'Académie de La Haye
Res.	Resolution

Rn.	Randnummer
Rs.	Rechtsache
RvV	Richtlinien für die Behandlung völkerrechtlicher Verträge
S.	Seite/Satz
Santa Clara JIL	Santa Clara Journal of International Law
Sc. St. L.	Scandinavian Studies in Law
sog.	sogenannte
SPD	Sozialdemokratische Partei Deutschland
StabMechG	Stabilitätsmechanismusgesetz
SWP	Stiftung Wissenschaft und Politik
TWQ	Third World Quarterly
u. a.	unter anderem
UdSSR	Union der Sozialistischen Sowjetrepubliken
UN	United Nations
UNCIO	United Nations Conference on International Organizations (deut. Konferenz von San Francisco)
UNCTAD	United Nations Conference on Trade and Development
UNDP	United Nations Development Programme
UNEP	United Nations Environment Programme
UNHCR	United Nations High Commissioner for Refugees
UNIDO	United Nations Industrial Development Organization
UNIDROIT	International Institute for the Unification of Private Law
Unif. L. Rev.	Uniform Law Review
Urt.	Urteil
u. w.	und weitere
v.	von
Va. J. Int'l L.	Virginia Journal of International Law
Va. L. Rev.	Virginia Law Review
Vand. J. Transnat'l L.	Vanderbilt Journal of Transnational Law
vgl.	vergleiche
VVDStRL	Veröffentlichungen der Vereinigung deutscher Staatsrechtslehrer
W. Eur. Pol.	West European Politics (Zeitschrift)
WHO	World Health Organization
Wm. & Mary L. Rev.	William and Mary Law Review
Wis. Int'l L. J.	Wisconsin International Law Journal
WRV	Weimarer Reichsverfassung
WTO	World Trade Organization
WVK	Wiener Übereinkommen über das Recht der Verträge
Yale L. J.	Yale Law Journal
ZaöRV	Zeitschrift für ausländisches öffentliches Recht und Völkerrecht
ZAR	Zeitschrift für Ausländerrecht und Ausländerpolitik
z. B.	zum Beispiel
ZG	Zeitschrift für Gesetzgebung
Ziff.	Ziffer
ZöR	Zeitschrift für öffentliches Recht
ZRP	Zeitschrift für Rechtspolitik
ZVertriebsR	Zeitschrift für Vertriebsrecht
ZVN	Zeitschrift Vereinte Nationen

Teil 1

Soft Law als Handlungsform im Völkerrecht

§ 1 Die Diskussion um den Migrationspakt

Internationales Soft Law fügt sich nicht in ein Konzept von Völkerrecht, welches systematisch, bindend und vorhersehbar sein soll. Diese unverbindliche Handlungsform erscheint oft in ihrer Begrifflichkeit missverständlich, in ihrem Bestand unübersichtlich und in der Anwendung willkürlich. Dabei bieten die Rechtsquellen des Völkerrechts bereits einen Kanon anerkannter und rezeptionsfähiger Instrumente.[1] Völkergewohnheitsrecht und völkerrechtliche Verträge ermöglichen Staaten, ihre Beziehungen zueinander verbindlich und eindeutig zu ordnen. Internationale Gerichte können in diesem Rahmen legitime Entscheidungen treffen und Konflikte dauerhaft schlichten. Staaten und internationale Akteure benutzen dennoch unverbindliche Handlungsformen und entscheiden sich immer öfter dafür, unter der Schwelle formalisierter Rechtsetzung zu verbleiben.[2] Das schafft einen großen Bestand an internationalem Soft Law, welches in die Völkerrechtsordnung und in andere Rechtsordnungen ausstrahlt: Internationale Gerichte greifen Soft Law zur Herleitung von Gewohnheitsrecht auf, wie der Internationale Gerichtshof, der zur Begründung des Gewaltverbots auf Resolutionen der Generalversammlung zurückgriff.[3] Internationale Organisationen wenden Soft Law zur Auslegung und Konkretisierung völkerrechtlicher Verträge an, wie der UN-Menschenrechtsausschuss bei seinen allgemeinen Kommentaren zum Internationalen Zivilpakt.[4] Staaten schließen unverbindliche Abmachungen, wie jüngst das multilaterale Großprojekt des *Globalen Paktes für geordnete, sichere und reguläre Migration.*[5]

Der Migrationspakt ist ein idealtypisches Beispiel moderner Zusammenarbeit zwischen Staaten und internationalen Akteuren, in deren Zuge sich unverbindlicher Instrumente bedient wird. Als langfristig angelegter Kooperationsrahmen unter der Schirmherrschaft der Vereinten Nationen wird ein globaler Steuerungs-

---

[1] Art. 38 IGH-Statut.

[2] *Pauwelyn/Wessel/Wouters,* EJIL 2014, S. 733 (734, 738 f.).

[3] IGH, Military and Paramilitary Activities in and against Nicaragua *(Nicaragua v. USA),* Urt. v. 27.06.1986, I.C.J. Rep. 1986, S. 14 (99 Ziff. 188).

[4] *International Covenant on Civil and Political Rights; Keller/Grover,* in: Keller/Ulfstein (Hrsg.), UN Human Rights Treaty Bodies, S. 116 ff.

[5] Globaler Pakt für sichere, geordnete und reguläre Migration, A/Res/73/195 v. 19.12.2018; im Folgenden als *der Migrationspakt* bezeichnet.

anspruch erhoben, der auf die Verfestigung von Soft Law durch seine Interaktion mit bestehendem Recht setzt.[6] Dieser Steuerungsanspruch des Migrationspaktes bedarf der nationalstaatlichen Beteiligung und der Umsetzung, um seine intendierte Wirkung zu entfalten. Die Bundesrepublik Deutschland war bis zum Abschluss des Paktes an den Aushandlungen beteiligt; Bundeskanzlerin *Angela Merkel* nahm als prominente Verfechterin internationaler Zusammenarbeit an der Annahmekonferenz im Dezember 2018 in Marrakesch teil. Verfassungsrechtlich löste seine Annahme keine Beteiligung des Bundestages aus (Art. 59 Abs. 2 GG), sondern er verbleibt als Teil der auswärtigen Gewalt im Kompetenzbereich der Exekutive.[7]

Auf den ersten Blick gehen Staaten mit der Annahme solcher Instrumente nur eine politische Bindung ein, die im Zweifel keine parlamentarische Rückkopplung auslöst. Besonders in Zielländern von Migration formierten sich parlamentarischer und gesellschaftlicher Widerstand. Kurz vor Annahme zog sich eine Reihe von Staaten des globalen Nordens aus dem Migrationspakt zurück. Auch in Deutschland forderten Teile des Bundestages eine konstitutive Beteiligung ein. Zuletzt positionierte sich der Bundestag in einem politischen Beschluss zum Migrationspakt.[8]

Die rechtliche Einordnung und Wirkung von internationalem Soft Law werden bereits seit den 1960er-Jahren durch die Völkerrechtswissenschaft begleitet.[9] Inzwischen wurde ein breites Theorieangebot entwickelt, welches Soft Law in Bezug zu den Rechtsquellen des Völkerrechts setzt und seinen hybriden Charakter sinnvoll abzubilden versucht. Als wissenschaftlicher Grundkonsens kann dabei gelten, dass sich internationales Soft Law nicht allein auf seine Rechtsunverbindlichkeit reduzieren lässt, sondern unter Umständen rechtliche oder rechtsähnliche Befolgungserwartungen generieren kann.[10] Dieser Prozess lässt sich mit dem Begriff der normativen Härtung *(normative hardening)* beschreiben, der eine Wandlung „weicher" Handlungsinstrumente in feste Befolgungsansprüche verbildlicht.[11] Die meisten Untersuchungen beschränken sich jedoch allein auf das Völkerrecht und versuchen anhand knapper Fallstudien oder mit Blick auf einzelne Akteure, die Wirkweise von Soft Law näher zu beschreiben.[12] Die These

---

[6] A/Res/73/195 v. 19.12.2018, Ziff. 7; siehe dazu ausf. § 3 B. Der Migrationspakt – Im Einzelnen.

[7] BVerfG, Beschluss der 2. Kammer des Zweiten Senats vom 07.12.2018 – 2 BvQ 105/18 –, Rn. 16.

[8] BT-Drs. 19/6056.

[9] Der Begriff soll auf *McNair* zurückgehen, vgl. *Dupuy,* Declaratory Law and Programmatory Law: From Revolutionary Custom to „Soft Law", in: FS Röling, 1977, S. 252; für einen guten Überblick *Baxter,* ICLQ, S. 549 ff.; *Chinkin,* ICLQ, S. 850 ff.

[10] *Chinkin/Boyle,* The Making of Int. Law, S. 229; ausf. § 2 C. Funktionsdimensionen.

[11] *Schorkopf,* ZAR 2019, S. 90 (92).

[12] Bspw. *Barelli,* ICLQ, S. 957 ff.; die Beiträge in *Bradlow/Hunter* (Hrsg.), Advocating Social Change, 2020 oder in *Lagoutte/Gammelhoft-Hanen/Cerone* (Hrsg.), Tracing Soft Law, 2016; *Schweisfurth,* ZaöRV 1976, S. 681 ff.; eine Ausnahme bildet dazu das Werk von *Knauff,*

dieser Arbeit ist hingegen, dass die normativen Implikationen von Soft Law erst dann ihre volle Wirksamkeit entfalten können, wenn überstaatliches Recht innerstaatlich rezipiert wird, wenn sich der Staat grundsätzlich zu internationaler Kooperation hin öffnet. Die Interaktion von Soft Law mit verbindlichem Völkerrecht und die Übersetzung in den nationalstaatlichen Rechtsraum erweitern den Begriff der normativen Härtung.

Der zunächst rein völkerrechtliche Begriff wird so um eine verfassungsrechtliche, dann um eine materielle Dimension erweitert. Dahinter steht die Annahme, dass die normative Signifikanz,[13] die Soft Law entwickeln kann, nicht allein durch die Interaktion mit den Rechtsquellen des Völkerrechts erreicht wird, sondern auch in der Eigenschaft der Handlungsform begründet liegt, durch seine progressive Ausrichtung politische Prozesse inhaltlich zu gestalten. In dieser Weise vorgeprägte überstaatliche Diskurse wirken in die nationalen Kommunikationsräume hinein, indem sie den Gestaltungsspielraum nationaler Akteure festlegen und als rechtsverbindliche Handlungsoptionen übersetzt werden können. Der Bundestag als institutionalisierter Diskursraum zeigt sich dabei offen für internationale Gemeinwohlvorgaben und rezipiert diese, auch ohne an sie gebunden zu sein. Die umfassenden Auswirkungen normativer Härtungsprozesse auf das Handeln des Gesetzgebers legen auf den ersten Blick nahe, Beteiligungserfordernisse, wie sie in anderen völkerrechtlichen Bereichen (Art. 59 Abs. 2 GG; Art. 23 Abs. 1 GG) vorgesehen sind, auch auf internationales Soft Law auszuweiten.[14] Jedoch wird in dieser Arbeit die Auffassung vertreten, dass der Bundestag aus Sicht der Verfassung adäquate parlamentarische Instrumente besitzt, um die Prozesse normativer Härtung mitzugestalten. Als zu großen Teilen internationalisiertes Parlament trägt der Bundestag willentlich informelle Prozesse und Vorhaben internationaler Kooperation mit, selbst wenn sie zulasten eigener Kompetenzen gehen mögen.

Die gesellschaftliche Polarisierung und latente Relevanz des Politikfeldes Migration auf internationaler und nationaler Ebene legen den Migrationspakt als Fallbeispiel der zu entwickelnden Konzeptualisierung besonders nahe. Die seine Annahme begleitende Kontroverse lässt die beteiligten internationalen und nationalen Akteure in ihrem Beitrag besser erkennen. Zugleich beweist die Einführung völkerrechtswissenschaftlicher Rechtsetzungsdebatten in die Realpolitik deren Bedeutung auch für den nationalen Rechtsraum. Der Migrationspakt könnte demnach ein erstes Beispiel einer neuen internationalen und verfassungsrechtlichen Behandlung internationalem Soft Laws sein.[15]

---

der sich umfassend mit verschiedenen Regelungsformen im Mehrebenensystem beschäftigt, vgl. *ders.,* Der Regelungsverbund, 2010 und eine Fallstudie von *Huck/Kurkin* zur horizontalen und vertikalen Wirkung der Agenda 2030, vgl. *dies.,* ZaöRV 2018, S. 376 ff.

[13] *Chinkin/Boyle,* The Making of Int. Law, S. 214.

[14] *Schorkopf,* ZAR 2019, S. 90 (94).

[15] So etwa in der Schweiz, wo der Rückzug einen Dialog zwischen Parlament und Regierung zur besseren Beteiligung auslöste, *Cicéron Bühler,* Soft Law: How to Improve its De-

Die Arbeit widmet sich der Untersuchung der Wirkweisen internationalen Soft Laws. Darunter fällt solches, welches auf Staatenebene oder durch internationale Organisationen angenommen wird. Nicht behandelt wird der inzwischen große und wichtige Bestand von unionalem Soft Law.[16] Trotz seines Ursprunges im Völkerrecht hat sich das Recht der Europäischen Union inzwischen als selbstständiges Rechtsregime ausdifferenziert. Das spiegelt auch die verfassungsrechtliche Ebene wider, in der die Beteiligung des Bundestages bei Angelegenheiten der Europäischen Union seit dem Vertrag von Maastricht unter den gegenüber Art. 59 Abs. 2 GG spezielleren Art. 23 Abs. 1 GG fällt.

A. Begriffe

Bei einem politisch umstrittenen Thema wie der Migration, die mit unterschiedlichen, bisweilen stark polarisierenden Assoziationen überladen ist,[17] sind die verwendeten Begriffe, ist die verwendete Sprache umkämpft.[18] Die Annahme der realitäts- und wissensbildenden Funktion von Sprache legt nahe, dass es in einem gesellschaftlichen Gebiet, in dem es um die Aushandlung von „richtigen" oder der jeweiligen Problemstellung angemessenen Überzeugungen und Handlungen geht, entscheidend ist, mit welchen Bezeichnungen, Begriffen und mit welchen Bedeutungen dieser Begriffe auf die Welt Bezug genommen wird.[19]

Um den dem Migrationsthema innewohnenden Spannungen zu begegnen, wird in der Arbeit versucht, die politisch Beteiligten, besonders das politische Gegenüber, funktionsbezogen zu bezeichnen. Dazu gehört, dass die Begriffe im Kontext der jeweiligen zeitlichen und historischen Umstände verwendet werden. Die in hohem Maße politisierte und polarisierende Migration zwischen Ländern des globalen Südens und des globalen Nordens berührt viele im Hintergrund liegende Themen, wobei die Entkolonialisierung und der Kampf um wirtschaftliche Gleichberechtigung näher behandelt werden. Der funktionsbezogenen Bezeichnung folgend wird daher zunächst die Gegenüberstellung zwischen entkolonialisierten Staaten und den Kolonialmächten gewählt. Mit Blick auf die geopolitischen Bedingungen des Kalten Krieges kommt als weitere Bezeichnung die der Bewegung blockfreier Staaten hinzu, die sich als Gegensatz zu den Vereinig-

---

mocratic Legitimacy While Ensuring Effective Governmental Action in Foreign Affairs, Opinio Juris v. 02.09.2021, abrufbar unter: http://opiniojuris.org/2021/09/02/soft-law-how-to-improve-its-democratic-legitimacy-while-ensuring-effective-governmental-action-in-foreign-affairs/(letzter Zugriff am 20.03.2023).

[16] Welches nur teilweise durch Art. 288 AEUV abgebildet wird, *Haltern,* Europarecht, Bd. I, § 4 Rn. 905; vgl. dazu ausf. *Eilantonio/Korkea-aho/Ştefan (Hrsg.),* EU Soft Law in the Member States, 2021.

[17] *Collier,* Exodus, S. 17.

[18] *Wengler,* Schlagwörter, politische Leitvokabeln und der *Streit um Worte,* in: Kersten Sven Roth/ders./Alexander Ziem (Hrsg.), Handbuch Sprache in Politik und Gesellschaft, S. 29.

[19] Ebd.; *Thym,* ZAR 2018, S. 193 (198).

ten Staaten und den mit ihnen assoziierten Staaten sowie der UdSSR konstituierten. Auf die Verwendung des Begriffs Dritte Welt wird in der Arbeit verzichtet.
Als vereinfachender Sammelbegriff für von Armut geprägte und wirtschaftlich
wenig entwickelte Länder erscheint er angesichts der Komplexität und Vielfältig-
keit des bezeichneten Gegenstandes nicht adäquat.[20] Bei der Diskussion um eine
Neue Weltwirtschaftsordnung wechselt die Bezeichnung der Konfliktparteien
auf die Begriffe Entwicklungsländer und Industriestaaten. Die Bezeichnung Entwicklungsland wird durch das aufkommende Entwicklungsvölkerrecht zum pri-
vilegierten Rechtsstatus und als solcher in völkerrechtlichen Abkommen verwendet.[21] In den Abschnitten, die sich thematisch mit dem Migrationsvölkerrecht
beschäftigen, wird auf die Begriffspaare Ziel- und Herkunftsländer sowie Ent-
sende-, Transit- und Aufnahmeländer von Migranten zurückgegriffen. Zuletzt
wird die Bezeichnung des globalen Südens und Nordens gewählt. Vorteil dieser
Bezeichnung ist, dass damit relativ wertungsfrei und hierarchielos zwei geopolitische und geografische Räume beschrieben werden können.

B. Gang der Untersuchung

Die Arbeit gliedert sich in vier Teile. Im ersten Teil wird Soft Law als Handlungskategorie im Völkerrecht vorgestellt. Dazu werden seine historischen Entste-
hungsbedingungen näher in den Blick genommen (§ 2 A. Setting the Scene). Es
folgt eine Auseinandersetzung mit dem Begriff „Soft Law", unter Bezugnahme
auf dafür gängige Definitionselemente. Bevor der Abschnitt in die Erarbeitung
einer eigenständigen Arbeitsdefinition mündet, wird die methodische und theoretische Kritik an Soft Law dargestellt und bewertet (§ 2 B. Elemente des Soft
Law-Begriffs). Der Abschnitt schließt mit der Erkenntnis, dass sich Soft Law als
Handlungsform zur Kompensation der geänderten Bedingungen für Rechtsetzung im Völkerrecht herausgebildet hat.

An diese allgemeinen Vorarbeiten schließt ein Abschnitt an, der das Soft Law-
Instrument einführt, welches als Beispiel der zu entwickelnden Konzeptualisierung dient (§ 3 Der Migrationspakt). Auch hier wird mit einer kurzen zeitlichen
Einordnung des Entstehungskontextes begonnen (§ 3 A. Flüchtlingskrise als Katalysator), bevor der Migrationspakt im Hinblick auf den Prozess der Aushandlung und seinen Inhalt beschrieben wird (§ 3 B. Im Einzelnen). Danach wird der

---

[20] Obwohl er selbstbewusst zur Bezeichnung einer kritischen Rechtsstromung von afrikanischen und asiatischen Wissenschaftlern verwendet wird, die die Legitimität westlich ge-
prägten Völkerrechts ganz grundsätzlich infrage stellen, sog. *Third World Approaches to
International Law*, siehe dazu *Chimni*, ICLR 2006, S. 3 ff.; *Mutua*, ASIL Proc. 2000, S. 31 ff.;
die im Abschnitt zur Entkolonialisierung viel zitierten Autoren *Abi-Saab, Ananad, Bedjaoui*
oder *Elias* lassen sich als erste Generation dieser Denkschule beschreiben, *Chimni*, Int. Law
and World Order, S. 15; vgl. auch die Bezeichnung der Zeitschrift *Third World Quarterly*.
[21] General Agreement on Tariffs and Trade, am 01.01.1948 vorläufig in Kraft getreten,
Abschnitt IV trat am 27.06.1966 in Kraft.

Migrationspakt ins internationale Migrationsrecht eingeordnet, wobei ein besonderer Fokus auf das Verhältnis zwischen den Konzepten der nachhaltigen Entwicklung und der Migrationssteuerung gelegt wird (§ 3 B. III. Internationale Migration und Völkerrecht). Zuletzt wird ein Seitenblick auf den zeitgleich ausgehandelten und angenommenen Globalen Flüchtlingspakt geworfen und schließlich beide Instrumente miteinander verglichen (§ 3 C. Der Flüchtlingspakt). Der Abschnitt kommt zu dem Ergebnis, dass der Migrationspakt ein idealtypisches Handlungsinstrument im modernen Migrationsvölkerrecht ist.

Im zweiten Teil der Arbeit wird das für die Arbeit zentrale Konzept normativer Härtung eingeführt sowie weiterentwickelt (§ 4 Formelle und Materielle Härtung) und auf den Migrationspakt angewandt (§ 5 Die Anwendung auf den Migrationspakt). Normative Härtung lässt sich in die Ebenen der formellen (§ 4 A. Formelle Härtung) und materiellen Härtung (§ 4 B. Materielle Härtung) weiter ausdifferenzieren. Ersteres umfasst die Interaktion von Soft Law mit den Rechtsquellen des Völkerrechts und deren Rezeption auf verfassungsrechtlicher Ebene durch die Offenheit des Grundgesetzes für überstaatliches Recht (§ 4 A. IV. Einbeziehung der Rechtsquellen ins Grundgesetz). Materielle Härtung beschreibt hingegen den Umstand, dass unverbindliche Instrumente das Potenzial besitzen, Diskurse politisch vorzuprägen und Handlungsoptionen im Völkerrecht und im nationalen Recht vorzubestimmen. Auch hier wird die Untersuchung im Völkerrecht von transnationalen Gemeinwohldiskursen (§ 4 B. I. Politische Prägung in transnationalen Gemeinwohldiskursen) durch einen Blick auf die innerstaatlichen Kommunikationsräume und ihrer Aufnahme solcher Diskurse vervollständigt (§ 4 B. II. Rückwirkung in nationale Kommunikationsräume). Der Abschnitt endet mit dem Zusammentragen einer Reihe von Markern, die für den Prozess normativer Härtung unverbindlicher Instrumente entscheidend sind (§ 4 Marker einer normativen Härtung).

Die Anwendung auf den Migrationspakt folgt dem entwickelten Schema (§ 5 Die Anwendung auf den Migrationspakt); besondere Bedeutung kommt dem Abschnitt über die Integration des Migrationspaktes im Unionsrecht zu, liegt hier doch das größte Potenzial der formellen Härtung seiner einzelnen Verpflichtungen (§ 5 A. II. 2. Der Migrationspakt im Unionsrecht). Im Abschnitt über die materielle Härtung wird die Diskussion um den Migrationspakt zunächst anhand der Unterscheidung verschiedener Diskussionsforen aufgearbeitet (§ 5 B. I. Konfliktlinien und Diskussionsräume), bevor die Debatte im Bundestag näher betrachtet wird (§ 5 B. II. Über Migration reden – Prägung des Diskurses). Zuletzt wird untersucht, welche Gewährleistungsgehalte des Migrationspaktes innerstaatlich Reformen auslösen könnten und in welchem Ausmaß dem politischen Handlungsauftrag bereits nachgekommen wurde (§ 5 B. III. Umsetzungsfortschritt). Der Abschnitt endet mit einer ambivalenten Einschätzung: Mögliche Normativierungspotenziale des Migrationspaktes wurden durch die deutliche Opposition zunächst gehemmt, wobei dies in Zukunft nicht notwendigerweise so bleiben muss (§ 5 C. Trotz Opposition – was bleibt?).

Der vorletzte Teil blickt auf die verfassungsrechtliche Rezeption von Soft Law. Anlässlich der Potenziale normativer Härtung stellt sich die Frage, ob der Gesetzgeber vergleichbar zu anderen Vorschriften des Grundgesetzes beteiligt werden müsste (§ 6 A. Beteiligung des Bundestages bei verbindlichem Völkerrecht). Obwohl eine verfassungsrechtliche Beteiligungspflicht nicht begründet werden kann (§ 6 A. IV. Rückschlüsse), werden mögliche Reformüberlegungen entwickelt und bewertet (§ 6 B. Reformüberlegungen). Es folgt eine kritische Kontrollüberlegung, was eine verfassungsrechtliche Reform für Soft Law als Handlungsform im Völkerrecht und für seine Wirkdimensionen im innerstaatlichen Recht bedeuten würde. Der Abschnitt endet mit der Erkenntnis, dass keine verfassungsrechtliche Reformpflicht besteht und es wegen seiner Eigenschaften auch nicht sinnvollerweise im Sinne der klassischen Beteiligungsrechte des Grundgesetzes eingeordnet werden kann (§ 6 C. Ergebnis).

Die Arbeit schließt in ihrem vierten Teil mit einer zusammenfassenden Schlussbetrachtung der wichtigsten Erkenntnisse in Form von Thesen (§ 7 Zusammenfassende Schlussbetrachtung in Thesen).

§ 2 Warum gibt es Soft Law?

Durch zwischenstaatliche Interaktionen hat sich eine Vielzahl völkerrechtlicher Handlungsformen herausgebildet. Einige der gängigsten Handlungsformen – die völkerrechtlichen Verträge, das Gewohnheitsrecht und die allgemeinen Rechtsgrundsätze – wurden zunächst durch das Statut des im Jahr 1920 gegründeten Ständigen Internationalen Gerichtshofes und später durch dessen Nachfolger, den Internationalen Gerichtshof, als Entscheidungsgrundlage aufgegriffen (Art. 38 IGH-Statut). Sie gelten als Rechtsquellen des Völkerrechts und beanspruchen Rechtsverbindlichkeit.

Sie decken jedoch nur einen Teil völkerrechtlicher Interaktionen ab. Staaten nehmen zur Gestaltung ihrer zwischenstaatlichen Beziehungen seit jeher Rückgriff auf informelle und unverbindliche Instrumente, wie persönliche Absprachen und Zusicherungen. Ein Teil dieser politisch bindenden, aber rechtlich unverbindlichen Handlungsformen haben sich in der Folge unter dem Begriff Soft Law[22] zu einer eigenen Kategorie verfestigt. Dieser Sammelbegriff hat sich trotz oder gerade wegen seiner Ambivalenz zwischen Unverbindlichkeit und Rechtsbindung durchgesetzt und beschreibt Normen, deren Inhalt und Reichweite unklar sind.[23] Soft Law bewegt sich im Graubereich zwischen Recht und Nichtrecht, wobei durch die Verwendung des Wortes „Law" der Begriff eine Stoßrichtung erhält, die Verbindlichkeit nahelegt. Seine hybride Gestalt fordert die traditio-

---

[22] Der Begriff soll auf *McNair* zurückgehen, vgl. *Dupuy*, Declaratory Law and Programmatory Law: From Revolutionary Custom to „Soft Law", in: FS Röling, 1977, S. 252.
[23] Ebd.

nelle Rechtsquellenlehre heraus, die trotz der vehementen Kritik das Verständnis von Völkerrecht als binäre Ordnung aufrechterhalten konnte. Um die Frage zu beantworten, warum sich eine solche Sammelkategorie verfestigt hat, soll, beginnend mit der Nachkriegszeit, der historische Kontext, in dem sich Soft Law entwickelte, dargestellt werden. Im Folgenden wird der in der Arbeit verwendete Soft Law-Begriff herausgearbeitet und hinsichtlich seiner materiellen Dimensionen dargestellt. Das Kapitel schließt mit der Feststellung, dass der Rückgriff auf Soft Law als neuen globalen Regulierungsmechanismus durch die geänderten Rechtsetzungsbedingungen in einer heterogenen Staatengemeinschaft und durch die Ausdifferenzierung des Völkerrechts bedingt wurde.

A. Setting the Scene

Die Gründung der Vereinten Nationen (UN) als dem Frieden verpflichtete internationale Organisation im Jahr 1945 bedeutete die Geburtsstunde der Völkerrechtsordnung, wie sie noch heute besteht. Die Friedensphase im Anschluss an den Zweiten Weltkrieg dauerte nicht lange an; bereits vorher bestehende unterschwellige Konflikte, strukturelle Herausforderungen und geopolitische Veränderungen beschäftigten die neu geordnete Staatengemeinschaft. Das Völkerrecht wurde in dieser Zeit entscheidend durch den Kalten Krieg geprägt. Der ideologische Kampf zwischen dem kapitalistischen und dem kommunistischen System und die damit verbundene Aufrüstung beider Seiten wurden auch im Völkerrecht ausgetragen. So stellte die sowjetische Völkerrechtswissenschaft Teile des klassischen Völkerrechts grundsätzlich infrage; mehrere Jahrzehnte war der UN-Sicherheitsrat durch die Vetomöglichkeit beider Großmächte blockiert. Als weitere wichtige Entwicklung ist die Entkolonialisierung zu nennen,[24] welche zur Bildung einer Vielzahl junger, wirtschaftlich schwacher Staaten führte. Die entkolonialisierten Staaten erhoben ebenfalls den Anspruch, das vormals europäisch geprägte Völkerrecht in ihrem Interesse mitzugestalten.

Ab den 1970er Jahren machten kommunikationstechnische Fortschritte eine immer weiter steigende wirtschaftliche Interaktion der Staaten möglich. Dies führte zu dichteren politischen und rechtlichen Verflechtungen der Staatengemeinschaft insgesamt.[25] Zugleich brachten technische Innovationen wie die Entwicklung der Raumfahrt oder des Meeresbodenbergbaus neue Politik- und Rechtsfelder im Völkerrecht hervor. Beides bedingte die materielle Ausdehnung des materiellen Völkerrechts und eine Zunahme an internationalen Organisationen.

---

[24] Als Entkolonialisierung, oder gleichbedeutend als Dekolonisation, bezeichnet man den Zeitraum nach dem Ende des Zweiten Weltkrieges, in welchem Kolonien, Treuhandgebiete und Hoheitsgebiete ohne Selbstregierung ihre staatliche Selbstständigkeit erlangten. Siehe dazu *Khan,* Decolonization, in: Wolfrum, MPEPIL, online-Ausgabe (Mai 2011).

[25] *Friedmann,* Va.L. Rev. 1964, S. 1333 (1339).

I. Die Heterogenisierung der internationalen Staatengemeinschaft

Die Heterogenisierung der internationalen Staatengemeinschaft nahm ihren Anfang im Prozess der Entkolonialisierung, der Ende der 1960er Jahre politisch weitestgehend abgeschlossen war. Auf die politische Befreiung folgten Forderungen der jungen Staaten nach einer wirtschafts- und marktpolitischen Neuausrichtung, die sie mithilfe von UN-Resolutionen durchzusetzen versuchten. In der Völkerrechtswissenschaft wurden diese Vorstöße aufgegriffen und zum Anlass genommen, das Verhältnis alternativer Handlungsinstrumente zu den traditionellen Rechtsquellen aufzuarbeiten.

1. Entkolonialisierung

Den ehemaligen Kolonien stand unter der Bedingung der Friedliebigkeit (Art. 4 Abs. 2 UN-Charta) die Mitgliedschaft in den Vereinten Nationen offen. Unter den 51 Gründungsmitgliedern der UN waren zunächst nur dreizehn asiatische oder afrikanische Staaten. Ein Teil der später entstehenden Staaten stand zu jenem Zeitpunkt noch unter dem Treuhandsystem der UN. Dieses folgte der Mandatsverwaltung des Völkerbunds und fand darüber hinaus Anwendung auf Territorien, die durch den Zweiten Weltkrieg von den sogenannten Feindstaaten, also den Verlierern des Zweiten Weltkrieges, abgetrennt worden waren.[26] Es umfasste elf Gebiete, die jeweils von einer als „Verwaltungsmacht" bezeichneten Obrigkeit beaufsichtigt wurden. In der Regel war dies die ehemalige Kolonialmacht oder der ehemalige Besatzer.[27] Im Unterschied zum Völkerbund, der dies nur für einen Teil der Mandate vorsah (A-Mandat),[28] war das formelle Ziel des Treuhandsystems, die fortschreitende Entwicklung zur Selbstregulierung oder Unabhängigkeit der Treuhandgebiete zu fördern. Überwacht wurde das System durch den Treuhandrat. Kontinuierlich erlangten die in diesem System verwalteten Gebiete und Kolonien ihre Unabhängigkeit, sodass im Jahr 1965 die afrikanischen und asiatischen Staaten bereits die Mehrheit in der UN ausmachten.[29]

---

[26] Art. 77 Abs. 1 UN-Charta.

[27] Diese Funktion konnte auch von einem Staat, einer Staatengruppe oder von der UN selbst übernommen werden, Art. 81 UN-Charta; *Südwestafrika* (später Namibia) wurde 1966 formell der UN unterstellt, nachdem sich Südafrika weigerte das Gebiet ins Treuhandsystem zu überführen, zur Völkerrechtsmäßigkeit des Vorgehens der UN siehe IGH, Legal Consequences for States of the Continued Prensence of South Africa in Namibia, Adv. Op. v. 21.06.1971, I.C.J. Rep. 1971, S. 16; *Wilde,* in: Weiss/Daws (Hrsg.), The Oxford Handbook on the UN, S. 182.

[28] Art. 22 Satzung des Völkerbundes.

[29] Ab den 1950er Jahren traten ehemalige Kolonien bei, einzeln wie etwa Indonesien 1950 oder in größeren Beitrittsrunden wie im Jahr 1955 mit dem Beitritt von bspw. Jordanien, Kambodscha, Laos, Nepal, Sri Lanka. Im Jahr 1960 folgte eine weitere große Beitrittsrunde mit vornehmlich afrikanischen Staaten wie Benin, Burkina Faso, Côte d'Ivoire, Dem. Republik Kongo, Gabun, Kamerun, Kongo, Madagaskar, Mali, Niger, Nigeria u.w. Die Mitgliederzahl erweitert sich seitdem kontinuierlich. Der letzte Beitritt erfolgte im Jahr 2011 durch den neu gegründeten Staat Südsudan, das 193. Mitglied.

Die neue Mehrheit unterschied sich hinsichtlich ihrer Bevölkerungsgröße sowie ihrer wirtschaftlichen und politischen Kraft deutlich von den Gründungsmitgliedern und stellte den bis dahin vorherrschenden amerikanischen Einfluss infrage.[30] Die Vorherrschaft in der Organisation, auch im Verhältnis zu der Sowjetunion, gründete sich darauf, dass die Vereinigten Staaten im Sicherheitsrat (9 zu 1 Stimme) und in der Generalversammlung eine deutliche Mehrheit besaßen.[31] Von den Gründungsmitgliedern waren nur fünf Staaten politisch und wirtschaftlich kommunistisch ausgerichtet.[32] Neben diesen strukturellen Vorteilen genossen die Vereinigten Staaten eine wirtschaftliche und politische Vormachtstellung gegenüber der Sowjetunion, die es ihnen ermöglichte, sich in den Vereinten Nationen mit ihren Positionen durchzusetzen.[33] Die Sowjetunion nutzte zwar gerade in den Anfangsjahren ihre Vetomacht, um die Aufnahme neuer nicht kommunistischer Staaten zu verhindern,[34] jedoch war sie dann mit dem Dilemma konfrontiert, dass die Aufnahme kommunistischer Staaten, die die Machtposition der Sowjetunion im Organisationsgefüge der UN hätte verbessern können, durch die Vetomacht der Gegenseite blockiert wurde. Zeitweilig zog sich die Sowjetunion deswegen von der Organisation vollständig zurück.[35] Die gegenseitige Blockadehaltung konnte erst durch eine sogenannte Paketlösung im Jahr 1955 aufgelöst werden, die zeitgleich die Aufnahme von zwölf nicht kommunistischen und vier kommunistischen Staaten vorsah. Dass die Sowjetunion in den Anfangsjahren der UN so häufig auf ihr Vetorecht zurückgriff, zeigt, wie schwach ihre Verhandlungsposition in der Organisation war, da sie zu Beginn für ihre Positionen keine konstruktiven Mehrheiten mobilisieren konnte.[36]

Die neuen Mitgliedstaaten organisierten sich trotz ihrer Heterogenität bereits 1955 bei einer Konferenz in Bandung, Indonesien.[37] Über ein weiteres Treffen in Belgrad im Jahr 1961, bei dem sich die Bewegung blockfreier Staaten *(Non-Aligned Movement)* konstituierte, sowie über die Organisation eines losen Zusammenschlusses, der sogenannten Gruppe der 77,[38] welche sich im Jahr 1964 bei der

---

[30] *Anand,* New States and Int. Law, in: Wolfrum, MPEPIL, online-Ausgabe (Januar 2007), Rn. 21; *Brinkmann,* Majoritätsprinzip und Einstimmigkeit, S. 141; *Müller,* A Good Example of Peaceful Coexistence?, S. 216; *Tomuschat,* UN, General Assembly, in: Wolfrum, MPEPIL, online Ausgabe (April 2019), Rn. 31.

[31] China wurde als Gründungsmitglied der UN bis 1971 durch die Republik China (Taiwan) repräsentiert. Erst im Jahr 1971 verlor Taiwan mit der Resolution Nr. 2758 der Generalversammlung diesen Status gegenüber der Volksrepublik China, die seitdem als alleiniger Repräsentant Chinas (Ein-China-Politik) in der UN vertreten ist.

[32] *Luard,* A History of the UN, Vol. 1, S. 94; *O'Brien,* ZVN 1963, S. 17 (19).

[33] *Luard,* A History of the UN, Vol. 1, S. 93; *O'Brien,* in: Rabel (Hrsg.), The American Century?, S. 123.

[34] Übersicht der Vetos im Sicherheitsrat bei *Skupnik,* ZVN 1970, S. 13 ff.; ebd., S. 55 ff. mit pro-sowjetischer Einschätzung.

[35] *Luard,* A History of the UN, Vol. 1, S. 95.

[36] *O'Brien,* ZVN 1963, S. 17 (19).

[37] Ausf. *Kahin,* The Asian-African Conference, S. 1 ff.

[38] Zur Gruppe 77 *Anand,* Development of Modern Int. Law, S. 118 ff.

ersten UN-Konferenz für Handel und Entwicklung *(UNCTAD)* bildete, wurden die ehemaligen Kolonien zu einem wichtigen Gegengewicht zu den sogenannten Blockmächten, also den kapitalistisch und kommunistisch organisierten Staaten. Die veränderten Machtverhältnisse zeigten sich am deutlichsten in der Generalversammlung, wo, anders als im Sicherheitsrat, als Ausdruck souveräner Gleichheit[39] jedes Mitglied mit gleichem Stimmrecht (Art. 18 Abs. 1 UN-Charta) vertreten ist.

Die große Zahl junger Staaten nutzte die Generalversammlung effektiv als Forum für ihre Agenda und bildete damit auch ein Gegengewicht zu der „Aristokratie" der ständigen Mitglieder des Sicherheitsrates.[40] Dessen Handlungsfähigkeit war ohnehin wegen der jeweiligen Vetomöglichkeit der sich im Kalten Krieg befindenden Staaten UdSSR und USA weitestgehend beschränkt, was zeitweilig die Generalversammlung zum einflussreicheren Organ beförderte.[41] Dort setzten sich die Entwicklungsländer ausgehend von den 1950er Jahren dafür ein, die Entkolonialisierung weiter voranzutreiben.[42] Sie einte ihre gemeinsame Erfahrung, Gegenstand kolonialer Expansionspolitik gewesen zu sein; diese wollten sie um jeden Preis bekämpfen.[43] Zum Ende der 1960er Jahre war dieses Ziel weitestgehend erreicht: Die meisten Kolonien hatten ihre Unabhängigkeit erlangt und konsolidieren können.

Damit trat die Frage der Wirtschaftsentwicklung der ehemaligen Kolonien in den Vordergrund. Bis zur Erlangung der Unabhängigkeit der meisten Kolonien war man davon ausgegangen, dass die wirtschaftliche Unterentwicklung auf die politische Unterdrückung zurückzuführen war.[44] Deswegen sollte auf die politische Befreiung von den ehemaligen Kolonialmächten eine wirtschaftliche Emanzipation folgen. Der wirtschaftlichen Ausbeutung der Kolonien sollte ein Ende gesetzt werden.[45] Dazu riefen die Vereinten Nationen die 1960er Jahre als erste Entwicklungsdekade aus. Mit der vollen Teilnahme der Entwicklungsländer an

---

[39] Zu der Frage, ob souveräne Gleichheit das Einstimmigkeitserfordernis voraussetzt, siehe *Brinkmann,* Majoritätsprinzip und Einstimmigkeit, S. 4 ff.

[40] *Abi-Saab,* How. L. J. 1962, S. 95 (105); *Peterson,* in: Weiss/Daws (Hrsg.), Oxford Handbook on the UN, S. 120.

[41] *Friedmann,* Va. L. Rev. 1964, S. 1333 (1338); *Islebe,* ZVN 1962, S. 42 (43); *Luard,* A History of the UN, Vol. 1, S. 94.

[42] GA, Res. 1514 (XV). v. 14.12.1960; *Karns,* in: Katz Cogan/Hurd/Johnstone (Hrsg.), Oxford Handbook of Int. Organizations, S. 769 ff.; *Roberts/Sivakumarani,* in: Evans (Hrsg.), Int. Law, S. 103; *Peterson,* in: Weiss/Daws (Hrsg.), Oxford Handbook on the UN, S. 120; zu sog. TWAIL (Third World Approaches to Int. Law) siehe *Mutua,* What is TWAIL?, ASIL Proceedings 2000, S. 31–40; *Chimni,* TWAIL: A Manifesto, ICLR 2006, S. 3 ff.

[43] Rede des ehem. Präsidenten Indonesiens *Soekarno* bei der Eröffnung der Bandung-Konferenz am 18.04.1955, abgedruckt in *Kahin,* The Asian-African Conference, S. 43.

[44] *Sauvant,* ZVN 1979, S. 49 (ibid).

[45] Rede des ehem. Präsident Guineas *Sekou Touré* in der Rede vor der Generalversammlung der UN am 10.10.1960, abgedruckt in *Ansprenger,* Politik im Schwarzen Afrika, S. 481 ff.; *Bedjaoui,* Towards a NIEO, S. 86 f.

der Weltwirtschaft und parallelen internationalen sowie regionalen Entwicklungsprogrammen sollte sich die wirtschaftliche Lage der Entwicklungsländer deutlich verbessern. Trotz dieser Maßnahmen entwickelte sich die Wirtschaft in den ehemaligen Kolonien jedoch nur langsam, besonders im Verhältnis zur Wohlstandssteigerung im globalen Norden.[46] Deswegen radikalisierten sich die Forderungen der Entwicklungsländer zunehmend: Sie forderten eine entwicklungspolitische Neuausrichtung der Weltwirtschaft,[47] was zuletzt in der Proklamation der sogenannten *New International Economic Order* (NIEO)[48] gipfelte.

Dass die Entwicklungsländer ihre gemeinsamen Interessen in dieser Zeit mit politischem Nachdruck gegenüber den westlichen Industriestaaten und den kommunistischen Staaten kommunizieren konnten, lag an der allgemeinen Entspannung des Kalten Krieges im Zuge des Atompatts in den 1970er Jahren. Die Entspannung bedeutete für die Entwicklungsländer, dass sie mit weniger strategischen und politischen Ansprüchen der Blockmächte konfrontiert waren und selbstbewusster auftreten konnten.[49] Zugleich verbesserte die Ölkrise im Jahr 1973 die Verhandlungsposition der Entwicklungsländer, da die Krise die Abhängigkeit der Industriestaaten von den Ölexporten der zu der *Gruppe 77* gehörenden ölausführenden Staaten (OPEC) offenbarte.[50]

2. Reformdruck und Handlungsinstrumente

Für ihre Reformbestrebungen wählten die Entwicklungsländer absichtlich die Resolution als Instrument.[51] Mithilfe ihrer Abstimmungsmehrheit in der Generalversammlung, durch die Annahme einer Vielzahl von Resolutionen und durch deren ständige Wiederholung und Zitierung in weiteren Resolutionen sollten

---

[46] *Sauvant,* ZVN 1979, S. 49 (ebd.).

[47] Auswahl einiger wirtschaftspolitischer Resolutionen: GA, Res. 1710 (XVI) v. 19.12.1961; GA, Res. 1907 (XVIII) v. 21.11.1963; GA, Res. 2029 (XX) v. 22.11.1965; GA, Res. 2152 (XXI) v. 17.11.1966; GA, Res. 2186 (XXI) v. 13.12.1966; GA, Res. 2200 (XXI) v. 19.12.1966; GA, Res. 2411 (XXIII) v. 17.12.1968; GA, Res. 2626 (XXV) v. 19.11.1970; GA, Res. 3201 (S-VI) v. 01.05.1974, Ziff. 1.; UNCTAD I Proceedings, Bd. I (1964); UNCTAD II Proceedings, Bd. 1 (1968); UNCTAD III Proceedings, Bd. 1 (1972); *Akinsanya/Davies,* ICLQ 1984, S. 208 (210); *Corea,* Int. Affairs 1977, S. 177 (179).

[48] GA, Res. 3201 (S-VI) v. 01.05.1974; GA, Res. 3281 (XXIX) v. 12.12.1974, dazu *Petersmann,* ZaöRV 1976, S. 492 ff.; *Tomuschat,* ZaöRV 1976, S. 444 ff.; Ausf. zur NIEO *Agarwala,* The New International Economic Order, 1983; *Bedjaoui,* Towards a NIEO, 1979; *Gilman,* The NIEO: A Reintroduction, Humanity Journal v. 19.03.2015, S. 3, abrufbar unter: http://h umanityjournal.org/issue6-1/the-new-international-economic-order-a-reintroduction/ (letzter Zugriff am 20.03.2023); *Makarczyk,* Principles of a NIEO, 1988; *Oppermann/Petersmann,* Reforming the International Economic Order, 1987.

[49] *Miljan,* Osteur. 1975, S. 434 (435).

[50] *Sauvant,* ZVN 1979, S. 49 (52); *Tomuschat,* ZVN 1975, S. 93 (ibid.).

[51] *Anand,* Confrontation or Cooperation? The General Assembly at Crossroads, in: FS Röling, 1977, S. 10; *Goldmann,* in: D'Aspremont/Singh (Hrsg.), Concepts for Int. Law, S. 750; *Riedel,* EJIL 1991, S. 58 (62); *Petersmann,* ZaöRV 1976, S. 492 (497).

neue völkerrechtliche Regelungen neben dem Rechtsquellenkanon des Völkerrechts geschaffen werden.[52]

Neues Völkerrecht im Rahmen der traditionellen Quellen zu entwickeln, erschien dagegen weniger aussichtsreich.[53] Als „ruler's law",[54] dessen Regelungsgegenstand die Kolonien noch vor Kurzem selbst gebildet hatten, stand nämlich insbesondere das Gewohnheitsrecht in der Kritik, primär den Interessen der ehemaligen Kolonialmächte zu dienen, wie es sich auch in der Debatte um die Fortgeltung des Grundsatzes der Freiheit der Meere manifestierte.[55] Auf das Völkergewohnheitsrecht[56] zu setzen, hätte die entkolonialisierten Staaten dazu gezwungen, die gesamte Staatengemeinschaft für die Anerkenntnis einer Rechtsregel gewinnen zu müssen. Trotz dieser Vorbehalte der entkolonialisierten Staaten entstand nicht ohne Grund zeitgleich zur Entkolonialisierung die Rechtsfigur des *persistent objector*. Diese ermöglicht einem Staat, die Rechtsbindung an eine gewohnheitsrechtliche Norm gegen sich auszuschließen, sofern deren Rechtsgeltung von Anfang an beständig abgelehnt wurde.[57] Aus Sicht der westlichen Industriestaaten bot sie den Vorteil, die Geltung unliebsamer, sich neu entwickelnder Normen des Gewohnheitsrechts gegen sich auszuschließen.[58]

Darüber bestimmen zu können, an welches Recht man gebunden ist, stand den entkolonialisierten Staaten nicht zu. Ihnen gegenüber wurde die Universalität des Völkerrechts betont: Sie galten, trotz ihrer fehlenden Möglichkeit, bei der Entstehung mitzuwirken, an das Gewohnheitsrecht gebunden.[59] Zuletzt sprach gegen den Rückgriff auf Gewohnheitsrechtsbildung die zeitliche Dimension. Denn die Anerkenntnis einer gewohnheitsrechtlichen Norm setzt im Regelfall voraus, dass der betreffende Grundsatz über eine gewisse Dauer Anwendung finden muss.[60]

---

[52] *Petersmann,* ZaöRV 1976, S. 492 (498).

[53] *Dupuy,* Declaratory Law and Programmatory Law: From Revolutionary Custom to „Soft Law", in: FS Röling, 1977, S. 247.

[54] *Anand,* New States and International Law, in: Wolfrum, MPEPIL, online-Ausgabe (Januar 2007), Rn. 12.

[55] *Abi-Saab,* How. L. J. 1962, S. 95 (98); *Bedjaoui,* Towards a NIEO, S. 134; *Elias,* Development of Int. Law, S. 265; *Kelly,* in: Lepard (Hrsg.), Reexamining Customary Int. Law, S. 74 ff.; zur europäischen Vorherrschaft *Bullock,* Int. Affairs 1971, S. 1 (ebd).

[56] Im Folgenden wird es als Gewohnheitsrecht bezeichnet.

[57] IGH, *Asylum Case (Colombia v. Peru),* I.C.J. Rep. 1950, S. 266 (277 f.); krit. dahingehend, dass es sich beim *Asylum Case* um regionales Völkergewohnheitsrecht handle, *Kelly,* in: Lepard (Hrsg.), Reexaming Customary Int. Law, S. 79; IGH, *Fisheries (United Kingdom v. Norway),* I.C.J. Rep. 1951, S. 116 (131).

[58] *Kelly,* in: Lepard (Hrsg.), Reexamining Customary Int. Law, S. 81; *Stein,* Harv. Int. Law Journal 1985, S. 457 (470 ff.) mit dem Beispiel der Neuformulierung des „Foreign Relations Law of the United States" durch das American Law Institut in den 1980er Jahren dahingehend, dass als Kompensationsmechanismus für die sich ändernde Rechtserzeugung der internationalen Gemeinschaft die Rolle des *persistent objectors* in Betracht käme.

[59] *Kelly,* in: Lepard (Hrsg.), Reexamining Customary Int. Law, S. 79; *Stein,* Harv. Int. Law Journal 1985, S. 457 (467).

[60] *Bedjaoui,* Towards a NIEO, S. 136 f.

Auch der völkerrechtliche Vertrag barg seine Risiken. In bestimmten Bereichen waren die westlichen Industriestaaten nicht bereit, sich auf völkerrechtliche Verträge einzulassen. Waren sie zu einem Vertragsschluss bereit, war jedoch das Vereinbarte teilweise so vage, dass es in der Praxis nicht operationalisiert werden konnte.[61] Zuletzt befürchteten die entkolonialisierten Staaten, bei Vertragsverhandlungen durch die ökonomische und militärische Macht der westlichen Industriestaaten übervorteilt zu werden, da ein Vertrag nur mit Einverständnis aller Beteiligten zustande kommt.[62]

Anders war es bei Resolutionen der Generalversammlung: Hier konnten die Entwicklungsländer durch ihre Mehrheit den ausgehandelten Inhalt in weitaus größerem Maße bestimmen.[63] Die Resolution bot ferner die Möglichkeit, schneller und flexibler auf die jüngeren Entwicklungen zu reagieren.[64] In vergleichbarer Weise hatten in den Anfängen der Vereinten Nationen bereits die westlichen Verfassungsstaaten die Resolution genutzt, zumindest so lange, wie sie noch über die Mehrheit in der Generalversammlung verfügt hatten. Die Prinzipien der Nürnberger Charta als generelle Rechtsprinzipien zu bestätigen oder einen Genozid als internationales Verbrechen vor Annahme eines gleichlautenden völkerrechtlichen Vertrages zu deklarieren, stand die nur empfehlende Natur der Resolution nicht entgegen.[65] Der Vorbehalt gerade der westlichen Staaten gegen die Reformbemühungen der Entwicklungsländer unter Zuhilfenahme von Resolutionen war daher vor allen Dingen ein Vorbehalt gegen die geänderten Machtverhältnisse in der Generalversammlung.

Dass die Forderungen der entkolonialisierten Staaten schließlich höchst strittig waren, zeigt sich daran, dass die Vereinigten Staaten, Großbritannien, die Bundesrepublik, Belgien, Luxemburg und Dänemark gegen die Annahme der Charta der wirtschaftlichen Rechte und Pflichten der Staaten im Jahr 1974 stimmten.[66] Die zwei Monate vorher verabschiedete Deklaration der NIEO war noch ohne Abstimmung angenommen worden, wenn auch mit Vorbehalten der Vereinigten Staaten, Deutschlands, Frankreichs und Japans.[67] Diese Politisierung der Resolution in der Generalversammlung warf daher die Frage auf, welche Rechtsqualität ihr zukomme, ob sich mit ihr die Mehrheit der Staaten rechtsverbindlich gegen eine Minderheit durchsetzen könne.[68]

---

[61] *Petersmann,* ZaöRV 1976, S. 492 (497).

[62] *Bedjaoui,* Towards a NIEO, S. 139.

[63] Ebd., S. 142.

[64] Ebd., S. 140.

[65] *Chinkin/Boyle,* The Making of Int. Law, S. 32.

[66] *Anand,* Confrontation or Cooperation? The General Assembly at Crossroads, in: FS Röling, 1977, S. 13; *Tomuschat,* ZaöRV 1976, S. 444 (ebd.).

[67] *Tomuschat,* ZaöRV 1976, S. 444 (445).

[68] Für einen Überblick über d. Diskussion *Tomuschat,* ZaöRV 1976, S. 444 ff.; *Tunkin,* in: Butler (Hrsg.), International Law and the Int. System, S. 5 ff., die wichtigsten Vertreter dieser Diskussion sind *Arangio-Ruiz,* RdC 1972, S. 431 ff.; *Asamoah,* The Legal Significance of the Declarations of the General Assembly of the United Nations, 1966; *Casteñada,* Legal Effects of United Nations Resolutions, 1969.

3. Rechtsverbindlichkeit von UN-Resolutionen

Herrschend war bis dahin die Auffassung gewesen, dass UN-Resolutionen für sich genommen keine Außenrechtsverbindlichkeit begründen können.[69] Sofern Resolutionen das Innenrecht der Vereinten Nationen betreffen, war und ist ihre organinterne Verbindlichkeit anerkannt.[70] Völkerrechtshistorisch ließ sich für ihre fehlende Außenrechtsverbindlichkeit überzeugend anführen, dass bei Gründung der Vereinten Nationen in San Francisco der Generalversammlung gerade keine Legislativgewalt zugesprochen worden war.[71]

Dieser gefestigte Standpunkt wurde durch die Forderungen der entkolonialisierten Staaten, das Völkerrecht mit- und umzugestalten, infrage gestellt. Rechtswissenschaftler vornehmlich dieser Staaten unternahmen den Versuch, eine Rechtsverbindlichkeit gewisser Resolutionen im Außenverhältnis zu begründen, nämlich solcher, die als Charta oder im Englischen als *declaration* bezeichnet wurden. Inhaltlich ging es dabei etwa um die Erklärung über die Gewährung der Unabhängigkeit an koloniale Länder und Völker,[72] die Erklärung über das Verbot der Verwendung von Kernwaffen und thermonuklearen Waffen,[73] die Erklärung betreffend der dauernden Hoheitsrechte über die natürlichen Reichtümer und Bodenschätze,[74] die Erklärung gegen Rassendiskriminierung[75] und die Erklärung über den Weltraum.[76]

Die Argumentationsansätze, die sich auf die klassischen Rechtsquellen beriefen, behaupteten zum einen die Verbindlichkeit der Resolutionen als Gewohnheitsrecht (Art. 38 Abs. 1 lit. b IGH-Statut),[77] zum anderen als allgemeine Grundsätze des Völkerrechts (Art. 38 Abs. 1 lit.c IGH-Statut).[78] Es wurde ferner der Versuch unternommen, einige Resolutionen als authentische Interpretationen der UN-Charta zu qualifizieren und auf diese Weise ihre Verbindlichkeit auf

---

[69] IGH, South West Africa *(Liberia v. South Africa)*, Second Phase Judg. v. 18.07.1966, I.C.J. Rep. 1966, Abw. Meinung *J. Jessup*, S. 325 (432); *Tomuschat*, ZaöRV 1976, S. 444 (465); Memorandum des UN-Generalsekretariats, UN Doc.E/CN.4/L.610 v. 02.04.1962, Ziff. 4.

[70] Dazu *Castañeda*, Legal Effects, S. 22–69.

[71] UNCIO Documents, Bd. IX., S. 70, S. 136.

[72] GA, Res. 1514 (XV) v. 14.12.1960.

[73] GA, Res. 1653 (XVII) v. 24.11.1961.

[74] GA, Res. 1803 (XVII) v. 14.12.1962.

[75] GA, Res. 1904 (XVIII) v. 20.11.1963.

[76] GA, Res. 1962 (XVIII) v. 13.12.1963.

[77] *Asamoah*, The Legal Significance, S. 47 ff.; *Cheng*, Studies in Int. Space Law, S. 136 ff.; *Sohn*, in: Bos (Hrsg.), The Present State of International Law, S. 53; a. A. *Garibaldi*, ASIL Proceedings, S. 324 (326); *Schwebel*, ASIL Proceedings 1979, S. 301 (304); *Tomuschat*, ZaöRV 1976, S. 444 (468); *Verdross*, Zaö RV 1966, S. 690 (693); *ders.*, Die Quellen des univ. Völkerrechts, S. 116.

[78] *Asamoah*, The Legal Significance, S. 61 f.; *Tomuschat*, ZaöRV 1976, S. 444 (473 f.) m. w. N.; ausf. zu den all. Rechtsgrundsätzen: *Fitzmaurice*, RdC 1957, S. 1 ff.; *Thirlway*, The Sources of Int. Law, S. 106 ff.; *Verdross*, Die Quellen des univ. Völkerrechts, S. 120 ff.

den völkerrechtlichen Vertrag (Art. 38 Abs. 1 lit. a IGH-Statut) als formelle Quelle zurückzuführen.[79] Außerhalb der Rechtsquellen bewegte sich der Vorschlag, der eine Rechtsbindung der Staaten an eine Resolution auf der Grundlage des *Estoppel-Prinzips*[80] in Kombination mit dem Mehrheitsprinzip bemühte.[81]

Die weitreichenden Forderungen nach originärer Rechtsverbindlichkeit zumindest einiger Resolutionen konnten sich nicht durchsetzen. Einerseits findet sich in der UN-Charta keine Stütze für dieses Argument.[82] Andererseits enthält die UN-Charta selbst eine Aussage dazu, in welchem Verfahren die Normen des Völkerrechts erweitert werden: In der Präambel werden die Mitgliedstaaten dazu aufgerufen, ihre Verpflichtungen aus Verträgen und anderen Quellen zu achten. Damit wird auf Art. 38 Abs. 1 IGH-Statut Bezug genommen, welcher Teil der Charta ist.[83] In der UN-Charta selbst wird weder der Begriff der Resolution noch der Begriff der Charta oder Deklaration verwendet. Vielmehr gibt die Generalversammlung Empfehlungen ab (Art. 13 Abs. 1 UN-Charta), welche dem Wortlaut nach nicht bindend sind.[84] Nur in bestimmten Fällen trifft sie Beschlüsse, etwa bei der Aufnahme neuer Mitglieder (Art. 4 Abs. 2 UN-Charta). Dementsprechend findet sich auch keine Basis für eine Ausgangsunterscheidung zwischen regulären Resolutionen und einer Charta oder Deklarationen.[85] Beiden kommt zunächst die gleiche Rechtswirkung zu, wobei bei Deklarationen durch die Bezeichnung eine besondere Bedeutung und Feierlichkeit ausgedrückt werden. Damit kann der Versuch verbunden sein, die Befolgungserwartung zu erhöhen.[86] Bezieht man noch die Entstehungsgeschichte der UN-Charta mit ein, so wird deutlich, dass zumindest in der Ausgangskonzeption der Gründungsstaaten der Generalversammlung keine Legislativgewalt zukommen sollte. Entgegenzutreten ist in diesem Kontext auch dem Argument, dass die bei der Abstimmung unterlegenen Staaten nach dem Mehrheitsprinzip ebenfalls gebunden seien;[87] hierdurch wäre nämlich die Generalversammlung zu einer Art Weltparlament

---

[79] *Asamoah,* The Legal Significance, S. 30 ff.; *Sohn,* in: Bos (Hrsg.), The Present State of International Law, S. 50; a. A. *Tomuschat,* ZaöRV 1976, S. 444 (472).

[80] Zu *Estoppel* als einem Prinzip des Völkerrechts *Friede,* ZaöRV 1935, S. 517 ff.

[81] *Elias,* Africa and the Development of Int. Law, S. 73; problematisch im Hinblick auf die Betonung der Souveränität durch die sowjetische Rechtswissenschaft, exempl. *Osakwe,* ASIL Proceedings 1979, S. 310 (311).

[82] *Aston,* Sekundärgesetzgebung int. Organisationen, S. 121; *Tomuschat,* ZaöRV 1976, S. 444 (466).

[83] Gedanken übernommen von *Verdross,* ZaöRV 1966, S. 690 (692).

[84] Ausf. *Sloan,* BYIL 1948, S. 1 (5 ff.).

[85] Memorandum des UN-Generalsekretariats, UN Doc.E/CN.4/L.610 v. 02.04.1962, Ziff. 4; *Stein/von Buttlar/Kotzur,* Völkerrecht, § 11 Rn. 134; *Tunkin,* in: Butler (Hrsg.), International Law and the Int. System, S. 15.

[86] Memorandum des UN-Generalsekretariats, UN Doc.E/CN.4/L.610 v. 02.04.1962, Ziff. 4.

[87] Zu der Idee von *„from consent to consensus"* siehe *Asamoah,* The Legal Significance, S. 57 f.; *Elias,* Africa and the Development of Int. Law, S. 71 ff.; *Falk,* AJIL 1966, S. 782 (785).

und -gesetzgeber geworden. Dafür fehlt ihr jedoch die demokratische Legitimation, repräsentiert die Stimme eines Staates doch höchst unterschiedliche Bevölkerungszahlen.[88] Mehr noch: Die fehlende Repräsentationsfähigkeit der Generalversammlung setzt gerade voraus, dass Resolutionen nur empfehlend und nicht bindend sein dürfen.[89]

Zwar besaßen die Entwicklungsländer rechnerisch die Mehrheit in der Generalversammlung, die politische und wirtschaftliche Macht lagen aber weiterhin bei den ehemaligen Kolonialmächten.[90] Einige der westlichen Staaten sahen zwar ein, dass eine Reform des Weltwirtschaftssystems zugunsten der Entwicklungsländer notwendig war, ihnen gingen jedoch die Forderungen der Entwicklungsländer deutlich zu weit, da sie aus ihrer Sicht eine Aufgabe der bestehenden marktwirtschaftlichen Ordnung bedeutet hätten.[91] In neoliberalen Kreisen wurde die NIEO gar als größere Bedrohung als der Kommunismus wahrgenommen und als Angriff auf den Internationalismus verurteilt.[92] Bei der zweiten Generalkonferenz der UN-Organisation für industrielle Entwicklung (UNIDO) im Jahr 1975, einem Jahr nach Annahme der Resolutionen über die NIEO im Konsensus und der Charta der wirtschaftlichen Rechte und Pflichten der Staaten mit Gegenstimmen einiger westlicher Staaten, führten die als Maximalforderung empfundenen Ziele der Entwicklungsländer dazu, dass auch die reformwilligeren westlichen Staaten bei der namentlichen Abstimmung einzelne Bestimmungen ablehnten.[93] Die Ablehnung der sogenannten Lima-Deklaration[94] durch die Vereinigten Staaten in der Schlussabstimmung zusammen mit den Enthaltungen weiterer einflussreicher Industriestaaten führte zu einem vorläufigen Ende der Bereitschaft der westlichen Industriestaaten, den Reformforderungen überhaupt entgegenzukommen. Dass der globale Norden keine grundsätzliche Umgestaltung der internationalen Ordnung zuließ, war Mitte der 1970er Jahre auch da-

---

[88] *Aston,* Sekundärgesetzgebung int. Organisationen, S. 122; *Schwebel,* ASIL Proceedings 1979, S. 301 ff.

[89] *Schwebel,* ASIL Proceedings 1979, S. 301 (ebd.).

[90] *Anand,* Confrontation or Cooperation? The General Assembly at Crossroads, in: FS Röling, 1977, S. 13; *Falk,* AJIL 1966, S. 782 (788 f.); *Reisman,* Cal. W. Int'l L.J. 1987, S. 133 (137); Zugleich bestand Furcht vor einer neue Vorherrschaft des afro-asiatischen Blocks und Besorgnis vor der NIEO, vgl. *Beer,* ZVN 1962, S. 97 (ebd.); *O'Brien,* ZVN 1963, S. 17 (18); *Slobodian,* Die Globalisten, S. 314 f. Zu Teilen auch aus einem Weltbild der natürlichen Überlegenheit der „zivilisierten" westlichen Gesellschaften heraus, siehe *Slobodian* mit dem Beispiel der rassistisch begründeten Ablehnung der Reformbestrebungen der ehemaligen Kolonien des Wirtschaftswissenschaftlers *Wilhelm Röpke* (1899–1966), *ders,* Die Globalisten, S. 219 ff.

[91] *Kurth,* ZVN 1975, S. 10 (12); zur deutschen Haltung: *Genscher,* ZVN 1975, S. 129 (130).

[92] *Slobodian,* Die Globalisten, S. 315, 369.

[93] *Kurth,* ZVN 1975, S. 74 (75).

[94] Lima-Deklaration und Aktionsplan über industrielle Entwicklung und Kooperation, Dok. ID/Conf.3/30 v. 26.03.1975.

durch bedingt, dass die Industriestaaten selbst mit der längsten Rezession seit Ende des Zweiten Weltkrieges zu kämpfen hatten.[95]

Unterstützung fanden die Entwicklungsländer mit ihren Positionen hingegen bei der Sowjetunion. Die UdSSR und die anderen sozialistischen Länder betrachteten sich als natürliche Verbündete der Entwicklungsländer.[96] Das völkerrechtliche Verständnis beider Gruppen überschnitt sich in einigen Bereichen, etwa hinsichtlich der Betonung staatlicher Souveränität,[97] der Kritik gegenüber dem Gewohnheitsrecht als vornehmlich den europäischen Staaten dienendes Recht[98] und der Öffnung der Agenda hin zu ökonomischen, sozialen und kolonialpolitischen Themen.[99] Der daraus entstehende Konflikt zwischen der westlichen Einflusssphäre und dem kommunistischen Block sowie den blockfreien Staaten zeigte sich besonders deutlich bei der Aushandlung und Annahme der Menschenrechtspakte der Vereinten Nationen. Die Allgemeine Erklärung der Menschenrechte[100] aus dem Jahr 1948 enthielt als Resolution sowohl politisch-bürgerliche[101] als auch ökonomisch-soziale und kulturelle Rechte.[102] Anfänglich wurde dieser Ansatz auch bei der Aushandlung des völkerrechtlichen Vertrages für die in der Allgemeinen Erklärung der Menschenrechte verbürgten Rechte verfolgt.[103] Die ideologischen Spannungen des Kalten Krieges belasteten dieses Vorhaben zunehmend.[104] Strittig war vor allen Dingen die Frage, ob sozioökonomische Rechte als gerichtlich durchsetzbar kodifiziert werden sollten. Die westlichen Staaten forderten daher, dass zwei getrennte Verträge auszuhandeln, um der unterschiedlichen Justiziabilität politisch-bürgerlicher und sozioökonomischer Rechte gerecht zu werden. Die Sowjetunion und viele der blockfreien Staaten lehnten diesen Vorschlag ab, da sie für die ökonomisch-sozialen Rechte einen gleichwertigen Status hinsichtlich der Durchsetzbarkeit forderten.[105] Letztendlich konnte sich „der Westen" mit der Forderung durchsetzen. Es wurden zwei getrennte Verträge ausgehandelt: der Internationale Pakt über bürgerliche

---

[95] *Anand,* Confrontation or Cooperation? The General Assembly at Crossroads, in: FS Röling, 1977, S. 13; *Falk,* AJIL 1966, S. 782 (788 f.).

[96] *Knirsch,* Osteur. 1977, S. 487 (488); *Malik,* Rede des ständigen Vertreters der UdSSR bei den Vereinten Nationen auf der 7. Sondergeneralversammlung der Vereinten Nationen, BMZ, Entwicklungspolitik 1975, S. 42.

[97] *Chimni,* Marxism, in: Wolfrum, MPEPIL, online Ausgabe (Juli 2007), Rn. 21.

[98] Siehe dazu bereits § 2 A. I. 3. Rechtsverbindlichkeit von UN-Resolutionen; *Chimni,* Marxism, in: Wolfrum, MPEPIL, online-Ausgabe (Juli 2007), Rn. 17; IGH, Barcelona Traction, Light and Potwer Company, Limited, Second Phase Urt. v. 05.02.1970, I.C.J. Rep. 1980), Sep. Op. *J. Ammoun,* S. 286 (329 Ziff. 39); *Tunkin,* Cal. L. Rev. 1961, S. 419 (429).

[99] *Malik,* Rede des ständigen Vertreters der UdSSR bei den Vereinten Nationen auf der 7. Sondergeneralversammlung der Vereinten Nationen, BMZ, Entwicklungspolitik 1975, S. 44.

[100] GA, Res. 217A (III) v. 10.12.1948.

[101] Art. 2–21.

[102] Art. 22–28.

[103] GA, Res. 543 (VI) v. 04.02.1952.

[104] *Tomuschat,* ICCPR, in: Wolfrum, MPEPIL, online-Ausgabe (April 2019), Rn. 5.

[105] *Riedel,* ICESCR, in: Wolfrum, MPEIL, online-Ausgabe (April 2011), Rn. 2.

und politische Rechte (ICCPR) und der Internationale Pakt über wirtschaftliche, soziale und kulturelle Rechte (ICESCR).[106] In einer gemeinsamen Sitzung im Jahr 1966 wurden sie von der Generalversammlung angenommen und traten 1976 in Kraft. Die Sowjetunion ratifizierte beide Pakte, die Vereinigten Staaten und Südafrika hingegen nur den ICCPR.

Im Hinblick auf die Forderungen der NIEO konnten die Entwicklungsländer ebenfalls auf die Unterstützung der kommunistischen Staaten zählen. Diese teilten ihre Auffassung, dass die Industriestaaten als ehemalige Kolonialmächte zur Wiedergutmachung der Schäden aus der kolonialen und neokolonialen Ausbeutung verpflichtet waren.[107] Die Unterstützung der sozialistischen Staaten erschöpfte sich jedoch darin, ausschließlich Verpflichtungen westlicher Staaten geltend zu machen.[108] Die Sowjetunion trage, da sie sich selbst nicht als Kolonialmacht verstehe, weder für die wirtschaftliche Rückständigkeit der Entwicklungsländer noch für deren wirtschaftliche Schwierigkeiten als entkolonialisierte Staaten, die durch das kapitalistische Wirtschaftssystem verursacht würden, Verantwortung.[109] Die rein verbale Unterstützung belastete die Allianz zwischen den entkolonialisierten Staaten und der UdSSR und bot zugleich die Möglichkeit für die Industriestaaten, die fehlende Beteiligung der UdSSR als Präzedenzfall für eigene Ausnahmewünsche zu nutzen.[110] Insofern waren die blockfreien Staaten mit dem Dilemma konfrontiert, dass ihnen häufig die Mittel und Ressourcen fehlten, ihre Ziele praktisch umzusetzen.[111] Selbst mit Unterstützung der Sowjetunion fehlten ihnen daher die politische und vor allen Dingen die wirtschaftliche Macht, eine grundsätzliche Umgestaltung des internationalen Wirtschaftssystems zu bewirken.

4. Zwischenergebnis

Gleichwohl führten die Debatten und Reformbemühungen dazu, dass sich neben der binären Unterscheidung zwischen Recht und Nichtrecht eine weitere Form der Geltung entwickeln konnte: UN-Resolutionen sind zwar nicht rechtsverbindlich, aber deswegen rechtlich nicht unbedeutend. Selbst die Gegner der oben dargestellten progressiven Vorstöße erkannten an, dass sich Resolutionen nicht auf ihren formell vorgesehenen, rein empfehlenden Charakter reduzieren ließen.[112] Das regelmäßige Zusammentreffen der Staaten in der Generalversammlung und die damit steigende Anzahl völkerrechtlicher Interaktionen bedingten,

---

[106] GA, Res. 2200A (XXI) v. 16.12.1966.

[107] *Knirsch,* Osteur. 1977, S. 487 (489); *Kurth,* ZVN 1975, S. 74 (ebd.).

[108] *Knirsch,* Osteur. 1977, S. 487 (499).

[109] *Malik,* Rede des ständigen Vertreters der UdSSR bei den Vereinten Nationen auf der 7. Sondergeneralversammlung der Vereinten Nationen, BMZ, Entwicklungspolitik 1975, S. 47.

[110] *Knirsch,* Osteur. 1977, S. 488 (499).

[111] *Peterson,* in: Weiss/Daws (Hrsg.), The Oxford Handbook on the UN, S. 131.

[112] IGH, South West Africa (*Liberia v. South Africa*), Second Phase Urt. v. 18.07.1966, I.C.J. Rep. 1966, Sep. Op. *J. Tanaka,* S. 250 (291); IGH, *South West Africa Voting Procedure,* Adv. Opinion v. 07.06.1955, I.C.J. Rep. 1955, Abw. Meinung *J. Lauterpracht,* S. 90 (118);

dass sich neues Völkerrecht schneller unter Rückgriff auf neue Regelungsformen herausbilden konnte.[113] Der bis dahin relativ strenge Formalismus, welcher das Völkerrecht geprägt hatte und der sich auch in der Dogmatik der Rechtsquellen (Art. 38 Abs. 1 IGH-Statut) spiegelte, wurde durch die Anerkenntnis alternativer Handlungsformen aufgeweicht, deren Einordnung in die Rechtsquellenarchitektur umstritten war und bis heute ist. Die Deklarationen der Generalversammlung bedingten die Entstehung dieser Kategorie und dienen ihr als ein frühes Beispiel.

II. Ausdehnung des Völkerrechts

Gleichzeitig dehnte sich das Völkerrecht inhaltlich aus.[114] Es entstanden neue Politikfelder, die international und innerstaatlich adressiert wurden: Als Startpunkt des modernen Umweltvölkerrechts gilt die Konferenz der Vereinten Nationen über die Umwelt des Menschen (UNCHE) in Stockholm im Jahr 1972,[115] aus der die unverbindliche Stockholm-Deklaration hervorging. Der Deklaration folgend wurde durch die Generalversammlung ein umfassender Aktionsplan angenommen und das Umweltprogramm der Vereinten Nationen (UNEP) ins Leben gerufen.[116] Im Zeitraum von 1967 bis 1979 wurden fünf völkerrechtliche Verträge zur technologischen Neuerung der Weltraumfahrt geschlossen.[117] Sie sollten eine gemeinsame, friedliche Nutzung des Weltraums sicherstellen. Auch im Bereich der Menschenrechte folgten Neuerungen. Nachdem bereits 1948 die Allgemeine Erklärung der Menschenrechte[118] als Resolution angenommen worden war, verabschiedete die Generalversammlung im Jahr 1966 die Internationalen

---

Anand, Confrontation or Cooperation? The General Assembly at Crossroads, in: FS Röling, 1977, S. 10; *Dupuy,* Declaratory Law and Programmatory Law: From Revolutionary Custom to „Soft Law", in: FS Röling, 1977, S. 254; *Higgins,* in: Butler (Hrsg.), International Law and the Int. System, S. 21; *Tomuschat,* ZaöRV 1976, S. 444 (470, 479 ff.); *Verdross,* ZaöRV 1966, S. 690 (693 f.).

[113] *Knauff,* Der Regelungsverbund, S. 211; *Tietje,* Internationalisiertes Verwaltungshandeln, S. 255.

[114] *Friedmann,* Va. L. Rev. 1964, S. 1333 (1341).

[115] GA, Res. 2398 (XXIII) v. 03.12.1968.

[116] Mangels völkerrechtlichen Vertrages als Gründungsakt ist UNEP keine internationale Organisation, sondern nur ein Unterorgan der UN, GA, Res. 2997 (XXVII) v. 15.12.1972.

[117] Vertrag über die Grundsätze zur Regelung der Tätigkeiten von Staaten bei der Erforschung und Nutzung des Weltraums, ang. durch GA, Res. 2222 (XXI) v. 27.01.1967; Übereinkommen über die Rettung und Rückführung von Raumfahrern sowie die Rückgabe von in den Weltraum gestarteten Gegenstände, ang. durch GA, Res. 2345 (XXII) v. 22.04.1968; Übereinkommen über die völkerrechtliche Haftung für Schäden durch Weltraumgegenstände, ang. durch GA, Res. 2777 (XXVI) v. 29.03.1972; Übereinkommen über die Registrierung von in den Weltraum gestarteten Gegenständen, ang. durch GA, Res. 3235 (XXIX) v. 14.01.1975; Übereinkommen zur Regelung der Tätigkeiten von Staaten auf dem Mond und anderen Himmelskörpern, ang. durch GA, Res. 34/68 v. 18.12.1979.

[118] GA, Res. 217A (III) v. 10.12.1948.

Pakte über bürgerliche und politische Rechte (ICCPR)[119] und über wirtschaftliche, soziale und kulturelle Rechte (ICESCR),[120] welche 1976 in Kraft traten.[121]

Nicht zuletzt führte die Emanzipation der ehemaligen Kolonien zu erheblichen materiellen Veränderungen des Völkerrechts. Das oben beschriebene von den neuen Staaten verfolgte Programm zur Neuausrichtung der Weltwirtschaftsordnung lässt sich dem 1964 erstmals so bezeichneten Entwicklungsvölkerrecht[122] zuordnen.[123] Vertreter dieser Denkschule forderten, die Grundannahme der sich aus der Souveränität der Staaten ergebenden Gleichheit hinsichtlich der tatsächlich bestehenden wirtschaftlichen Ungleichheit zwischen Industriestaaten und Entwicklungsländern zu überdenken.[124] Niederschlag fand dieser Ansatz im später hinzugefügten Abschnitt IV des Allgemeinen Zoll- und Handelsabkommens (GATT)[125], welches abweichende Regeln für Entwicklungsländer zulässt, insbesondere ein Abweichen von dem Meistbegünstigungsgrundsatz (Art. I).[126] Umsetzungserfolge hinsichtlich einer Neuausrichtung der Weltwirtschaftsordnung ließen sich im Seerecht verzeichnen: Das 1982 angenommene Übereinkommen stellt sich in den Dienst einer ausgewogenen Wirtschaftsordnung und erwähnt die Entwicklungsländer explizit.[127] Zugleich dient das Seerecht als Beispiel für das Bestreben der Entwicklungsländer, die Kodifizierung internationalen Rechts voranzutreiben;[128] weitere Beispiele sind etwa das Selbstbestimmungsrecht der Völker in Form einer Resolution[129] oder aber auch die Grundsätze der zwischenstaatlichen Beziehungen in den Wiener Konventionen.[130] Zur Effektivierung des

---

[119] GA, Res. 2200A (XXI) v. 16.12.1966.

[120] GA, Res. 2200A (XXI) v. 16.12.1966.

[121] Zur Entstehungsgeschichte siehe § 2 A. I. 3. Rechtsverbindlichkeit von UN-Resolutionen.

[122] *Dann,* Entwicklungszusammenarbeit, in: J. Isensee/Kirchhof (Hrsg.), HbStR XI § 249 Rn. 10; dazu: *Virally,* AFDI 1965, S. 3 ff.

[123] *Mahiou,* Development, International Law of, in: Wolfrum, MPEPIL, online-Ausgabe (März 2013), Rn. 1.

[124] *Virally,* AFDI 1965, S. 3 (5).

[125] General Agreement on Tariffs and Trade, am 01.01.1948 vorläufig in Kraft getreten, Abschnitt IV trat am 27.06.1966 in Kraft.

[126] Ausf. zum Entwicklungsland als privilegiertem Rechtsstatus aus Sicht der OECD-Staaten *Petersmann,* ZaöRV 1976, S. 492 ff.; zu *Petersmanns* neoliberaler Haltung im Sinne der Genfer Schule siehe *Slobodian,* Die Globalisten, S. 318, 352 ff.

[127] GA, Res. 2749 (XXV) v. 17.12.1970; später Seerechtsübereinkommen der Vereinten Nationen, UN Doc. A/CONF.62/121 v. 10.12.1982; 1833 UNTS396; BGBl. 1994 II, 1798, Präambel; ausf. *Jaenicke,* in: Oppermann/Petersmann (Hrsg.), Reforming the International Economic Order, S. 147 ff.; *Bouchez,* in: Bos (Hrsg.), The Present State of Int. Law, S. 143 ff.; *Anand,* Origin and Development of the Law of the Sea, S. 188, 194 ff.; zur deutschen Haltung siehe *German Branch Committee of the ILA,* in: Oppermann/Petersmann (Hrsg.), Reforming the International Economic Order, S. 19 ff.

[128] *Petersmann,* ZaöRV 1976, S. 492 (517).

[129] GA, Res. 2625 (XXV) v. 24.10.1970.

[130] Wiener Konventionen über diplomatische Beziehungen von 1961, BGBl. 1964 II, 957; über konsularische Beziehungen 1963, BGBl. 1969 II, 1585; und über das Vertragsrecht 1969, BGBl. II, 926 (i.F. WVK).

Entwicklungsgebots wurde eine Reihe von Programmen und Institutionen zur Entwicklungsförderung gegründet, wie beispielsweise das UN-Entwicklungsprogramm (UNDP), die bereits erwähnten UNCTAD und UNIDO zählen ebenfalls dazu.

Auch andere Völkerrechtsgebiete, wie das Wirtschaftsvölkerrecht, waren nicht nur durch die Entkolonialisierung bedingten Veränderungen unterworfen. Ausgehend von der Bretton-Woods-Konferenz im Jahr 1944, welche ein Jahr später zur Gründung des Internationalen Währungsfonds (IWF) und der Bank für Wiederaufbau und Entwicklung (IBRD) führte, sowie der Havanna-Charta vier Jahre später, aus der das GATT 1947 hervorging, kam es zu einer zunehmenden Institutionalisierung des Wirtschaftsvölkerrechts.

Daneben bildeten sich speziellere Zusammenschlüsse mit unterschiedlich dichtem Organisationsgrad: Die ölexportierenden Staaten schlossen sich 1960 zu einer internationalen Organisation zusammen (OPEC). Im Jahr 1961 ersetzte die Organisation für wirtschaftliche Zusammenarbeit und Entwicklung (OECD) die Organisation für Europäische Wirtschaftliche Zusammenarbeit (OEEC), die die Implementierung des European Recovery Programme (sogenannter Marshallplan) überwacht hatte. Während der Ölkrise fand im Jahr 1975 erstmals ein Treffen der führenden Industriestaaten – G-Format – statt, damals unter deutsch-französischer Schirmherrschaft noch als G6 mit Großbritannien, Italien, Japan und den Vereinigten Staaten.

Einige der materiellen Rechtsveränderungen, wie etwa im Seerecht,[131] wurden durch Resolutionen vorbereitet oder bewirkt. Daneben führte die Etablierung einer Vielzahl neuer Organisationen zu einer Fülle von Organisationssekundärrecht sowie Empfehlungen, deren Rechtscharakter und -einfluss unklar oder zweifelhaft waren. Auch diese bedingten die Entstehung der Kategorie des Soft Law. Die Entwicklung von Soft Law lässt sich somit maßgeblich auf die Expansion des Völkerrechts in subjektiver Hinsicht, also auf die Emanzipation der ehemaligen Kolonien und auf seine materielle Ausdehnung, zurückführen.

B. Elemente des Soft Law Begriffs

Trotz der umfangreichen Auseinandersetzung mit dem Phänomen konnte sich bislang noch keine Definition von Soft Law in der Literatur durchsetzen. Merkmal der wissenschaftlichen Auseinandersetzung mit Soft Law ist daher, dass eine Vielzahl unterschiedlicher Definitionen verwendet wird. Bisweilen scheint es so, dass Soft Law als *umbrella term* für jedwedes nicht verbindliche Handeln verwendet wird.[132] Soft Law lässt sich jedoch nicht einfach umgekehrt als Nichtrecht begreifen.[133] Auch innerhalb der unverbindlichen Handlungsformen sind In-

---

[131] GA, Res. Nr. 2749 (XXV) v. 17.12.1970.

[132] Vgl. *Boyle/Chinkin,* The Making of Int. Law, S. 212.

[133] So auch *Knauff,* Der Regelungsverbund, S. 227; *Reiling* ZaöRV 2018, S. 311 (319).

strumente verschiedener Regelungsdichte und Verbindlichkeit zu unterscheiden. Um einen plastischen Untersuchungsgegenstand bestimmen zu können, muss Soft Law sowohl gegenüber verbindlichen als auch gegenüber unverbindlichen Handlungsformen abgegrenzt werden. Eine Arbeitsdefinition wird daher anhand ausgewählter Elemente, welche regelmäßig in Soft Law-Definitionen verwendet werden, entwickelt. Die so vorgenommene Begrenzung des Begriffs ist vor der Folie der Forschungsfrage zu sehen, die sich mit dem Verhältnis von demokratischer Legitimation und internationalem Soft Law beschäftigt.[134]

I. Inhalt und Wirkung

Der Begriff setzt sich aus zwei Bestandteilen zusammen: einer Charakterisierung als „weich" und einem Rechtsbezug. Wählt man den Rechtsbezug als Ausgangspunkt, so stellt sich die Frage, was Recht, genauer Völkerrecht, konstituiert. Fragen nach dem Wesen des Rechts, jünger auch des Völkerrechts, haben die Rechtswissenschaft und dort primär die Rechtsphilosophie und -theorie intensiv beschäftigt. Ausreichend für den Gegenstand dieser Arbeit ist die Feststellung, dass die Qualifikation als Recht üblicherweise formal erfolgt.[135] Rechtsnormen sind Sollenssätze, die der Verhaltensregulierung dienen[136] und einen unbedingten Verbindlichkeitsanspruch erheben.[137] Im Sinne eines positivistischen Verständnisses können primär Staaten oder von diesen Ermächtigte Recht schaffen.[138] Innerstaatlich entscheidend sind die dafür rechtlich bestimmten Gesetzgebungs- und Erlassverfahren.[139] Zunächst scheint dieser Ansatz nicht auf das Völkerrecht übertragbar, fehlt hier doch eine klar auszumachende Legislative.[140] In Ermangelung eines zentralen Gesetzgebers erfüllen diese Funktion im Völkerrecht die Rechtsquellen. Völkerrecht ist solches, welches den in Art. 38 Abs. 1 IGH-Statut wiedergegebenen Rechtsquellen entspringt.[141] Es beansprucht Rechtsgeltung, kann also in dem im Völkerrecht vorhandenen Maße durchgesetzt werden und im Falle der Nichterfüllung zu Entschädigungen führen. Völkerrecht unterscheidet sich also im Vergleich zu nationalem Recht hinsichtlich seiner Durchsetzungsfähigkeit, nicht hinsichtlich seiner Verbindlichkeit.[142] Aus deutscher Per-

---

[134] Siehe dazu § 1 Diskussion um den Migrationspakt – Problemaufriss.

[135] *Schilling,* Rang und Geltung von Normen, S. 371; ausf. zum Wesen des Rechts *Dreier,* NJW 1986, S. 890 ff.; *Hart,* Concept of Law, 1961; *Kelsen,* Reine Rechtslehre, Studienausgabe, 1. Auf. 2008; *Schilling,* Rang und Geltung von Normen, S. 13 ff.

[136] *Schilling,* Rang und Geltung von Normen, S. 13 f; *Zippelius,* Rechtsphilosophie, S. 9.

[137] *Knauff,* Der Regelungsverbund, S. 25; *Zippelius,* Rechtsphilosophie, S. 25.

[138] Ebd., S. 24.

[139] Ebd., S. 25.

[140] *Thirlway,* The Sources of Int. Law, S. 3.

[141] Die Rechtsquellendogmatik steht seit längerem stark in der Kritik, siehe überblicksartig zu alternativen Theorieansätzen statt vieler nur *van Hoof,* Rethinking the Sources, 1983 und *Lippold,* The Interrelationship of the Sources of Public International Law, 2021.

[142] Wegen der schwächeren Durchsetzungsmöglichkeiten wird teilw. dem Völkerrecht die Rechtsqualität abgesprochen: *Goldsmith/Posner,* Limits of Int. Law, S. 202 f.; dazu kritisch

spektive ergibt sich die Rechtsverbindlichkeit des Völkerrechts einerseits aus Art. 25 GG, welcher die allgemeinen Regeln, also das Gewohnheitsrecht und die allgemeinen Rechtsgrundsätze, des Völkerrechts in das deutsche Recht einbezieht, andererseits aus Art. 59 Abs. 2 GG, welcher völkerrechtliche Verträge über einen Rechtsanwendungsbefehl in Form eines Gesetzes ins nationale Recht übersetzt. Den einzelnen Vorschriften übergeordnet stehen das Leitbild offener Staatlichkeit und der Grundsatz der Völkerrechtsfreundlichkeit, die die öffentliche Gewalt dazu verpflichten, auf die Vereinbarkeit von innerstaatlicher und internationaler Rechtsordnung hinzuwirken und eine Verletzung des Völkerrechts zu vermeiden.[143]

Dieser Dogmatik folgend müsste Soft Law, um Rechtsverbindlichkeit beanspruchen zu können, einer der förmlichen Quellen zuordenbar sein. Die Unterteilung in förmliche und als Ergänzung dienende materielle Quellen meint, dass eine Regelung zum einen ihre Geltung aus einer Quelle beziehen muss (förmlich) und der Inhalt zugleich materiell durch eine andere Quelle bestimmt sein kann. So kann eine Regelung beispielsweise zwar inhaltlich aus einem bilateralen Vertrag stammen (materielle Quelle), aber als Gewohnheitsrecht gelten (förmliche Quelle).[144] Ob Soft Law einer Quelle zuordenbar ist und, wenn ja, welcher, hängt davon ab, was man unter Soft Law versteht. Es lassen sich dabei zwei unterschiedliche Verwendungen des Begriffs beobachten:

1. Soft Law als „weiches" Recht

Der Soft Law-Begriff wird für völkerrechtliche Verträge verwendet, die inhaltlich vage, unpräzise oder aussparend formuliert sind. Teile eines Vertrages oder der Vertrag als Ganzes können trotz seiner formellen Rechtsverbindlichkeit als weich bezeichnet werden.[145] *D'Aspremont* führt als Beispiel das Rahmenübereinkommen zum Schutz nationaler Minderheiten des Europarates an, welches selbst keine Definition von Minderheiten enthält.[146] Ein weiteres Beispiel ist das Pariser Klimaschutzübereinkommen, welches im Jahr 2015 ausgehandelt und als völ-

---

Cremer, ZaöRV 2007, S. 267(282), der ihren *rational-choice*-Ansatz und die gewählte Perspektive eines externen Beobachters unter Außerachtlassen der Innenperspektive der Wirkweise von Völkerrecht als wirklichkeitsfremd bezeichnet. Für den amerikanischen *exceptionalism,* siehe *Bolton,* Trans. Law & Contemp. Probl. 2000, S. 1 (8).

[143] BVerfGE 111, 307 (318); *Schorkopf,* Staatsrecht der int. Beziehungen, § 1 Rn. 54 ff. m. w. N.; ausf. § 4 A. IV. Einbeziehung der Rechtsquellen in das GG.

[144] *Jennings/Watts,* Oppenheim's Int. Law, S. 23.

[145] *Baxter,* ICLQ 1980, 549 (550); *Boyle,* in: Evans (Hrsg.), Int. Law, S. 131; *Chinkin,* in: Shelton (Hrsg.), Commitment and Compliance, S. 25 f.; *D'Aspremont,* EJIL 2008, S. 1075 (1084); *Klabbers,* Nord. J. Int'l L. 1996, S. 167 (168).

[146] *D'Aspremont,* EJIL 2008, S. 1075 (1085); Rahmenübereinkommen des Europarates vom 01.02.1995 zum Schutz nationaler Minderheiten, BGBl. 1997 II, 1406; weitere Beispiele bei *Abbott/Keohane/Moravcsik/Slaughter/Snidal,* Int. Organization 2000, S. 401 (414); *Hunter* bezeichnet das Pariser Abkommen auch als ein solchen völkerrechtlichen Vertrag, vlg. *ders.,* in: Bradlow/ders. (Hrsg.), Advocating Social Change, S. 152.

kerrechtlicher Vertrag angenommen wurde.[147] Als Innovation wurde hier erstmalig der sogenannte *Pledge-and-review*-Ansatz[148] rechtsverbindlich inkorporiert, der Staaten zwar zum Ergreifen von Maßnahmen zum Klimaschutz verpflichtet, jedoch jedem Staat selbst erlaubt, dafür erforderliche nationale Beiträge zu bestimmen, und deren Einhaltung nur überwacht.[149] *D'Aspremont* bezeichnet diese Instrumente insgesamt oder ihre unpräzisen Teile als *soft negotium*.[150]

Den Vertragsparteien steht es beim Aushandlungsprozess frei, ein rechtsverbindliches Instrument zu wählen und es dennoch inhaltlich weich zu gestalten. Diese Vorgehensweise kann sich aus Sicht der Beteiligten anbieten, wenn eine spezifische Verpflichtung verhindert werden, die Option des *Opt-outs* erhalten bleiben oder die Reichweite der Anwendung nationalstaatlich bestimmt werden soll.[151] Die inhaltlich weiche Ausgestaltung des betroffenen Vertrages ändert nichts an seiner Rechtsqualität. Formal betrachtet handelt es sich nach wie vor um bindendes Völkerrecht, selbst wenn die normative Aussagekraft gering sein mag. Fragen der inhaltlichen Determinierung betreffen hauptsächlich dessen effektive Wirksamkeit. Um auf die oben aufgeworfene Frage zurückzukommen, lässt sich mit Blick auf dieses Verständnis von Soft Law die Frage dahingehend beantworten, dass dieses der förmlichen Quelle der völkerrechtlichen Verträge zuzuordnen ist.

2. Soft Law als weiches „Recht"

Soft Law wird darüber hinaus auch als Begriff für Regelungen verwendet, die auf unverbindliche Abmachungen und Dokumente zurückgehen. Solche Regelungen entspringen keiner anerkannten Rechtsquelle des Völkerrechts (Art. 38 Abs. 1 IGH-Statut)[152] und bilden damit kein formelles Völkerrecht. Sie erzeugen anfänglich keine Rechtsverbindlichkeit und können dementsprechend keine Rechtsgeltung beanspruchen.[153] Das wirkt sich im Falle der Nichterfüllung aus sowie daran anknüpfend auf Fragen der Durchsetzbarkeit und Entschädigung.[154]

---

[147] Übereinkommen von Paris, BGBl. 2016 II, S. 1240; Abl. L 282 vom 19.11.2016.

[148] *Hunter,* in: Bradlow/ders. (Hrsg.), Advocating Social Change, S. 150.

[149] Ebd., S. 151.

[150] *D'Aspremont,* EJIL 2008, S. 1075 (1084).

[151] Ebd.

[152] *Blutman,* ICLQ 2010, S. 605 (606); Die Versuche Soft Law als neue Quelle des Völkerrechts zu etablieren, haben sich nicht durchgesetzt, *Charlesworth,* in: Koskenniemi/Crawford (Hrsg.), Int. Law, S. 199; vgl. auch *Hoof,* Rethinking the Sources, S. 179 ff.; ausf. zum Verhältnis von Soft Law zu Art. 38 Abs. 1 IGH-Statut, *Arndt,* Sinn und Unsinn von Soft Law, S. 88 ff.; *Giersch,* Das int. Soft Law, S. 72 ff.; 205 ff.

[153] *Bradlow/Hunter,* in: dies. (Hrsg.), Advocating Soical Change, S. 5; *D'Aspremont,* in: ders./Singh (Hrsg.), Concepts for Int. Law, S. 69 f.; *Heusel,* „Weiches" Völkerrecht, S. 275.

[154] *Heusel,* „Weiches" Völkerrecht, S. 275; *Hillgenberg,* EJIL 1999, S. 499 (506); *Neuhold,* in: Wolfrum/Röben (Hrsg.), Developments of Int. Law, S. 49.

Mit dieser Feststellung wird an der binären Unterscheidung zwischen Rechtsverbindlichkeit und Rechtsunverbindlichkeit festgehalten.[155]

Konnte die Verwendung des Soft Law-Begriffs oben noch mithilfe der formellen Bestimmung erfolgen und kam es für seine Einordnung aufgrund seiner
Rechtsqualität nicht auf seine materielle Ausgestaltung an, muss wegen des fehlenden Links der jetzt zu thematisierenden Regelungen zu den Rechtsquellen eine
inhaltliche Annäherung versucht werden. Der Begriff muss positiv bestimmt werden. Entscheidend für die Bestimmung ist erneut der Rechtsbegriff. Dieser legt
nahe, dass Soft Law materiell einen Sollzustand beschreibt, in dem eine verhal-
tensbezogene Erwartung gegenüber dem Adressaten formuliert wird.[156] Der
Rechtsbegriff bezieht soziale Normen mit ein.[157] Damit sind hier desiderative
Erwartungen gemeint, auf deren Übertretung soziale Reaktionen folgen.[158] Ziel
von Soft Law ist somit die Verhaltensregulierung.[159]

Durch die normative Formulierung[160] wird ein Befolgungsanspruch erhoben.
Das schließt beispielsweise Studien wie die Internationale Schulleistungsstudie
der OECD (PISA) aus dem Soft Law-Begriff aus; diese ist zwar faktisch äußerst
wirksam, erhält selbst aber keine normativen Aussagen, sondern fragt lediglich
die Kompetenzen von Schülern hinsichtlich ausgewählter Bereiche ab.[161] Wenn
Soft Law befolgt wird, lässt sich dies nicht mit seiner rechtlichen Geltung erklären. Durch seine Annahme muss dementsprechend eine andere Form von Bindung ausgelöst werden. In unverbindlichen Abmachungen selbst wird gelegentlich eine politische Bindungswirkung vereinbart.[162] Auch findet man die Festle-
gung des Status eines *Gentlemen's Agreement*.[163] In anderen Dokumenten wird

---

[155] *D'Aspremont,* in: ders./Singh (Hrsg.), Concepts for Int. Law, S. 68.

[156] *Bothe,* „Soft Law" in den Europäischen Gemeinschaften?, in: FS Schlochauer, 1981,
S. 769; *Chinkin,* ICLQ 1989, S. 850 (865); *dies.,* in: Shelton (Hrsg.), Commitment and Compliance, S. 22; *Giersch,* Das int. Soft Law, S. 42; *Knauff,* Der Regelungsverbund, S. 216; *Schilling,* Rang und Geltung von Normen, S. 14; *Thürer,* Soft Law, in: Bernhardt (Hrsg.), EPIL,
Bd. IV., S. 452.

[157] *Bothe,* „Soft Law" in den Europäischen Gemeinschaften?, in: FS Schlochauer, 1981,
S. 769.

[158] *Popitz,* Soziale Normen, S. 69, 86; Popitz nennt diese Erwartung „Verhaltensregelmä-
ßigkeit" (S. 78), zu unterscheiden sind diese vom speziellen Fall der Rechtsnormen, wo die
Sanktionsmöglichkeit, also die Möglichkeit sozial auf die Übertretung zu reagieren, beim
Staat monopolisiert ist, ebd., S. 70.

[159] *Schilling,* Rang und Geltung von Normen, S. 14.

[160] *Boyle,* in: Evans (Hrsg.), Int. Law, S. 121.

[161] Siehe dazu *Goldmann,* Int. Öffentliche Gewalt, S. 521, der diese Studie gerade als Beispiel für seine Theorie der internationalen öffentlichen Gewalt verwendet.

[162] OECD, Final Document of the Stockholm Conference on Confidence and Security
Building Measures v. 19.09.1986, Ziff. 101; direkt in der Abgrenzung zur rechtlichen Bindungswirkung: Globaler Pakt für Flüchtlinge, A/73/12 (Part II) v. 02.08.2018, Ziff. 4.

[163] OECD, Trade and Argriculture Directorate Participants to the Arrangement on Offi-
cially Supported Export Credits v. 16.01.2018, Ziff. 2.

die Bindung ungeachtet des rechtlichen Status behauptet.[164] Diese Unsicherheit über den Status wird teilweise zum konstituierenden Merkmal für diese Art von Soft Law erhoben.[165] Andere unverbindliche Abmachungen schweigen wiederum zu ihrem Rechtsstatus und damit zu ihrer Bindungswirkung vollständig.[166] Da die Abmachungen im politischen Raum ausgehandelt werden und auch dort Wirkung entfalten sollen, ist die Bindung am ehesten als politische einzuordnen. Die politische Bindungswirkung lässt sich als Selbstverpflichtung der Akteure übersetzen, entweder den selbst geschaffenen Akt zu achten oder die Akte von abgeleiteten Dritten zu achten. Nicht dienlich erscheint es, eine moralische Bindung zu unterstellen. Erstens stellt sich dann die Frage, inwiefern Staaten oder Organisationen überhaupt moralisch handeln können, und zweitens würde dies das Handeln auf internationaler Ebene wieder an die Moral annähern, aus welcher sich das Völkerrecht während der Modernisierung im 19. Jahrhundert gerade gelöst hat.[167]

Die Erwartung, dass eine solche Art von Soft Law befolgt wird, kann dadurch unterstützt werden, dass ein Überwachungsmechanismus in der Abmachung vereinbart wird. In regelmäßigen Abständen können damit die Implementierung sowie Einhaltung des Vereinbarten observiert und in Arbeitsgruppen weiter konkretisiert werden.[168]

3. Vermittelnder Ansatz

Es zeigt sich, dass für zwei unterschiedliche Phänomene – für inhaltlich schwach determinierte völkerrechtliche Verträge sowie für rechtsunverbindliche Instrumente, die normativ gestaltet sind – der gleiche Begriff verwendet wird. Das ist problematisch, sofern die Unterscheidung zwischen verbindlichem Völkerrecht und nicht verbindlichem Handeln mit Blick auf die Rechtsquellenarchitektur weiterhin aufrechterhalten werden soll, und es führt zu Unsicherheit darüber, über welche Art von Soft Law gesprochen wird.[169]

Einen Ausweg könnte der Ansatz eines Autorenkollektivs bieten, der diese strenge Unterteilung hin zu einem multidimensionalen Kontinuum auflöst.[170] Für die Autoren ist der Begriff der Legalisierung entscheidend, worunter sie eine

---

[164] Guiding Principles on Internal Displacement, E/CN.4/1998/53/Add. 2 v. 11.02.1998, Annex, Principle 2.1.

[165] *Charlesworth*, in: Crawford/Koskenniemi (Hrsg.), Int. Law, S. 198.

[166] Agenda 2030, A/RES/70/1 v. 21.10.15; Schlussakte der Konferenz über Sicherheit und Zusammenarbeit in Europa v. 01.08.1975.

[167] *D'Aspremont*, in: ders./Singh (Hrsg.), Concepts for Int. Law, S. 69; *Hart*, Concept of Law, S. 225.

[168] Bspw.: United Nations Millenium Declaration, A/RES/55/2 v. 08.09.2000, Ziff. 31; Agenda 2030 für nachhaltige Entwicklung, A/RED/70/1 v. 21.10.2015, Ziff. 72 ff.; *Hillgenberg*, EJIL 1999, S. 499 (511); *Knauff*, Der Regelungsverbund, S. 256.

[169] *Weil*, AJIL 1982, S. 413 (415, Fn. 7).

[170] *Abbott/Keohane/Moravcsik/Slaughter/Snidal*, Int. Organization, S. 401 (ebd.).

bestimmte Form von Institutionalisierung verstehen. Diese Form der Institutionalisierung setze sich wiederum aus drei Elementen zusammen: aus der Verpflichtung *(obligation)*, womit eine rechtliche Bindung gemeint ist, der Präzision
(precision), also der inhaltlichen Determinierung, sowie der Delegation *(delegation)*, hinter der sich die Übertragung von Autorität bezüglich Implementierung, Interpretation und Anwendung verbirgt. Internationale Instrumente ließen
sich nach diesen drei Elementen einordnen. Wenn alle drei Elemente stark vorhanden seien, liege der Idealtyp harten Rechts vor. Seien die drei Elemente gar
nicht vorhanden, liege im Gegensatz dazu gar keine Legalisierung vor. Dazwi-
schen seien verschiedene Kombinationen der Elemente denkbar, die dann jeweils
näher an einem der beiden Idealtypen einzuordnen seien.[171] Übertragen auf die in
diesem Abschnitt dargestellten Begrifflichkeiten wäre beim „weichen" völkerrechtlichen Vertrag das Element der Verpflichtung *(obligation)* stark und das
Element der Präzision *(precision)* schwach ausgeprägt. Umgekehrtes gilt für den
zweiten hier dargestellten Soft Law-Begriff, der nur eine schwache Verpflichtung
aufweisen kann, aber dafür inhaltlich detailliert ausgestaltet ist.

Der Vorteil dieses Ansatzes ist, dass er es ermöglicht, die Komplexität der
internationalen Handlungsinstrumente darzustellen und miteinander zu kombinieren. Kritisch ist anzumerken, dass er die Rechtsbindung und dahinterste-
hend die Zugehörigkeit zu einer förmlichen Quelle nur als eines von mehreren
Merkmalen einordnet.

4. Zwischenergebnis

Für diese Arbeit ist als Kriterium Völkerrechtsverbindlichkeit entscheidend.
Denn zum einen löst diese innerstaatlich die Beteiligung des Parlaments aus
(Art. 59 Abs. 2, ggf. Art. 23 Abs. 1 GG). Mögen sich „weiche" völkerrechtliche
Verträge und rechtsunverbindliche politische Abmachungen hinsichtlich ihrer
hybriden Natur ähneln, so unterscheidet sie aus innerstaatlicher Sicht, dass Erstere in den Willen des direktdemokratisch legitimierten Gesetzgebers aufgenommen wurden. Die innerstaatliche Beteiligung der Legislative wirkt dabei in zwei
Richtungen: Sie prägt bereits die Aushandlungen eines solchen Instruments vor,
da Regierungen die jeweiligen politischen Verhältnisse, die Mehrheitsbedingun-
gen und die nationalen Erfordernisse mitbedenken müssen, um im Ergebnis zur
Ratifikation des Ausgehandelten gelangen zu können. Zugleich bedeutet die Beteiligung der Legislative, dass die innerstaatliche Wirkung des so angenommenen
Instruments weitaus größer ist, da ihr im Regelfall durch die Umsetzung eine
originäre Befolgungspflicht als Gesetz zukommt und die nationale Rechtsordnung damit umgestaltet wird.

Zum anderen mag die inhaltlich weiche Ausgestaltung eines Instruments
nichts an seinem Rechtscharakter ändern. Die Behandlung eines völkerrechtlichen Vertrages im Völkerrecht und innerstaatlichen Recht ist bekannt und ein-

---

[171] Ebd., (402).

gespielt. Schwierigkeiten bereitet vielmehr Soft Law im Sinne der zweiten Verwendung des Begriffs. Das Formulieren einer normativen Verhaltenserwartung, die befolgt wird, ohne dass sie auf eine förmliche Rechtsquelle rückführbar ist, ist erklärungsbedürftig. Daher wird im Rahmen dieser Arbeit der Begriff Soft Law ausschließlich in dieser Weise verwendet.

II. Kompetenz

Einzugrenzen ist ferner, wer berechtigt ist, Soft Law zu setzen. Neben Staaten werden im Feld informalisierten Handelns die Tätigkeiten internationaler Organisationen immer wichtiger. Außerhalb des staatlichen Bereichs sind privat Organisierte wie Nichtregierungsorganisationen und multinationale Unternehmen, die mit Staaten als Repräsentanten einer Zivilgesellschaft um den Steuerungsanspruch konkurrieren können, in den Blick zu nehmen.[172]

1. Staaten

Wegen der begrifflichen Nähe zum Recht kann als Ausgangspunkt die Völkerrechtssubjektivität[173] gewählt werden;[174] hiervon sind primär Staaten umfasst. Sie sind grundsätzlich frei darin, die Form ihres Handelns zu bestimmen, sodass sie auch unverbindliche Vereinbarungen treffen können.[175] Exemplarisch für eine solche Staatenvereinbarung ist die Schlussakte der Konferenz über Sicherheit und Zusammenarbeit in Europa (KSZE), die im Anschluss an eine Reihe von Konferenzen zwischen Ost- und Westeuropa im August 1975 unterzeichnet wurde.[176] Eine Gesamtschau des Dokuments und der Umstände seiner Annahme, beispielsweise mit dem Hinweis, dass das Dokument, nicht wie bei völkerrechtlichen Verträgen üblich, bei der UN registriert werden soll (Art. 102 UN-Charta), lässt den Schluss zu, dass die unterzeichnenden Staaten sich rechtlich nicht binden wollten.[177]

2. Internationale Organisationen

Als weiterer wichtiger Akteur zur Setzung von Soft Law sind internationale Organisationen zu nennen. Eine internationale Organisation ist eine Form der zwischenstaatlichen Zusammenarbeit, die auf einem internationalen Abkommen

---

[172] *Meesen*, Multinationale und globale Unternehmen, in: J. Isensee/Kirchhof (Hrsg.), HbStR, Bd. XI, § 246 Rn. 2.

[173] In der englischsprachigen Literatur und ihr folgend wird der Begriff Völkerrechtssubjektivität und internationale Rechtspersönlichkeit synonym verwendet.

[174] *Thürer,* in: Bernhardt (Hrsg.), EPIL, Bd. IV, S. 454.

[175] *Hillgenberg,* EJIL 1999, S. 499 (506).

[176] Dazu *Heusel,* Weiches Recht, S. 166 ff.; zur KSZE aus Sicht der UdSSR *Wettig,* Osteur. 1975, S. 977 ff.

[177] *Russel,* AJIL 1976, S. 242 (246 ff.); *Schachter,* AJIL 1977, S. 296 (296); *Schweisfurth,* ZaöRV 1976, S. 681 (692 f.).

beruht, mindestens ein Organ besitzt, welches eigenständig Erklärungen abgeben kann, und völkerrechtlich anerkannt ist.[178] Zahlenmäßig übersteigt die Anzahl der internationalen Organisationen inzwischen bei weitem die der Staaten.[179] Gerade da ihnen häufig die Kompetenz zum Erlass rechtsverbindlicher Akte fehlt, nutzen sie unverbindliche Instrumente, die teilweise Soft Law darstellen.[180] Die Befugnis dazu lässt sich nicht mit der Rechtspersönlichkeit einer internationalen Organisation begründen. Denn diese steht nur in wenigen Fällen ausdrücklich fest und an sie sind im Gegensatz zur innerstaatlichen Rechtsordnung nicht automatisch Rechtsfolgen geknüpft.[181] Ganz im Gegenteil: Die Auswertung der einer Organisation zustehenden Kompetenzen lässt vielmehr erst im Umkehrschluss die Annahme der Völkerrechtspersönlichkeit zu.[182] Doch auch institutionalisierte Zusammenschlüsse unterhalb der Schwelle einer internationalen Organisation können die Urheber von Soft Law sein. Dieses ist dann entweder den dahinterstehenden Staaten zuzurechnen, so etwa beim G-Format, oder, wenn eine vertiefte Organisationsdichte wie etwa bei der Organisation für Sicherheit und Zusammenarbeit in Europa (OSZE) besteht, dem Zusammenschluss selbst. Die Befugnis zur Setzung von Soft Law lässt sich bei beiden Arten des Zusammenschlusses mittelbar auf die dahinterstehenden Staaten zurückführen.

3. Private

Damit schließt sich die Frage an, ob nicht staatliche Akteure wie internationale Nichtregierungsorganisationen (NGOs),[183] Fachorganisationen[184] oder transnationale Unternehmen ebenfalls Soft Law kreieren können. Wäre dem so, ließen

---

[178] Angelehnt an *Schermers/Blokker,* International Institutional Law, S. 41 § 33.

[179] *Schermers/Blokker* nehmen an, dass es nach ihrer Definition ca. 500–700 internationale Organisationen gibt, ebd.

[180] *Schachter,* in: Joyner (Hrsg.), The United Nations and International Law, S. 3.

[181] Die Europäische Union bildet insofern die Ausnahme (Art. 47 EUV). *Klabbers,* in: Katz Cogan/Hurd/Johnstone (Hrsg.), The Oxford Handbook of Int. Organizations, S. 141.

[182] IGH, Reparation for Injuries Suffered in the Service of the United Nation, Adv. Opinion, I.C.J. Rep. 1949, S. 174 (178 f.).

[183] Der Europarat definiert internationale NGOs als Vereine, Stiftungen und andere private Einrichtungen, die einen nicht auf Gewinn gerichteten Zweck von internationalem Nutzen verfolgen, durch eine Rechtshandlung errichtet worden sind, die auf dem innerstaatlichen Recht einer Vertragspartei beruht und eine Tätigkeit ausüben, die sich in mindestens zwei Staaten auswirkt. Siehe Europ. Übereinkommen über die Anerkennung d. Rechtspersönlichkeit int. nichtstaatlicher Organisationen v. 24.04.1986, in: Sammlung Europäischer Verträge Ziff. 124, Art. 1; weitere Definitionen: Consultative relationship between the United Nations and Non-Governmental Organizations, E/RES/1996/31 v. 25.07.1996, Ziff. 9 ff.; Fundamental Principles on the Status of Non-Governmental Organisations in Europe and Expl. Memorandum, CM/Rec(2007)14 v. 10.10.2007, Ziff. 1 (Ausschluss von politischen Parteien als NGOs); *Lindblom,* Non-Governmental Organisations, S. 52.

[184] Definitorisch ließen sich die hier als Fachorganisationen bezeichneten auch als NGOs einordnen. Sie sollen aber aufgrund ihrer inhaltlichen Ausrichtung begrifflich unterschieden werden.

sich die zahlreichen Empfehlungen der NGOs, die Standardsetzung durch Fachorganisationen sowie die Selbstverpflichtungen der Unternehmen, die als sogenannte *Codes of Conduct* oder als Kodizes im Rahmen der *Corporate Social
Responsibility* angenommen werden, ebenfalls als Soft Law einordnen.[185] Bei diesen Akteuren ist die Völkerrechtssubjektivität umstritten, unterliegen sie doch als
Zusammenschluss von Individuen dem Privatrecht der jeweiligen Sitzstaaten und
werden traditionell nicht vom Völkerrecht adressiert.

a) Nichtregierungsorganisationen

Die Beteiligung von NGOs im Völkerrecht ist kein neues Phänomen. Verwiesen
sei nur auf die Beiträge der bereits im Jahr 1873 gegründeten *International Law
Association* für die Weiterentwicklung und Kodifikation des Völkerrechts. Dennoch haben seit den 1990er Jahren die Anzahl der NGOs und damit ihre Sicht-
barkeit im Rechtsetzungsprozess deutlich zugenommen. Inzwischen sind sie zu
einflussreichen Akteuren auf der internationalen Bühne geworden.[186] Sie übernehmen dabei die Rolle von Interessenvertretern. Kritiker bezeichnen sie hingegen als politische Lobbygruppen,[187] die sich werbend für die Durchsetzung
ihrer Anliegen, insbesondere im Umwelt- und Menschenrechtsschutz, einsetzen.[188] Ihre diversen Aktivitäten bestehen aus der Vorbereitung neuen Rechts und
der Pflege sowie Stärkung bereits bestehenden Völkerrechts. Um die Staatengemeinschaft zur Annahme neuer Rechtsinstrumente zu bewegen, wird beispielsweise durch Öffentlichkeitsarbeit in Form von Kampagnen oder Protestaktionen
auf etwaige Missstände aufmerksam gemacht und damit Druck ausgeübt, sich
dieser Missstände anzunehmen.[189] Die NGOs sind dabei oft so erfolgreich, dass
einige Vertragskonferenzen, bei denen es anschließend zur Annahme eines völkerrechtlichen Vertrages kam, maßgeblich auf ihre Tätigkeiten zurückzuführen
sind, beispielsweise die UN-Konvention gegen Folter,[190] die sogenannte Ottawa-

---

[185] Dazu *Bachmann*, Private Ordnung, S. 33 ff.

[186] *Abbott/Snidal*, International Organization 2000, S. 421 (450); *Noortmann*, in: ders./Rei-
nisch/Ryngaert (Hrsg.), Non-State Actors in Int. Law, S. 205; *Puttler*, Globalisierung als
Topos, in: J. Isensee/Kirchhof (Hrsg.), HbStR, Bd. XI, § 234 Rn. 22; *Zemanek*, RdC 1997,
S. 46; für eine ältere Auseinandersetzung mit NGOs siehe *Cromwell White*, The Structure of
Private International Organizations, 1933.

[187] *Anderson*, EJIL 2000, S. 91 (120); *Puttler*, Globalisierung als Topos, in: J. Isensee/
Kirchhof (Hrsg.), HbStR, § 234 Rn. 24.

[188] Diese Funktion wird hervorgehoben durch die Erklärung über das Recht und die Verpflichtung von Einzelpersonen, Gruppen und Organen der Gesellschaft, die allgemein anerkannten Menschenrechte und Grundfreiheiten zu fördern und zu schützen, GA. Res. Ziff.
53/144 v. 09.12.1998.

[189] *Chinkin/Boyle*, The Making of Int. Law, S. 81; *Cullen/Morrow*, Non-State Actors and
Int. Law 2001, S. 7 (14).

[190] Übereinkommen der Vereinten Nationen gegen Folter und andere grausame, unmenschliche oder erniedrigende Behandlung oder Strafe v. 10.12.1984, BGBl. 1990 II, 246;
Tardu, Nord. J. Int'l L. 1987, S. 284 (ebd.).

Konvention[191] oder das Rom-Statut des Internationalen Strafgerichtshofes.[192] Daneben werden sie am Aushandlungsprozess internationaler Abkommen beteiligt[193] und genießen bei einigen internationalen Organisationen Beraterstatus.[194] Letzteres leitet bereits zum zweiten Aufgabenfeld von NGOs über: der Pflege und Stärkung des bereits geltenden internationalen Rechts. Wichtiges Mittel hierfür ist die gerichtliche oder quasigerichtliche Geltendmachung von Rechtsverletzungen.[195] Denkbar sind dabei verschiedene Konstellationen: Die NGO kann die Verletzung eigener Rechte[196] und objektive Rechtsverletzungen ohne eigene Betroffenheit geltend machen,[197] als Drittpartei Rechtsansichten beisteuern *(Amicus Curiae)* oder sie kann Individuen bei der Geltendmachung ihrer Rechte unterstützen.[198] Hinzu kommt das Monitoring der Vertragseinhaltung durch die Staaten, etwa durch sogenannte Schattenberichte.[199] Die Verflechtungen zwischen internationalen Organisationen und NGOs sind teilweise so weitreichend, dass internationale Organisationen in bestimmten Bereichen auf die Expertise der NGOs angewiesen sind.[200] Das ist beispielsweise in Teilen des Umweltvölkerrechts zu beobachten, wo Organisationen wie *Greenpeace* Informationen und selbst erhobene Daten im Zuge ihrer Kampagnen zur Verfügung stellen, beispielsweise zu der Dimension illegaler Fischerei oder der Bedrohung einzelner Arten und Ökosysteme.[201]

---

[191] Übereinkommen über das Verbot des Einsatzes, der Lagerung, der Herstellung und der Weitergabe von Antipersonenminen und über deren Vernichtung v. 18.09.1997, BGBl. 1998 II, 778; *Anderson,* EJIL 2000, S. 92 (104); *Williams/Goose,* in: Cameron/Lawson/Tomlin (Hrsg.), To Walk Without Fear, S. 20.

[192] *Kirsch/Holmes,* AJIL 1999, S. 2 (4).

[193] Für UN-Konferenzen geregelt in E/RES/1996/31 v. 25.07.1996, Teil VII; zur Beteiligung ausf. *Lindblom,* Non-Governmental Organisations in Int. Law, S. 446.

[194] Für die UN: Art. 71 UN-Charta für den Wirtschafts- und Sozialausschuss, siehe auch E/RES/1996/31 v. 25.07.1996; Für die Welthandelsorganisation (WTO): Übereinkommen zur Errichtung der Welthandelsorganisation v. 15.04.1995, BGBl. 1994 II, 1438, Art. V Abs. 2; *Noortmann,* in: ders./Reinisch/Ryngaert (Hrsg.), Non-State Actors in International Law, S. 218 f. m. w. N.

[195] Ausf. *Lindblom,* Non-Governmental Organizations, S. 300 ff.

[196] Art. 34 EMRK.

[197] Übereinkommen über den Zugang zu Informationen, die Öffentlichkeitsbeteiligung an Entscheidungsverfahren und den Zugang zu Gerichten in Umweltangelegenheiten v. 25.06.1998; umgesetzt durch EG-RL 2003/35/EG, Umweltrechtsbehelfsgesetz, BGBl. 2006 I, 2816; sog. 1503-Verfahren nach E/RES/1970/1503 v. 27.05.1970.

[198] *Chinkin/Boyle,* The Making of Int. Law, S. 84 f.; Nicht zu unterschätzen ist inzwischen die Bedeutung der strategischen Prozessführung, insbesondere vor Menschenrechtsgerichten wie dem EGMR, siehe dazu *Carrera/Petkova,* in: Dawson/de Witte/Petkova (Hrsg.), Judicial Activism, S. 233 ff.; *Schüller,* ZAR 2015, S. 64 ff.; *Thym,* ZaöRV 2020, S. 989 (1013 ff.).

[199] *Chinkin/Boyle,* The Making of Int. Law, S. 81.

[200] *Cullen/Morrow,* Non-State Actors and International Law 2001, S. 7 (18); *Hunter,* in: Bradlow/ders. (Hrsg.), Advocating Social Change, S. 140; *Riedel,* VVDStRL 2002, S. 85 (108).

[201] *Cullen/Morrow,* Non-State Actors and International Law 2001, S. 7 (18).

Die starke Stellung der NGOs wird teilweise als Demokratisierung des Völkerrechts begrüßt. Die NGOs seien Ausdruck einer sich entwickelnden globalen Zivilgesellschaft, die über die Staaten hinaus zur Legitimation des Völkerrechts beitragen könne.[202] Als Gegeneinwand lässt sich ihre fehlende Repräsentativität anführen. Sie sind, anders als demokratische Staaten, nicht durch Wahlen legitimiert. *Anderson* geht so weit, sie als grundlegend elitäre Organisationen zu bezeichnen, die mehrheitlich aus Mitgliedern der Industriestaaten oder Experten bestehen sowie wegen ihrer Organisationsstruktur regelmäßig nur bedingt offen sind.[203] Das Ungleichgewicht bei internationalen NGOs zwischen solchen aus dem globalen Norden und solchen aus Ländern des globalen Südens droht die bestehenden Machtstrukturen der Staatengemeinschaft in der proklamierten internationalen Zivilgesellschaft zu replizieren und zur Bevorzugung der Interessen des globalen Nordens weiter beizutragen.[204] Diese Gesichtspunkte sind bei der Beteiligung von NGOs mitzudenken und sprechen dafür, ihnen mehrheitlich nicht die Völkerrechtssubjektivität und Vertragsabschlusskompetenz zuzusprechen. Folglich sind Regelungen, die allein auf NGOs zurückzuführen sind, an dieser Stelle aus dem Soft Law-Begriff auszuklammern.[205]

Sofern Dokumente zwar unter der Beteiligung von NGOs, aber nach wie vor durch die Mitwirkung von Staaten oder internationalen Organisationen entstehen, steht einer Einordnung als Soft Law nichts entgegen. Die so entstandenen Regelungen können ihre Legitimation von den Staaten unmittelbar oder mittelbar über internationale Organisationen ableiten. Ein Merkmal von jüngerem Soft Law ist häufig gerade ein kooperativer Ansatz, der nach dem sogenannten Multi-Stakeholder-Ansatz zivile Interessengruppen beteiligt.[206]

---

[202] *Annan,* In Larger Freedom: Towards Development, security and human rights for all, UN Doc. A/59/2005, v. 21.03.2005, Ziff. 153; *Cameron,* in: ders./Lawson/Tomlin (Hrsg.), To Walk Without Fear, S. 441 am Beispiel des *Ottawa* Prozesses; *Cullen/Morrow,* Non-State Actors in International Law 2001, S. 7 (31, 39); darstellend *Krieger,* AöR 2008, S: 315 (318); abwägend *Charlesworth,* in: Koskenniemi/Crawford (Hrsg.), Int. Law, S. 199; *Chinkin,* in: Shelton (Hrsg.), Commitment and Compliance, S. 29; *Reisman* bezeichnet die Beteiligung von NGOs als demokratisch, aber nicht notwendigerweise egalitär, *ders.,* in: Wolfrum/Röben (Hrsg.), Developments of Int. Law, S. 23.

[203] *Anderson,* EJIL 2000, S. 91 (115).

[204] *Chinkin/Boyle,* The Making of Int. Law, S. 60; *Kamasau/O'Connor,* Transforming Multilateral Diplomacy, S. 78.

[205] Beispiele für solche Regelungen bei *Chinkin,* in: Shelton (Hrsg.), Commitment and Compliance, S. 29; a. A. *Blutman,* ICLQ 2010, S. 605 (607).

[206] Agenda 21, Konferenz der Vereinten Nationen für Umwelt und Entwicklung, Rio de Janeiro, Juni 1992, Ziff. 27, 30; Agenda 2030 für nachhaltige Entwicklung, A/RED/70/1 v. 21.10.2015, Ziff. 17.16, 70; Globaler Pakt für sichere, geordnete und reguläre Migration, A/Res/73/195 v. 19.12.2018, Ziff. 15 lit. j; Globaler Pakt für Flüchtlinge, A/73/12 (Part II) v. 02.08.2018, Ziff. 33; *Strauß* erhebt diese Form der Kooperation sogar zum Definitionsmerkmal von Soft Law, *dies.,* Soft Law, S. 46 ff.

b) Internationale Fachorganisationen

Im Finanzsektor und im technischen Bereich entwickeln Organisationen wie die *International Organisation of Securities Commissions* (IOSCO), die *International Association of Insurance Supervisors* (IAIS), das *International Accounting Standards Board* (IASB)[207] und die *Internationale Organisation für Normung* (ISO)[208] Empfehlungen, die von den jeweiligen Branchen als Standard übernommen werden. Ihre Bedeutung in der jeweiligen Branche darf nicht unterschätzt werden.[209] Das zeigt sich beispielsweise daran, dass Regelungen wie die vom IASB erarbeiteten Empfehlungen für die internationale Rechnungslegung in das Unionsrecht übernommen wurden.[210] Die genannten Organisationen sind privatrechtlich als Vereine oder Stiftungen organisiert.[211] In einigen Fällen können Organe der Europäischen Union an den Beratungen teilnehmen.[212] Davon abgesehen sind Hoheitsträger nicht an der Standardsetzung beteiligt. Es handelt sich um private Regelsetzung. Obwohl sich für sie auch die Bezeichnung *non-state Soft Law* findet,[213] werden sie in dieser Arbeit aus dem Soft Law-Begriff ausgeschlossen. Die in dieser Arbeit zu untersuchenden Fragen hinsichtlich der Bindungswirkung von Soft Law und der möglicherweise dadurch ausgelösten Beteiligungserfordernisse nationaler Parlamente stellen sich aber dann, wenn die Regelungen Ausdruck eines staatlichen oder mittelbar hoheitlichen Willensaktes sind. An diesen Willensakt selbst sind keine besonders hohen Anforderungen zu stellen. So können Dokumente des *Baseler Ausschusses für Bankenaufsicht*,[214] welcher durch die Zentralbankpräsidenten der G10-Staaten ins Leben gerufen wurde, oder die Lebensmittelstandards der *Codex-Alimentarius-Kommission*, deren Gründung auf zwei Sonderorganisationen der UN zurückgeht, durchaus Soft Law darstellen. Regelungen unter dieser Schwelle, also rein private Regelwerke, die vergleichbar zu Satzungen die Selbstorganisation und den Branchenstandard regeln und kontinuierlich optimieren sollen, verbleiben außerhalb des hier verwendeten Soft Law-Begriffs, sofern ein Hoheitsträger sie sich nicht zu eigen macht. Beispielhaft sei hier auf den *Deutschen Corporate Governance Kodex*, einen Leitfaden für die

---

[207] *Ohler,* in: Möllers/Voßkuhle/Walter (Hrsg.), Int. Verwaltungsrecht, S. 259 ff.; *Strauß,* Soft Law, S. 31 ff.

[208] *Röhl,* in: Möllers/Voßkuhle/Walter (Hrsg.), Int. Verwaltungsrecht, S. 319 ff.

[209] *Bachmann,* Private Ordnung, S. 33; *Strauß,* Soft Law, S. 32.

[210] Verordnung (EG) Ziff. 1606/2002 des Europäischen Parlaments und des Rates vom 19.07.2002 betr. die Anwendung internationaler Rechnungslegungsstandards, Amtsblatt Ziff. L 234/1.

[211] IOSCO: Verein nach kanadischem Recht; IAIS: Verein nach schweizerischem Recht; IASB: Informelles Gremium der International Accounting Standards Committee Foundation, welche wiederum eine amerikanische Stiftung ist; ISO: Verein nach schweizerischem Recht.

[212] *Strauß,* Soft Law, S. 35; *Röhl,* in: Möllers/Voßkuhle/Walter (Hrsg.), Int. Verwaltungsrecht, S. 324.

[213] *Olsson,* Sc. St. L. 2013, S. 178 (190).

[214] *Strauß,* Soft Law, S. 36 ff.

Unternehmensführung deutscher börsennotierter Gesellschaften, hingewiesen. Dieser besteht zum Teil aus Empfehlungen und Anregungen, die auf internationalen und nationalen Standards beruhen und durch die Regierungskommission *Deutscher Corporate Governance Kodex*[215] entwickelt und beschlossen werden. Die Kommission besteht ausschließlich aus Vertretern der Wissenschaft und Wirtschaft und ist somit der privaten Selbstregulierung zuzuordnen. Die börsennotierten Unternehmen sind gesetzlich verpflichtet, öffentlich zu erklären, ob sie den Empfehlungen der Regierungskommission gefolgt sind, und ggf. die Nichtbefolgung zu erläutern (§ 161 Abs. 1 AktG), sogenanntes *Comply or Explain*. Ferner werden die Empfehlungen der Regierungskommission im amtlichen Teil des Bundesanzeigers bekannt gemacht (§ 161 Abs. 1 AktG). Dadurch wird die an sich private Regelsetzung in den hoheitlichen Willen aufgenommen und damit sich zu eigen gemacht. Der Kodex qualifiziert sich folglich als Soft Law.[216]

c) Transnationale Unternehmen

Die Vereinten Nationen definieren transnationale Unternehmen als eine wirtschaftliche Einheit, die in mehr als einem Land tätig ist, oder eine Gruppe von wirtschaftlichen Einheiten, die in zwei oder mehr Ländern tätig sind, ungeachtet dessen, welche Rechtsform sie besitzen, ob sie sich in ihrem Sitzland oder ihrem Tätigkeitsland befinden und ob sie einzeln oder gemeinschaftlich betrachtet werden.[217] Hinter dem Ansatz, Unternehmen internationale Rechtspersönlichkeit zuzusprechen, steht die Frage, ob und wie Unternehmen Adressaten völkerrechtlicher Verpflichtungen gerade im Bereich der Menschenrechte sein können.[218] Befürworter der internationalen Rechtspersönlichkeit von transnationalen Unternehmen argumentieren mit der De-facto-Bedeutung, die transnationale Unternehmen auf der Ebene des internationalen Rechts haben,[219] und der zuneh-

---

[215] Der Kodex wird hier nur als Beispiel verwendet und im Folgenden, da es sich um nationales Recht handelt, ausgeklammert. Ausf. zu seinem Rechtscharakter und der Geltung, *Weitnauer,* Der Deutsche Corporate Governance Kodex, 2018.

[216] *Weitnauer,* Der Deutsche Corporate Governance Kodex, S. 615; a. A. *Knauff,* Der Regelungsverbund, S. 245.

[217] Normen für die Verantwortlichkeit transnationaler Unternehmen, U.N.Doc.E/CN.4/Sub.2/2003/12/Rev. 2 (2003) v. 13.08.2003; weitere Definitionsansätze bei *Wouters/Chané,* in: Noortmann/Reinisch/Ryngaert (Hrsg.), Non-State Actors in Int. Law, S. 226 ff.

[218] *Clapham,* Human Rights Obligations of Non-State Actors, S. 195 ff.; *Jägers,* Corporate Human Rights Obligations, 2002; *Kamminga/Zia-Zarifi (Hrsg.),* Liablity of Multinational Corporations under International Law, 1999; *Kinley/Tadaki,* Va. J. Int'l L. 2003, S. 913 ff.; *Paust,* Vand. J. Transnat'l L. 2002, S. 801 ff.; *Ratner,* Yale L. J. 2001, S. 443 ff.; *Ruggie,* AJIL 2007, S. 819 (824 ff.); *Steinhardt,* in: Alston (Hrsg.), Non-State Actors and Human Rights, S. 177 ff.; *Weissbrodt/Kruger,* in: Alston (Hrsg.), Non-State Actors and Human Rights, S. 315 ff.; *Weissbrodt/Ni Aoláin/Fitzpatrick/Newman,* Int. Human Rights, S. 53; *Weschka,* ZaöRV 2006, S. 625 ff.

[219] *Ijalaye,* The Extension of Corporate Personality in Int. Law, S. 244; *Carreau/Marella,* Droit international, S. 66.

menden „Privatisierung" des Völkerrechts, etwa im Bereich des Investitions-schutzes.[220] Andere Völkerrechtswissenschaftler legen nahe, die Kategorien von Subjekten sowie als deren Gegenstück der Objekte im Rahmen des Völkerrechts vollständig aufzugeben und stattdessen die Vielfalt der Beteiligten und damit also auch transnationale Unternehmen mit in den Blick zu nehmen.[221] Wiederum andere halten zwar an der Konzeption einer Völkerrechtssubjektivität fest, keh-ren aber die Vermutung zugunsten der transnationalen Unternehmen hinsicht-lich ihrer Völkerrechtssubjektivität um, was nur durch eine rechtsverbindliche Erklärung eines Staates oder einer internationalen Organisation widerlegt wer-den könne.[222] Mehrheitlich wird in der Wissenschaft dennoch darauf beharrt, dass transnationale Unternehmen keine Völkerrechtssubjekte seien,[223] da insbe-sondere die Forderung nach der Menschenrechtsverpflichtung von Unterneh-men noch keinen Niederschlag im verbindlichen Völkerrecht gefunden hat.[224]

Die Verantwortung von Unternehmen, Menschenrechte zu achten, wird bis-weilen nur in unverbindlichen Instrumenten wie den UN-Leitprinzipien für Wirt-schaft und Menschenrechte aus dem Jahr 2011 oder den OECD-Leitsätzen für multinationale Unternehmen aus dem gleichen Jahr statuiert. Eine nicht finan-zielle Berichtpflicht von Kapitalgesellschaften, u. a. bezogen auf Arbeitnehmer- und Sozialbelange, sowie die Achtung von Menschenrechten wurden unional durch die sogenannte CSR-Richtlinie eingeführt und 2017 in deutsches Recht umgesetzt.[225] Zuletzt wurde im Jahr 2021 ein Gesetz über die unternehmerische Sorgfaltspflicht für Lieferketten verabschiedet.[226] Damit werden die UN-Leit-prinzipien nun verbindlich umgesetzt. Zunächst wählte die Bundesregierung zur Umsetzung unverbindliche Instrumente. Sie entwarf unter dem Titel „Nationaler Aktionsplan" einen Maßnahmenkatalog für Staat und Wirtschaft, der darauf abzielte, dass Unternehmen freiwillig die Leitprinzipien in ihre Unternehmens-kultur inkorporieren würden.[227] Ein im Aktionsplan vorgesehenes Monitoring

---

[220] *Tévar,* CDT 2012, S. 398 (401).

[221] *Higgins,* Problems and Process, S. 49 f.

[222] *Nowrot,* in: Johns (Hrsg.), International Legal Personality, S. 380.

[223] *Cassese,* Int. Law in a Divided World, 1986, 103; *Crawford,* Brownlie's Principles of Public Int. Law, S. 111.; *De Brabandere,* HR & ILD 2010, S. 66 (80); *Kau,* in: Graf Vitzthum/ Proelß (Hrsg.), Völkerrecht, 3. Absch. Rn. 42; *Muchlinski,* in: Wolfrum (Hrsg.), The Max Planck Encyclopedia of Public International Law, Bd. II, Rn. 6 ff.; *Orakhelashvili,* Akeh-urst's Modern Introduction to International Law, S. 121; *Rigaux,* in: Bedjaoui (Hrsg.), Int. Law, S. 129; hinsichtlich der Nachteile im Falle der Anerkennung der Völkerrechtssubjekti-vität *Alvarez,* Santa Clara JIL 2011, S. 1 (23 ff.); *Zemanek,* RdC 1997, S. 46.

[224] *Tomuschat,* Human Rights, S. 133.

[225] Gesetz zur Stärkung der nichtfinanziellen Berichterstattung der Unternehmen in ihren Lage- und Konzernlageberichten v. 11.04.2017, BGBl. 2017 I, 802.

[226] Gesetz über die unternehmerische Sorgfalt in Lieferketten v. 16.07.2021, BGBl. 2021 I, 2959.

[227] Nationaler Aktionsplan der Bundesregierung, Umsetzung der VN-Leitprinzipien für Wirtschaft und Menschenrecht, 2016–2020, S. 7.

kam in zwei Umfragen, einmal im Jahr 2019 und dann zuletzt Mitte 2020, zu dem Ergebnis, dass weniger als 20 Prozent der befragten Unternehmen die Sorgfaltsstandards bereits erfüllen. Aufgrund der geringen Teilnehmerzahl, wohl auch wegen der Coronapandemie, konnte die zweite Umfrage nicht ausgewertet werden. Die Zielvorgabe einer freiwilligen Befolgung durch die Hälfte der Unternehmen wurde damit verpasst. Als Folgemaßnahme sahen der Nationale Aktionsplan und auch der Koalitionsvertrag zwischen CDU/CSU und SPD der 19. Legislaturperiode in diesem Fall vor, die Sorgfaltspflicht gesetzlich zu verankern.[228] Die Bundesregierung stand diesbezüglich zunehmend unter politischem Druck, einerseits im internationalen Vergleich: Frankreich hat bereits 2017 ein Sorgfaltspflichtengesetz verabschiedet[229] und auch andere Staaten wie Großbritannien und die Niederlande haben zumindest für einige Bereiche den Unternehmen gesetzliche Pflichten auferlegt.[230] Ferner wurde die Bundesregierung vom UN-Ausschuss für wirtschaftliche, soziale und kulturelle Rechte dafür gerügt, dass sie bei der Umsetzung der Leitprinzipien auf die freiwillige Befolgung durch die Unternehmen setzte.[231] Andererseits gruppierte sich auch innerstaatlich ein aus Zivilgesellschaft und Wirtschaft bestehendes Bündnis unter dem Namen „Initiative Lieferkettengesetz", das im Jahr 2019 eine gesetzliche Verpflichtung forderte. Zum Ende der letzten Legislaturperiode wurde daher ein erstes Gesetz angenommen, welches sich in der Praxis noch bewähren muss. Auch auf unionaler Ebene kündigen sich weitere gesetzliche Vorhaben an: Der Aufforderung des Rates und des Europäischen Parlaments folgend, hat die Kommission im Jahr 2022 einen Entwurf für eine Richtlinie über die Sorgfaltspflicht von Unternehmen im Hinblick auf Nachhaltigkeit veröffentlicht, die einer Fragmentierung des Unternehmerhaftungsrechts im Binnenmarkt durch unterschiedliche nationale Regelungen vorbeugen soll.[232] Diese nationalen oder unionalen Vorgehen haben jedoch keine Rückwirkung auf die völkerrechtliche Bewertung multinationaler Unternehmen.

Doch selbst wenn man annähme, dass Unternehmen Völkerrechtssubjekte seien, ließe sich daraus nicht automatisch auf eine Rechtsetzungskompetenz schließen.[233] Die Fragen hinsichtlich der Verpflichtung von Unternehmen und ihrer jeweiligen Berechtigungen sind getrennt voneinander zu beantworten.[234] Bis

---

[228] Ebd., S. 10; Koalitionsvertrag zwischen CDU, CSU und SPD, 19. Legislaturperiode, S. 19.

[229] Dazu *Kutscher-Puis,* ZVertriebsR 2020, S. 174 ff.

[230] Modern Slavery Act v. 26.03.2015; Wet Zorgplicht Kinderarbeid (Gesetz gegen Kinderarbeit) v. 14.09.2019.

[231] CESR, Abschl. Bemerkungen bzgl. Deutschlands sechstem periodischen Bericht v. 12.10.2018, E/C.12/DEU/CO/6, Abs. 7 ff.

[232] KOM (2022) 71 final v. 23.02.2022.

[233] *Alvarez* schlägt vor, dass man sich statt auf die Frage, ob sie Völkerrechtssubjekte seien, vielmehr auf die tatsächlich bereits bestehenden Rechte und Pflichten von Unternehmen konzentrieren soll, *ders.,* Santa Clara JIL 2011, S. 1 (23); *Klabbers,* An Introduction into Int. Institutional Law, S. 52.

[234] Knappe Übersicht bei *Wouters/Chané,* in: Noortmann/Reinisch/Ryngaert (Hrsg.), Non-State Actors in Int. Law, S. 230 ff.

dato sind keine Kompetenzen ersichtlich, die Unternehmen allein zur Rechtsetzung oder Setzung allgemein verbindlicher Standards befugen.[235] Damit unterfallen sie weiterhin dem Privatrechtsregime.

Als *Stakeholder* können sie wie NGOs und Fachorganisationen bei der Aushandlung von Soft Law beteiligt werden. Der *UN Global Compact*, der darauf
ausgerichtet ist, dass sich Unternehmen zur Einhaltung bestimmter menschenrechtlicher Mindeststandards selbst verpflichten, ist, da er unter der Schirmherrschaft der Vereinten Nationen steht, folglich Soft Law.

4. Zwischenergebnis

Wegen der Nähe des Begriffs zum Recht und der Bindungswirkung, die mit seiner
Annahme einhergeht, sind somit nur solche Regelungen unter dem Soft Law-
Begriff zu untersuchen, die auf Staaten, internationale Organisationen oder von
ihnen abgeleitete Organisationen zurückgehen.[236] Die Beteiligung nicht staatlicher Akteure steht einer Einordnung von Soft Law nicht entgegen, sofern als
Urheber des betreffenden Instruments ein Staat oder eine internationale Organisation auftritt. Ungeachtet dessen können private Organisationen auf jeder
Stufe des Aushandlungsprozesses als Beobachter oder sogar Partner involviert
werden.

III. Verfahren und Form

Die Annahme von Soft Law folgt keinem formellen Verfahren. Wird es durch
internationale Organisationen kreiert, so folgt es den internen Organisationsre-
geln, etwa den Vorschriften über die Annahme einer Resolution in der Generalversammlung. Gelegentlich werden Soft Law-Abmachungen auf eigenen Konferenzen ausgehandelt und angenommen, wie zuletzt beim Globalen Migrationspakt auf der Konferenz in Marrakesch im Dezember 2018. Genereller betrachtet
lässt sich hinsichtlich des Verfahrens nur festhalten, dass die Annahme von Soft
Law regelmäßig im Konsens erfolgt.[237] In Anlehnung an die Definition der Welthandelsorganisation (WTO) wird eine Einigung durch Konsens gefasst, wenn
kein in der Sitzung anwesendes Mitglied gegen den vorgeschlagenen Beschluss
förmlich Einspruch erhebt.[238]

---

[235] *Orakhelashvili,* Akehurst's Introduction to International Law, S. 120; Zur privaten
Regelsetzung, *Bachmann,* Private Ordnung, S. 227 ff.

[236] Ebenso *Boyle,* in: Evans (Hrsg.), Internationale Law, S. 1212; *Giersch,* Das int. Soft
Law, S. 42; *Knauff,* Der Regelungsverbund, S. 228; *Thürer,* in: Bernhardt (Hrsg.), EPIL, Bd.
IV, S. 452; a. A. *Strauß,* Soft Law, S. 64; gegenüber der Unterscheidung bei transnationalen
Regimen zwischen öffentlich und privaten grundsätzlich ablehnend *Teubner,* siehe etwa *ders.,*
DER STAAT 2018, S. 171(173).

[237] *Strauß,* Soft Law, S. 49.

[238] Übereinkommen zur Errichtung der Welthandelsorganisation v. 15.04.1995,
BGBl. 1994 II, 1438, Art. IX Abs. 1, Fn. 6; Internationale Organisationen sehen regelmäßig
verschiedene Abstimmungsmodi vor, dabei wird teilweise vermieden offen abzustimmen,

Gegen ein Schriftformerfordernis von Soft Law spricht, dass Formerfordernisse im Völkerrecht ungewöhnlich sind.[239] Eine Ausnahme bildet der förmlich angenommene völkerrechtliche Vertrag (Art. 2 Abs. 1 lit. a WVK). Im Gegenteil lässt sich Folgendes feststellen: Die Prägung des Völkerrechts durch das Common Law hat bewirkt, dass große Teile des internationalen Rechts, wie das Gewohnheitsrecht und die allgemeinen Rechtsprinzipien, trotz ihrer Rechtswirkung nicht verschriftlicht sind.[240] Dem entgegen wirken die Kodifikationsbemühungen der Völkerrechtskommission, die ungeschriebene Rechtssätze sammelt und weiterentwickelt.[241]

Ein Blick in die Praxis zeigt hingegen, dass Soft Law-Regelungen fast immer verschriftlicht sind.[242] Sie werden häufig entweder von internationalen Organisationen entworfen oder gehen aus einem Aushandlungsprozess zwischen mehreren Akteuren hervor. Würden sie am Ende nicht verschriftlicht, wäre ihre Chancen, Relevanz zu erlangen, deutlich geringer. Sie würden schlicht nicht bemerkt.

Mit dem *Gentlemen's Agreement* und der *Courtoisie* gibt es wiederum rechtsunverbindliche Institute, die einen gewissen Regelungscharakter haben und regelmäßig nicht verschriftlicht sind. Nach der hier vertretenen Ansicht sind beide aufgrund ihrer geringen Bindungswirkung kein Soft Law. Die Verschriftlichung kann ein Anzeichen dafür sein, dass die Autoren der betroffenen Regelung einen höheren Befolgungsanspruch formulieren wollen. Die Verschriftlichung einer Regelung ist somit kein Kriterium, das unbedingte Erfüllung verlangt, sondern mehr ein Indiz, welches das Vorliegen von Soft Law zusätzlich nahelegt.

Soft Law-Dokumente werden nicht konsistent benannt: Man findet sie u. a. als Leitlinien *(principles)*,[243] als Leitsätze,[244] als Agenda,[245] als Erklärung *(declaration)*,[246] als Aktionsplan oder -programm,[247] als Schlussfolgerung,[248] als Stellungnahme, als Empfehlung,[249] als Entschließung[250] oder jüngst auch als Pakt *(compact)*[251] bezeichnet.

---

damit politische Konfliktlinien nicht sichtbar werden und die konsensuale Annahme ohne Abstimmung bevorzugt, dazu *Chinkin/Boyle,* The Making of Int. Law, S. 157 ff. (158).

[239] *Chinkin,* in: Shelton (Hrsg.), Commitment and Compliance, S. 25 m. w. N.

[240] *Knauff,* Der Regelungsverbund, S. 229.

[241] Zum Anteil von Soft Law bei den Aktivitäten der Völkerrechtskommission siehe § 4 A. I. c. Medium der Kodifizierung.

[242] *Chinkin,* in: Shelton (Hrsg.), Commitment and Compliance, S. 25.

[243] Guiding Principles on Internal Displacement, E/CN.4/1998/53/Add. 2 v. 11.02.1998.

[244] OECD-Leitsätze für multinationale Unternehmen.

[245] Agenda 21, Konferenz der Vereinten Nationen für Umwelt und Entwicklung, Rio de Janeiro, Juni 1992; Agenda 2030 für nachhaltige Entwicklung, A/RED/70/1 v. 21.10.2015.

[246] Siehe dazu § 2 A. I 3. Rechtsverbindlichkeit von UN-Resolutionen.

[247] Joint Comprehensive Plan of Action v. 14.07.2015.

[248] Bspw. die Schlussfolgerungen des Europäischen Rates.

[249] Bspw. Empfehlungen des Europarates.

[250] Für das unionale Soft Law, *Haltern,* Europarecht, Bd. I, S. 417 Rn. 905.

[251] Globaler Pakt für sichere, geordnete und reguläre Migration, A/Res/73/195 v. 19.12.2018; Globaler Pakt für Flüchtlinge, A/73/12 (Part II) v. 02.08.2018.

Im Ergebnis zeigt sich, dass Soft Law durch sein facettenreiches Auftreten hinsichtlich Verfahren und Form nicht näher eingegrenzt werden kann.

IV. Kritik

Seit der Herausbildung von Soft Law als eigenständige Handlungskategorie sind der Begriff und das dahinterstehende Konzept als unzulänglich kritisiert worden. Die Debatte, die auch in jüngster Zeit nicht abgeebbt ist, wird mit einiger Polemik geführt. Kritiker von Soft Law werden als „Soft Law denialists"[252] bezeichnet, umgekehrt die Befürworter von Soft Law als „apostles".[253] Für die einen stellt Soft Law die Vorstellung von Recht und Normativität insgesamt infrage, für die anderen erscheint es nur als reiner Formalismus, dieses Phänomen weiterhin in der Völkerrechtswissenschaft auszublenden.

Die wohl bekannteste Kritik stammt von *Prosper Weil,* der in einem Aufsatz in den 1980er Jahren sehr grundsätzlich verschiedene Bedrohungen für die Normativität des Völkerrechts – darunter auch Soft Law – konstatierte. Nach ihm dient das Völkerrecht dazu, die friedliche Koexistenz und Kooperation der Staaten zu sichern; das gelte umso mehr, seit die internationale Gemeinschaft durch die Entkolonialisierung diverser und heterogener geworden sei.[254] Diesen Funktionen werde das Völkerrecht durch seine positivistische und voluntaristische Ausrichtung gerecht. Dabei müsse es zugleich seine ideologische und religiöse Neutralität bewahren.[255] Dieses Fundament gerate zunehmend unter Druck, insbesondere sei ein Trend zu beobachten, die strikte Normativität des Völkerrechts hin zu einer gestuften Normativität zu relativieren. In dieser Weise sei beispielsweise der Versuch der entkolonialisierten Staaten, Resolutionen der Generalversammlung in das normative System einzuordnen, zu bewerten.[256] Damit werde jedoch die Unterscheidung zwischen *lex lata* und *lex ferenda* aufgehoben. Zwar sei im Völkerrecht schwer festzustellen, wann eine Norm die Schwelle hin zur Verbindlichkeit überschreite, beispielsweise zu Gewohnheitsrecht erstarke, sobald dies aber feststehe, seien die Rechtsfolgen, die daran geknüpft sind, klar. Allein die Wiederholung und Akkumulation von Nichtrecht oder Vorrecht würden noch kein Recht kreieren. Zuletzt sei zu beobachten, dass Staaten nach wie vor die tatsächlich bestehende Differenz zwischen Recht und Nichtrecht wahrnähmen, da sie gerade bei Resolutionen und Deklarationen darauf bestünden, dass sie rechtlich nicht an sie gebunden seien.[257] Der Aufsatz endet

---

[252] *Baxi,* in: Bradlow/Hunter (Hrsg.), Advocating Social Change, S. 22.
[253] *Thirlway,* The Sources of Int. Law, S. 187.
[254] *Weil,* AJIL 1983, S. 413 (419); vermittl. *Tasioulas,* Oxford J. Legal Stud. 1996, S. 85 (87 ff.).
[255] Ebd., (420).
[256] Ebd., (421, 417).
[257] Ebd., (417).

mit der eher düsteren Aufforderung, dass gerade noch Zeit sei für Juristen, auf die Bedrohung der normativen Struktur des Völkerrechts zu reagieren.[258]

Der Aufsatz entstand in einer Zeit, in der Soft Law noch im Begriff war, sich zu entwickeln. Das erklärt auch, warum der Autor Soft Law nicht näher definiert. Er kritisiert zwar, dass der Begriff für zweierlei Phänomene, nach *D'Aspremont* für das *soft negotium* und *soft instrumentum*, verwendet wird, macht dann aber nicht deutlich, welche Ausprägung er beschreibt.[259] Der Kontext und die Beispiele legen nahe, dass er vor allen Dingen das *soft instrumentum* kritisiert. Seine Kritik entspringt einer positivistischen und voluntaristischen Haltung. Hinsichtlich dessen stelle Soft Law die grundsätzlichen Prämissen der traditionellen Völkerrechtslehre infrage und bedrohe deren Effektivität. Durch eine relative Normativität könne das Völkerrecht in seinem Bestand insgesamt gefährdet werden. *Weils* Sorge und düstere Aussicht hängen vermutlich auch mit dem Zeitpunkt zusammen, in dem der Text entstand. Gerade in jener Zeit des Umbruchs, in der die Geltung und Weiterentwicklung des Völkerrechts von verschiedenen Seiten, ob von den jungen, entkolonialisierten Staaten oder von der sowjetischen Rechtswissenschaft,[260] infrage gestellt wurden, war es wichtig, verbindliches Völkerrecht und Rechtspolitik streng voneinander zu trennen.[261] Es hat sich jedoch gezeigt, dass die dynamischen Vorstöße sich nicht immer durchsetzen konnten und das Völkerrecht in seiner Grundstruktur trotz der Umbrüche gleich geblieben ist. Die von *Weil* thematisierten Entwicklungen, unter die auch das Soft Law fällt, haben das Völkerrecht in seinem Bestand nicht gefährdet, sondern erweitert.

Etwa zehn Jahre später folgte eine weitere Grundsatzkritik: *Klabbers* unterstellt Soft Law, als Kategorie redundant zu sein. Seine These lautet, dass neben dem fehlenden theoretischen Unterbau sowie der geringen praktischen Anwendung von Soft Law die ihm zugeschriebenen Funktionen auch durch verbindliches Recht erfüllt werden könnten.[262] Seiner Meinung nach bedarf Soft Law, um zu funktionieren, eines in sich geschlossenen Systems *(self-contained regime)*: Soft Law-Verletzungen müssten eine „softe" Haftung auslösen, vor einem „soften" Schiedsgericht verhandelt werden und schlussendlich eine „softe" Sanktion auslösen können.[263] Wenn aber die Verletzung von Soft Law entweder gar keine Rechtsfolge auslöst oder aber die Rechtsfolgen auszulösen vermag, die der Verletzung verbindlichen Völkerrechts vorbehalten sind, sei es gegenüber dem Recht nicht eigenständig.[264] So zeige auch die praktische Anwendung von als Soft Law bezeichneten Regelungen, dass dieses der anerkannten Konzepte für das verbind-

---

[258] Ebd., (442).
[259] Ebd., (414, Fn. 7).
[260] *Friedmann,* The Changing Structure of Int. Law, S. 327 ff.
[261] Ähnlich *Goldmann,* LJIL 2012, S. 335 (345).
[262] *Klabbers,* Nord. Jour. of Int. Law 1996, S. 167 (168).
[263] Ebd., (169).
[264] Ebd., (168).

liche Völkerrecht bedürfe.[265] Soft Law werde dafür in die anerkannten Rechtsquellen übersetzt.[266] Es wird beispielsweise vorgebracht, dass die infrage kommende Regelung bereits Gewohnheitsrecht sei oder eine authentische Interpretation eines völkerrechtlichen Vertrages darstelle.[267] Letztendlich würden auch die Soft Law-Theoretiker in die binäre Codierung verfallen, die sie doch durch die Einführung von Soft Law aufzulösen versuchten. Soft Law sei verletzt oder nicht, werde befolgt oder nicht.[268]

Klabbers bezieht in seiner Kritik beide in der Literatur vertretenen Verständnisse von Soft Law mit ein. Bezogen auf das Verständnis von Soft Law als *soft negotium* kann seine Einschätzung eines fehlenden Eigenbestandes überzeugen. Hinsichtlich seiner Einschätzung des *soft instrumentum* ist ihm hingegen zu widersprechen. Als Beweis der Redundanz wählt er die Nähe des *soft instrumentum* zum Recht. Dieser Umstand ist jedoch nicht der entscheidende, entscheidender ist vielmehr, dass diese Nähe durch an sich rechtsfremde Regelungen bewirkt wird. Auch der Vorwurf, dass Soft Law wieder in eine binäre Codierung zurückfalle, vermag nicht zu überzeugen. Eine binäre Codierung ist keine Eigenart nur von Recht, sondern eine gängige Unterscheidung in ausdifferenzierten (Teil)systemen. Es geht bei der Soft Law-Theorie vor allen Dingen darum, den Gegenstand, der die binäre Codierung auszulösen vermag, zu erweitern, eben auch auf eine andere Unterscheidung als die zwischen Rechtsverbindlichkeit und -unverbindlichkeit.

Deutlich differenzierter argumentiert *D'Aspremont*, der durch seine hier schon mehrfach zitierte Unterscheidung zwischen *soft negotium* und *soft instrumentum* mehr Klarheit in die Begriffsbestimmung bringt.[269] Mit seiner Kritik an Soft Law reflektiert er zugleich die Völkerrechtswissenschaft. Der Autor meint in der Beschäftigung mit Soft Law durch Völkerrechtler den Versuch zu beobachten, neues wissenschaftliches Material für eine stetig wachsende und sich ausdifferenzierende Disziplin zu erobern;[270] somit diene die Befassung mit Soft Law als Materialbeschaffungsmaßnahme für das Völkerrecht.

Zu dem gleichen Ergebnis wie *D'Aspremont* kommt *Blutman*, nämlich dass Soft Law kein Forschungsgegenstand der Völkerrechtswissenschaft sein solle, sondern als Sammlung von sozialen Normen besser in einer Disziplin wie der Soziologie oder den internationalen Beziehungen aufgehoben sei.[271] Er begründet dies hauptsächlich mit der Unschärfe des Begriffs. Weil der Begriff zu vage sei, sei noch keinem Autor eine sinnvolle Definition gelungen. Folglich verwende ihn jeder anders.[272] In seinem Aufsatz identifiziert er zwei Argumentationsstränge zur

---

[265] Ebd., (173).
[266] Ebd., (174).
[267] Ebd., (173).
[268] Ebd., (174).
[269] *D'Aspremont*, EJIL 2008, S. 1075 (1081).
[270] Ebd., (1089 ff.).
[271] *Blutman*, ICLQ 2010, S. 605 (623).
[272] Ebd., (610).

Begründung der Rechtsnähe von Soft Law in der Völkerrechtswissenschaft: Erstens werde vorgebracht, dass Soft Law wie Recht funktioniere, weil Staaten und internationale Akteure es vergleichbar zu Recht befolgen würden und sich darauf bezögen, es also die internationale Praxis reguliere *(functional argument)*. Zweitens werde auf die enge Verbindung zwischen Soft Law und Recht abgestellt: Soft Law-Regelungen könnten als Vorläufer oder als Ergänzung von Recht dienen und würden sich damit von anderen unverbindlichen Instrumenten unterscheiden *(proximity argument)*.[273] Neben weiteren Folgefragen tauche bei beiden Argumenten das Problem auf, wie sich Soft Law von anderen unverbindlichen Instrumenten abgrenzen lasse.[274] Eine solche Abgrenzung könne nur einzelfallbezogen erfolgen. Gerade wenn Soft Law durch seine Beziehung zu Recht definiert werde *(proximity argument)*, gehe es in dieser Beziehung vollständig darin auf oder sei in seiner Wirkung nur davon abhängig.[275] Wenn Soft Law zu Recht würde, was bliebe dann noch von seinem Soft Law-Charakter übrig? Letztendlich werde versucht, die regulatorische Funktion, die Soft Law hat, um jeden Preis mit seinem Rechtscharakter zu begründen. Überzeugender wäre es, die Regulationsfunktion von Soft Law mit einer eigenständigen Kategorie wie „soft regulation" oder „soft control" zu erklären.[276] Insofern erinnert *Blutmans* Schlussfolgerung an *Klabbers'* Feststellung, dass Soft Law eines eigenen Regimes bedürfe.

Die Kritiken von *D'Aspremont* und *Blutman* sind deutlich jünger und unterscheiden sich schon aus diesem Grund von der oben dargestellten älteren Kritik an Soft Law. Beide Autoren erkennen an, dass Soft Law von Staaten und internationalen Akteuren verwendet wird und eine regulatorische Funktion erfüllt. Infrage gestellt wird vielmehr die Verortung des Phänomens in der Völkerrechtswissenschaft; Soft Law sei ein politisch-soziales Phänomen, kein rechtliches.[277]

In einigen Punkten ist der vorgebrachten Kritik zuzustimmen, insbesondere mit Blick auf die zu vage oder oberflächliche Begriffsbildung. Das ist primär darauf zurückzuführen, dass die Autoren beide Phänomene – weiche Völkerrechtsverträge und harte politische Abmachungen – mit dem gleichen Begriff bezeichnen. Daher wird in dieser Arbeit ein enger Soft Law-Begriff verwendet, der gerade nicht völkerrechtliche Verträge umfasst.

Hinsichtlich der noch nicht umfassenden wissenschaftlichen Beschreibung von Soft Law ist anzumerken, dass es durchaus innovative Ansätze gibt, wie den bereits dargestellten Ansatz, eine gleitende Unterscheidung zwischen den verschiedenen Handlungsformen zu wählen.[278] Die Beschreibung gelingt dort, weil die binäre Unterteilung in Recht und Nichtrecht vollständig aufgegeben wird

---

[273] Ebd., (616 f.).
[274] Ebd., (615, 617 f.).
[275] Ebd., (618 f.).
[276] Ebd., (612).
[277] Ebd., (623).
[278] Siehe dazu § 2 B. I. 3. Vermittelnder Ansatz.

und die Handlungsformen nach mehreren materiellen Kriterien kategorisiert werden.[279]

Zuletzt ist der Behauptung, dass es sich bei Soft Law um kein rechtswissenschaftliches Phänomen handle, zu widersprechen. Soft Law fordert zwar die bestehenden Kategorien und Vorverständnisse von internationalem Recht heraus, dennoch ist die Beziehung von Soft Law und internationalem Recht nicht nur eine behauptete, in Ermangelung besserer Begriffe, sondern eine tatsächlich zu beobachtende. Statt eines völkerrechtlichen Vertrages wählen Staaten oder internationale Akteure Soft Law. Gerade Soft Law-Instrumente wie der Migrationspakt werden in einem formalisierten Verfahren ausgehandelt und angenommen, welches vergleichbar mit den Verfahren für völkerrechtliche Verträge ist. Gerichte und staatliche Stellen beziehen Soft Law mit in die Rechtsanwendung ein. Soft Law kann zu Gewohnheitsrecht erstarken.[280] Zuletzt spricht für die Nähe zum Recht auch, dass einiges Soft Law zumindest organintern verbindlich ist.[281] All das zeigt, dass Soft Law in der rechtlichen Sphäre stattfindet und deswegen auch in deren Kontext anzusiedeln sowie zu untersuchen ist. Im Ergebnis ist festzustellen, dass, obwohl die positivistische Kritik an einigen Stellen durchaus berechtigt ist, sie insofern zu kurz greift, als sie mit ihrer binären Sichtweise nicht fähig ist, die vielfältigen Phänomene und Entwicklungen, die stattfinden, adäquat abzubilden.

V. Arbeitsdefinition

Im Rahmen dieser Untersuchung werden folglich unter Soft Law rechtlich unverbindliche, regelmäßig verschriftlichte Regelungen verstanden, die eine normative Verhaltenserwartung formulieren, auf Völkerrechtssubjekte oder von ihnen abgeleitete Organisationen zurückzuführen sind und einen politisch bindenden Befolgungsanspruch erheben. Zwei Ausprägungen von Soft Law sind zu unterscheiden: einerseits unverbindliche Staatenvereinbarungen, andererseits von internationalen Organisationen kreiertes Soft Law.

Hinsichtlich dieser Definition unterscheidet sich Soft Law von Gewohnheitsrecht dadurch, dass es keine Rechtsbindung zu erzeugen vermag und nicht zu den anerkannten Quellen des Völkerrechts (Art. 38 Abs. 1 lit. b IGH-Statut) gehört. Zwischen beiden besteht eine enge Wechselbeziehung, da Soft Law zu Gewohnheitsrecht erstarken kann.[282]

Die Abgrenzung zum völkerrechtlichen Vertrag erfolgt über den Rechtsbindungswillen. Wollen sich die Parteien völkerrechtlich binden, muss die Handlungsform des völkerrechtlichen Vertrages gewählt werden. Die Rechtsunverbindlichkeit kann sich daraus ergeben, dass die Akteure sich entscheiden, statt

---

[279] Weitere Ansätze überblicksartig bei *Goldmann,* LJIL 2012, S. 335 (346 ff.).

[280] Zum Prozess normativer Härtung siehe § 4.

[281] *Goldmann,* LJIL 2012, S. 335 (346).

[282] Siehe dazu ausf. § 4 Formelle und Materielle Härtung.

eines rechtsverbindlichen Instruments ein unverbindliches, nach *D'Aspremont* ein *soft instrumentum*, zu wählen.[283] Sie besäßen aber grundsätzlich die Kompetenz dazu, auch formelles Völkerrecht zu schaffen. In diesem Fall ist die Abgrenzung zwischen verbindlichen oder unverbindlichen Abmachungen anhand der Intention der Beteiligten,[284] der Formulierung und Sprache, der Bezeichnung[285] sowie der Umstände der Annahme zu ermitteln.[286] Der Internationale Gerichtshof wiederum relativiert den Willen der Beteiligten: Aus seiner Sicht muss das Beschlossene hinsichtlich der genannten Kriterien objektiv ausgelegt werden.[287] Ergäben sich aus der Auslegung Rechtsverpflichtungen, komme es auf eine gegenteilige Intention der Vertragsparteien nicht mehr an.[288] Ist für Streitfragen die Zuständigkeit eines Gerichts festgelegt, kann auf die Rechtsverbindlichkeit des Vereinbarten geschlossen werden.

Gelegentlich wird als Indiz für die fehlende Rechtsverbindlichkeit auch die nicht vorgenommene Registrierung nach Art. 102 UN-Charta verwendet.[289] Jedoch folgt aus Sicht des Internationalen Gerichtshofes daraus nur, dass die Vertragsparteien sich gegenüber Organen der Vereinten Nationen nicht auf den Vertrag berufen könnten; darüber hinaus sei damit aber keine Aussage über die Geltung und Rechtsqualität der infrage stehenden Vereinbarung verbunden.[290] Vermittelnd ist somit festzustellen, dass die Begründung der Rechtsunverbindlichkeit allein aufgrund der Nichtregistrierung nicht auszureichen vermag, aber als ein Indiz unter weiteren durchaus zulässig ist.

Im Gegensatz dazu kann sich die Rechtsunverbindlichkeit aber auch daraus ergeben, dass den Akteuren die Kompetenz fehlt, Recht zu schaffen, und sie daher auf Soft Law zurückgreifen müssen. Hier folgt die Abgrenzung zum völkerrechtlichen Vertrag formell über die Akteure.

Auf der anderen Seite unterscheidet sich Soft Law von anderen ausgewählten unverbindlichen Instituten wie folgt:

Das *Gentlemen's Agreement* ist ein Versprechen, welches seine Bindungswirkung durch den mit dem Bruch verbundenen Reputationsverlust erhält. Es bindet die Beteiligten persönlich und nicht die dahinterstehenden Staaten oder Institutionen. Folglich sind Nachfolger im Amt daran ebenfalls nicht gebunden.[291]

---

[283] *D'Aspremont*, EJIL 2008, S. 1075 (1082).

[284] *Hillgenberg*, EJIL 1999, S. 499 (504); *Schachter*, AJIL 1977, S. 296 (297).

[285] *Schachter*, AJIL 1977, S. 296 (298).

[286] IGH, Aegan Sea Continental Shelf Case *(Greece v. Turkey)*, Urt. v. 19.12.1978, I.C.J. Rep. 1978, S. 3 (39 Ziff. 96); *Chinkin*, in: Shelton (Hrsg.), Commitment and Compliance, S. 37 ff.; *Heusel*, „Weiches" Völkerrecht, S. 290 ff.

[287] IGH, Maritime Delimitation and Territorial Questions *(Qatar v. Bahrain)*, First Phase, Urt. v. 01.07.1994, I.C.J. Rep. 1994, S. 112 (121 Ziff. 25 ff.).

[288] Ebd., (121 Ziff. 27).

[289] *Hillgenberg*, EJIL 1999, S. 499 (504); *Schachter*, AJIL 1977, S. 296 (298); krit. *Heusel*, „Weiches" Völkerrecht, S. 292.

[290] IGH, Maritime Delimitation and Territorial Questions *(Qatar v. Bahrain)*, First Phase Urt. v. 01.07.1994, I.C.J. Rep. 1994, S. 112 (122 Ziff. 29).

[291] *Hillgenberg*, EJIL 1999, S. 499 (500).

Gelegentlich wird der *Luxemburger Kompromiss* aus dem Jahr 1966 als eine solche Vereinbarung eingeordnet.[292] Mit ihm wurde die sogenannte Politik des leeren Stuhls beendet, des Protests Frankreichs gegen die Einführung der Mehrheitsentscheidung im Ministerrat der Europäischen Wirtschaftsgemeinschaft (EWG). Die Mitglieder einigten sich darauf, dass Themen, die wichtige Mitgliedstaatsinteressen berühren, weiterhin einstimmig beschlossen werden müssen. Der Kompromiss bedeutete damit eine Abkehr von Mehrheitsentscheidungen im Ministerrat insgesamt, obwohl der Vertrag im Regelfall solche vorsah,[293] und wurde auch von den Nachfolgern weiterhin befolgt. Daran zeigt sich, dass eine zunächst persönliche Vereinbarung, hier zwischen den Außenministern der EWG-Mitglieder, über die Zeit zu einer informellen institutionellen Vereinbarung erstarken kann, die unter den hier verwendeten Soft Law-Begriff fällt. Somit kann ein *Gentlemen's Agreement* ein Vorläufer von Soft Law sein und ist auch historisch mit dessen Entwicklung eng verknüpft.[294] In älterer Literatur wird teilweise noch nicht zwischen beiden Kategorien unterschieden.[295] Abgrenzendes Merkmal ist jedoch das individuell-persönliche Element, welches bei Soft Law regelmäßig fehlt.[296] Mithin ist der *Luxemburger Kompromiss* in der Rückschau ein Beispiel dafür, wie von den Beteiligten Soft Law antagonistisch zu Hard Law, hier dem EWG-Vertrag, verwendet wurde.[297] Ein weiteres Beispiel für ein *Gentlemen's Agreement* ist die Vereinbarung zwischen den Vereinigten Staaten und Japan im Jahr 1908 betreffend die Einwanderung von Japanern, die von den Außenministern getroffen wurde und über zwei Jahrzehnte Beachtung fand.[298]

Die Völkercourtoisie, welche die nicht verschriftlichte Etikette zwischen Völkerrechtssubjekten beschreibt, gehört zu den traditionellen unverbindlichen Handlungsformen. Sie unterscheidet sich von Soft Law dadurch, dass sie keinerlei Verbindlichkeit auszulösen vermag.[299] Ihre Nichtbefolgung kann einen Affront begründen oder als unhöflich aufgenommen werden. Bisweilen wird die Befolgung aus moralischer Pflicht begründet.[300] Um eine Analogie zum Gewohnheitsrecht zu bemühen, ist zwar eine Staatenpraxis zu beobachten, aber das Element der *opinio juris* fehlt.[301] Einige Soft Law-Dokumente formulieren Verhaltensvorschriften, gerade im Bereich der *Corporate Social Responsibility*, sie erheben aber über eine reine Höflichkeitserwartung hinaus einen tatsächlichen Befolgungsanspruch. Der Übergang zwischen Völkercourtoisie zu Soft Law und

---

[292] *Stein/von Buttlar/Kotzur,* Völkerrecht, § 4 Rn. 31; Ausf. zum Luxemburger Kompromiss *Mosler,* ZaöRV 1966, S. 1 ff.; *Bajon,* Europapolitik „am Abgrund", 2012.

[293] Art. 148 Abs. 1 EWG-Vertrag, BGBl. II 1957, 753.

[294] *Knauff,* Der Regelungsverbund, S. 239.

[295] *Schachter,* AJIL 1977, S. 296 (299 f.).

[296] *Knauff,* Der Regelungsverbund, S. 239.

[297] Siehe dazu auch § 2 C. II. Antagonismus.

[298] Nach *Schachter,* AJIL 1977, S. 296 (299).

[299] *Knauff,* Der Regelungsverbund, S. 238.

[300] *Hart,* Concept of Law, S. 223.

[301] *Knauff,* Der Regelungsverbund, S. 238.

auch Völkerrecht ist fließend. Gelegentlich können Höflichkeitsvorschriften zu Gewohnheitsrecht erstarken oder in Verträge aufgenommen werden, wie beispielsweise die Regelungen der Wiener Konvention über diplomatische Beziehungen.[302] Andere, vormals als zwingend empfundene Regelungen, wie das gegenseitige Salutieren bei Kriegsschiffen, können im Laufe der Zeit nur noch als Courtoisie Beachtung einfordern.[303]

C. Funktionsdimensionen

Zur Regelung zwischenstaatlicher Beziehungen und Belange könnten die Akteure auf verschiedene Handlungsinstrumente zurückgreifen. Soll unmittelbare Rechtsverbindlichkeit eintreten, so muss ein völkerrechtlicher Vertrag geschlossen werden. Die Wahl von *Hard Law* bietet sich an, wenn eine gemeinsame Kooperation eine Reihe von Vorteilen bedeutet und eigennütziges staatliches Handeln für die Staatengemeinschaft oder den Staat selbst mit beträchtlichen Kosten verbunden wäre. Sie liegt ferner dann nahe, wenn sich Staaten organisatorisch eng zusammenschließen wollen, etwa in Verteidigungsbündnissen wie der NATO, bei denen die rechtliche Verpflichtung die Gefahr der Abweichung und Nichtbefolgung verhindern soll.[304]

Gegenüber den beteiligten Akteuren und Dritten signalisiert die Wahl rechtsverbindlicher Instrumente Glaubwürdigkeit, dass das Beschlossene tatsächlich umgesetzt wird, und beugt vor, dass nach außen hin Zweifel am ernsthaften Bindungswillen entstehen können.[305] Das Beschlossene kann gerichtlich durchgesetzt und überwacht werden.[306] Bei Nichtbefolgung drohen Sanktionsmöglichkeiten.[307] Die nationale Ratifikation verstärkt die Befolgungserwartung zusätzlich, da eine weitere Ebene in den Implementierungsprozess miteinbezogen wird und neben die internationale eine nationale Verpflichtung tritt.[308]

Jedoch stößt der völkerrechtliche Vertrag als effektives und adäquates Handlungsinstrument in einer immer engeren verflochtenen und globalisierten internationalen Gemeinschaft zunehmend an seine Grenzen.[309] Das lässt sich auf die langen Aushandlungs- und Annahmeverfahren zurückführen. Wenn der Vertrag erst einmal ratifiziert ist, ist er nicht mehr oder nur noch schwer abänderbar und kann damit nicht flexibel auf neue Entwicklungen oder Probleme reagieren.[310]

---

[302] *Kämmerer,* Comity, in: Wolfrum, MPEPIL, online-Ausgabe (Dezember 2006), Rn. 6.

[303] Ebd., Rn. 5.

[304] *Abbott/Snidal,* Int. Organizations 2000, S. 421 (429).

[305] Ebd., (426); *Shaffer/Pollack,* Minn. L. Rev. 2010, S. 706 (717).

[306] *Shaffer/Pollack,* Minn. L. Rev. 2010, S. 706 (718).

[307] Ebd., (717).

[308] *Abbott/Snidal,* Int. Organizations 2000, S. 421(428); *Shaffer/Pollack,* Minn. L. Rev. 2010, S. 706 (718).

[309] *Neuhold,* in: Wolfrum/Röben (Hrsg.), Development of Int. Law, S. 40.

[310] *Shaffer/Pollack,* Minn. L. Rev. 2010, S. 706 (719).

Aus Sicht der beteiligten Staaten kann die Annahme eines völkerrechtlichen Vertrages mit hohen politischen Kosten verbunden sein: Werden ganze Kompetenzbereiche delegiert, können die rechtliche Autorität eines Staates und seine politische Gestaltungsmacht insgesamt geschwächt werden.[311] Erschwerend kommt hinzu, dass der Gestaltungsverlust bei der Annahme häufig noch nicht absehbar ist, sondern sich erst mit der Zeit offenbaren kann, etwa durch die dynamische Auslegung eines Vertragsorgans wie beispielsweise des Europäischen Gerichtshofes für die Europäische Menschenrechtskonvention (EMRK).[312] Das wiegt umso schwerer, als ein Staat in einem multilateralen Aushandlungsprozess möglicherweise ein nicht zufriedenstellendes Aushandlungsergebnis akzeptieren muss, sofern er weiterhin an einem Vertrag partizipieren möchte. Bei solchen Aushandlungen kann die konträre Interessenlage der Beteiligten nur einen inhaltlich vagen oder schwachen Konsens zulassen. Die Sorge vor zu weitreichenden Verpflichtungen kann im Gegenteil sogar dazu führen, dass nur ein geringer Teil von Staaten oder nur bestimmte Staatengruppen bereit sind zu partizipieren.[313] Zuletzt können Verträge überhaupt nur mit Staaten oder bestimmten internationalen Organisationen abgeschlossen werden, sodass die Wahl des Instruments von vornherein bestimmte Akteure ausschließt.

Einigen dieser Defizite kann Soft Law, gerade in seiner Form als zwischenstaatliche oder internationale Abmachung, begegnen. Die Annahme solcher Instrumente alternativ oder komplementär zu völkerrechtlichen Verträgen lässt sich damit nicht mehr als zweitbeste Option, gleichsam als Minus der Regelsetzung, begreifen, sondern ist ein bedeutsames Element von Governance und eine eigenständige Handlungsoption geworden.[314]

I. Ergänzung und Alternative

Soft Law als Ergänzung und Alternative zu völkerrechtlichen Verträgen soll zunächst grundsätzlich und dann mit Blick auf die Interessen verschiedener Akteure dargestellt werden.

---

[311] *Abbott/Snidal*, Int. Organizations 2000, S. 421 (436); *Shaffer/Pollack*, Minn. L. Rev. 2010, S. 706 (719).

[312] *Abbott/Snidal*, Int. Organizations 2000, S. 421 (438), Die höchsten Kosten entstünden dann, wenn Individuen direkte Ansprüche gegen den Staat erhielten, siehe ebd, (437).

[313] *Neuhold*, in: Wolfrum/Röben (Hrsg.), Development of Int. Law, S. 40.

[314] *Abbott/Snidal*, Int. Organizations 2000, S. 421 (423); *Blutman*, ICLQ 2010, S. 605 (612); *Goldmann*, LJIL 2012, S. 335 (346); *Knauff*, Der Regelungsverbund, S. 250; *McAdam*, IJRL 2011, S. 1 ff.; *Shaffer/Pollack*, Minn. L. Rev. 2010, S. 706 (719) m. w. N.

1. Im Allgemeinen

Soft Law kann die Annahme und Herausbildung verbindlicher Völkerrechtsnormen vorbereiten.[315] *Peters* beschreibt dies als *pre-law function*.[316] Diese Funktion kann es dadurch erfüllen, dass es als vertrauensbildende Maßnahme entweder die erste Regelungsform in einem Politikbereich darstellt[317] oder aber zwischen Akteuren die erste Form der Kooperation bildet. Durch das im Vergleich zu völkerrechtlichen Verträgen vereinfachte und informelle Annahmeverfahren können vorläufige, flexible Regelungen mit der Möglichkeit auf Weiterentwicklung geschaffen werden.[318]

Jedoch ist zu beobachten, dass auch die Aushandlung und Annahme von Soft Law immer komplexer und langwieriger werden. Beginnend mit der Verabschiedung der New Yorker Erklärung im Juni 2016, die die Aushandlung zweier Pakte vorsah, bis hin zur Annahmekonferenz in Marrakesch im Dezember 2018 dauerte die Aushandlung des Migrationspaktes beispielsweise über zwei Jahre.[319] Das ist u. a. darauf zurückzuführen, dass in einigen Fällen der genaue Wortlaut für nachfolgende verbindliche Instrumente übernommen wird, sodass bereits die Aushandlung des unverbindlichen Textes von großer Bedeutung sein kann.[320] Mit Blick darauf bleibt abzuwarten, inwiefern sich einige Soft Law-Abmachungen dahingehend weiter an völkerrechtliche Verträge annähern.[321] Darüber hinaus kann Soft Law die Kodifizierung des Völkerrechts unterstützen.[322] Exemplarisch seien hier die *Guiding Principles on Internal Displacement* genannt, welche die bestehenden Ansprüche von Binnenvertriebenen aus verschiedenen Rechtsregimen zusammentragen (vgl. Art. 1) und im Lichte der besonderen Situation der Binnenvertriebenen interpretieren. Die Tätigkeit der Völkerrechtskommission, zu deren Aufgaben sowohl die Kodifikation als auch die Ausarbeitung von Vor-

---

[315] *Boyle,* in: Evans (Hrsg.), Int. Law, S. 126; *Neuhold,* in: Wolfrum/Röben (Hrsg.), Development of Int. Law, S. 51; *Villeneuve,* in: Lagoutte/Gammeltoft-Hansen/Cerone (Hrsg.), Tracing Soft Law, S. 217.

[316] *Peters,* The Global Compact for Migration: to sign or not to sign?, EJIL: *Talk!* v. 21.11.2018, abrufbar unter: https://www.ejiltalk.org/the-global-compact-for-migration-to-sign-or-not-to-sign/ (letzter Zugriff am 20.03.2023).

[317] Ebd.

[318] *Abbott/Snidal,* Int. Organizations 2000, S. 421 (423); *Boyle,* in: Evans (Hrgs.), Int. Law, S. 123; *Hillgenberg,* EJIL 1999, S. 499 (501); *Knauff,* Der Regelungsverbund, S. 251; *Shaffer/Pollack,* Minn. L. Rev. 2010, S. 706 (719).

[319] Ausf. zum Migrationspakt siehe § 3.

[320] *Villeneuve,* in: Lagoutte/Gammeltoft-Hansen/Cerone (Hrsg.), Tracing Soft Law, S. 217.

[321] *Knauff,* Der Regelungsverbund, S. 252.

[322] *Tomuschat,* ZaöRV 1976, S. 444 (470); weiteres Beispiel: United Nations Convention on Jurisdictional Immunity of States and Their Property, GA, Res. Ziff. 59/38 v. 02.12.2004, in welcher das Völkergewohnheitsrecht zur Staatenimmunität kodifiziert wurde.

schlägen zur progressiven Weiterentwicklung des Völkerrechts gehören (Art. 1 ILC-Statut),[323] zeigt, dass die Grenze zwischen der Kodifikation bestehenden Rechts und der Weiterentwicklung fließend ist.[324]

Ferner lassen sich mit unverbindlichen Instrumenten verschiedene Regelungsansätze nach dem Trial-and-Error-Prinzip für die internationale Gesetzgebung ausprobieren,[325] Hier dient Soft Law gewissermaßen als regulatorisches Versuchslabor. Das, was zu diesem Zeitpunkt noch als *policy* beschlossen wird, lässt erahnen, in welche Richtung sich das zukünftige Recht bewegen kann.[326] Dabei können die Erfahrungen hinsichtlich der Befolgung und Funktionsfähigkeit nicht vollständig auf rechtsverbindliche Regeln übertragen werden, aber zumindest lassen sich Trends beobachten. Die Annahme unverbindlicher Instrumente lässt nach *Barelli* bei einem bestimmten Thema direkter auf einen Staatenkonsens schließen als bei der Verabschiedung eines völkerrechtlichen Vertrages.[327] Aufgrund der fehlenden Rechtsbindung sind die Beteiligten eher bereit, sich über einen Minimalkonsens hinaus zu einigen.[328] Dieser Staatenkonsens kann als Ausdruck einer *opinio juris* zur Herausbildung von Gewohnheitsrecht beitragen.[329] Einschränkend ist anzumerken, dass sich die Akteure nur politisch einigen wollen und damit nicht notwendigerweise eine Rechtsüberzeugung kundtun. Mindestens aber erlaubt die Annahme von Soft Law, dass die darin ausgedrückte Position gemeinschaftlich legitimiert wird, beispielsweise bei der Annahme einer Resolution eines nahezu universell besetzten Organs wie der Generalversammlung.[330]

Sofern die Annahme rechtsverbindlicher Normen auf unüberwindbare Hürden trifft, kann Soft Law die einzige Alternative sein, um überhaupt zu einer Regelung zu kommen.[331] Auch ist denkbar, dass bewusst auf einen völkerrechtlichen Vertrag verzichtet wird, da hinsichtlich einer Frage noch kein ausreichender Konsens für eine Rechtsbindung erreicht wurde. Eine rechtsverbindliche Regelung würde die internationale Staatengemeinschaft gleichsam überladen und

---

[323] GA, Res. Ziff. 174 (II), v. 21.11.1947, abgeändert durch GA, Res. Ziff. 485 (V) v. 12.12.1950; GA, Res. Ziff. 984 (X) v. 3.12.1955; GA, Res. Ziff. 985 (X) v. 3.12.1955 und GA, Res. Ziff. 36/39 v. 18.11.1981.

[324] *Thirlway,* The Sources of Int. Law, S. 23; *Tomuschat,* ZVN 1988, S. 180 (ebd.); siehe dazu ausf. § 4 A. I. 3. c) Medium der Kodifizierung.

[325] *Neuhold,* in: Wolfrum/Röben (Hrsg.), Development of Int. Law, S. 51; *O'Connell,* in: Shelton (Hrsg.), Commitment and Compliance, S. 110.

[326] *Dupuy,* Declaratory Law and Programmatory Law: From Revolutionary Custom to „Soft Law", in: FS Röling, 1977, S. 254.

[327] *Barelli,* ICLQ 2009, S. 957 (966); *Boyle,* in: Evans (Hrsg.), Int. Law, S. 123.

[328] *Knauff,* Der Regelungsverbund, S. 249.

[329] ILC, Draft Conclusions on Cust. Law 2018, A/73/10, S. 130, concl. 4; dazu ausf. § 4 A. 3. a) Beweis einer Rechtsüberzeugung.

[330] *Anand,* Confrontation or Cooperation? The General Assembly at Crossroads, in: FS Röling, 1977, S. 10.

[331] *Knauff,* Der Regelungsverbund, S. 248.

folglich wäre keine Befolgung zu erwarten.[332] Die beteiligten Staaten können noch nicht im gleichen Maße bereit und fähig sein, die verbindlichen Verpflichtungen umzusetzen, und so kann mit rechtsunverbindlichen Abmachungen auf die unterschiedlichen Entwicklungsstände der Staaten Rücksicht genommen werden.[333] Es kann gesichtswahrender sowie effektiver sein, auf Soft Law auszuweichen, auch weil dadurch die Chancen steigen, dass die Anzahl der partizipierenden Staaten steigt.[334] Ein völkerrechtlicher Vertrag, der an geringer Partizipation scheiterte, ist beispielsweise die UN-Wanderarbeiterkonvention.[335] Sie wurde zwar unter der Schirmherrschaft der Vereinten Nationen ausgehandelt, jedoch hauptsächlich von Staaten des globalen Südens ratifiziert, die zugleich Entsendestaaten für Wanderarbeiter sind. Staaten des globalen Nordens haben die Konvention wegen einer Reihe von Vorbehalten nicht ratifiziert. Aus deutscher Sicht entscheidend war die mangelnde Unterscheidung zwischen irregulärer und regulärer Migration in der Konvention.[336] Durch die fehlende Beteiligung der entscheidenden Staaten konnte die Konvention trotz ihrer Verbindlichkeit keine praktische Relevanz erlangen. Eine höhere Beteiligung kann daher selbst bei Soft Law zu einer umfassenderen Wirkung führen und erhöht die Chance, dass es normative Implikationen entwickelt. Auch unter dieser Schwelle bietet es einen ersten Orientierungsrahmen und kann erziehend sowie informativ wirken.[337] Außerdem kann es koordinierte nationale Gesetzgebungen anstoßen.[338]

Sind Politikbereiche bereits rechtlich determiniert, können unverbindliche Vereinbarungen die Rechtsentwicklung in diesen Bereichen weiter vorantreiben.[339] Im Umweltrecht beispielsweise gibt es mit der Klimarahmenkonvention,[340] den Folgevereinbarungen wie dem Kyoto-Protokoll[341] oder dem Übereinkommen von Paris[342] ein rechtsverbindliches Regime, mit welchem die Herausforderungen der Umweltverschmutzung und des Klimawandels adressiert werden. Weiterentwickelt wird das Umweltschutzregime auf den jährlich stattfindenden Vertragskonferenzen. Die dort im Konsens getroffenen Entscheidungen sind nur politisch bindend, operationalisieren und implementieren aber das vor-

---

[332] *Hillgenber,* EJIL 1999, S. 499 (501).

[333] *Abbott/Snidal,* Int. Organization 2000, S. 421 (445).

[334] *Barelli,* ICLQ 2009, S. 957 (964); *Boyle,* in: Evans (Hrsg.), Int. Law, S. 124.

[335] Internationale Konvention zum Schutz der Rechte aller Wanderarbeitnehmer und ihrer Familienangehörigen v. 18.12.1990, A/RES/45/158.

[336] BT-Drs. 19/2945, 7.

[337] *Knauff,* Der Regelungsverbund, S. 250.

[338] *Hillgenberg,* EJIL 1999, S. 499 (501); *Knauff,* Der Regelungsverbund, S. 253.

[339] *Boyle,* in: Evans (Hrsg.), Int. Law, S. 123; *Hillgenberg,* EJIL 1999, S. 499 (501); *Villeneuve,* in: Lagoutte/Gammeltoft-Hansen/Cerone (Hrsg.), Tracing Soft Law, S. 218.

[340] Rahmenübereinkommen der Vereinten Nationen über Klimaänderungen v. 09.05.1992, BGBl. II 1993, 1783.

[341] Protokoll von Kyoto v. 11.12.1997 zum Rahmenübereinkommen der Vereinten Nationen über Klimaänderungen, BGBl. II 2002, 966.

[342] Übereinkommen von Paris v. 12.12.2015, BGBl. II 2016, 1082.

her rechtsverbindlich Beschlossene.[343] Daran zeigt sich, dass das heutige Völkerrecht oft das Produkt eines Zusammenspiels von verbindlichen und nicht verbindlichen Instrumenten sowie dem Gewohnheitsrecht ist.[344]

2. Aus Sicht der Staaten

Für die Exekutive kann der entscheidende Vorteil der Annahme von Soft Law gegenüber einem völkerrechtlichen Vertrag das fehlende nationale Beteiligungserfordernis sein.[345] Für Deutschland bedeutet das, dass anders als beim völkerrechtlichen Vertrag der Bundestag bei der Annahme von Soft Law nicht gesetzlich zustimmen muss (Art. 59 Abs. 2 GG). Es „gilt" unmittelbar.[346] Auch sind die Transparenzpflichten während des Aushandlungsprozesses geringer.[347] Der Verweis auf die Unverbindlichkeit kann bei strittigen Themen die Diskussionen im innerstaatlichen politischen Raum beruhigen.[348] Es verbleibt die Möglichkeit, vom Beschlossenen später abzuweichen,[349] selbst bei einem Verstoß muss man mit weniger drastischen Konsequenzen rechnen.[350] So können mit Soft Law prestigeträchtige, politisch opportune Themen verfolgt werden, ohne dass gestaltungsbeschränkende Rechtsfolgen eintreten.[351] Außerdem besteht die Möglichkeit, Vereinbarungen mit nicht anerkannten Subjekten des Völkerrechts zu schließen;[352] darüber hinaus mit solchen, bei denen man Zweifel hinsichtlich ihres Erfüllungswillens hegt und daher keine rechtliche Bindung riskieren möchte. Auch wenn die eigene Erfüllungsfähigkeit oder -bereitschaft unsicher ist, bietet Soft Law eine Handlungsalternative.[353] Somit machen Staaten mithilfe von Soft Law Zusagen, die sie in rechtlich bindender Form nicht bereit sind abzugeben.[354] Bei Soft Law können die politischen Kosten für die Aushandlung und Verpflichtung im Vergleich zu einem völkerrechtlichen Vertrag deutlich geringer ausfallen.[355] Gesondert ist auf das Interesse politisch schwächerer Staaten an unverbindlichen Handlungsformen hinzuweisen. Sie verfügen bei der Aushandlung von Soft Law

---

[343] *Boyle,* in: Evans (Hrsg.), Int. Law, S. 123; *Hunter,* in: Bradlow/ders. (Hrsg.), Advocating Social Change, S. 167.

[344] *Barelli,* ICLQ 2009, S. 957 (959); *Chinkin/Boyle,* The Making of Int. Law, S. 210.

[345] *Hillgenberg,* EJIL 1999, S. 499 (501); *Knauff,* Der Regelungsverbund, S. 254; *Reiling,* ZaöRV 2018, S. 311 (318).

[346] *Neuhold,* in: Wolfrum/Röben (Hrsg.), Developments of Int. Law, S. 51.

[347] *Knauff,* Der Regelungsverbund, S. 255.

[348] Ebd., S. 249.

[349] Ebd., S. 255.

[350] *Boyle,* in: Evans (Hrsg.), Int. Law, S. 122; *Knauff,* Der Regelungsverbund, S. 256.

[351] *Knauff,* Der Regelungsverbund, S. 249, 255.

[352] *Hillgenberg,* EJIL 1999, S. 499 (501); *O'Connell,* in: Shelton (Hrsg.), Commitment and Compliance, S. 110.

[353] *Knauff,* Der Regelungsverbund, S. 249.

[354] *Boyle,* in: Evans (Hrsg.), Int. Law, S. 122; *Shaffer/Pollack,* Minn. L. Rev. 2010, S. 706 (719).

[355] *Abbott/Snidal,* Int. Organizations 2000, S. 421 (434).

über größeren Einfluss als bei einem völkerrechtlichen Vertrag, da die mächtigeren Staaten wegen der fehlenden Rechtsverbindlichkeit eher bereit sind zu kooperieren.[356]

3. Aus Sicht nicht staatlicher Akteure

Die nicht staatlichen Akteure verfolgen häufig einen pragmatischen Ansatz: Nicht die Form des Instrumentes ist das Entscheidende, sondern die Einschätzung, ob das Beschlossene befolgt werden wird und damit tatsächlich dazu geeignet ist, staatliches Handeln zu lenken.[357] Wegen der beschriebenen Vorteile kann somit auch die Wahl von Soft Law aus Sicht nicht staatlicher Akteure nützlich sein.[358] Für die Weltgesundheitsbehörde (WHO) beispielsweise ist die Verwendung rechtsunverbindlicher Empfehlungen zum wichtigsten Regulierungsinstrument geworden.[359]

Ausschlaggebend ist ferner, dass Soft Law es Organen internationaler Organisationen ermöglicht, Vereinbarungen zu treffen oder Regelungen zu entwickeln, obwohl keine Vertragsabschlusskompetenz vorliegt.[360] Die Organe können also trotz fehlender Rechtsetzungskompetenz regulierend tätig werden. Insofern kann Einfluss auf staatliches Handeln genommen werden, selbst wenn es keine Aussicht auf Abschluss eines völkerrechtlichen Vertrages gibt.[361] Dieses Phänomen war in den 1970er Jahren in der Generalversammlung zu beobachten, als der Versuch unternommen wurde, über Resolutionen das internationale Recht weiterzuentwickeln.[362] Gleiches gilt für Private wie NGOs oder Unternehmen, die bei Soft Law als Experten oder als spätere Regelbetroffene einfacher einbezogen werden können.[363] Ein besonderer Fokus wurde beispielsweise bei der Aushandlung der Erklärung über die Rechte indigener Völker darauf gelegt, Vertreter verschiedener indigener Volksgruppen anzuhören und in die Textgestaltung miteinzubeziehen.[364] Zuletzt können internationale Organisationen mithilfe von prestigeträchtigem Soft Law die ihnen entgegengebrachte Akzeptanz erhöhen, ohne dass sie Kosten, etwa Rechtsansprüche gegen sie, fürchten müssen.[365]

---

[356] *Chinkin,* in: Shelton (Hrsg.), Commitment and Compliance, S. 34.

[357] *Boyle/Chinkin,* The Making of Int. Law, S. 215.

[358] Beispiele: WHO/FAO, Codex Alimentarius; IAEA, Guidelines on Nuclear Installation; Int. Commission on Radiation Protection, Radiological Protetction Standard; IMO, Annexes to Treaties on Ship Safety; World Intellectual Property Organisation, Establishment on Domain-Names.

[359] *Chinkin/Boyle,* The Making of Int. Law, S. 128.

[360] *Hillgenberg,* EJIL 1999, S. 499 (501); *Knauff,* Der Regelungsverbund, S. 251, 254; *Shaffer/Pollack,* Minn. L. Rev. 2010, S. 706 (719).

[361] *Chinkin,* in: Shelton (Hrsg.), Commitment and Compliance, S. 31.

[362] Siehe dazu § 2 A I.

[363] *Boyle,* in: Evans (Hrsg.), Int. Law, S. 123; *Bradlow/Hunter,* in: dies. (Hrsg.), Advocating Social Change, S. 7; *Knauff,* Der Regelungsverbund, S. 251; *Shaffer/Pollack,* Minn. L. Rev. 2010, S. 706 (719).

[364] Siehe dazu ausf. § 4 A. II. 1. b) Empfehlungen und Kommentare von Vertragsorganen.

[365] *Knauff,* Der Regelungsverbund, S. 251.

II. Antagonismus

Neben der ergänzenden und alternativen Funktion, die Soft Law gegenüber verbindlichem Völkerrecht übernehmen kann, wird es auch gegen völkerrechtliche Rechtspflichten verwendet.[366] *Shaffer/Pollack* argumentieren, dass für die Frage, ob für ein bestimmtes Vorhaben auf *Soft Law* oder *Hard Law* zurückgegriffen werde, nicht allein Überlegungen hinsichtlich Effizienz und Kohärenz ausschlaggebend seien.[367] Entscheidender seien vielmehr die politische Gestaltungsmacht und die Interessen der jeweiligen Akteure. Sie würden wesentlich die Wahl des Instruments bestimmen.[368] Die in der Literatur vornehmlich dargestellte ergänzende oder alternative Interaktion zwischen unverbindlichem und verbindlichem Recht werde dadurch bedingt, dass es einen grundsätzlichen Konsens zwischen den betroffenen Akteuren gebe.[369] Soweit aber ein solcher Konsens bestehe, würden von den jeweiligen Akteuren Instrumente strategisch verwendet. Denkbar sei somit die Annahme von Soft Law, um bestehendes Völkerrecht zu unterlaufen.[370] Dadurch könne die Herausbildung von Gewohnheitsrecht erschwert werden.[371] Andersherum könne verbindliches Völkerrecht verwendet werden, um Soft Law zu verdrängen.[372] Die Existenz verschiedener Regelungsregime, die nicht hierarchisch nebeneinander bestehen, ermöglichen es Akteuren, bei Verteilungskonflikten in ein anderes Forum *(forum shopping)* auszuweichen und dort strategisch gegensätzliche Regelungen zu schaffen. Während Verteilungskonflikte für die gegeneinander gerichtete Verwendung von unverbindlichen und rechtsverbindlichen Instrumenten Anreize schaffen, wird dies erst durch die Fragmentierung des Völkerrechts in Regimekomplexe ermöglicht.[373] Diese Vorgehensweise ist zwischen mächtigen Akteuren, wie den USA oder der Europäischen Union, zu beobachten, sofern sie sich uneinig sind und die jeweils für sie vorteilhaften Regelungen durchzusetzen versuchen.[374] Oder aber sie wird von weniger mächtigen Staaten verwendet, um den Regelungen der politisch dominierenden Staaten etwas entgegenzusetzen.[375] Letzterem lassen sich die bereits dargestellten Aktivitäten der Entwicklungsländer in der Generalversammlung zuordnen.

---

[366] *Shaffer/Pollack,* Minn. L. Rev. 2010, S. 706 (744).

[367] Ebd., (729).

[368] Ebd., (730).

[369] Ebd., (765).

[370] Ebd., (739).

[371] *Dupuy,* Declaratory Law and Programmatory Law: From Revolutionary Custom to „Soft Law", in: FS Röling, 1977, S. 102.

[372] *Shaffer/Pollack,* Minn. L. Rev. 2010, S. 706 (739).

[373] Ebd., (741), vgl. auch den Bericht der Völkerrechtskommission, Fragmentation of Int. Law: Difficulties arising from the Diversification and Expansion of Int. Law, A/CN.4/L.682 v. 13.04.2006.

[374] *Shaffer/Pollack,* Minn. L. Rev. 2010, S. 706 (767 ff.) anhand des Beispiels der gegenteiligen Regelungssetzung in der UNESCO und WTO.

[375] Ebd., (774).

III. Probleme

Wechselt man den Blickwinkel, entpuppen sich einige der Vorteile von Soft Law zugleich als Probleme.[376] Die fehlende Beteiligung nationaler Parlamente trägt ein demokratisches Legitimationsproblem in sich.[377] Aus Sicht der innerstaatlichen Kompetenzaufteilung bedeutet es, dass die Parlamente, in Deutschland der Bundestag als einzig direktdemokratisch legitimiertes Organ, nicht beteiligt werden. Allein die Exekutive wird in diesen Fällen tätig.[378]

Daneben stellt sich die Frage, welche Folgeregelungen auf Soft Law-Abmachungen anwendbar sind. In Betracht käme die Anwendung des Völkervertragsrechts. Dieses ist in der Wiener Vertragsrechtskonvention kodifiziert, Teile gelten darüber hinaus auch gewohnheitsrechtlich.[379] Die Wiener Vertragsrechtskonvention findet auf Verträge zwischen Staaten Anwendung (Art. 1). Als Vertrag gilt eine in Schriftform geschlossene und vom Völkerrecht bestimmte internationale Übereinkunft (Art. 2 Abs. 1 lit. a). Das schließt unverbindliche Instrumente aus. Auf nicht von Staaten geschaffenes Soft Law findet die Wiener Vertragsrechtskonvention bereits dem Wortlaut nach keine Anwendung. Wenn die Beteiligten keinen völkerrechtlichen Vertrag abgeschlossen haben, ist anzunehmen, dass sie auch die Anwendung des Vertragsfolgerechts ausschließen wollten.

Als Kontrollüberlegung lohnt sich umgekehrt die Frage, was die Folgen der Anwendung der völkervertragsrechtlichen Regeln auf Soft Law wären. Zwar könnte man auf ein austariertes Rechtsregime zurückzugreifen, zugleich würden aber die Differenzen zwischen Soft Law und einem Vertrag nivelliert. Das könnte zu Abgrenzungsschwierigkeiten und Unsicherheit über die Art des zu untersuchenden Instruments führen. Zuletzt passen viele der Regelungen nicht, da sie Rechtsverbindlichkeit im Sinne von *pacta sunt servanda* voraussetzen. Eine Soft Law-Abmachung, welche von vornherein nicht „gilt", muss auch nicht gekündigt werden können (Art. 54 ff.). Dennoch hat der Internationale Gerichtshof die Auslegungsregelungen (Art. 31 ff.) als Leitlinie auch für nicht vertragliche Völkerrechtsnormen, in diesem Fall bei einer Resolution des UN-Sicherheitsrates, verwendet.[380] Zu beobachten ist außerdem, dass sich vergleichbare Instrumente zum Völkervertragsrecht auch für Soft Law-Abmachungen entwickeln. Bei-

---

[376] Die grundsätzliche Kritik an Soft Law und die Sorge, dass das internationale Recht in seiner Durchsetzbarkeit insgesamt geschwächt werde, wurden bereits thematisiert, siehe § 2 B. IV. Kritik.

[377] *Boyle,* in: Evans (Hrsg.), International Law, S. 123; *Charlesworth,* in: Crawford/Koskeniemmi (Hrsg.); International Law, S. 198; *Herdegen,* VVDStRL 2002, S. 9 (27 f.); *Hillgenberg,* EJIL 1999, S. 499 (503 f.); *Knauff,* Der Regelungsverbund, S. 254; Zum US-Senate, *Baxter,* ICLQ 1980, S. 549 (554 f.).

[378] Zu alldem ausf. § 6 Die Beteiligung des Bundestages.

[379] *Schorkopf,* Staatsrecht der int. Beziehungen, § 1 Rn. 14.

[380] IGH, Accordance with Int. Law of the unilateral Declaration of Independence in Respect to Kosovo, Adv. Op. v. 22.07.2010, I.C.J. Rep. 2010, S. 403 (442, Ziff. 94); *Schorkopf,* Staatsrecht der int. Beziehungen, § 1 Rn. 14.

spielsweise erklärte der Deutsche Bundestag in einem Parlamentsbeschluss ausdrücklich, dass der Migrationspakt keinerlei rechtsändernde oder rechtsetzende
Wirkung habe.[381] Dieses Vorgehen erinnert an die Erklärung eines Vorbehalts
(Art. 19 ff.). In der Schweiz stellte sich zuletzt die Frage, ob ein Staat, wie auch bei
völkerrechtlichen Verträgen üblich, nachträglich einer Resolution wie dem Migrationspakt beitreten könne, nachdem er sich bei der Annahme ursprünglich
enthalten hatte.[382]

Unklar ist ferner, wie mit sich widersprechenden Soft Law-Abmachungen
umzugehen ist.[383] Man könnte die Kollisionsgrundsätze analog anwenden. Diese
können legitimerweise Geltungskonflikte auflösen, da sie auf Recht anwendbar
sind, welches der gleichen Autorität – innerstaatlich dem Gesetzgeber, international den Rechtsquellen – zuordenbar ist. Diese Grundvoraussetzung ist nicht
ohne weiteres auf unverbindliche Instrumente übertragbar, da eine Reihe von
Akteuren zu bestimmten Fragen Regelungen kreieren kann. Es fehlt also an einer
vergleichbaren Interessenlage. Nur innerhalb der gleichen internationalen Organisation ist es denkbar, dass durch den Erlass neuer Instrumente dem wider-
sprechende alte abgelöst werden (*Lex-posterior*-Grundsatz). Ansonsten verbleibt
der Rückgriff auf den Grundsatz *bona fide*, welcher als allgemeiner Grundsatz
auch im weitesten Sinne auf Soft Law anwendbar sein dürfte.[384] Darüber hinaus
ist vieles ungeklärt und es bleibt abzuwarten, ob sich in der Praxis eigenständige
Regelungen entwickeln oder ob je nach inhaltlicher Verwandtschaft mit anderen
Rechtsquellen die dortigen Regeln den Grundsätzen nach Anwendung finden.

Neben diesen „technischen" Folgefragen bestehen zudem Bedenken gegen die
grundsätzliche Auswirkung, die die Verwendung von Soft Law auf die Kohärenz
des Völkerrechts haben kann. Zwar mögen Staaten bereit sein, bei unverbindlichen Abmachungen größere Zugeständnisse zu machen, zugleich können die
fehlende Beteiligung der Parlamente und auch die Unverbindlichkeit aber bedeuten, dass eine geringere Chance der nationalen Implementierung und Befolgung besteht.[385] Eine Soft Law-Abmachung kann daher einen Konsens vorspie-
geln, der nur über die nach wie vor bestehenden Differenzen der Beteiligten
hinwegtäuscht, sich aber bei der Umsetzung zeigt. Ein solches Instrument kann
schnellen Wandel versprechen und damit verdecken, dass das Völkerrecht sich
häufig nur langsam wandelt.[386] Darüber hinaus kann die Informalität des Soft

---

[381] BT-Drs. 19/6065, 1.

[382] *Cicéron Bühler,* Soft Law: How to Improve its Democratic Legitimacy While Ensuring
Effective Governmental Action in Foreign Affairs, Opinio Juris v. 02.09.2021, abrufbar unter: http://opiniojuris.org/2021/09/02/soft-law-how-to-improve-its-democratic-legitimacy-w
hile-ensuring-effective-governmental-action-in-foreign-affairs/(letzter   Zugriff   am
20.03.2023).

[383] *Klabbers,* Nord. Jour. of Int. Law 1996, S. 167 (177).

[384] So auch *Boyle/Chinkin,* The Making of Int. Law, S. 214; zumindest bei unilateralen
Deklarationen IGH, Nuclear Tests Cases *(Australia v. France),* Urt. v. 20.12.1974, I.C.J.
Rep. 1974, S. 253 (268 Ziff. 46).

[385] *Boyle,* in: Evans (Hrsg.), Int. Law, S. 123.

[386] *Chinkin,* in: Shelton (Hrsg.), Commitment and Compliance, S. 42.

Law-Verfahrens zu Problemen für eine gleichberechtigte Teilhabe und Transparenz führen.[387] Zugleich ermöglicht die Informalität Staaten, sich strategisch vor zu weitreichenden Verpflichtungen zu schützen oder Rechtsregime antagonistisch zu schwächen. Dieses *forum shopping* kann als Nachteil empfunden werden, wenn man die Veränderung durch Völkerrecht entweder für eine imaginierte Weltgesellschaft oder für die nationale Gemeinschaft anstrebt.

D. Ergebnis zu § 2: Soft Law als Kompensation

Soft Law hat sich als Handlungskategorie unter konkreten historischen, politischen und institutionellen Bedingungen entwickeln und perpetuieren können. Historisch entscheidend war der zahlenmäßig starke Zuwachs an Akteuren auf der internationalen Bühne. Einhergehend mit der materiellen Ausdehnung des Völkerrechts und seiner Institutionalisierung kam eine Vielzahl internationaler Organisationen und jünger, privater Akteure dazu. Soft Law wurde somit als alternativer globaler Regulierungsmechanismus im Völkerrecht erforderlich.[388]

Anfangs wurde versucht, dem, was man heute als Soft Law benennt, Rechtsverbindlichkeit zu unterstellen und es ausschließlich in der traditionellen Rechtsquellendogmatik zu rezipieren. Inzwischen zeigt sich, dass Soft Law auch eine eigenständige Funktion erfüllt und sogar alternativ sowie antagonistisch zu verbindlichem Recht verwendet wird. Sowohl politisch schwächere als auch mächtige Staaten verwenden diese Instrumente. Verfolgt wird dabei ein pragmatischer Ansatz: Es wird dasjenige Handlungsinstrument gewählt, welches Aussichten hat, den angestrebten Erfolg zu verwirklichen. Erst in einem weiteren Schritt tauchen Überlegungen und Fragen hinsichtlich Legitimation und Verfahren auf.

§ 3 Der Migrationspakt

„The Marrakesh Compact – as I believe the Global Compact may begin to be called – will remain THE reference for all future initiatives dealings with cross-border human mobility."[389] Mit diesen Worten schloss *Louise Arbour*, die UN-Sonderbeauftragte für internationale Migration, die Marrakesch-Konferenz im Dezember 2018, bei der der Globale Migrationspakt angenommen wurde.[390] Die eigens zu seiner Annahme ausgerichtete Regierungskonferenz war mit über 2500 Teilnehmern die bis dato größte Konferenz zur internationalen Migration. Die enthusiastische Wortwahl der UN-Sonderbeauftragten und ihre Charakterisierung

---

[387] *Bradlow/Hunter,* in: dies. (Hrsg.), Advocating Social Change, S. 10.

[388] *Chinkin,* in: Shelton (Hrsg.), Commitment and Compliance, S. 35.

[389] Statement by Louise Arbour, Closing remarkts at GCM, v. 11.12.2018, abrufbar unter: https://www.un.org/en/conf/migration/assets/pdf/GCM-Statements/closingremarksarbour.pdf (letzter Zugriff am 20.03.2023).

[390] Die Konferenz geht zurück auf GA, Res. 71/280, v. 06.04.2017.

des Migrationspaktes als *„one of the defining projects of our generation"* sollen jedoch nicht über die politische Auseinandersetzung hinwegtäuschen, die mit seiner Aushandlung und der Annahme einherging. Schließlich nahmen an der Konferenz deutlich weniger Staaten teil, als sich zwei Jahre zuvor zur Aushandlung eines gemeinsamen Paktes verpflichtet hatten. Wichtige Zielländer für Migration wie die USA, Australien und Israel verweigerten die Teilnahme und damit die Annahme des Paktes.

In vielerlei Hinsicht kristallisiert sich am Migrationspakt das Gestaltungspotenzial heraus, welches Soft Law-Abmachungen inzwischen erreicht haben; er wird daher gleichermaßen als wichtiger Schritt hin zu einer noch tieferen internationalen Verflechtung befürwortet oder als mächtige Bedrohung staatlicher Souveränität kritisiert. Die Politisierung und Polarisierung der internationalen Gemeinschaft bei einer an sich rechtsunverbindlichen Vereinbarung überraschen[391] und erinnern an historische Grabenkämpfe, wie sie in den 1970er- und 1980er-Jahren um eine Neuausrichtung der Weltwirtschaft in der Generalversammlung geführt wurden.[392] Die Diskussion um den Migrationspakt zwingt daher zur näheren Auseinandersetzung mit seinem Inhalt und seiner rechtlichen Einkleidung. Dazu wird zunächst auf die Flüchtlingskrise als Initialzündung für den Reformwillen in der Staatengemeinschaft eingegangen, bevor der Migrationspakt im Einzelnen untersucht wird. Es folgt ein vergleichender Blick auf den zeitgleich ausgehandelten und angenommenen Flüchtlingspakt. Der Abschnitt schließt mit der Erkenntnis, dass es sich beim Migrationspakt um ein typisches Steuerungsinstrument im sich neu etablierten Migrationsvölkerrecht handelt.

A. Die Flüchtlingskrise als Katalysator für das Migrationsrecht

Sowohl der Migrations- als auch der Flüchtlingspakt gehen auf die New Yorker Erklärung für Flüchtlinge und Migranten zurück, die von der Generalversammlung als Resolution einstimmig am 19. September 2016 angenommen wurde.[393] Ihr vorausgegangen war ein auf Initiative der Generalversammlung einberufener Gipfel der Staats- und Regierungschefs mit dem Ziel, die u. a. durch den andauernden Syrienkonflikt ausgelöste kontinentübergreifende Migrations- und Flüchtlingskrise global zu adressieren. Das Treffen wurde durch die Einladung des damaligen amerikanischen Präsidenten *Obama* zu einem „Leaders' Summit on Refugees" ergänzt, der zum Ziel hatte, Regierungen zu neuen, substanziellen Zusagen hinsichtlich des Flüchtlingsschutzes zu bewegen.

---

[391] *Cicéron Bühler,* Soft Law: How to Improve its Democratic Legitimacy While Ensuring Effective Governmental Action in Foreign Affairs, Opinio Juris v. 02.09.2021, abrufbar unter: http://opiniojuris.org/2021/09/02/soft-law-how-to-improve-its-democratic-legitimacy-w hile-ensuring-effective-governmental-action-in-foreign-affairs/(letzter   Zugriff   am 20.03.2023).

[392] Siehe dazu § 2 A. I. 2. Reformdruck und Handlungsinstrumente.

[393] New Yorker Erklärung für Flüchtlinge und Migranten, A/RES/71/1, v. 16.09.2015.

Bereits im Februar desselben Jahres hatte in London eine Konferenz zum Syrienkonflikt stattgefunden, in der sich die teilnehmenden Staaten verpflichteten, für die durch den Konflikt Vertriebenen 12 Milliarden Dollar zur Verfügung zu stellen. Der seit 2011 andauernde Konflikt nahm seinen Ursprung in der Protestbewegung der Bevölkerung im Zuge des Arabischen Frühlings, der zeitlich versetzt zu den nordafrikanischen Staaten auch Syrien erreichte. Durch die militärische Auseinandersetzung sowohl innerhalb Syriens als auch an seinen Grenzen befand sich im Jahr 2015 die Hälfte der syrischen Bevölkerung auf der Flucht, immerhin 11 Millionen Menschen, die hauptsächlich in den Nachbarländern Jordanien und Libanon Schutz suchten.[394] Diese Länder gerieten mit jeder neuen Flüchtlingswelle immer weiter unter Druck; besonders der Libanon litt unter schweren wirtschaftlichen Problemen. Hinzu kam, dass die fragile soziale Ordnung zwischen den Religionsgruppen drohte, durch den Zuzug von 1,5 Millionen Flüchtlingen zu zerbrechen.[395] Als Anfang September 2015 das Welternährungsprogramm der Vereinten Nationen wegen zu geringer Finanzmittel die ohnehin schon knapp bemessenen Lebensmittelrationen in den Flüchtlingslagern um die Hälfte kürzte, flüchteten die ersten Menschen nach Europa.[396] Es folgte ein Strom von Menschen – nicht nur aus Syrien –, der den Konflikt, der in seiner Dimension durch Europa und Nordamerika zuvor unterschätzt worden war, unmittelbar vor die eigene Haustür trug.[397] Nach ersten Wellen großer Solidarität in einigen Ländern zeigte sich schnell,[398] dass die Mitgliedstaaten der

---

[394] *Betts/Collier,* Gestrandet, S. 107; *Schweitzer,* Syrien, S. 449.

[395] *Schweitzer,* Syrien, S. 452.

[396] Ebd.; *Betts/Collier,* Gestrandet, S. 112.

[397] *Schweitzer,* Syrien, S. 454; siehe auch *Betts/Collier* mit ihrer Einschätzung, dass der Westen nach der Erfahrung der Invasion im Irak beschloss Syrien „einfach auszusitzen", *dies.,* Gestrandet, S. 106; zur Chronologie der sog. Flüchtlingskrise siehe *Dreyer-Plum,* Kosmo-Polis EU, S. 23 ff.

[398] Bis in den Herbst 2015 wurden Zuwanderern von verschiedenen Medien fast ausschließlich positiv bewertet. Nach der Entscheidung, die Grenzen nicht zu schließen, ließ die Medieneuphorie merklich nach. Die Vorfälle in der Silvesternacht ließen die mediale Stimmung endgültig ins Negative kippen, vgl. dazu die Medienanalyse von *Maurer/Hassler/Jost/Kruschinski,* Auf den Spuren der Lügenpresse: Zur Richtigkeit und Ausgewogenheit der Medienberichterstattung in der „Flüchtlingskrise", Dezember 2018, abrufbar unter https://www.researchgate.net/publication/329843108_Auf_den_Spuren_der_Lugenpresse_Zur_Richtigkeit_und_Ausgewogenheit_der_Medienberichterstattung_in_der_Fluchtlingskrise (letzter Zugriff am 20.03.2023); in einer Folgestudie kommen die vier Autoren zu dem Ergebnis, dass seit Februar 2016 die Berichterstattung in den Leitmedien überwiegend negativ ist und besonders die negativen Folgen der Zuwanderung betont, *dies.,* Medienberichterstattung über Flucht und Migration, zusammenfassend S. 3, abrufbar unter https://www.stiftung-mercator.de/content/uploads/2021/07/Medienanalyse_Flucht_Migration.pdf (letzter Zugriff am 20.03.2023). Ausdruck der Willkommenskultur ist auch der inzwischen ikonische Satz der damaligen Bundeskanzlerin *Merkel:* „Wir schaffen das" bei einer Bundespressekonferenz am 14.08.2015 zum Höhepunkt der sog. Flüchtlingskrise; *Klein* bezeichnet diesen Argumentationsstrang, der sich für die Aufnahme von Flüchtlingen einsetzte, daher auch als „Merkel-Diskurs", *ders.,* in: Zhao/Szurawitzki (Hrsg.), Nachhaltigkeit und Germanistik, S. 73,

Europäischen Union mit ihren Aufnahmekapazitäten an ihre Grenzen stießen und nicht bereit waren, einen ungeordneten Zustrom von Flüchtlingen und Migranten in die Europäische Union zu akzeptieren.[399] Das bis dahin bereits strapazierte und notorisch reformbedürftige Gemeinsame Europäische Asylsystem (GEAS) brach zeitweilig vollständig zusammen und konnte nach wie vor nur notdürftig durch politische Kompromisse wie das sogenannte EU-Türkei-Abkommen „repariert" werden.[400] In Deutschland allein stieg die Zahl der Neuregistrierungen von Asylsuchenden von 238 676 Fällen im Jahr 2014 auf über eine Million im darauffolgenden Jahr.[401]

Parallel stieg auch in den USA die Anzahl der Asylgesuche ab 2012 deutlich, wofür hauptsächlich die prekäre Sicherheitslage in den mittelamerikanischen Staaten aufgrund organisierter Banden- und Drogenkriminalität verantwortlich war.[402] Insofern bestand ein großes politisches Interesse sowohl der Staaten, die unmittelbar durch den Konflikt betroffen waren, als auch der geografisch entfernteren, für die der Konflikt durch die Flüchtlingsströme zu einer eigenen politischen Herausforderung geworden war, ein globales Migrations- und Flüchtlingsmanagement neu zu verhandeln.

Den Anfangspunkt bildete dafür die New Yorker Erklärung, die als Absichtserklärung mit dem Ziel, in den darauffolgenden zwei Jahren zwei Pakte – sowohl einen für Flüchtlinge als auch einen für Migranten – auszuhandeln, angenommen wurde. In ihr erklärten sich die Mitgliedstaaten der Vereinten Nationen mit den von der Flüchtlingskrise Betroffenen solidarisch und erneuerten ihre Verpflichtung zur Gewährung der Menschenrechte und Grundfreiheiten für Flüchtlinge und Migranten. Zugleich beschlossen sie mit sofortiger Wirkung einen umfassenden Rahmenplan für Flüchtlingshilfsmaßnahmen.

Der in der Erklärung verfolgte umfassende Ansatz, Migration und Flucht als Ausprägungen desselben Phänomens zu betrachten, bildete ein völkerrechtliches Novum. Bis dahin waren beide Bereiche getrennt voneinander verhandelt worden, da nur der Flüchtlingsschutz einem eigenen etablierten internationalen Rechtsregime unterfällt. Verschiedene Ansätze versuchen diesen bemerkenswer-

---

[399] In Deutschlang kam interessanterweise die fundamentalste Kritik am Regierungskurs von keinem politischen Außenseiter, sondern von der CSU, die selbst an der Regierung beteiligt war, *Klein* bezeichnet den Gegendiskurs zur Willkommenskultur daher auch als „Seehofer-Diskurs", *ders.*, in: Zhao/Szurawitzki (Hrsg.), Nachhaltigkeit und Germanistik, S. 76, 78.

[400] *Bieber/Maiani*, Schweiz. Jahrbuch f. Europarecht 2011/12, S. 297 (321); *Dreyer-Plum,* Kosmo-Polis EU, S. 27; *Heilbronner/Thym,* JZ 2016, S. 753 (758); *Marx,* KJ 2016, S. 150 (154); *Stumpf,* DÖV 2016, S. 357 (360).

[401] BMI, Anzahl der neu registrierten Flüchtlinge in Deutschland v. 2014–2018, Mai 2018, abrufbar unter: https://de.statista.com/statistik/daten/studie/663735/umfrage/jaehrlich-neu-r egistrierte-fluechtlinge-in-deutschland/ (letzter Zugriff am 20.03.2023).

[402] Office of Immigration Statistics, US Department of Homleand Security, Anzahl der Flüchtlinge u. Asylgesuche in d. USA v. 2009–2019, 2019, abrufbar unter: https://de.statista.c om/statistik/daten/studie/463551/umfrage/fluechtlinge-und-asylgesuche-in-den-usa/ (letzter Zugriff am 20.03.2023).

ten Paradigmenwechsel zu erklären: Einige führen ihn auf die erfolgreichen Bemühungen *Peter Sutherlands* zurück, der zu diesem Zeitpunkt erster Sonderberichterstatter der Vereinten Nationen für Migration war.[403] In seiner Position betonte er die Vorteile und die Notwendigkeit, die die Migration für den Erhalt der Prosperität in den europäischen Ländern haben könne. Aufsehen erregten seine Äußerungen bei einer Befragung durch einen Ausschuss des Parlaments in Großbritannien, wo er forderte, dass Staaten der Europäischen Union ihre ethnische Homogenität schwächen sollten.[404] Für die einen wurde er wegen seiner Haltung als „Vater der Globalisierung"[405] und Vertreter einer menschengerechten Migrationspolitik gefeiert,[406] andere sahen in ihm einen „typische[n] Vertreter der bürokratisch-technokratischen Elite, die von niemandem gewählt wurde [...]".[407] Dass er in seiner Funktion maßgeblich die spätere Ausrichtung des Paktes mitgestaltete, zeigt sich an dem von ihm Anfang 2017 veröffentlichten Bericht, dem sogenannten *Sutherland-Report*, der an die Generalversammlung gerichtete Empfehlungen zum besseren Management von Migration durch internationale Kooperation enthält.[408] Vieles, was später im Migrationspakt auftauchen würde, fand sich als Empfehlung bereits in diesem Bericht, was durch die Bezugnahme im Migrationspakt auch ausdrücklich anerkannt wird.[409]

Ein anderer Erklärungsversuch könnte darin liegen, dass sich schon frühzeitig in der Flüchtlings- und Migrationskrise zeigte, dass ein bedeutender Teil der Antragsteller nicht unter den Anwendungsbereich der Genfer Flüchtlingskonvention fallen würde. Nicht wegen der in der Konvention anerkannten Fluchtgründe machten sie sich auf den Weg, sondern aufgrund der wirtschaftlichen Perspektivlosigkeit in ihren Heimatländern. Es herrschte demnach schnell die Erkenntnis vor, dass es sich um eine gemischte Wanderungsbewegung handelte.

Dass die für die Flüchtlingssituation nach dem Zweiten Weltkrieg konzipierte Genfer Flüchtlingskonvention nicht mehr adäquat auf moderne Bewegungsströme reagieren kann, kann als Gemeinplatz des internationalen Flüchtlingsrechts bezeichnet werden. Beispielhaft sei auf die Diskussion um den Schutz sogenannter Klimaflüchtlinge verwiesen[410] oder darauf, dass die übliche Dauer

---

[403] *Hilpold,* ELJ 2020, S. 1 (9)

[404] *Wheeler,* EU schould ‚undermine national homogeneity' says UN migration chief, 21.06.2012, abrufbar unter: https://www.bbc.com/news/uk-politics-18519395 (letzter Zugriff am 20.03.2023).

[405] FAZ, 09.01.2018, Ziff. 7, S. 20.

[406] *Laczko,* Global Migration Champion, Peter Sutherland Dies, 01.07.2018, IOM, abrufbar unter: https://weblog.iom.int/global-migration-champion-peter-sutherland-dies (letzter Zugriff am 20.03.2023).

[407] *Schwarze,* FAZ, 02.02.2016, Ziff. 27, S. 8.

[408] Res. A/71/728 v. 03.02.2017.

[409] Siehe dazu insb. Res. A/71/728 v. 03.02.2017, Ziff. 48 ff.; Globaler Pakt für sichere, geordnete und reguläre Migration, A/Res/73/195 v. 19.12.2018, Ziff. 6; dazu auch *Griesbeck,* ZAR 2019, S. 85 (88).

[410] Siehe dazu *Hanschel,* ZAR 2017, S. 1 ff.; *Mc Adam,* in: Betts (Hrsg.), Global Migration Governance, S. 153 ff.; *Nümann,* ZAR 2015, S. 165 ff.

eines Flüchtlingsstatus mittlerweile fast zwanzig Jahre beträgt.[411] Damit bestand ein politisches Momentum, einen neuen Weg zu beschreiten und den Versuch zu unternehmen, die Herausforderung ganzheitlich unter Bezugnahme auf die Flucht- und Migrationsperspektive zu lösen.[412]

B. Im Einzelnen

Die zweijährige Aushandlung des Migrationspaktes wurde als umfangreiches Vorhaben konzipiert, bei dem sich über mehrere Runden diverse Akteure an der Gestaltung eines konsensfähigen Dokuments beteiligten. Die Darstellung des Prozesses soll aufzeigen, unter welchen Bedingungen groß angelegte Soft Law-Projekte inzwischen entstehen. Es folgt ein kurzer Überblick über die inhaltlichen Bestimmungen der Abmachung und die in ihr verwendete Sprache sowie die verwendeten Narrative, bevor der Absatz mit einer völkerrechtlichen und institutionellen Einordnung schließt.

I. Von New York nach Marrakesch – Aushandlung

Neben der in Anhang II zur New Yorker Erklärung grob vorgenommenen Skizzierung des Inhalts wurde die konkrete Aushandlung durch die Generalversammlung in einer weiteren Resolution festgelegt.[413] Der Pakt sollte in drei Phasen – Konsultationen, Bestandsaufnahme und zwischenstaatlichen Verhandlungen – möglichst transparent und unter Beteiligung diverser Interessenträger ausgehandelt werden.[414] Die Leitung der Verhandlungen übernahmen Mexiko und die Schweiz. Damit wurde die Verhandlungsleitung jeweils einem Land übertragen, welches als Herkunfts- und Transitland für Einwanderung gilt, und einem Land, welches Ziel hoch qualifizierter Facharbeitereinwanderung ist.

In den ersten zwei Phasen der Aushandlung wurden durch die Verhandlungsleiter Akteure, die in unterschiedlicher Weise von Migration betroffen sind, angehört. Erklärtes Ziel war es, das Phänomen umfassend zu beleuchten und zu verstehen. Erst im Anschluss begann mit der ersten von sechs Verhandlungsrunden zwischen den Staaten das eigentliche Arbeiten an einem Dokument, welches schließlich als Migrationspakt angenommen werden sollte.

---

[411] *Betts/Collier*, Gestrandet, S. 112.

[412] *Pécoud*, TWQ 2021, S. 16 (20).

[413] A/Res/71/280, v. 17.04. 2017.

[414] Von Juli 2017 bis Mai 2018 nahmen insgesamt elf deutsche zivilgesellschaftliche Organisationen an informellen Anhörungen zum Migrationspakt teil, BT-Drs. 19/2945, 18; Im Vorhinein wurde ein Zehn-Punkte-Plan diverser NGOs veröffentlicht, der sich an alle Aushandelnden richtete: Now and How, Ten Acts for the Global Compact. A civil society vision for a transformative agena for human mobility, migration and development, abrufbar unter: http://www.madenetwork.org/sites/default/files/Now%20%2B%20How%20TEN%20ACT S%20for%20the%20Global%20Compact-final%20rev%203%20Nov%202017%20%28002 %29.pdf (letzter Zugriff am 20.03.2023).

Anders als die ersten beiden Phasen der Aushandlung erfolgte die Beratung in den zwischenstaatlichen Konferenzen weitestgehend unter Ausschluss der Öffentlichkeit. Insofern muss regelmäßig gemutmaßt werden, welches Land oder welche Ländergruppe hinter den einzelnen formulierten Forderungen im Laufe des Prozesses stand. Zurückgegriffen werden kann auf den Bericht der deutschen Delegation zu den einzelnen Verhandlungsrunden, in dem die Ländernamen jedoch geschwärzt sind. Die Veröffentlichung wurde von der Tageszeitung *Der Tagesspiegel* nach dem Informationsfreiheitsgesetz erwirkt. Die Beibehaltung der geschwärzten Stellen konnte das Auswärtige Amt auch bei Widerspruch durch den Tagesspiegel gerichtlich mit dem diplomatischen Interesse Deutschlands begründen.[415] Hinzuziehen lassen sich darüber hinaus Kurzzusammenfassungen der einzelnen Verhandlungsrunden durch das International Institute for Sustainable Development, ein in Kanada ansässiges unabhängiges Forschungsinstitut.

Der von der Schweiz und Mexiko vorgestellte erste Entwurf fand als Ausgangspunkt zunächst anscheinend breite Zustimmung. In der Diskussion zeigte sich jedoch schnell, dass, wie schon bei den Konsultationen, große Meinungsverschiedenheiten zwischen den Herkunfts- und Zielländern bestanden.[416] So forderten beispielsweise Brasilien und Bangladesch, dass das Hauptanliegen des Paktes die Verbesserung der Menschenrechtslage für Migranten sein müsse.[417]

Die Streitfrage, auf die die Verhandlungen immer wieder zuliefen, war die Frage, wie deutlich und in welchen Aspekten zwischen regulärer und irregulärer Migration im Pakt unterschieden werden sollte. Bei regulärer Migration können sowohl der Herkunfts- als auch der Zielstaat profitieren – Ersterer durch Rücküberweisung oder Qualifizierung der Migranten selbst[418] und Letzterer durch die Integration der Migranten in den Arbeitsmarkt. Irreguläre Migration kann hingegen eine Reihe von Nachteilen mit sich bringen, individuell für den Betroffenen, darüber hinaus aber auch allgemein für das staatliche System. Die so entstehenden Kosten will im Regelfall weder das Herkunfts- noch das Zielland übernehmen. Zu solchen Nachteilen gehören beispielsweise Fragen bezüglich der so-

---

[415] Siehe dazu: https://www.tagesspiegel.de/politik/auswartiges-amt-raumt-nichtoffentli che-sitzungen-ein-4642648.html (letzter Zugriff am 20.03.2023).

[416] Bericht der deutschen Delegation zur ersten Verhandlungsrunde, ID: NE-WYVN_2018-02-27_41057, 1.

[417] IISD, Migration Co-facilitators Issue Zero Draft, v. 08.02.2018, abrufbar unter: htt ps://sdg.iisd.org/news/migration-co-facilitators-issue-zero-draft/ (letzter Zugriff am 20.03.2023).

[418] Beispiel Philippinen: Im Jahr 2019 wurden 39,02 Milliarden US-Dollars von Migranten rücküberwiesen, was immerhin 9,33 % des nationalen BIP ausmachte, siehe World Bank, Migration and Remittances Data, Oktober 2020, abrufbar unter: https://de.statista.com/stati stik/daten/studie/696972/umfrage/empfaengerlaender-mit-den-hoechsten-rueckueberweisu ngen-von-migranten/ (letzter Zugriff am 20.03.2023); World Bank, World Development Indicators, Oktober 2020, abrufbar unter: https://de.statista.com/statistik/daten/studie/700039/ umfrage/anteil-der-rueckueberweisungen-inflow-am-bruttoinlandsprodukt-der-philippin en/ (letzter Zugriff am 20.03.2023).

zialen Mindestsicherung irregulärer Migranten, des Wechsels hin zu einem regulären Stauts und inwiefern an den irregulären Status verwaltungsrechtliche oder polizeiliche Maßnahmen wie die Inhaftierung geknüpft werden dürfen, zuletzt auch die Frage der Rückführung. Gerade hier forderten Staaten wie Bangladesch oder die Komoren als Vertreterin der Afrikanischen Union, dass eine Rückführung immer nur letztes Mittel sein dürfe und in den Zielländern zuvor Unterstützung für eine erfolgreiche Integration geboten werden müsse. Dem widersprach u. a. Norwegen mit dem Hinweis, dass legale Einwanderungswege auch davon abhingen, dass Staaten bei der Rückführung irregulärer Migranten kooperieren würden. Weiter ging Israel, das betonte, dass es allein im Ermessen des Staates liege, wem er den Gebietszutritt erlaube, und dass dies nicht von der Kooperationsbereitschaft anderer Staaten abhängen dürfe.[419]

Aus dem Bericht der deutschen Delegation geht hervor, dass dieser Grundkonflikt in jeder der sechs Verhandlungsrunden in unterschiedlicher Dimension diskutiert wurde – so etwa bei den Fragen, wer primär für die Ausstellung von Identitätspapieren verantwortlich sei (Herkunfts- oder Zielstaat) oder welche staatlichen Leistungen genau jedem Migranten unabhängig von seinem Status zustehen müssten. Während einige Staaten wie die Mitgliedstaaten der Europäischen Union, Australien, Japan, Indien und Südafrika forderten, dass die Unterscheidung über den gesamten Text deutlicher aufrechterhalten werden müsste,[420] ja gerade als Ziel aufgenommen werden sollte, irreguläre Migration zu reduzieren,[421] forderte eine andere Gruppe von Staaten zuletzt als Maximalposition, jegliche Unterscheidung beider Gruppen aufzugeben und etwa die Inhaftierung eines Migranten, die als repressives Steuerungsinstrument gegenüber irregulären Migranten von Zielländern eingesetzt wird, als Menschenrechtsverstoß einzuordnen.[422] Diese Staaten befürchteten, dass eine zu deutliche Unterscheidung beider Gruppen von Staaten dazu benutzt werden könnte, das bereits rechtlich oder faktisch gewährte Schutzniveau abzusenken.[423] In diese Richtung

---

[419] IISD, Governements look towards Second Draft of Migration Compact, v. 18.05.2018, abrufbar unter: https://sdg.iisd.org/news/governments-look-towards-second-draft-of-migration-compact/ (letzter Zugriff am 20.03.2023).

[420] Bericht der deutschen Delegation zur ersten Verhandlungsrunde, ID: NE-WYVN_2018-02-27_41057, S. 2; IISD, Governments Hold First Negotiations on Migration Compact, v. 01.03.2018, abrufbar unter: https://sdg.iisd.org/news/governments-hold-first-negotiations-on-migration-compact/ (letzter Zugriff am 20.03.2023); *Chetail* bezeichnet diese Staatengruppe als „sovereignty-conscious", *ders.,* Int. Migration Law, S. 324; aus Sicht Australiens war bspw. der menschenrechtsbasierte Ansatz bei der Inhaftierung von Migranten (Ziel 13) für die Ablehnung ausschlaggebend, *Thym,* ZAR 2019, S. 131 (134).

[421] Bericht der deutschen Delegation zur zweiten Verhandlungsrunde, ID: NE-WYVN_2018-03-21_35922, 2.

[422] Bericht der deutschen Delegation zur dritten Verhandlungsrunde, ID: NE-WYVN_2018-04-12_40096, 2.

[423] Bericht der deutschen Delegation zur zweiten Verhandlungsrunde, ID: NE-WYVN_2018-03-21_35922, 2.

äußerten sich El Salvador im Namen verschiedener Staaten Lateinamerikas oder auch Burkina Faso, welches Freizügigkeit insgesamt als Menschenrecht einordnete.[424]

Im Gegensatz dazu forderten Staaten wie die Mitgliedstaaten der Europäischen Union, Kanada, Indonesien, Weißrussland, Russland, die Türkei und Südafrika, deutlicher in den Pakt aufzunehmen, dass die Gebietshoheit Ausdruck nationaler Souveränität sei.[425]

Auch über die Aufnahme des Non-Refoulement-Prinzips stritten die Delegationen. Dieses Prinzip schützt Personen davor, in einen Staat zurückgeführt oder abgeschoben zu werden, in der unmenschlichen Behandlung oder Folter droht. Es ist als Mindeststandard für jeden Flüchtling in der Genfer Flüchtlingskonvention verankert (Art. 33 Abs. 1 GFK) und wird im Anwendungsbereich der EMRK über Art. 3 EMRK gewährleistet.[426] Im vierten Entwurf (Revised Draft 2, 28.05.2018) wurde das Prinzip an zwei Stellen in den Text eingefügt: im Abschnitt über die Koordination bei der Suche vermisster Migranten (Objective 8) und im Abschnitt über die Rückführung (Objective 21).[427] Für die weitere Beibehaltung im Text sprachen sich u. a. Liechtenstein, Neuseeland, Chile, El Salvador, Guatemala und Indonesien aus, da das Non-Refoulement-Prinzip besonders dem Schutz irregulärer Migranten dienen könne. Da das Prinzip ein Grundsatz des Flüchtlingsrechts sei und die Aufnahme die Unterscheidung zwischen beiden Gruppen, die durch die getrennten Pakte an sich aufrechterhalten werden solle, erschweren könne, sprachen sich u. a. Bahrain, China und Indien dagegen aus.[428] Diese Gruppe konnte sich durchsetzen. Im darauffolgenden Entwurf und in der finalen Fassung wird das Non-Refoulement-Prinzip nicht ausdrücklich erwähnt. Weiterhin enthalten blieb hingegen das Absehen von einer Rückführung, wenn Tod, Folter oder andere grausame, unmenschliche und erniedrigende Behandlung drohe, was zumindest materiell dem Gehalt des Non-Refoulement-Prinzips entspricht.[429] Daran zeigt sich, dass es in der Debatte nicht isoliert um den tatsächlichen materiellen Gehalt einiger Verpflichtungen ging, sondern auch darum, welche Signale mit verschiedenen Schlagwörtern und sys-

---

[424] IISD, Governments Hold First Negotiations on Migration Compact, v. 01.03.2018, abrufbar unter: https://sdg.iisd.org/news/governments-hold-first-negotiations-on-migration-compact/ (letzter Zugriff am 20.03.2023).

[425] IISD, Governments Hold First Negotiations on Migration Compact, v. 01.03.2018, abrufbar unter: https://sdg.iisd.org/news/governments-hold-first-negotiations-on-migration-compact/ (letzter Zugriff am 20.03.2023).

[426] EGMR (GK), No. 27765/09 – Hirsi Jamaa u. a./Italien (2012); No. 30696/09 – M.S.S./Belgien u. Griechenland (2011); No. 23509/09 – N./Schweden (2010); No. 25904/07 – N.A./Vereinigtes Königreich (2008); No. 30240/96 – D./Vereinigtes Königreich (1997).

[427] Global Compact for Migration, Revised Draft Ziff. 2, v. 28.05.2018.

[428] IISD, Delegates Continue Migration Compact Negotiations, v. 12.06.2018, abrufbar unter: https://sdg.iisd.org/news/delegates-continue-migration-compact-negotiations-hear-p lans-for-un-migration-network/ (letzter Zugriff am 20.03.2023).

[429] Res. A/CONF.231/3 v. 30.07.19, Ziff. 37.

tematischen Bezugnahmen an die internationale Gemeinschaft und die sie begleitende Öffentlichkeit gesendet werden.

Auch in der Frage der Ursachen irregulärer Migration spiegelt sich der andauernde Konflikt beider Gruppen wider. Einige Länder forderten, dass sich der Migrationspakt ausschließlich auf Entwicklungsfragen bei der Ursachenbekämpfung konzentrieren solle, und beschrieben damit Migration zunächst als Folge der wirtschaftlichen und politischen Ausbeutung durch die Kolonialmächte und der daraus folgenden verlangsamten Entwicklung. Demgegenüber bezogen Delegationen mehrerer anderer Staaten den Standpunkt, dass Migration auch auf andere Ursachen wie schlechte Regierungsführung zurückzuführen sei und damit in der Verantwortung der betroffenen Staaten selbst verankert werden müsse.[430]

Ein Thema der Verhandlungen war darüber hinaus, inwiefern der Klimawandel als Migrationsgrund Berücksichtigung finden soll. Nach wie vor ist der Klimawandel als Fluchtgrund im Sinne der Genfer Flüchtlingskonvention oder über andere Schutzinstrumente nicht rechtsverbindlich anerkannt.[431] Hinter diesem Anliegen stand die Gruppe der *Pacific Small Island Developing States*, die durch Tuvalu vertreten wurde.

Durch die Gegenüberstellung der beiden in ihren Forderungen stark vereinfachten Interessengruppen soll an dieser Stelle deutlich gemacht werden, welche politisch diametrale Ausgangsposition durch den Migrationspakt inhaltlich überwunden werden sollte. Dass die einzelnen Entwürfe, insgesamt fünf, alle sehr nah beieinanderliegen, zeigt die geringe Kompromissbereitschaft beider Seiten. Vereinzelt wurde durch geringe Wortumstellung die Unterscheidung zwischen regulärer und irregulärer Migration verdeutlicht, im Laufe des Aushandlungsprozesses ferner der Souveränitätsvorbehalt im Text gestärkt. Dafür wurde vermutlich im Interesse der Herkunftsländer dem Migrationspakt ein singuläres Leitmotiv zugrunde gelegt:[432] Demnach sei Migration an erster Stelle eine Quelle für Wohlstand, Innovation und nachhaltige Entwicklung.[433] Diesem Leitmotiv folgend, wurden konkrete Verpflichtungen aufgenommen, die im Laufe der Verhandlung deutlich verschärft wurden, so z. B. die Verpflichtung der Staaten, Medienanstalten die Finanzierung zu entziehen für den Fall, dass sie Intoleranz, Ausländerfeindlichkeit oder Rassismus verbreiten.[434]

---

[430] Bericht der deutschen Delegation zur zweiten Verhandlungsrunde, ID: NE-WYVN_2018–03–21_35922, 3.

[431] Bericht der deutschen Delegation zur ersten Verhandlungsrunde, ID: NE-WYVN_2018-02-27_41057, 3; zum Rechtsrahmen von Klimawandel als Fluchtgrund, siehe ausf. *Nümann,* Umweltflüchtlinge, S. 117 ff.

[432] *Müller-Neuhof,* Wie der Migrationspakt fast gescheitert wäre, Der Tagesspiegel v. 19.03.2019, online-Ausgabe, abrufbar unter https://www.tagesspiegel.de/politik/maximal forderungen-wie-der-migrationspakt-fast-gescheitert-waere/24117204.html (letzter Zugriff am 20.03.2023).

[433] Siehe dazu ausf. § 3 II. 2. Migration als Quelle des Wohlstandes – Narrative und Sprache.

[434] Global Compact for Migration, Zero Draft. v. 05.02.2018, Ziff. 6 zu Revised Draft

Inwiefern sich eine der Interessengruppen als Gewinnerin des Aushandlungsprozesses durchsetzen konnte, ist allein aufgrund der Entwürfe und des finalen Dokuments schwer zu beurteilen. Aus dem Delegationsbericht geht hervor, dass durch die Maximalforderungen einiger Staaten die Aushandlung in der fünften Verhandlungsrunde nahezu gescheitert wäre.[435] Die deutsche Delegation bewertete es daher bereits als Erfolg, dass ein Kompromiss überhaupt zustande gekommen war, und empfahl der Bundesregierung die Annahme.[436] Auf Nachfrage beschrieb die Bundesregierung ihre Rolle bei der Erarbeitung beider Pakte als gestaltend für den Bereich Flucht und Migration, insofern sie beide Pakte politisch, inhaltlich, personell und finanziell vorangetrieben und durch Textvorschläge aktiv mitentwickelt habe.[437]

1. Koordination der Mitgliedstaaten durch die Europäische Union

Die Verankerung des Migrationspaktes innerhalb der Vereinten Nationen bringt mit sich, dass Hauptakteure des Aushandlungsprozesses und Letztentscheider über die Annahme des Paktes die Staaten sind. Dennoch beteiligte sich auch die Europäische Union, die bei den Vereinten Nationen zumindest einen Beobachterstatus hat, aktiv an den Verhandlungen.[438] Unionsrechtlich lässt sich das damit begründen, dass der Migrationspakt ausschließliche und geteilte Zuständigkeiten der Union materiell berührt. Die Verträge der Union sehen nicht ausdrücklich ein Verfahren zur Aushandlung internationaler Soft Law-Instrumente vor. In den Art. 216 ff. AEUV sind lediglich die Aushandlung und Annahme völkerrechtlicher Verträge durch die Union geregelt. Diese Blaupause nutzte die Europäische Kommission für einen eigenen Vorstoß: Als die zwischenstaatlichen Verhandlungen aufgenommen wurden, machte sie gegenüber dem Rat den Vorschlag, dass sie zur Verhandlung und Annahme des Paktes im Namen der Mitgliedstaaten ermächtigt werden sollte.[439] Rechtlich begründete sie dies mit ihrer

---

v. 28.05.2018, Ziff. 7; der Finanzierungsvorbehalt für bestimmte Medienanstalten hat sich in jeder Fassung verändert, ursprünglich von „restricting public funding" (Zero Draft, Ziff. 31 c), schließlich zu „stopping allocation of public funding" (Final Draft v. 11.07.2018, Ziff. 33 c).

[435] Bericht der deutschen Delegation zur fünften Verhandlungsrunde, ID: NE-WYVN_2018-06-13_45908, S. 1.

[436] Bericht der deutschen Delegation zum Abschluss des Verhandlungsprozesses, ID: NE-WYVN_2018-07-14_50120, 2.

[437] Bericht der Bundesregierung zur Zusammenarbeit der Bundesrepublik Deutschland und den Vereinten Nationen 2016–2017, S. 53.

[438] Beteiligung der Europäischen Union bei den Vereinten Nationen, Resolution der Generalversammlung, A/RES/65/276; Joint statement by the Council and the representatives of the governments of the Member States meeting within the Council, the European Parliament and the Commission, 2017/C 210/01, v. 30.06.2017.

[439] Die Vereinbarung hätte die Mitgliedstaaten nur intern gebunden dem Votum der Kommission bei der Schlussabstimmung zu folgen. Weiterhin hätten die Mitgliedstaaten bei der Schlussabstimmung nach den UN-Modalitäten abstimmen müssen (UN Doc. A/RES/72/244).

Funktion als politisches Leitorgan (Art. 16 Abs. 1 S. 2 EUV) und der Zuständigkeit der Union für eine gemeinsame Einwanderungspolitik (Art. 79 AEUV) und
Entwicklungszusammenarbeit (Art. 209 AEUV).[440] Ziel der Kommission war es,
dass bei den Aushandlungen die Union geschlossen und mit einer Stimme spre-
chend auftreten würde. Zugleich sollte verhindert werden, dass die Mitgliedstaaten Vereinbarungen treffen, die mit geltendem Unionsrecht oder Interessen der
Union kollidieren würden.[441] Aufgrund rechtlicher Bedenken vonseiten des Rates
und der deutlichen Opposition Ungarns konnte sich die Kommission mit ihrem
Vorschlag nicht durchsetzen, sodass in der dritten Phase die Mitgliedstaaten die
Verhandlungen nach außen hin selbstständig betrieben. Intern wurde im Vorhinein regelmäßig eine gemeinsame Position festgelegt, auch um das Verhandlungs-
gewicht als Regionalgruppe auszunutzen.[442] Der Bericht der deutschen Delegation zeigt, dass die Koordinationsbemühungen wegen der dadurch verlangsamten Handlungsfähigkeit und mangelnden Flexibilität mitunter auch zur Belastung wurden.[443]

Bereits vor dem offiziellen Vorstoß der Kommission, die Mitgliedstaaten umfassend zu vertreten, hatte sich die Union in den beiden ersten Phasen der Aushandlung durch das Einbringen gemeinsamer Standpunkte beteiligt, die zuvor
durch die Arbeitsgruppe „Vereinte Nationen" (CONUN) und die Hochrangige
Gruppe „Asyl und Migration" des Rates abgestimmt worden waren. In der zweiten Phase der Verhandlungen (Bestandsaufnahme) verfasste die europäische Delegation nicht nur eine Zusammenfassung der zusammengetragenen Beiträge,
sondern verdeutlichte darin auch den von da an gewünschten Weitergang der
Verhandlungen.[444] Die Union vertrat dabei den Standpunkt, dass der Migrationspakt keine Zusagen oder Verpflichtungen enthalten solle, die über den Bestand
der Regelungen der europäischen Migrations- und Flüchtlingspolitik hinausgehen würden.[445]

Schlussendlich lassen sich das Auftreten sowie die Einflussnahme der Union
auf den Migrationspakt nur ambivalent beurteilen: Trotz ihres formellen Status
einer internationalen Organisation konnte sie bei den Verhandlungen deutlich
mehr Einfluss nehmen als andere Organisationen und damit durchaus eine Sonderstellung auch gegenüber anderen Regionalorganisationen wie der Afrikanischen Union behaupten.[446] Das wurde weiter durch den Rückzug der amerika-

---

[440] COM (2018), 167 final, v. 21.03.2018; COM (2018), 168 final, v. 21.03.2018.

[441] COM (2018) 168 final, v. 21.03.2018, Erwägungen 8 und 9.

[442] *Molnár,* Int. J. Law Context 2020, S. 321 (327); Draft EU Framework Document for
the negotiation of a Global Compact for Safe, Orderly and Regular Migration, Doc.
6192/3/18 REV 2, v. 20.04.2018.

[443] Bericht der deutschen Delegation zur zweiten Verhandlungsrunde, ID: NE-
WYVN_2018-03-21-35922, 2.

[444] *Molnár,* Int. J. Law in Context 2020, S. 321 (325).

[445] EU-Ratsdokument-Ziff. 6192/1/18, 9.

[446] *Molnár,* Int. J. Law Context 2020, S. 321 (336).

nischen Delegation vom Migrationspakt bereits im Dezember 2017 begünstigt, der insofern ein Machtvakuum hinterließ. Wie auch schon bei der Aushandlung verschiedener Rückführungsabkommen mit Drittstaaten im Zuge der Flüchtlingskrise oder der immer engeren Kooperation mit internationalen Organisationen, die im Bereich Migrations- und Flüchtlingsschutz aktiv sind, zeigt sich hier ein weiteres Mal der Selbstanspruch der Europäischen Union, internationales Migrationsmanagement aktiv mitzugestalten.[447] Das ist insofern bemerkenswert, als das Migrationsrecht im weitesten Sinne aufgrund des engen Bezugs zur Gebietshoheit als Kernbereich staatlichen Hoheitsrechts gerade nicht durch ein hohes Maß an internationaler Kooperation und rechtlicher Verdichtung geprägt ist. Zugleich fällt auf, dass die Union bei den Aushandlungen primär das Ziel verfolgte, die bereits bestehenden internationalen Verpflichtungen und Vereinbarungen im Migrationsrecht zu bewahren, anstatt das Migrationsrecht progressiv weiterzuentwickeln, was zur Enttäuschung einiger ziviler Interessengruppen führte.[448]

Die Union schaffte es nicht, bis zum Abschluss der Verhandlungen gemeinsam mit den Mitgliedstaaten als Interessengruppe aufzutreten. Kurz vor Abschluss verließ Ungarn die Verhandlungen und weitere Mitgliedstaaten folgten.[449] Die Union konnte somit intern keinen tragbaren Kompromiss zwischen den Mitgliedstaaten erwirken und besaß offenbar auch keine ausreichend starke politische Zugkraft, die Mitgliedstaaten auf einer gemeinsamen Verhandlungslinie zu halten. Daran zeigt sich die Differenz in der Selbstwahrnehmung der Institutionen, insbesondere der Kommission, und einiger Mitgliedstaaten, die den Anspruch haben, Einwanderungs- und Migrationspolitik innerstaatlich selbstständig zu bestimmen.

2. Ernüchterndes Ende

Der Aushandlungsprozess endete ernüchternd. Zwar hatten sich die Vereinigten Staaten von Amerika unter *Trumps* Präsidentschaft schon früh aus den Verhandlungen verabschiedet, was der Linie der Neuausrichtung der amerikanischen Außenpolitik und den damit verbundenen Vorbehalten gegen Multilateralismus entsprach;[450] dass sich nun aber auch Teile der Union und weitere prominente Zielländer wie Australien und Israel zurückzogen, traf die verhandelnden staat-

---

[447] Ebd., (321).

[448] Ebd., (327 f.)

[449] Österreich bekundete im Oktober 2018, den Pakt nicht weiter zu unterstützen zu wollen. Bulgarien, Tschechien, Polen und die Slowakei zogen sich im November vom Pakt zurück. Heftige Debatten gab es zumindest in Italien, Estland, Niederlanden, Belgien (wo darüber sogar die Regierung zerbracht) und in Deutschland.

[450] National Statement of the USA on the Adoption of the Global Compact for Safe, Orderly, and Regular Migration, v. 07.12.2018, abrufbar unter: https://usun.usmission.gov/n ational-statement-of-the-united-states-of-america-on-the-adoption-of-the-global-compact-f or-safe-orderly-and-regular-migration/ (letzter Zugriff am 20.03.2023).

lichen und anderweitig Beteiligten scheinbar vollkommen unvorbereitet. Teilweise kam die nun aufkommende Kritik von den Regierungen, die den Pakt mit ausgehandelt hatten, so beispielsweise aus Ungarn. Teilweise stammte die Kritik aber auch von der innerstaatlichen Opposition, wie beispielsweise in Österreich und Deutschland, und brachte damit die jeweilige Regierung in Rechtfertigungs- und Erklärungsnot. Wurde der Pakt trotz aller offiziellen Transparenzbemühungen in den ersten zwei Phasen fernab der internationalen Aufmerksamkeit ausgehandelt, schienen sich ab November, kurz bevor der Pakt feierlich in Marokko angenommen werden sollte, die nationalen Debatten gegenseitig zu befeuern. Immer neue Gruppen brachten weitere Befürchtungen und Einwände vor. In Deutschland beispielsweise versuchte das Auswärtige Amt, durch eine Aufklärungsdebatte die Deutungshoheit über das Verhandelte zurückzugewinnen.[451]

Schlussendlich nahmen an der Konferenz in Marrakesch Vertreter von 164 Staaten teil. Formell wurde der Pakt als Resolution der Generalversammlung am 19. Dezember 2018 angenommen. Dabei stimmten 152 Staaten für die Annahme der Resolution, fünf Staaten – Tschechien, Ungarn, Israel, Polen und die USA – stimmten dagegen, zwölf Staaten – darunter Australien, die Schweiz, Österreich, Bulgarien, Lettland und Italien – enthielten sich der Abstimmung.[452]

II. Inhalt des Migrationspaktes

Der Migrationspakt ist als umfassendes Steuerungsinstrument konzipiert, als dessen Kernstück 23 Ziele formuliert werden, die jeweils durch ein unterschiedliches Set von Maßnahmen verwirklicht werden sollen. Sie werden textlich eingebettet in einen Überbau aus Präambel, Visionen und Leitprinzipien, durch die zum einen der Standort des Paktes im Geflecht internationaler Vereinbarungen und internationaler Kooperation bestimmt und zum anderen eine Lesart oder Betrachtungsweise von Migration als globalem Phänomen angeboten wird.

1. Ziele für eine sichere, geordnete und reguläre Migration

Wie bei solchen Resolutionen üblich, wird der Pakt in der Präambel in eine Genealogie mit anderen Vereinbarungen gestellt. Zitiert werden dafür diverse Menschenrechtsübereinkommen wie die Allgemeine Erklärung der Menschenrechte und ihre verbindlichen Übersetzungen, der Internationale Pakt über bürgerliche und politische Rechte sowie der Internationale Pakt über wirtschaftliche und soziale Rechte; neben diesen Grundlagenübereinkommen auch speziellere Menschenrechtsinstrumente wie das Übereinkommen der Vereinten Nationen gegen grenzüberschreitende Kriminalität und das Übereinkommen betreffend

---

[451] Ausf. zur deutschen § 5 C. II. Über Migration reden – Prägung des Diskurses.

[452] Globaler Pakt für sichere, geordnete und reguläre Migration, A/Res/73/195 v. 19.12.2018 (i.F.: A/Res/73/195 v. 19.12.2018); IISD, UNGA Votes to Endorse Marrakech Compact on Migration, abrufbar unter: https://sdg.iisd.org/news/unga-votes-to-endorse-marrakech-compact-on-migration/ (letzter Zugriff am 20.03.2023).

Sklaverei. Daneben wird auf Vereinbarungen zum Klimawandel wie den Pariser Klimaabkommen oder das Übereinkommen der Vereinten Nationen zur Bekämpfung der Wüstenbildung Bezug genommen. Ferner wird das Übereinkommen der Internationalen Arbeitsorganisation über die Förderung menschenwürdiger Arbeit und Arbeitsmigration erwähnt. Zuletzt finden die Agenda 2030[453] und die sie begleitenden Vereinbarungen Erwähnung.[454] Die ausgewählten Vereinbarungen machen deutlich, dass Migration im Pakt als multidimensionales Phänomen betrachtet werden soll, welches nicht isoliert im Rahmen eines Politikfeldes bearbeitet werden kann, sondern übergreifend menschen-, arbeits- und umweltrechtliche Ansätze fordert. Damit fällt erfolgreiches Migrationsmanagement unter den Begriff der nachhaltigen Entwicklung, welche durch die Agenda 2030 implementiert werden soll. Wie schon die Agenda 2030 ist der Migrationspakt somit ein Beispiel des neuen Typus von Vereinbarungen, der mithilfe eines Multi-Stakeholder-Ansatzes in der Aushandlung und der Miteinbeziehung verschiedener Rechts- und Politikfelder einen gesamtheitlichen, übergreifenden Ansatz zur Problembewältigung versucht. Zugleich wird durch die Einbettung in ein System internationaler Verträge und Übereinkünfte der regulatorische Anspruch des Migrationspaktes deutlich. Er steht auch als nicht bindender Kooperationsrahmen in einer Linie mit völkerrechtlichen Verträgen oder gewohnheitsrechtlich anerkannten Menschenrechtsverpflichtungen.

Die Statusunterscheidung zwischen Flüchtlingen und Migranten wird in der Präambel besonders hervorgehoben.[455] Flüchtlinge haben einen besonderen Schutzanspruch. Migranten können sich lediglich auf die allgemeinen Menschenrechte und Grundfreiheiten berufen.[456] Diese Erwähnung gleich zu Beginn des Paktes macht die Unterscheidung zum zeitgleich ausgehandelten Globalen Flüchtlingspakt deutlich und bringt zugleich zum Ausdruck, dass die grundsätzliche Statusdifferenz zwischen Flüchtling und Migrant aufrechterhalten werden soll.[457] Dem folgt die rechtliche Einordnung: Beim Migrationspakt handelt es sich um eine rechtlich unverbindliche Kooperationsstrategie, welche die Souveränität der Mitgliedstaaten und deren Verpflichtungen im Rahmen des internationalen Rechts achtet.[458]

An die vorangestellten Prinzipien schließt sich der eigentliche Text an. Die Ziele lassen sich grob in folgende Kategorien unterteilen: rechtliche Rahmenbe-

---

[453] Siehe dazu ausf. § 3 III. 1. c) Agenda 2030.

[454] A/Res/73/195 v. 19.12.2018, Ziff. 2.

[455] Die Erwähnung ist im Kontext der New Yorker Erklärung zu sehen, wo dieses umgekehrt formuliert wird und damit die Gemeinsamkeit beider Gruppen, nämlich dass sie trotz der unterschiedlichen Rechtsregime beide Gruppen Menschenrechtsschutz und Grundfreiheiten genießen würden und ähnlichen Problemen ausgesetzt wären, betont wird. Hier ist also ein semantischer Wechsel zu beobachten, vgl. New Yorker Erklärung für Flüchtlinge und Migranten, A/RES/71/1, S. 2 Ziff. 6.

[456] A/Res/73/195 v. 19.12.2018, Ziff. 4.

[457] Zum Flüchtlingspakt siehe § 3 C. Der Flüchtlingspakt.

[458] A/Res/73/195 v. 19.12.2018, Ziff. 7.

dingungen,[459] Sicherheit,[460] Zugang[461] und Förderungsmaßnahmen für Migranten,[462] Steuerung[463] und Rückkehr.[464]

Beispielhaft sei für die erste Kategorie die Maßnahme genannt, Migranten besser mit rechtlichen Dokumenten auszustatten,[465] oder etwa der Ansatz, die Möglichkeiten, regulär (legal) zu migrieren, auszuweiten.[466] In der Kategorie Sicherheit finden sich Maßnahmen, um Migranten „auf dem Weg" und in den Aufnahmeländern besser zu schützen,[467] aber etwa auch eine Maßnahme zum Schutz (Wortlaut: Management) von Grenzen. Zur dritten Kategorie zählt u. a. die Zielsetzung, Migranten besseren Zugang zu Informationen zu ermöglichen,[468] ihre Arbeitsbedingungen zu verbessern[469] oder aber ihren Zugang zu konsularischem Schutz im Ausland zu ermöglichen.[470] Unter die Kategorie Förderungsmaßnahmen fallen Zielsetzungen wie die Bekämpfung von Fluchtursachen,[471] die vollständige Inklusion von Migranten in die Gesellschaft[472] oder die Verbesserung der Berufsausbildung und erleichterte Anerkennung von Qualifikation.[473] Unter die Steuerung fallen schließlich verschiedenste Maßnahmen wie etwa die Sammlung von Daten,[474] die Ermöglichung besserer Planbarkeit und Vorhersehbarkeit der Migrationsströme[475] und, in Anlehnung an die anfänglich genannten Prinzipien, die Verhinderung aller Formen der Diskriminierung in Verbindung mit der Versorgung der Bevölkerung mit Informationen über Migration, um Vorurteile abzubauen.[476]

Jedes Ziel enthält eine Verpflichtung gefolgt von einer Reihe von Maßnahmen, die der Zielerreichung dienen sollen. Dabei wurden verschiedene Arten von Maßnahmen aufgenommen. Die Staaten verpflichten sich, nationale Regelungen zu überprüfen und ggf. zu ergänzen, neue gesetzgeberische oder sonstige Maßnahmen zu ergreifen und bestimmte politische sowie regulatorische Rahmenbedingungen zu schaffen. Darüber hinaus soll die internationale Zusammenarbeit gestärkt sowie in grenzüberschreitenden Sachverhalten gemeinsame Verfahren

---

[459] Ziel: 4, 5, 12, 14.
[460] Ziel: 6, 7, 8, 9, 10, 11, 13.
[461] Ziel: 3, 15, 16.
[462] Ziel: 17, 18, 19.
[463] Ziel: 1, 2, 23.
[464] Ziel: 20, 21, 22.
[465] Ziel 4.
[466] Ziel 5.
[467] Ziel 7, 8, 9.
[468] Ziel 3.
[469] Ziel 6.
[470] Ziel 14.
[471] Ziel 2.
[472] Ziel 16.
[473] Ziel 18.
[474] Ziel 1.
[475] Ziel 12.
[476] Ziel 17.

und Protokolle entwickelt werden. In verschiedenen Bereichen verpflichten sich die Staaten zu mehr Öffentlichkeitsarbeit, zur Einrichtung von Zentren und Programmen, die Inklusion fördern sowie zur Weiterbildung und Schulung von Personal, welches mit Migranten arbeitet, insgesamt also dazu, Migranten zu mehr Teilhabe zu befähigen. Außerdem sollen Partnerschaften und Bündnisse mit Vertretern der Wirtschaft und Arbeitgebern eingegangen werden.

In strittigen Bereichen, wie beim Schutz sogenannter Klimaflüchtlinge, der Ausweitung des Familiennachzugs oder der Statusgleichheit von Ausländern und Staatsbürgern, zeigt sich, dass gerade auch wegen der Bemühungen der europäischen Länder die letztendlich angenommenen Formulierungen weitestgehend ergebnisoffen formuliert sind und keine über den Rechtsstand hinausgehenden Verpflichtungen konstituieren.[477] Hinsichtlich der durch den Klimawandel verursachten Migration wurde lediglich vereinbart, den Informationsaustausch dazu zu verstärken,[478] diverse Konzepte, Strategien und die Zusammenarbeit der betroffenen Länder zu fördern,[479] Ideen für mögliche Neuansiedlungen aus humanitären Gründen zu entwickeln[480] und Lösungen für Migranten zu erarbeiten, die aufgrund schleichender Naturkatastrophen gezwungen sind, ihr Heimatland zu verlassen.[481] Der Zugang zur Familienzusammenführung soll für Migranten auf allen Qualifikationsstufen durch geeignete Maßnahmen erleichtert werden, wobei Anforderungen an Einkommen, Sprachkenntnisse, Aufenthaltsdauer und soziale Absicherung grundsätzlich aufrechterhalten bleiben können.[482] Beim Zugang zu Grundleistungen kann zwischen Staatsangehörigen und Migranten differenziert werden, solange die Differenzierung aufgrund eines Gesetzes erfolgt und verhältnismäßig ist.[483] Der Begriff der Grundleistungen wird dabei nicht näher konkretisiert.

Bereits in den Verhandlungen wurde schwerpunktmäßig eine fakten- und datenbasierte Ausrichtung der globalen Migrationspolitik diskutiert. Diesem Ansatz folgt die finale Fassung des Migrationspaktes. Auf Ebene des Pflichtenkataloges wird das darin übersetzt, dass sich die Staaten verpflichten, eine objektive, auf Fakten beruhende Medienberichterstattung zu fördern, anders gerichteter Berichterstattung die Förderung zu entziehen und etwa auch Aufklärungskampagnen zu unterstützen, die in der öffentlichen Wahrnehmung den positiven Beitrag geordneter Migration hervorheben.[484] Zuletzt soll die Ratifikation bestimmter im Zusammenhang mit Migration stehender Übereinkommen vorangetrieben und rechtsunverbindliche Aktionspläne weiter umgesetzt werden. Die

---

[477] *Thym,* ZAR 2019, S. 131 (133, 135).
[478] A/Res/73/195 v. 19.12.2018, Ziel 2, Ziff. 17 h).
[479] Ebd., Ziel 2, Ziff. 17 i-l).
[480] Ebd., Ziel 5, Ziff. 21 h).
[481] Ebd., Ziel 5, Ziff. 21 g).
[482] Ebd., Ziel 5, Ziff. 21 i).
[483] Ebd., Ziel 15, Ziff. 31.
[484] Ebd., Ziff. 33 f.

hier exemplarisch aufgeführten Maßnahmen zeigen, dass sich die Staaten verpflichten, für die Zielerreichung ein Set politischer Instrumente anzuwenden. Dabei erschöpft sich der gegenseitige Anspruch nicht in klassischen Steuerungsinstrumenten wie Gesetzen und Verfahren, sondern greift auch auf weiche Instrumente über, die in ihrer Wirksamkeit und Letztverantwortlichkeit deutlich weniger nachvollziehbar und überprüfbar sind. Das ist Ausdruck des Gesamtregierungsansatzes, auf dem der Pakt als einem seiner Leitprinzipien beruht.

2. Migration als Quelle des Wohlstandes – Narrative und Sprache

Unter der Überschrift „Unsere Vision und Leitprinzipien" ist dem eigentlichen Maßnahmenkatalog eine politische Erklärung vorangestellt. Ein solches Vorgehen ist nicht unüblich und lässt sich bei vergleichbaren Abmachungen in unterschiedlicher Ausprägung beobachten: In der Agenda 2030 ist der Zielbeschreibung ebenfalls eine Vision über eine Welt ohne Armut, eine *„gerechte, faire, tolerante, offene und sozial inklusive Welt"*[485] und unter der Überschrift *„ Unsere Welt heute"* eine Bestandsaufnahme der Probleme, die einer solchen Weltordnung entgegenstehen, vorangestellt.[486] Auch in älteren Resolutionen wie der Deklaration über die Errichtung einer Neuen Weltwirtschaftsordnung[487] findet sich eine politische Einordnung, die in die eigentlichen materiellen Verpflichtungen einleitet – an dieser Stelle sogar besonders deutlich, da den Industriestaaten explizit die Verantwortung für die wirtschaftliche Unterentwicklung der entkolonialisierten Staaten in den 1970er Jahren zugesprochen wird.[488] Andere Abmachungen oder Deklarationen wie die Rio-Deklaration zur Umwelt[489] oder die Erklärung der Millenniumsentwicklungsziele[490] erhalten nur eine knappe Einleitung, eine kurze Beschreibung des Ziels und den Verweis auf einige zugrundeliegende Prinzipien.

Die Beschreibung der Vision und der Leitprinzipien gestaltet sich beim Migrationspakt im Vergleich eher ausführlich. Immerhin umfasst sie acht längere Randnummern, von denen letztere bis Buchstabe j untergliedert ist, und steht damit als Bestandteil selbstständig neben dem Maßnahmenkatalog. Dabei lassen sich mehrere Narrative identifizieren: Erstens wird Migration als ein Phänomen beschrieben, welches schon immer Teil der Menschheitsgeschichte gewesen sei und seit jeher Gesellschaften präge.[491] Diese kulturhistorische Assoziation ist, wenn man über Migration spricht, gängig; gerne wird sie durch Bezugnahme auf die Bibel zusätzlich verstärkt. Der Entwicklungsökonom *Collier* nannte sein um-

---

[485] The 2030 Agenda for Sustainable Development, A/Res/70/1 v. 21.10.2015, Ziff. 8.
[486] Ebd., Ziff. 14 ff.
[487] Vgl. auch § 2 A. I. 2. Reformdruck und Handlungsinstrumente.
[488] GA, Res. 3201, S-VI, v. 01.05.1974, Ziff. 1.
[489] Res. A/CONF.151/26 (Vol 1.), v. 12.08.1992.
[490] GA, Res. 55/2 v. 08.09.2000.
[491] A/Res/73/195 v. 19.12.2018, Ziff. 8.

fassendes Werk zur Neuordnung der Einwanderung beispielsweise „Exodus", wie das zweite Buch Mose.[492] Zweitens sei Migration gerade aber auch bestimmendes Merkmal einer globalisierten Welt[493] und damit ein modernes Phänomen. Darüber hinaus würden alle Staaten eine gemeinsame Verantwortung tragen, Migration zum Nutzen aller zu gestalten. Kein Land könne dieses globale Phänomen allein bewältigen.[494] Zuletzt werden besonders die Vorteile von Migration herausgestellt, insbesondere in ökonomischer Hinsicht. Sie sei in einer globalisierten Welt eine Quelle des Wohlstandes, der Innovation sowie der nachhaltigen Entwicklung.[495] Der Migrationspakt entwirft eine idealisierte Version davon, wie Migration global funktionieren kann.[496]

Die negativen Aspekte und Herausforderungen werden nur am Rande erwähnt. Gegenüber der Auflistung der Vorteile wird als Kehrseite lediglich anerkannt, dass Auswirkungen „unterschiedlich und manchmal unvorhersehbar" sein können.[497] An anderer Stelle wird den Vorteilen regulärer Migration der Begriff der Herausforderung, nicht der Begriff des Nachteils gegenübergestellt. Eine den ökonomischen Vorteilen vergleichbare Anerkenntnis der kulturellen Herausforderung, die Migration mit sich bringen kann, fehlt gänzlich.[498]

Der Befund, dass nur die positiven Aspekte von Migration hervorgehoben werden, ist jedoch in zweifacher Hinsicht zu relativieren: Zum einen wird nur der positive Beitrag regulärer Migration hervorgehoben. Im Maßnahmenkatalog und auch im einleitenden Teil werden die belastenden Folgen irregulärer Migration sowohl für den Migranten selbst als auch für die Gesellschaft und das Rechtssystem benannt. Zum anderen ist es solchen Abmachungen eigen, dass sie eine gewisse Policy-Sprache benutzen, die an einigen Stellen euphemistisch und werbend wirkt (Beispiel: Grenz*management* statt Grenz*kontrolle*). Dies ist zu Teilen auch dadurch bedingt, dass Abmachungen in Englisch als einer der Arbeitssprachen der UN ausgehandelt werden.

Staaten können einen solchen Abschnitt dafür nutzen, etwas symbolisch zu erklären, was nicht als ein verbindliches Politikziel betrachtet werden soll. Für Staaten kann eine solche Erklärung einen hohen politischen Nutzen haben, aber aufgrund der fehlenden (Rechts)verbindlichkeit mit niedrigen Kosten verbunden sein. Die Aushandlungsdauer des Migrationspaktes, in der auch kontinuierlich dieser Abschnitt diskutiert und geändert wurde, spricht jedoch dagegen, die geäußerte politische Vision und Erklärung als rein symbolisch abzutun. Dagegen spricht auch, dass die vorangestellte Bewertung die Lesart des gesamten Doku-

---

[492] Bspw. die Verwendung des Titels „Exodus" bei *Collier,* der damit die Brücke zum zweiten Buch Mose schlägt.

[493] A/Res/73/195 v. 19.12.2018, Ziff. 10.

[494] Ebd., Ziff. 11.

[495] Ebd., Ziff. 8.

[496] *Pécoud,* TWQ 2021, S. 16 (18).

[497] A/Res/73/195 v. 19.12.2018, Ziff. 8.

[498] *Tomuschat,* Ein globales Recht auf Migration?, FAZ, 08.11.2018, Nr. 260, S. 6.

ments vorgibt und in den einzelnen Maßnahmen immer wieder aufgegriffen wird. Konsequente Folge der Befürwortung regulärer Migration ist, dass sie in Zukunft flexibler und verfügbarer gestaltet, also de facto ausgeweitet werden soll (Ziel 5) oder dass der öffentliche Diskurs zur Wahrnehmung von Migranten gerade auch ihren positiven Beitrag betonen soll (Ziel 17). Die Leitbilder spiegeln sich auch darin wider, dass sich mehr Maßnahmen der Integration (Wortlaut: Inklusion) von Migranten in der Ankunftsgesellschaft widmen als der Begrenzung des Zutritts oder der Rückführung von Migranten.[499] Der dabei im Pakt verwendete Begriff der Inklusion geht über den in diesem Kontext häufig ebenfalls verwendeten Begriff der Integration hinaus. Während Integration nämlich auf eine nachholende Eingliederung in Teilbereiche der Gesellschaft abzielt, kann Inklusion bedeuten, Migranten zu gesellschaftlicher Teilhabe zu ermächtigen, indem ihnen nach der Ankunft im Aufenthaltsstaat unverzüglich Teilhaberechte verliehen werden. Dem Begriffsverständnis folgend sei es nicht möglich, die Teilhaberechte von Migranten davon abhängig zu machen, ob eine erfolgreiche Integration nachgewiesen werden kann, beispielsweise in Form kultureller oder sprachlicher Kenntnisse.[500] Zumindest bedeutet die Verwendung des Begriffs Inklusion die Aufgabe des in der Integration angelegten gestuften Verständnisses, nach dem sich die dazukommende Gruppe in die bestehende Gruppe einfügen soll. Inklusion fordert vielmehr eine gleichberechtigte Betrachtung der einzelnen Akteure, die jeweils das gleiche Recht besitzen, sich einzubringen und die Akzeptanz ihrer Lebensart einzufordern.

Auch der häufiger angeführte Souveränitätsvorbehalt – immerhin ebenfalls eines der Leitprinzipien – kann in der Gesamtlese den Befund der einseitigen Betrachtungsweise nicht entkräften, wird ihr doch der nachdrückliche Appell für mehr und intensivere internationale Kooperation in der Migrationspolitik entgegengestellt.[501]

Die Narrative werden mit einem Steuerungs- und Regulierungsanspruch verknüpft. Sowohl in diesem Abschnitt als auch im Maßnahmenkatalog wird immer wieder darauf hingewiesen, dass einzelne Bereiche optimiert, gesteuert oder über Verfahren geregelt werden müssen. Bereits die Bezeichnung als „Globaler Pakt für eine geordnete, reguläre und sichere Migration" gibt dabei die Zielvorstellung an und ist zugleich ein Rückbezug auf die Agenda 2030, in der die Formulierung erstmalig verwendet wurde. In der Agenda 2030 wird eine Migrationspolitik in diesem Sinne als eine Voraussetzung nachhaltiger Entwicklung und speziell als Teilaspekt der gerechteren Lastenteilung zwischen den Staaten eingeführt.[502] Interessanterweise wird mit der Bezeichnung des Paktes zugleich das Gegenbild evoziert, dass Migration bis dahin ungeordnet, irregulär und unsicher abgelaufen

---

[499] A/Res/73/195 v. 19.12.2018, Ziel 16.

[500] Die Teilhaberechte müssen nicht denen eines Staatsangehörigen entsprechen, *Farahat, Progressive Inklusion*, S. 77.

[501] *Hilpold,* ELJ 2020, S. 1 (12); *Pécoud,* TWQ 2021, S. 16 (18).

[502] Agenda 2030, A/Res/70/1, v. 25.10.2015, Ziel 10.7.

sei,[503] was entsprechend bedrohlich wirkt und in Teilen sicherlich zutreffend ist. Der Selbstanspruch des Paktes, dies mit einem politisch bindenden Kooperationsrahmen umzukehren, kann jedenfalls als ambitioniert betrachtet werden.

Die Verwendung der hier identifizierten Narrative muss in deren zeitlichem Kontext gesehen werden. Zwischen der New Yorker Erklärung aus dem Jahr 2016 und der Annahme des Migrationspaktes im Jahr 2018 veränderte sich das politische Klima, in dem über die Aufnahme von Flüchtlingen und Migranten gesprochen wurde, in einigen westlichen Staaten, die als Zielländer von Migranten gelten, erheblich. Exemplarisch kann man dies am politischen Wechsel von Präsident *Obama* zu Präsident *Trump* in den Vereinigten Staaten sehen. Letzterer zog sich frühzeitig aus der Verhandlung zurück und vertrat plakativ eine deutlich restriktivere Einwanderungspolitik als die vorherige Regierung. Der politische Wechsel lässt sich aber gerade auch in der Europäischen Union beobachten, in der die Regierungen sehr aufnahmebereiter Staaten, wie beispielsweise Deutschland, innerstaatlich von der rechtskonservativen Opposition als zu einwanderungsfreundlich angegriffen wurden.[504] Neben dieser politischen Auseinandersetzung innerhalb der Mitgliedstaaten oder untereinander zeigt sich auch faktisch eine deutlich geringere Bereitschaft, die ursprünglichen Aufnahmekapazitäten aufrechtzuerhalten. Man denke nur an die Nichtumsetzung des umstrittenen Umverteilungsbeschlusses der EU-Kommission aus dem Jahr 2015, gerade nicht nur von den Mitgliedstaaten wie Ungarn und der Slowakei, die ihn als unionsrechtswidrig vor dem Europäischen Gerichtshof erfolglos angegriffen hatten.[505] Dabei soll kein eindimensionales Bild entstehen; in Deutschland etwa wurde von der amtierenden Regierung zeitgleich ein neues Gesetz zur erleichterten Anwerbung von Fachkräften angestrebt und unter dem Schlagwort „Einwanderungsgesetz" verhandelt. Dieses Gesetz wurde von der OECD inzwischen als eines der liberalsten Einwanderungsregime bezeichnet.[506] Dennoch war die ursprüngliche Euphorie, anlässlich eines so dramatischen Ereignisses wie der Flüchtlingskrise Migration und Flucht neu verhandeln und gerechter gestalten zu können, in vielen westlichen Verfassungsstaaten einer deutlichen Ernüchte-

---

[503] *Pécoud,* TWQ 2021, S. 16 (17).

[504] Siehe dazu § 5 B. II. Über Migration reden – Prägung des Diskurses.

[505] Beschluss (EU) 2015/1601 des Rates v. 22.09.2015 zur Einführung von vorläufigen Maßnahmen im Bereich des internationalen Schutzes zugunsten von Italien und Griechenland, ABl. 2015, L 248, S. 80; dazu *Lehner,* ZAR 2015, S. 365 ff.; EuGH, Rs. C-643/15 u. C-647/15 v. 06.09.2017; dazu *Brauneck,* EuR 2018, S. 62 (87); bei der Umverteilung der Flüchtlinge nach dem Verteilungsschlüssel der Kommission sind alle Mitgliedstaaten hinter ihren Verpflichtungen geblieben, Deutschland hat bspw. von 27 536 nur 10 825 Flüchtlinge aufgenommen, siehe dazu IOM, Europäische Kommission, Anzahl der umgesiedelten EU-Flüchtlinge, Juni 2018, abrufbar unter: https://de.statista.com/statistik/daten/studie/869522/umfrage/umverteilung-von-fluechtlingen-auf-die-mitgliedslaender-der-europaeischen-union/ (letzter Zugriff am 20.03.2023).

[506] Koalitionsvertrag zwischen CDU, CSU und SPD, 19. Legislaturperiode, S. 64; OECD, Germany Policy Brief, Juni 2018, S. 1.

rung gewichen. Mit Blick darauf wirkt die Beschreibung im Pakt von dem vielleicht einmal bestanden habenden brüchigen Konsens im Jahr 2016 weit entfernt und schien nur zwei Jahre später für einige den Ton nicht mehr zu treffen, gar kontrafaktisch zu sein.

Dem Beobachter stellt sich damit die Frage, warum überhaupt eine so deutliche Wertung globaler Migration aufgenommen wurde. Diese Frage drängt sich umso mehr auf, wenn man Vorgängerdokumente wie die New Yorker Erklärung und den *Sutherland-Bericht* mit in den Blick nimmt, die in dieser Hinsicht deutlich zurückhaltender sind. Letzterer erkennt beispielsweise an, dass die Ankunft von Migranten auch mit dem Gefühl einiger verbunden sein kann, sich „als Minderheit im eigenen Land zu fühlen"[507], und ist auch hinsichtlich der Rückführung und Pflicht der Herkunftsländer, ihre eigenen Staatsangehörigen aufzunehmen, deutlicher.[508]

Verschiedene Antworten sind denkbar. Zu vermuten ist, dass mit dem Migrationspakt gerade ein Zeichen gegen die sich merklich ändernde Stimmung gesetzt werden sollte.[509] Auffällig im Dokument sind die vielen Hinweise auf die erhobenen Daten. Der Pakt betont sehr stark, in einem fakten- und datenbasierten Prozess ausgehandelt worden zu sein.[510] Die gesammelten Erkenntnisse seien das Ergebnis eines gemeinsamen Lernprozesses der Staaten miteinander („Wir haben gelernt, dass Migration ein bestimmendes Merkmal unserer globalisierten Welt ist [...]").[511] Dieser wissenschaftsbasierte Ansatz steht im Gegensatz zu einer Rhetorik der *Fake News* und der Delegitimierung wissenschaftlicher Erkenntnisse im Rahmen des Diskurses. Zugleich spiegelt dieser wissenschafts- und faktenbasierte Ansatz eine gewisse romantische Vorstellung wider,[512] nach der die internationale Staatengemeinschaft nur genug wissen müsse, um objektiv gute Regelungen und Instrumente zu entwickeln.[513] Diese Perspektive überdeckt die realistische Anerkenntnis, dass die Wahl der Instrumente und das Maß der Verpflichtungen im Wesentlichen von Macht- und Erhaltungsinteressen der beteiligten Akteure beeinflusst sein dürften.[514]

Zugleich lassen die die Aushandlung begleitenden Dokumente erkennen, dass diese betont positive Darstellung von Migration gerade auf Initiative und Wunsch der Herkunftsländer, also der Länder des globalen Südens, aufgenommen wurde.[515] Daher ist auch zu vermuten, dass einige der starken Formulierun-

---

[507] Res. A/71/729 v. 03.02.2017, Ziff. 27.

[508] Res. A/71/729 v. 03.02.2017, Ziff. 38.

[509] *Chetail,* International Migration Law, S. 333.

[510] A/Res/73/195 v. 19.12.2018, Ziff. 10.

[511] A/Res/73/195 v. 19.12.2018, Ziff. 10.

[512] „romantischer Überschuss gesellschaftlicher Eliten": *Schorkopf,* in: Grabenwater (Hrsg.), Der Staat in der Flüchtlingskrise, S. 11.

[513] *Pécoud,* TWQ 2021, S. 16 (19).

[514] Ebd.

[515] Bericht der deutschen Delegation zur vierten Verhandlungsrunde, ID: NE-WYVN_2018-05-21_66462, 1; *Müller-Neuhof,* Wie der Migrationspakt fast gescheitert wäre,

gen Ausdruck politischer Kompromisse und taktischer Überlegungen sind. Mit der Verdeutlichung des positiven Einflusses regulärer Migration am Anfang des Dokuments gingen beispielsweise Veränderungen an anderer Stelle einher. Nicht unterschätzt werden darf, dass gemeinsame Erzählungen eine soziale Funktion erfüllen. Ein Narrativ kann eine Gemeinschaft oder ein Netzwerk verschiedener Akteure trotz ihrer Unterschiede durch ihr Festhalten an einer ähnlichen Weltanschauung oder Vision einen und verbinden.[516] Gerade weil Migration in der Staatengemeinschaft mit deutlichen Interessengegensätzen verbunden ist, wird mit dem Migrationspakt der Versuch unternommen, eine übergreifende Erzählung anzubieten, mit der Differenzen überwunden werden können und Kooperation gefördert werden kann.[517]

Ob der Migrationspakt durch seine Sprache einen progressiv-moralischen Geist atme[518] oder als Symbol einer humanen Welt unabdingbar sei, hängt davon ab, wem man einen gesellschaftlichen Steuerungsanspruch primär zuspricht – ob internationalen Institutionen oder dem Staat selbst. Fest steht jedoch, dass der Pakt kein neutrales Steuerungsinstrument ist, sondern eine Zukunftsvision darstellt, die, wie die Kontroverse um seine Annahme zeigt, für sich genommen hochumstritten ist und anscheinend nicht den Konsens herstellen konnte, der mit einem inklusiven und transparenten Aushandlungsprozess doch gerade erreicht werden sollte.

3. Überwachung und Implementierung

Der Migrationspakt wird durch das im Jahr 2018 neu geschaffene UN-Migrationsnetzwerk unterstützt. Dieses dient der kohärenten und wirksamen Umsetzung der Verpflichtungen. Kernstück ist der Aufbau eines Kapazitätsmechanismus, der nachfrageorientierte und maßgeschneiderte Lösungen auf Anfrage anbieten soll und einen Fonds enthält, welcher sich u. a. aus freiwilligen Beiträgen von Mitgliedstaaten, aber auch aus Spenden aus der Wirtschaft oder von Stiftungen zusammensetzt und zur Erstfinanzierung oder Anschubfinanzierung konkreter Projekte dienen soll. Die Koordination des Netzwerkes wird vom Sekretariat der Internationalen Organisation für Migration (IOM) übernommen.

Diese im Jahr 1951 gegründete Organisation, damals noch unter dem Namen „Provisorisches Zwischenstaatliches Komitee für die Auswanderung aus Europa", war zu Beginn der Aushandlung des Migrationspaktes eine vom UN-System unabhängige internationale Organisation und in ihrem Mandat primär

---

Der Tagesspiegel v. 19.03.2019, online-Ausgabe, abrufbar unter: https://www.tagesspiegel.de/politik/maximalforderungen-wie-der-migrationspakt-fast-gescheitert-waere/24117204.html (letzter Zugriff am 20.03.2023).

[516] *Pécoud,* TWQ 2021, S. 16 (19).

[517] Ebd.

[518] *Hipp* im Interview mit *Schorkopf,* „Wer in Duisburg wohnt oder Berlin-Neukölln, hat auch Rechte", Der SPIEGEL 49/2018 v. 30.11.2018.

auf die Unterstützung ihrer Mitgliedstaaten bei Migrationsstrategien begrenzt.[519] Anders als im Bereich des Flüchtlingsschutzes, wo mit der Beauftragung eines Hohen Kommissars (UNHCR) eine spezialisierte Organisation besteht, fehlte eine dem Migrationsthema ausschließlich gewidmete Organisation. Das Komitee wurde gegründet, um die Verteilung und Rückführung von Migranten im Anschluss an den Zweiten Weltkrieg zu unterstützen. Die Ansiedlung außerhalb der UN war eine Reaktion auf die zunehmenden Spannungen im Rahmen des Kalten Krieges. Während die westlichen Staaten auf die Freizügigkeit der Vertriebenen pochten, vertrat die UdSSR eine strenge Repatriierungspolitik. Das führte dazu, dass bis zum Ende des Kalten Krieges ausschließlich Staaten des westlichen Blocks Mitglied waren.[520] Mit Ende des Kalten Krieges stieg die Mitgliederzahl der seit 1980 nun als IOM bekannten Organisation deutlich.[521] Damit und mit der Ausweitung ihres Mandats ist sie neben der ILO und dem UNHCR zu einer der führenden internationalen Institutionen für globale Migrationsfragen geworden. Als Folge ihrer gesteigerten Bedeutung erlangte sie im Jahr 1992 den Beobachterstatus in der Generalversammlung. Nur vier Jahre später wurde eine Kooperation mit den Vereinten Nationen vereinbart.

Die wachsende Aufmerksamkeit, die Migration als Thema auf der internationalen Bühne erfuhr, ließ Rufe nach einer zentralen Organisation, vornehmlich einer in das UN-System eingegliederten, laut werden. Dabei darf nicht übersehen werden, dass die IOM keinesfalls eine neutrale Organisation ist.[522] Laut ihrer Satzung sieht sie sich der Förderung von Migration verpflichtet und war dementsprechend eine Kraft hinter den letztendlich erfolgreichen Versuchen, Migration in der globalen Agenda zu verankern.[523] Ihre Bemühungen, Arbeitsmigration zum Zwecke der Entwicklung auch in Entwicklungsländern, insbesondere in Lateinamerika, zu fördern, führten in den 1960er und 1970er Jahren zu einer Reihe von Austritten wichtiger Gründungsmitglieder wie Kanada, Frankreich, Großbritannien und Australien, die jedoch nach und nach wieder eintraten.[524] Inzwischen sieht sich die Organisation auch dem gegenteiligen Vorwurf ausgesetzt, nämlich in den letzten Jahren zu sehr als Serviceagentur einiger Staaten bei der Vermeidung irregulärer Migration agiert zu haben.[525] Ihre Unterstützung

---

[519] *Newland,* Global Governance 2010, S. 331 (332).

[520] *Bast,* International Organization for Migration, in: Wolfrum, MPEPIL, online-Ausgabe (Dezember 2010), Rn. 3.

[521] Resolution Ziff. 624 v. 19.11.1980.

[522] *Kuptsch/Martin,* in: Betts (Hrsg.), Global Migration Governance, S. 45.

[523] Bspw. die Bemühungen der IOM globale Migration als Entwicklungsziel in die Agenda 2030 aufzunehmen, siehe IOM, The International Organization for Migration on the Post-2015 UN Development Agenda, abgdr. in: Population and Development Review 2014, S. 381 ff.

[524] *Bast,* International Organization for Migration, in: Wolfrum, MPEPIL, online-Ausgabe (Dezember 2010), Rn. 4.

[525] *Düvall,* in: Betts (Hrsg.), Global Migration Governance, S. 91 f.; *Klabbers,* LJIL 2019, S. 383 (387).

wurde beispielsweise von Australien für die Verlagerung der Prüfung von Asyl-
gesuchen außerhalb ihres Territoriums angefordert.[526] Ein großer Anteil ihrer
Division in Afrika ist der Ausbildung von Personal für die Grenzsicherung gewidmet.[527] In den Niederlanden und Finnland leitete sie ein Programm zur freiwilligen Rückführung von Migranten.[528] Anders als andere in dem Feld agierende
Organisationen bedient sie damit zwei Seiten von Migration: Einerseits sieht sie
sich den Sicherheitsinteressen ihrer Mitgliedstaaten verpflichtet und übernimmt
Aufgaben im politisch umstrittenen Bereich der Grenzsicherung und Rückführung; andererseits setzt sie sich für bessere Migrationssteuerung und -politik auch
im Interesse der Migrierenden durch Standardsetzung und Koordinationspro-
jekte ein.[529] Es fehlt jedoch die Verpflichtung zu einem menschenrechtsbasierten
Ansatz[530] und zu einem überragenden Gemeinschaftsgut, losgelöst vom Interesse
eines einzelnen Mitgliedstaates.[531]

In der New Yorker Erklärung wurde schließlich die Absicht geäußert, die
IOM in das UN-System einzugliedern.[532] Daraufhin wurde die IOM mit Zustimmung ihrer Vertragsstaaten als verwandte Organisation den Vereinten Nationen
durch eine Resolution eingegliedert. Dieser institutionelle Wandel ist damit das
Ergebnis eines langwierigen Prozesses, der außerhalb von Fachkreisen kaum
bemerkt wurde, obwohl er wohl das signifikanteste und konkreteste Ergebnis der
New Yorker Erklärung und des Migrationspaktes ist.[533]

Mit der institutionellen Eingliederung ist die Erwartung verbunden, die Zusammenarbeit zwischen den verschiedenen Organisationen in der UN zu inten-
sivieren und effektiver zu gestalten. Interessant ist, dass die Staaten sich entschieden haben – wohl auch als Ergebnis erfolgreicher Überzeugungsarbeit –, die
nicht unumstrittene Organisation mit dieser Aufgabe zu betrauen. Eine neue
Organisation zu gründen, erschien der Staatengemeinschaft vermutlich zu komplex und nicht erfolgversprechend. Gegen die Ansiedlung des Themas bei der
ILO spricht deren einmalige triparitätische Struktur, die viele Staaten bei sensiblen Themen nicht akzeptieren wollen. Naheliegender wäre es gewesen, das Mandat des UNHCR auszuweiten. Dagegen hätte man jedoch die fehlende Verankerung wirtschaftlicher Expertise in der Organisation anführen können.[534]

Daneben ist eine umfassende Überprüfung der Umsetzung vorgesehen. Wichtigstes Instrument hierfür ist ein regelmäßiger Überprüfungsmechanismus, der
im Anschluss an die Annahme des Paktes im Juli 2019 durch eine Modalitäten-

---

[526] *Klabbers,* LJIL 2019, S. 383 (388).
[527] Ebd., (392).
[528] Ebd., (393).
[529] Ebd., (394).
[530] Ebd., (391).
[531] Ebd., (385).
[532] New Yorker Erklärung für Flüchtlinge und Migranten, A/RES/71/1, S. 10 Ziff. 49.
[533] *Chetail,* International Migration Law, S. 325.
[534] *Newland,* Global Governance 2010, S. 331 (338).

resolution der Generalversammlung als International Migration Review Forum ausgestaltet wurde. Das viertägige Forum wird seit dem Jahr 2022 alle vier Jahre unter der Schirmherrschaft der Generalversammlung abgehalten. Wie schon bei der Aushandlung des Migrationspaktes sollen auch bei seiner Überprüfung diverse Interessenträger und nicht staatliche Akteure einbezogen werden. Dafür wird dem Forum ein eintägiges Treffen vorgeschaltet. Sodann sollen an zwei weiteren Tagen Diskussionen und politische Debatten zu den Zielen und Umsetzungshürden folgen, bevor in einer zweitägigen Plenardebatte den Regierungen die Möglichkeit gegeben wird, über ihren eigenen Umsetzungsfortschritt oder ihre Herausforderungen zu berichten.[535] Die Ausgestaltung der Überprüfung indiziert, dass im internationalen Migrationsrecht zwischenstaatliche Kooperation erst noch operationalisiert werden muss. Bei Annahme konnte anders als in anderen Rechtsgebieten noch auf keine bewährten und bestehenden Strukturen und für die Nachverfolgung, auf keine etablierten Akteure zurückgegriffen werden.[536]

Bei rechtlich nicht bindenden Vereinbarungen ist die Einrichtung eines Überprüfungsmechanismus gängige Praxis, um die Verbindlichkeit des Vereinbarten zu erhöhen. So beispielsweise auch bei der Agenda 2030, in der im Rahmen des Hochrangigen Politischen Forums zu nachhaltiger Entwicklung Staaten aufgefordert sind, freiwillig über die Umsetzung der Agenda zu berichten. Dem sind bereits 143 Staaten nachgekommen, sodass der Überprüfungsmechanismus durchaus als erfolgreich betrachtet werden kann.[537]

4. Rechtscharakter

Der Migrationspakt ist ein rechtlich nicht bindender Kooperationsrahmen, der auf den Verpflichtungen der New Yorker Erklärung aufbaut.[538] Damit handelt es sich beim Migrationspakt um keinen völkerrechtlichen Vertrag; er erzeugt keine originäre Rechtsverbindlichkeit. Die Bezeichnung als Pakt *(compact)* wird im Völkerrecht inzwischen häufiger verwendet. Vorbild ist der *UN Compact for Business and Human Rights* aus dem Jahr 2000, der auf die Arbeiten des UN-Sonderbeauftragten für Unternehmen und Menschenrechte *John Ruggie* zurückgeht. Er ist nach den drei Grundprinzipien Achtung, Schutz und Abhilfe *(respect, protect, remedy)* als Strategie in zehn Schritten für eine nachhaltige Unternehmensstruktur aufgebaut und organisiert ein Netzwerk für Unternehmen, die sich dieser Strategie freiwillig verpflichten wollen. Weitere Pakte sind der Flüchtlings- und zuletzt ein Umweltpakt, wobei Letzterer derzeit noch ausgehandelt wird.[539]

---

[535] Beschreibung der Funktionsweise des Forums nach *Angenendt/Koch,* Wie Deutschland den Globalen Pakt für Migration nutzen kann, SWP-Aktuell, Nr. 44 08/2019, S. 2.

[536] *Pécoud,* TWQ 2021, S. 16 (26).

[537] *Angenendt/Koch,* Wie Deutschland den Globalen Pakt für Migration nutzen kann, SWP-Aktuell, Nr. 44 08/2019, S. 2.

[538] A/Res/73/195 v. 19.12.2018, Ziff. 7.

[539] Towards a Global Pact for the Environment, Res. A/72/L.51 v. 10.05.2018, mehr dazu

Die Bezeichnung als Pakt suggeriert die Beteiligung verschiedener, gegensätzlicher Akteure. Davon mag auch die ursprüngliche Wahl beim *UN Global Compact* herrühren, wurde hier doch erstmals eine Vereinbarung unmittelbar mit transnationalen Unternehmen eingegangen, ohne dass die staatliche Ebene dazwischengeschaltet war.

Im Migrationspakt wird immer wieder von den Verpflichtungen der beteiligten Staaten gesprochen. Jedem Ziel ist eine spezifische Verpflichtung vorangestellt, bevor einzelne Instrumente und Maßnahmen aufgelistet werden, und auch im ersten Abschnitt, der die politische Erklärung enthält, werden die Verpflichtungen aus der vorangegangenen New Yorker Erklärung erneuert und zur Fortsetzung des multilateralen Dialogs im Rahmen der UN aufgerufen.[540] Die Autorität des Paktes wird mit seinem Konsenscharakter, seiner Glaubwürdigkeit, seiner kollektiven Trägerschaft sowie der gemeinsamen Umsetzung, Weiterverfolgung und Überprüfung begründet.[541] Der Umsetzung ist ein eigener Abschnitt zum Ende des Paktes gewidmet, wo ein weiteres Mal die Verpflichtung, die im Pakt niedergelegten Ziele zu befolgen, aufgegriffen wird.[542] All das spricht dafür, dass sich die Staaten zwar nicht rechtlich binden wollten, aber dennoch erwarten, dass die Beteiligten ihren Verpflichtungen nachkommen. Diese Befolgungserwartung wird durch die Installation eines Überprüfungs- und Nachverfolgungsmechanismus zusätzlich abgesichert.

Wendet man die hier entwickelte Definition von Soft Law als rechtlich unverbindliche, regelmäßig verschriftlichte Regelungen, die eine normative Verhaltenserwartung formulieren sowie ferner auf Völkerrechtssubjekte oder von ihnen abgeleitete Organisationen zurückzuführen sind und einen politisch bindenden Befolgungsanspruch erheben, an, so lässt sich der Migrationspakt daher als Soft Law, genauer als unverbindliche Staatenvereinbarung, einordnen.

III. Völkerrechtliche und institutionelle Einordnung

Das internationale Migrationsrecht ist als ein komplexer Teilbereich internationaler Kooperation erst seit jüngerer Zeit Gegenstand globaler Steuerungsbemühungen. Der regulatorische Rahmen offenbart sich als ein dichtes Geflecht verschiedener Instrumente, Berichte und Empfehlungen, geprägt durch eine Reihe von staatlichen und nicht staatlichen Akteuren, deren Kompetenzen und Befugnisse nicht immer klar voneinander abgrenzbar sind. Neben gewohnheitsrechtlichen und völkervertragsrechtlichen Normen ist das Gebiet im besonderen Maße durch unverbindliche Handlungsformen geprägt. Die Verwendung von Soft Law ist daher fast zum bestimmenden Merkmal internationalen Migrati-

---

unter: https://globalpactenvironment.org/en/the-pact/where-are-we-now/ (letzter Zugriff am 20.03.2023).

[540] A/Res/73/195 v. 19.12.2018, Ziff. 7, 14.

[541] Ebd., Ziff. 15 b).

[542] Ebd., Ziff. 41.

onsrechts geworden.[543] Im Folgenden wird die Aufnahme globaler Migration als Handlungsfeld ins Völkerrecht beleuchtet, insbesondere die Entwicklung seit den 1990er Jahren. Näher eingegangen wird dabei auf die Agenda 2030, die als umfassende Nachhaltigkeitsstrategie die Ausgestaltung des Migrationspaktes entscheidend mitgestaltet. Zuletzt wird auf die dem Migrationsrecht inhärenten Gegensätze eingegangen, die durch die verwendete Unterscheidung zwischen legal/illegal und regulär/irregulär sichtbar wird. Mit Blick darauf stellt sich die Frage, was der materielle Gehalt dieser Begriffspaare ist und was aus ihrer jeweiligen Verwendung geschlossen werden kann.

1. Internationale Migration und Völkerrecht

Migration als Rechtsfrage ist als Idee eng verknüpft mit der Herausbildung der Territorialstaaten. Damit wurde die Frage des Zuganges zu einer politischen Gemeinschaft mit dem Zugang zu einem begrenzten Raum, dem Staatsterritorium, verbunden.[544] Es war originäres Recht des Souveräns, darüber zu bestimmen.[545] Dessen politische Bedeutung hat mit der Entwicklung moderner Staaten[546] gerade nicht ab-, sondern zugenommen, kann damit doch auch die Teilhabe an umfangreichen politischen und sozialen Rechten verbunden sein.[547]

Zwischen 1960 und 2000 stieg die Gesamtzahl der Migranten weltweit von 92 auf 165 Millionen, wobei ein besonders steiler Anstieg von 20 auf 60 Millionen bei der Migration von armen Ländern in reiche zu verzeichnen war.[548] Der Großteil der Migration findet dabei zwischen Staaten des globalen Südens statt.[549] Die Zahlen machen deutlich, dass Migration heutzutage in einem noch nie da gewesenen Ausmaß stattfindet und globale Reichweite besitzt.[550] Das Phänomen heutiger Migration hat daher wenig mit den Migrationsfragen gemein, die den neuzeitlichen und modernen Staat beschäftigten. Obwohl das Narrativ des Migrationspaktes, dass Migration seit jeher Bestandteil der Menschheitsgeschichte

---

[543] *Chetail*, International Migration Law, S. 280.

[544] *Dickmann*, Der Westfälische Friede, S. 5; *Randelzhofer* stellt nicht so sehr auf den Westfälischen Frieden als Zeitenwende ab, vielmehr habe er die Auflösung der *res publica christiana* hinzu einer Gesellschaft unabhängiger Staaten bestätigt und weiter vorangetrieben, *ders.*, Die Bedeutung des Westfälischen Friedens für das Völkerrecht, in: FS Leisner, 1999, S. 7.

[545] *Betts*, in: ders. (Hrsg.), Global Migration Governance, S. 15.

[546] *Faharat*, Progressive Inklusion, S. 80.

[547] *Faharat*, Progressive Inklusion, S. 93; *Koser*, Global Governance 2010, S. 301 (302); vgl. *Manow*, der die These aufstellt, dass Rechtspopulismus als Gegenbewegung zu Migration entsteht, wenn der Zugang zum Gebiet zugleich die Teilnahme an einem großzügigen Wohlfahrtstaat bedeutet, *ders.*, Politische Ökonomie des Populismus, S. 38 ff. (insb. 65); zur historischen Entwicklung der Staatsangehörigkeit und ihrer rechtlichen Wandlung, *Weber*, Status und Staatsangehörigkeit, S. 32 ff.

[548] *Collier*, Exodus, S. 58.

[549] *Munch*, TWQ 2008, S. 1227 (1230).

[550] *Koser*, Global Governance 2010, S. 301 (302).

sei, anderes impliziert, ist transnationale Migration, also solche, bei der Grenzen regelmäßig und sich wiederholend überschritten werden, ein neues Phänomen.[551] Trotz der faktischen Bedeutung ist im Gegensatz zu anderen transnationalen Phänomenen wie dem Umwelt- und Klimaschutz oder dem Finanzverkehr der Grad internationaler Kooperation gering und wenig institutionalisiert, dafür umso fragmentierter und dezentraler.[552]

Wegen des staatlichen Primats, über den Gebietszugang zu entscheiden, hat sich Migration als Rechtsbegriff im Völkerrecht noch nicht vollständig etabliert.[553] Dies zeigt sich auch daran, dass sich bis jetzt noch keine einheitliche Bezeichnung dieses Rechts- und Politikgebietes durchgesetzt hat. Die Begriffsbildung unterscheidet sich je nach Blickwinkel und Schwerpunkt der Untersuchung: *Betts* wählt in seiner Analyse zu bestehenden Rechts- und Regulationsrahmen im Hinblick auf Governancestrukturen die Bezeichnung „Global Migration Governance".[554] Von in dem Bereich tätigen nicht staatlichen Akteuren wird auch der Begriff des internationalen Migrationsmanagements verwendet.[555] Hier wird der gängigen Bezeichnung des Gebietes als internationales Migrationsrecht gefolgt, worunter alle internationalen Regelungen und Prinzipien fallen, die die grenzüberschreitende Bewegung von Menschen und deren Rechtsstatus betreffen.[556] Dieser Begriff fügt sich zwar in die üblichen Bezeichnungen anderer Völkerrechtsgebiete ein, kann aber insofern irreführend sein, als der Großteil der Regelungen und Instrumente, die Migration umfassend adressieren, rechtsunverbindlich ist.

Im deutschsprachigen Raum ist Migration ein Begriff, der vor allen Dingen in der Sozialwissenschaft verwendet wird. Dort beschreibt er eine Positionsveränderung, die nicht nur vorübergehend ist und dabei mit einem bestimmten qualitativen Aspekt verbunden ist.[557] Ein Blick in die nationale Rechtsordnung unterstützt den Befund, dass Migration originär kein Rechtsbegriff ist. Das Bundes-

---

[551] *Farahat,* Progressive Inklusion, S. 20, 18 m. w. N., 1; *Graf Kielmansegg,* FAZ v. 04.02.2019, Ziff. 29, S. 6.

[552] *Betts,* in: ders. (Hrsg.), Global Migration Governance, S. 2, 8; *Pécoud,* TWQ 2021, S. 16 (17).

[553] *Kugelmann* geht 2009 davon aus, dass es sich noch um keinen Rechtsbegriff im Völkerrecht handelt. Inzwischen dürfte sich mit der Agenda 2030 und dem Migrationspakt diese Einschätzung ein Stück weit überholt haben. Vgl. *ders,* Migration, in: Wolfrum, MPEPIL, online-Ausgabe (März 2009), Rn. 3.

[554] *Betts,* in: ders. (Hrsg.), Global Migration Governance, S. 4; ausf. *Chetail,* International Migration Law, S. 340 ff.

[555] So etwa die IOM, siehe etwa: https://www.iom.int/migration-management (letzter Zugriff am 20.03.2023); aus kulturwissenschaftlicher Sicht genau diesem Managementgedanken gegenüber kritisch: *Georgi,* Migrationsmanagement in Europa, 2012; *ders.,* Managing Migration?, 2019.

[556] *Chetail,* International Migration Law, S. 7; *Plender,* International Migration Law, 1972; *Cholewinski/Perruchoud/MacDonald,* International Migration Law, 2007.

[557] *Kalter,* Kopp/Steinbach, Grundbegriffe der Soziologie, S. 313.

amt für Migration und Flüchtlinge trägt diese Bezeichnung erst seit 2005 und wurde davor als Bundesamt für die Anerkennung ausländischer Flüchtlinge bezeichnet.[558] Die sich materiell mit Migration auseinandersetzenden Gesetze werden nach dem Teilbereich von Migration bezeichnet, der durch sie geregelt werden soll, beispielsweise das Asyl-, Aufenthalts- oder Integrationsgesetz. Die Unsicherheit setzt sich mit dem Begriff des Migranten fort, über dessen Definition ebenfalls kein völkerrechtlicher Konsens besteht. Teilweise wird die zeitliche Beschränkung des Aufenthalts in einem anderen Land von mindestens einem Jahr gefordert, was den Vorteil hätte, Reisende adäquaterweise nicht als Migranten zu begreifen. Für grenzüberschreitenden Verkehr wird dabei der Oberbegriff der Mobilität vorgeschlagen und Migration erst ab der zeitlichen Erheblichkeitsschwelle verwendet. Richtigerweise müsste dafür auf die Absicht des Migranten abgestellt werden, die im Zweifel aber schwer festzustellen ist. Die IOM beschreibt einen Migranten als eine Person, die von ihrem gewöhnlichen Wohnort aus verschiedenen Gründen wegzieht, sei es innerhalb eines Landes oder grenzüberschreitend, vorübergehend oder dauerhaft. Diese konturlose Definition wird von der IOM selbst als Sammelbegriff eingeschränkt. Für Teilbereiche der Migration bestehen mehr oder weniger anerkannte Definitionen: Die Beschreibung eines Flüchtlings i. S. d. Art. 1 GFK wird weithin anerkannt.[559] Die in der UN-Wanderarbeiterkonvention vereinbarte Definition des Wanderarbeitnehmers gilt für jede Person, die in einem Staat, dessen Staatsangehörigkeit sie nicht hat, eine Tätigkeit gegen Entgelt ausüben wird, ausübt oder ausgeübt hat. Außerhalb der Vertragsstaaten konnte diese Definition wegen der geringen Zahl von Ratifikationen keine Wirkung entfalten und kann daher nicht als allgemein anerkannt gelten. Dem wird auch durch den Migrationspakt keine Abhilfe geschaffen. Hier lässt sich durch die Systematik der Migrant am ehesten als Nichtkonventionsflüchtling in Abgrenzung zur New Yorker Erklärung und dem Flüchtlingspakt verstehen.

Vergegenwärtigt man sich die oben erwähnte Definition als dauerhafte Positionsveränderung, so wird deutlich, dass dieser Prozess ganz unterschiedliche rechtliche und regulatorische Voraussetzungen haben kann. Menschen migrieren auf der Suche nach Arbeit und sind dabei unterschiedlich qualifiziert; sie migrieren, um sich aus- oder weiterzubilden; sie migrieren gezwungenermaßen wegen eines bewaffneten Konfliktes oder weil die natürlichen Lebensgrundlagen bedroht oder weggefallen sind; sie migrieren, um eine bessere Lebensqualität etwa im Alter zu haben; sie migrieren regulär und irregulär, sind in ihrem Zielland willkommen oder unwillkommen und ihre Rückkehr in ihrem Herkunftsland kann erwünscht, möglich, notwendig oder unmöglich sein. Kurz gesagt: Migra-

---

[558] Es wurde im Rahmen des sogenannten Zuwanderungsgesetzes umbenannt, BGBl. I 2004, S. 1950.

[559] Siehe bspw. § 1 Abs. 1 Nr. 2 AsylG, der den Geltungsbereich des Asylgesetzes ausdrücklich auf Konventionsflüchtlinge erstreckt, was einen Gleichlauf zwischen völkervertragsrechtlichem Flüchtlingsbegriff und nationalem Schutz sicherstellen soll.

tion ist variantenreich. Daher wurde bis zum Migrationspakt der Ansatz verfolgt, einzelne Teilbereiche isoliert zu regeln. In vielen Fällen werden Teilaspekte von Migration darüber hinaus in anderen Völkerrechtsgebieten mitverhandelt. So gibt es im Umweltvölkerrecht Diskussionen um den Schutz von Migranten, die vom Klimawandel betroffen sind, und zur grenzüberschreitenden Kriminalitätsbekämpfung gehört auch die Bekämpfung von Menschenhandel.[560]

Ferner unterscheidet sich die Interessenlage je nach Art der Migration zwischen Entsende-, Transit- und Empfängerländern. Kann die Abwanderung von Fachkräften für Staaten das Wachstum und die Entwicklung bedrohen (Emigration), was unter dem Schlagwort *brain drain* bekannt ist,[561] kann für einen Staat mit einem auf Laufbahnen und formelle Qualifikationen ausgerichteten Arbeitsmarkt die Integration unqualifizierter Arbeitsmigranten eine Herausforderung bedeuten (Immigration). Dieser Gegensatz zeigt sich bereits im Binnenmarkt der Europäischen Union, wo die Arbeitsmigration die Mitgliedstaaten ganz unterschiedlich trifft.[562] Doch auch global besteht ein solcher Konflikt, der vereinfacht betrachtet an der Nord-Süd-Achse verläuft.[563]

Zuletzt bringt grenzüberschreitende Migration immer auch gesellschafts- und kulturpolitische Implikationen mit sich.[564] Staaten müssen die innenpolitischen Bedingungen und Verpflichtungen mitdenken, selbst wenn das dazu führt, dass man aus ökonomischer Sicht vorteilhafte Effizienz- und Kooperationsbemühungen nicht weiter vorantreibt. Auch hier kann die Europäische Union als Beispiel dienen, war doch der Stereotyp des *Polish plumber* als Sinnbild der Arbeitsmigration Bestandteil der Debatte in Großbritannien über den Austritt aus der Europäischen Union. Dieser Stereotyp stand dabei sinnbildlich für die von Teilen

---

[560] *Nümann,* ZAR 2015, S. 165 ff.; UN Convention against Transnational Crime, UNGA, Res. 55/25, 15. 11.2000; Protocol to Prevent, Suppress and Punish Trafficking in Persons, Especially Women and Children, Supplementing the UN Convention against Transnational Organized Crime; Protocol against the Smuggling of Migrants by Land, Sea and Air, Supplementing the UN Convention against Transnational Organized Crime.

[561] *Kugelmann,* Migration, in: Wolfrum, MPEPIL, online-Ausgabe (März 2009), Rn. 9; *Collier,* Exodus, S. 207 ff.

[562] *Manow,* Politische Ökonomie des Populismus, S. 55 ff. (58); In Bezug zur Binnenmigration war bspw. im Jahr 2019 nach Deutschland der größte Zuzug durch rumänische Staatsangehörige zu verzeichnen, gefolgt von polnischen und bulgarischen Staatsangehörigen, siehe BAMF, Migrationsbericht 2019, S. 65, abrufbar unter https://www.bamf.de/Share dDocs/Anlagen/DE/Forschung/Migrationsberichte/MB-2019/migrationsbericht-2019-kap 2.pdf;jsessionid=F4C1A7A602CE2E16438E23C29555BA09.intranet671?__blob=publicati onFile&v=3 (letzter Zugriff am 20.03.2023); die höchste Mobilitätsquote weist unionsweit Rumänien auf, DG EMPL, Berechnung nach Eurostat EU-LFS, 2017, abrufbar unter: htt ps://www.bpb.de/gesellschaft/migration/dossier-migration/247576/eu-binnenmigration (letzter Zugriff am 20.03.2023); Aktuell leben ca. 4,8 Mio. Personen aus einem anderen Land der EU in Deutschland, siehe https://www.make-it-in-germany.com/de/zuwanderung-aus-eu-staaten (letzter Zugriff am 20.03.2023).

[563] *Betts,* in: ders. (Hrsg.), Global Migration Governance, S. 17.

[564] *Graf Kielmansegg,* FAZ, 04.02.2019, Nr. 29, S. 6.

der britischen Gesellschaft als zu schnell und umfangreich empfundene Zuwanderung europäischer Arbeiter.[565]

Der Befund, dass ein internationales Migrationsrecht noch in seinen Anfängen steckt, muss in zweifacher Hinsicht relativiert werden. Erstens sind Teilbereiche des Migrationsrechts auf internationaler Ebene dicht geregelt. Zu denken ist hier an den Flüchtlingsschutz, der seit der Ausweitung des Anwendungsbereichs der Genfer Flüchtlingskonvention durch das Zusatzprotokoll[566] und durch die stetige Verfestigung des Non-Refoulement-Prinzips (Art. 33 GFK) der anerkannteste Teilbereich des internationalen Migrationsrechts ist.[567] Dabei unterscheidet sich der Grad der normativen Verdichtung regional deutlich. Durch die Rechtsprechung des Europäischen Gerichtshofes wird das Non-Refoulement-Prinzip über Art. 3 EMRK mit der Möglichkeit einer Individualbeschwerde geschützt.[568] Auch außerhalb dieses Rechtsregimes kann man annehmen, dass inzwischen das Non-Refoulement-Prinzip gewohnheitsrechtlich anerkannt ist.[569]

Ein weiterer Teilbereich ist die grenzüberschreitende Arbeitsmigration, die durch Konventionen der Internationalen Arbeitsorganisation (ILO) abgedeckt wird.[570] Eine der ihr gewidmeten Konventionen wurde im Anschluss an den Zweiten Weltkrieg angenommen, eine weitere in den 1970er Jahren. Beide wurden nur von einer Handvoll Staaten, 42 und 18, ratifiziert.[571] Ein Versuch in den 1990er Jahren, unter dem Dach der Vereinten Nationen eine Konvention betreffend Wanderarbeitnehmer zu verabschieden und damit einen neuen Standard für Arbeitsmigration zu setzen, kann wegen der fehlenden Ratifizierungen durch die

---

[565] *Kukovec,* Brexit – a Tragic Continuity of Europe's Daily Operation, Verf. Blog. v. 07.10.2016, abrufbar unter: https://verfassungsblog.de/brexit-a-tragic-continuity-of-europ es-daily-operation/ (letzter Zugriff am 20.03.2023); *Jeory,* Brexit: Polish builders defiant but atmit future is ‚uncertain after EU referendum vote, The Independent v. 24.06.2016, abrufbar unter: https://www.independent.co.uk/news/uk/home-news/brexit-polish-builders-defiant-b ut-admit-future-is-uncertain-after-eu-referendum-vote-a7100761.html (letzter Zugriff am 20.03.2023); *Roth,* The Polish plumers who annoy Brexit supporters come from towns like this one, Washington Post v. 10.07.2016, abrufbar unter: https://www.washingtonpost.com/w orld/europe/the-polish-plumbers-who-annoy-brexit-supporters-come-from-towns-like-this-one/2016/07/10/0ff923fc-3d4d-11e6-9e16-4cf01a41decb_story.html (letzter Zugriff am 20.03.2023).

[566] Protokoll über die Rechtstellung der Flüchtlinge v. 31.01.1967.

[567] *Betts,* in: ders. (Hrsg.), Global Migration Governance, S. 10.

[568] *Haefeli,* ZAR 2020, S. 25 (27); *Sinner,* in: Karpenstein/Mayer (Hrsg.), EMRK, 2. Aufl., Art. 3 Rn. 24; *Progin-Theuerkauf,* in: Hesselhaus/Nowak, Handbuch Europäischer Grundrechte, § 20 Rn. 14.

[569] *Betts,* in: ders. (Hrsg.), Global Migration Governance, S. 16; *Endres de Oliveira,* in: Huber/Eichenhofer/ders. (Hrsg.), Aufenthaltsrecht, Rn. 1840; *Goodwin-Gill/Mc Adam,* The Refugee in Int. Law, S. 208,228; *Marx,* ZAR 1992, S. 3 (11); *Progin-Theuerkauf,* in: Hesselhaus/Nowak (Hrsg.), Handbuch Europäischer Grundrechte, § 20 Rn. 9.

[570] ILO, Migration for Employment Convention (Revised), 1949 (No. 97); ILO, Migrant Workers (Supplemtary Provisions) Convention, 1975 (No. 143).

[571] *Newland,* Global Governance 2010, S. 331 (335).

Zielländer von Arbeitsmigranten als gescheitert gelten.[572] Diese Länder waren der Auffassung, dass die Interessen der Zielländer gegenüber den Rechten der Arbeitsmigranten nicht ausreichend Berücksichtigung fanden. Für die Wanderarbeiterkonvention wurden die Vereinten Nationen als Forum gewählt, weil dadurch die Beteiligung von Gewerkschaften und Unternehmen, wie die Organisationsstruktur der ILO es vorsieht, umgangen werden konnte.[573] Deswegen muss die ILO inzwischen vermehrt auf unverbindliche Instrumente zurückgreifen.[574]

Zweitens gibt es auf regionaler Ebene sehr elaborierte Kooperationen, die entweder bestimmte Bereiche gemeinsam koordinieren oder, als Besonderheit in der Europäischen Union, für Unionsbürger eine umfassende Freizügigkeit zwischen den Mitgliedstaaten erlauben (Art. 21 AEUV).

a) Migration als Teil der internationalen Agenda

Staaten verbleiben die Hauptakteure in der Migrationssteuerung und delegieren die Verantwortung nur in begrenztem Maße an regionale und internationale Organisationen.[575] Dieser Umstand ist darauf zurückzuführen, dass Migration lange außerhalb der formalen UN-Struktur verhandelt wurde. Nach Ende des Kalten Krieges verweigerten die Zielländer von Migranten, hauptsächlich solche des globalen Nordens, lange Zeit, dass Migration als Thema in der Generalversammlung behandelt wurde.[576] Bei regelmäßigen Abstimmungen stimmten diese Staaten dagegen, eine Konferenz abzuhalten, die sich u. a. auch mit internationaler Migration beschäftigen sollte.[577] Die Auflösung der UdSSR bedeutete, dass der Konflikt zwischen Ost und West zunächst nicht mehr die internationalen Organisationen zu dominieren schien. Die Kehrseite dieses Umstandes war, dass der teilweise davon überdeckte Konflikt zwischen dem globalen Norden und den Entwicklungsländern wieder deutlicher zutage trat.[578] Die neue Dynamik zeigte sich erstmals bei der UN-Konferenz für Umwelt und Entwicklung im Jahr 1992, welche inmitten der geopolitischen Transformation nach dem Ende des Kalten Krieges stattfand.[579] Die angespannte Lage zwischen den Lagern wurde zusätzlich dadurch verstärkt, dass beide Parteien im Systemwettstreit strategisch wichtige Entwicklungsländer gefördert und bevorzugt hatten. Daher zeigten sich die Staaten des globalen Südens besorgt, dass das Ende des Kalten Krieges das Ende der Entwicklungshilfe bedeuten könnte.

---

[572] *Betts,* in: ders. (Hrsg.), Global Migration Governance, S. 10.
[573] *Newland,* Global Governance 2010, S. 331 (338).
[574] Bspw.: ILO, Multilateral Framework on Labour Migration, 2005.
[575] *Koser,* Global Governance 2010, S. 301 (ebd.). Die Aussage ist gut zehn Jahre später weiterhin gültig.
[576] *Betts/Kainz,* RSC Working Paper Series No. 122, S. 1 (3).
[577] Ebd., *Chetail,* International Migration Law, S. 302.
[578] *Kamau/Chasek/O'Connor,* Transforming Multilateral Diplomacy, S. 18.
[579] Ebd., S. 20.

Erklären lässt sich das Zögern der westlichen Staaten, Migration in die internationale Agenda zu integrieren, mit den Verschiebungen und Unwägbarkeiten in Europa, die durch den Zusammenbruch der UdSSR und die Erlangung der Unabhängigkeit einer Vielzahl ehemaliger sozialistischer Staaten entstanden war. Hinzu kamen der Jugoslawienkriege, u.a. der Kosovokonflikt, die zu ansteigenden Flüchtlings- und Migrationsströmen in einige europäische Länder führten. Vermutlich wollten die westlichen Staaten verhindern, dass durch die Aufnahme von Migration in die internationale Agenda das Thema politisch erhöhte Aufmerksamkeit erlangen würde. Zusammenfassend lässt sich feststellen, dass internationale Migration in den 1990er Jahren auf globaler Ebene nur sporadisch Aufmerksamkeit erfuhr und die Dekade aus regulatorischer Sicht fruchtlos war.[580]

Im Gegensatz zur internationalen Ebene fand auf regionaler Ebene in den 1990er und 2000er Jahren eine Reihe von Konsultations- und Kooperationsprozessen statt, in denen Staatengruppen informell gemeinsame Politiken und Regularien zu Migration entwickelten und teilten. Für Osteuropa war dies der Budapest-Prozess, der dazu führte, dass die späteren Mitgliedstaaten der Europäischen Union schon deutlich vor Beitritt begannen, ihre Migrationspolitik an den unionalen Standard anzupassen. Wichtiger Aspekt dieser regionalen Kooperationen war die Bekämpfung illegaler oder irregulärer Migration.[581] Besonders in Westeuropa fand nach Jahren des wirtschaftlichen Aufschwunges, in denen Gastarbeiter für gering qualifizierte Arbeitern in großem Stil angeworben worden waren, diese Anwerbepraxis mit der Wirtschaftskrise der 1970er Jahre ein Ende.[582] Der Beitritt weiterer, im Vergleich wirtschaftlich schwacher Staaten in die Europäische Gemeinschaft, deren Staatsbürger aufgrund der Freizügigkeit die Arbeitsmärkte der Mitgliedstaaten zu belasten drohten, kam erschwerend hinzu.[583] Bereits im Jahr 1985 wurde daher in einer Richtlinie der Europäischen Kommission an den Rat irreguläre Migration zum Handlungsfeld der europäischen Gemeinschaftspolitik erklärt.[584] Demnach bedrohe illegale Migration die nationalen Arbeitsmärkte und bedinge das Entstehen einer Schattenwirtschaft. Gefordert wurden eine Harmonisierung bereits bestehender nationaler Gesetze und eine vertiefte Kooperation.[585] In den nächsten Jahren folgte eine deutlich restriktivere Migrationspolitik, die auf eine verschärfte Kontrolle der Einreise und des Aufenthalts von Drittstaatsangehörigen setzte.[586] Die vertiefte europä-

---

[580] *Newland,* Global Governance 2010, S. 331 (331).

[581] *Chetail,* International Migration Law, S. 303.

[582] *Baldwin-Edwards,* TWQ 2008, S. 1449 (1451); *Düvell,* in: Betts (Hrgs.), Global Migration Governance, S. 78; *Quaritsch,* Recht auf Asyl, S. 40.

[583] Griechenland trat 1981 bei. Im Jahr 1986 folgen Spanien und Portugal.

[584] EG, Guidelines for a Community policy on migration, Suppl. 09/85.

[585] Ebd., Ziff. 24.

[586] *Düvell,* in: Betts (Hrgs.), Global Migration Governance, S. 80; siehe bspw. auch das Arbeitspapier einer intergouvernementalen Gruppe von europäischen Staaten (Palma Document, 1989), welches betonte, dass Freizügigkeit nach außen, harter Grenzsicherung bedarf und sich daher dem Kampf irregulärer Migration verpflichteten.

ische Zusammenarbeit u. a. im Dublin-Prozess, der mit dem Vertrag von Amsterdam 1997 formal ins Unionsrecht integriert wurde, war besonders diesem Aspekt gewidmet. Die Entwicklung dieser Konsultationsprozesse ist ambivalent zu beurteilen: Während sie den Dialog zwischen den beteiligten Staaten erleichterten und so Vertrauen für vertiefte Integration aufbauten, dienten sie auch als Mittel zur Verbreitung der Ziele und Praktiken westlicher Migrationsregulierung gegenüber dem globalen Süden,[587] der an der Aushandlung selbst nicht beteiligt gewesen war. Anzunehmen ist darüber hinaus, dass die aus Sicht europäischer Staaten erfolgreichen regionalen Kooperationen den Blick weg von internationalen, globalen Kooperationsbemühungen lenkten.

Dennoch identifizierte der damalige UN-Generalsekretär *Kofi Annan* Anfang der 2000er-Jahre Migration als ein wichtiges Anliegen internationaler Kooperation.[588] Trotz der steigenden Migrationszahlen seit den 1960er-Jahren war das Jahrzehnt zwischen 1990 und 2000 der aktuellen Datenlage entsprechend das Jahrzehnt, in dem die Anzahl von Migranten absolut und proportional zur Weltbevölkerung gesehen am schnellsten stieg.[589] *Annan* beauftragte den amerikanischen Politik- und Rechtswissenschaftler *Michael Doyle* damit, zu untersuchen, wie Migration als Politikfeld in das UN-System integriert werden könnte. Einer der Empfehlungen des sogenannten Doyle-Berichts folgend, wurde daraufhin die *Global Commission on International Migration* ins Leben gerufen. Das aus achtzehn Experten bestehende Gremium erarbeitete zwischen 2003 und 2005 Vorschläge dafür, wie ein kohärenter, umfassender Regulationsrahmen für globale Migration aussehen könnte. Ausfluss ihrer Empfehlungen waren beispielsweise die erstmalige Berufung eines Sonderberichterstatters für Migration, *Peter Sutherland*, im Jahr 2004 und 2006 die Gründung eines übergreifenden Netzwerkes von Agenturen und Organisationen, die sich mit Migration befassten.[590] Im selben Jahr folgte sodann ein internationales Treffen ausgestaltet als *High-level Dialogue* zum Thema Migration und Entwicklung.[591] Das Format als Treffen nur auf Ministerebene war dabei der Kompromiss gegenüber den noch zögerlichen Zielländern.[592] Dem Abschlussdokument kann man die noch bestehenden Vorbehalte einiger Staaten entnehmen. Insgesamt fielen die Bewertung und Einordnung von Migration sehr zurückhaltend aus. Während sich die Teilnehmer darauf einigen konnten, dass Migration unter den richtigen Bedingungen zur positiven Entwicklung des Herkunfts- und Ziellandes beitragen könne,[593] unterstri-

---

[587] *Chetail,* International Migration Law, S. 304.

[588] Report to the GA, Strengthening of the United Nations: an agenda for further change, A/57/387.

[589] *Collier,* Exodus, S. 58.

[590] An der Global Migration Group sind u. a. beteiligt: ILO, IOM, UNCTAD, UNDP, Weltbank und UNHCR.

[591] A/RES/58/2003 v. 23.12.2003.

[592] *Betts/Kainz,* RSC Working Paper Series No. 122, S. 1 (5).

[593] Res. A/61/515 v. 13.10.2006, Ziff. 7.

chen nur wenige Staaten die Beiträge zu Kunst und Kultur, die von Migranten geleistet würden.[594] Obwohl internationale Migration dabei helfen könne, die vereinbarten Entwicklungsziele wie die Millenniumsentwicklungsziele[595] zu erreichen, sei sie selbst nicht als Entwicklungsstrategie zu bewerten.[596] Interessanterweise ist in dem Dokument bereits vieles angelegt, was in Folgedokumenten wie der New Yorker Erklärung oder schlussendlich im Migrationspakt in deutlich verschärfter Form auftaucht; beispielsweise wurde bereits 2006 für Kampagnen geworben, die gerade die positiven Beiträge von Migranten hervorheben sollten.[597] Ob und wie die Kooperation bei internationaler Migration zum Politikfeld der Vereinten Nationen ausgeweitet werden sollte, wurde hier noch nicht entschieden. Vielmehr wurde der Nutzen der regionalen Foren und bilateraler Vereinbarungen im Bereich der Migrationskooperation hervorgehoben.[598] So wurde in der Folge nur vereinbart, dass ein Globales Forum geschaffen werden soll, innerhalb dessen die beteiligten Staaten sich freiwillig und informell über die Maximierung der Vorteile von internationaler Migration bei Reduktion der Nachteile austauschen können. Das Forum sollte nicht dazu dienen, neue rechtliche oder regulatorische Instrumente zu verhandeln, sondern die Kooperation zwischen den Staaten fördern.[599]

So führte dieser erste *High-level Dialogue* zwar nicht unmittelbar zur Annahme oder späteren Aushandlung eines verbindlichen Rechtsrahmens, jedoch wurde hier mit dem Abschlussdokument eine entscheidende Weichenstellung erreicht, die ganz maßgeblich zum Bedeutungsgewinn von internationaler Migration als globales politisches Thema führte, denn in den Konsultationen des Treffens und im Abschlussdokument wird Migration mit dem Begriff der Entwicklung verknüpft.

b) Migration und Entwicklung

Entwicklungsförderung kann inzwischen als eines der Kernfelder der UN-Tätigkeiten angesehen werden. Zwar war sie bereits in der UN-Charta angelegt,[600] jedoch wurde dieses Anliegen in der Generalversammlung erst mit dem Beitritt

---

[594] Ebd., Ziff. 8.

[595] Der Begriff der Millenniumsentwicklungsziele wird als Schlagwort für die in der Millenniumserklärung vereinbarten Ziele verwendet. Er taucht im ersten Bericht zur Umsetzung der Millenniumserklärung auf, siehe UN, Road Map Towards the Implementation of the United Nations Millenium Declaration: Report of the Secretary-General, UN GA. Rep. A/56/326 v. 06.01.2001.

[596] Res. A/61/515 v. 13.10.2006, Ziff. 9.

[597] Ebd., Ziff. 11.

[598] Ebd., Ziff. 18, 19.

[599] Ebd., Ziff. 21.

[600] Insb. Art. 55 a) UN-Charta, wobei hier der Begriff des wirtschaftlichen und sozialen Fortschritts und Aufstiegs verwendet wird. Der Begriff der Entwicklung selbst taucht primär im Abschnitt über das Treuhandsystem auf (Art. 73 Abs. b, d; 76 Abs. b).

der entkolonialisierten Staaten zu einem entscheidenden Politikfeld verwandelt. Das zeigt sich an der Vielzahl von Resolutionen, die dazu angenommen wurden;[601] besonders bekannt und umstritten sind beispielsweise das Ausrufen einer Neuen Weltwirtschaftsordnung[602] oder nicht zuletzt die Resolution zu einem Recht auf Entwicklung, welche schlussendlich nicht ausreichend Akzeptanz gewinnen konnte.[603] Diese Bemühungen beeinflussten das allgemeine Völkerrecht.[604] Darüber hinaus spiegelt sich die Bedeutung des Politikfeldes im institutionellen Aufbau der Vereinten Nationen wider. Bereits ein Jahr nach deren Gründung nahm der Wirtschafts- und Sozialrat der Vereinten Nationen seine Arbeit auf. Im Jahr 1965 folgte sodann das UN-Entwicklungsprogramm. Als weitere wichtige Institutionen sind die Welthandels- und Entwicklungskonferenz (UNCTAD), die Organisation für industrielle Entwicklung (UNIDO), der Internationale Fonds für landwirtschaftliche Entwicklung (IFAD) und der Common Fund for Commodities (CFC) zu nennen. Zuletzt zeigt sich die Prominenz des Themas daran, dass die Mitgliedstaaten immer wieder bereit waren, sich öffentlich der Entwicklungsförderung zu verpflichten. Ab den 1960er-Jahren wurden bis zur Jahrtausendwende Entwicklungsdekaden mit spezifischen Zielen für die Weltgemeinschaft ausgerufen. Zur Jahrtausendwende folgten sodann die Millenniumsentwicklungsziele, zuletzt die Agenda 2030. Zwar blieben die Bemühungen der Staaten meist deutlich hinter dem Anvisierten zurück, dennoch zeigt sich daran, dass Entwicklungsförderung die Staatengemeinschaft in hohem Maße politisch mobilisieren kann.

Vor diesem Hintergrund wird verständlich, warum seit den 1990er-Jahren Versuche unternommen wurden, die Themen Migration und Entwicklung strategisch zu verknüpfen.[605] Mit dieser Verknüpfung konnte im Bereich der Migration auf einen breiten institutionellen Unterbau zurückgegriffen und die große Akzeptanz und Unterstützung von Staaten des globalen Nordens auf ein eher neues Politikfeld übertragen werden.[606]

---

[601] GA, Res. 1710 (XVI) v. 19.12.1961; Res. 2626 (XXV) v. 24.10.1970; Res. 35/56 v. 05.12.1980; Res. 45/199 v. 21. 12.1990; Res. 51/240 v. 20.06.1997.

[602] Siehe dazu § 2 A. I. 2. Reformdruck und Handlungsinstrumente.

[603] GA, Res. 41/128 v. 04.12.1986; *Mahiou,* Int. Law of Development, in: Wolfrum, MPEPIL, online-Ausgabe (März 2013), Rn. 18; in der Agenda 2030 wird wiederum das Recht auf Entwicklung als ein Rechtsinstrument genannt, auf dem die Agenda fußt, Agenda 2030, A/Res/70/1, v. 25.10.2015, Ziff. 11.

[604] Siehe dazu § 2 A. I. 3. Rechtsverbindlichkeit von UN-Resolutionen.

[605] In der Agenda zur Entwicklung aus dem Jahr 1997 wird bereits auf internationale Migration Bezug genommen, GA, Res. 51/240 v. 20.06.1997, Rn. 139 f.; in der Deklaration zu den Millenniumsentwicklungszielen taucht internationale Migration nicht mehr auf, GA, Res. 55/02 v. 18.09.2000.

[606] *Betts/Kainz,* RSC Working Paper Series No. 122, S. 1 (5 f.).

c) Agenda 2030

Die Agenda 2030 wurde als ambitionierte Zukunftsstrategie im September 2015 auf einem UN-Gipfel von allen Mitgliedstaaten angenommen.[607] Mit ihr wird der Anspruch erhoben, „die Welt, wie wir sie kennen", substanziell umzugestalten.[608] Sie löste die Millenniumserklärung ab, die im Jahr 2000 bei der 55. Sitzung der Generalversammlung angenommen worden und auf einen Verwirklichungszeitraum von fünfzehn Jahren ausgerichtet gewesen war. Mit der Agenda 2030 wird das Ziel verfolgt, den weltweiten Fortschritt im Einklang mit sozialer Gerechtigkeit und im Rahmen der ökologischen Grenzen der Erde zu gestalten. Dazu werden unter dem Begriff der nachhaltigen Entwicklung Ziele formuliert, die die drei anerkannten Dimensionen von Nachhaltigkeit – Soziales, Umwelt und Wirtschaft – gleichermaßen berücksichtigen sollen.[609] Der Begriff der nachhaltigen Entwicklung stammt ursprünglich aus dem Umweltrecht und wird üblicherweise als Entwicklung beschrieben, die die Bedürfnisse der Gegenwart befriedigt, ohne zu riskieren, dass künftige Generationen ihre eigenen Bedürfnisse nicht befriedigen können.[610] Er wird in der Agenda als Oberbegriff mit Entwicklungsförderung verknüpft, sodass wirtschaftliche, soziale und politische Entwicklung im Einklang mit Umwelt- und Klimaschutz deutlich integrierter als bei der Millenniumserklärung konzipiert werden.[611]

aa) Aushandlung

Die Inhalte der Agenda 2030 wurden über mehrere Jahre in zwei separaten Prozessen aufwendig ausgehandelt. Die in ihr enthaltenen siebzehn Nachhaltigkeitsziele, die mithilfe von weiteren 169 Unterzielen konkretisiert werden, sind das Ergebnis eines elfmonatigen Aushandlungsprozesses der sogenannten Open Working Group. Die Arbeitsgruppe nahm im Anschluss an die Rio+20-Konferenz im Jahr 2013 ihre Arbeit auf. Damit wurde die im Vorhinein kursierende Idee der kolumbianischen Außenministerin aufgegriffen, erstmals globale Nach-

---

[607] Agenda 2030, A/Res/70/1, v. 25.10.2015, Ziel 10.7.

[608] So bereits der Titel „Transformation unserer Welt: die Agenda 2030 für nachhaltige Entwicklung", Agenda 2030, A/Res/70/1, v. 25.10.2015.

[609] Agenda 2030, A/Res/70/1, v. 25.10.2015, Ziff. 2.

[610] Definition als Ergebnis der sogenannten Brundtland-Kommission 1987, vgl. Our Common Future, Report on the World Commission on Environment and Development. Vgl. ferner IGH, Gabčikovo-Nagymaros Project *(Hungary v. Slovakia)*, Urt. v. 25.09.1997, I.C.J. Rep. 1997, S. 7 (77 Ziff. 140); ILA, New Dehli Declaration of Principles of International Law Relating to Sustainable Developments, NILR 49 (2002) S. 299 ff.; Sofia Guiding Statements on the Judicial Elaboration of the 2002 New Dehli Declaration, abgedruckt bei *French,* in: Cordonier Seger/H.E. J. Weeramantry (Hrsg.), Sustainable Development Principles, S. 239 ff.; grsd. die Beiträge von *Cordonier Segger, Schrijver* u. *Weeramantry,* in: Cordonier Segger/H.E. J. Weeramantry (Hrsg.), Sustainable Development Principles, S. 29 ff.; 99 ff.; 109 ff.

[611] *Beisheim,* SWP-Aktuell 2016, S. 1 (ibid); *Huck/Kurkin,* ZaöRV 2018, S. 376 (387).

haltigkeitsziele zu entwickeln, die als Standard für die gesamte Staatengemein-schaft gelten sollten. Die Idee, weiterhin durch effektive multilaterale Vereinba-rungen den Bereich der nachhaltigen Entwicklung zu gestalten, war durch die Klimakonferenz in Kopenhagen im Jahr 2009 ins Stocken geraten. Die Beteilig-ten empfanden den dortigen Aushandlungsprozess teilweise als unübersichtlich und intransparent.[612] Einige der Entwicklungsländer hatten den Verdacht, dass die Industriestaaten unter dem Vorwand des Klimaschutzes die wirtschaftliche Entwicklung im globalen Süden zu ihrem Vorteil erschweren wollten.[613] Der als Abschlussdokument angenommene Kopenhagener Akkord konnte nur eine ge-ringe Unterstützung mobilisieren und wurde von den Beteiligten zum Abschluss der Konferenz lediglich zur Kenntnis genommen; dies ist die niedrigste Form der Anerkennung, die einem Ergebnis eines UN-Verhandlungsprozesses, abgesehen von völliger Ablehnung, zuteilwerden kann.[614] Die Konferenz zeigte daher als Negativfolie die Grenzen multilateraler Aushandlungen auf und führte zu einer gewissen Ernüchterung und Stagnation hinsichtlich der Möglichkeit, neue Ver-einbarungen zu erreichen. Gerade diese Ernüchterung machte den Weg für einen neuen, innovativen Ansatz frei.[615]

Neu an der Arbeitsweise der offenen Arbeitsgruppe war zuallererst ihre Be-setzung. Um effektives Arbeiten zu ermöglichen, wurde die Sitzzahl im Vorhinein auf dreißig Plätze begrenzt.[616] Bei einer ersten Abfrage zeigten sich jedoch deut-lich mehr Staaten an einem Platz in der Arbeitsgruppe interessiert. Anstatt die Sitze, wie üblich, nach Regionalgruppen gewichtet zu vergeben und damit Staaten auszuschließen, wurde der Vorschlag unterbreitet, dass sich mehrere Staaten einen Sitz teilen könnten. Interessanterweise bildeten sich so Sitzkoali-tionen von bis zu drei Staaten, die ansonsten nicht typischerweise eine Verhand-lungsposition teilten. Als ungewöhnlichstes Gespann kam eine Koalition aus Japan, Nepal und dem Iran zustande. Die Vorgehensweise brachte zwei Vorteile mit sich: Erstens führte sie dazu, dass kein Staat von der Arbeitsgruppe ausge-schlossen wurde, und erhöhte damit die Legitimation der Gruppe und des aus-gehandelten Ergebnisses. Zweitens durchbrachen die unkonventionellen Koali-tionen der Staaten die festgefahrenen Verhandlungslinien. Denn seit dem Ende des Kalten Krieges wird ein Großteil der Debatte über nachhaltige Entwicklung von vier Koalitionen bestimmt. Dabei lassen sich zwei formelle Koalitionen aus-

---

[612] *Germelmann,* AdV 2014, S. 325 (327); *Hunter,* in: Bradlow/Hunter (Hrsg.), Advocating Social Change, S. 149; *Kamau/Chasek/O'Connor,* Transforming Multilateral Diplomacy, S. 33.

[613] *Hunter,* in: Bradlow/Hunter (Hrsg.), Advocating Social Change, S. 149; *Kamau/Cha-sek/O'Connor,* Transforming Multilateral Diplomacy, S. 32.

[614] *Hunter,* in: Bradlow/Hunter (Hrsg.), Advocating Social Change, S. 149; *Kamau/Cha-sek/O'Connor,* Transforming Multilateral Diplomacy, S. 33.

[615] *Kamau/Chasek/O'Connor,* Transforming Multilateral Diplomacy, S. 90.

[616] Der gesamte Paragraf nach *Kamau/Chasek/O'Connor,* Transforming Multilateral Di-plomacy, S. 90.

machen: die Gruppe 77 und China, die trotz der sich deutlich voneinander unterscheidenden wirtschaftlichen Entwicklungsstufen im Bereich der nachhaltigen Entwicklung regelmäßig eine kohärente gemeinsame Verhandlungsposition vertreten, und die Europäische Union, die seit dem Vertrag von Lissabon hauptsächlich von der Europäischen Kommission vertreten wird. Die Industriestaaten, die nicht Teil der Europäischen Union sind, also Japan, die Vereinigten Staaten, die Schweiz, Norwegen, Kanada, Australien, Israel und Neuseeland, arbeiten als informelle Koalition in Teilen zusammen, ebenso Russland und einige der ehemaligen assoziierten Sowjetrepubliken, die gelegentlich als Transformationsstaaten zusammengefasst werden.

Innovativ war an der Arbeitsgruppe ferner, dass vor der eigentlichen Verhandlung über ein gemeinsames Dokument in einem elf Monate andauernden Zeitraum diverse Experten unterschiedlicher Disziplinen und Vertreter der UN-Unterorganisationen angehört und befragt wurden, damit die Beteiligten über einen geteilten Wissensstand und ein gemeinsames Verständnis verfügten *(stocktaking).*[617] Die Entschleunigung sollte zur Entpolitisierung der zu besprechenden Themen führen.

Unabhängig von der Tätigkeit der Arbeitsgruppe wurde in den Vereinten Nationen über die Nachfolge der Millenniumserklärung bereits seit 2010 in verschiedenen Foren diskutiert. Als der umfangreiche Katalog der Nachhaltigkeitsziele als Ergebnis der Arbeitsgruppe angenommen wurde, entschied die Generalversammlung, sie als Grundlage der neuen Nachhaltigkeitsstrategie zu verwenden. Treibende Kraft dahinter waren die Staaten der Gruppe 77[618] und China. Für ihre Position sprach, dass damit eine weitere aufwendige Aushandlung mit unklarem Ergebnis vermieden werden konnte. Letztendlich wurden die Nachhaltigkeitsziele ohne weitere inhaltliche Änderungen als Aktionskatalog in der Agenda 2030 verwendet. Trotz der Hoffnung einiger Staaten des globalen Nordens, nachverhandeln zu können, war die Sorge zu groß, dass neue Verhandlungen das Gesamtdokument gefährden könnten.[619] Zusätzlich wurde eine politische Erklärung verfasst, die den Nachhaltigkeitszielen vorangestellt ist. Gegliedert ist sie in fünf Kernbotschaften als leitende Prinzipien: Mensch, Planet, Wohlstand, Frieden und Partnerschaft (zu Englisch: „5 Ps"), wobei das letzte P (Peace) als neuer Bestandteil nachhaltiger Entwicklung erstmalig auftaucht.[620]

Die Verhandlungen um eine neue Post-2015-Strategie waren von der Sorge begleitet, dass mit der Adaption einer gänzlich neuen Agenda die noch nicht voll erfüllten Millenniumsentwicklungsziele in Vergessenheit geraten könnten. Deswegen führen die ersten sechs Ziele der Agenda 2030 die Ziele der Millenniumserklärung weiter und die Staatengemeinschaft verpflichtet sich in der Präambel zu ihrer kontinuierlichen Verwirklichung. Neu ist, dass über den gesamten Text

---

[617] Ebd., S. 71.
[618] Siehe dazu § 2 A. I. 1. Entkolonialisierung der internationalen Staatengemeinschaft.
[619] *Kamau/Chasek/O'Connor,* Transforming Multilateral Diplomacy, S. 213.
[620] Ebd., S. 226 f.

Klima- und Umweltschutz entweder als eigenes Ziel oder als Konkretisierung anderer Ziele integriert wurde.[621] Der neue, umfassende Nachhaltigkeitsansatz führt dazu, dass die Agenda 2030 deutlich breiter als ihre Vorgänger ausfällt. Mit ihr ist daher leider eine eher unübersichtliche Nachhaltigkeitsstrategie entstanden. Wegen dieser Komplexität wird der Vorwurf laut, dass zwar häufig auf die Agenda verwiesen werde, der eigentliche Gehalt jedoch, anders als bei der Millenniumserklärung, nur wenigen bekannt sei.[622]

bb) Inhalt

Die Agenda 2030 unterscheidet sich in ihrem Anwendungsbereich von den vorausgegangenen Entwicklungsstrategien. Letztere waren an die Entwicklungsländer gerichtet, die bei der Erfüllung der Strategieziele durch die Finanzierung der Industriestaaten unterstützt wurden. Dieser traditionelle Entwicklungshilfeansatz wurde mit der Agenda 2030 aufgegeben. Sie ist universal ausgerichtet und soll gleichermaßen von Industrie-, Schwellen- und Entwicklungsländern verwirklicht werden. Während der praktische Handlungsbedarf bei einem Großteil der Ziele hauptsächlich bei den Entwicklungs- und Schwellenländern liegen dürfte, gibt es auch Ziele wie die Umstellung auf nachhaltigeren Konsum oder die Förderung der Rechtsstaatlichkeit (Ziel 16), die zu politischem Handlungsbedarf bei Industriestaaten führen könnten. Die Verpflichtung aller Staaten führte zu einigen Vorbehalten der Geberländer, ist es doch eine gänzlich neue Erfahrung, gegenüber der in den Vereinten Nationen konstituierten Staatengemeinschaft über die Erfüllung nachhaltiger Entwicklung Rechenschaft ablegen zu müssen.[623] Die Veränderung brachte ferner Bedenken hinsichtlich der Finanzierung mit sich. Wären Staaten weniger bereit, nachhaltige Entwicklung finanziell in anderen Staaten zu unterstützen, wenn an sie selbst Handlungsaufforderungen gerichtet werden?[624] Diese Frage wurde mit der parallel angenommenen Aktionsagenda von Addis Abeba beantwortet,[625] die im Gegensatz zur Millenniumserklärung eine Finanzierung der anvisierten Ziele umfasst. Eine weitere Lehre, die aus der nur unvollständigen Umsetzung der vergangenen Entwicklungsstrategien gezogen wurde, war es, die Überprüfung und Nachverfolgung bereits mitzuverhandeln und als letztes Ziel der Agenda aufzunehmen.[626]

Auch die neu konzipierten Nachhaltigkeitsziele sind in mancher Hinsicht eine direkte Reaktion auf die Unzulänglichkeit der vorausgegangenen Strategie. Das

---

[621] Zwar war auch in der vorausgegangenen Entwicklungsstrategie ein Ziel der nachhaltigen Ökologie gewidmet (Ziel 7), jedoch war der eigentliche Gehalt bis zuletzt wirklich klar. Das Ziel wurde erst kurz vor Ende der Aushandlungen eingefügt. Davor war das Thema weitestgehend vernachlässigt worden, ebd., S. 28 f.

[622] *Hilpold,* ELJ 2020, S. 1 (12).

[623] *Kamau/Chasek/O'Connor,* Transforming Multilateral Diplomacy, S. 111.

[624] Ebd., S. 205.

[625] A/Res/69/313 v. 17.08.2015.

[626] *Kamau/Chasek/O'Connor,* Transforming Multilateral Diplomacy, S. 205.

neu eingeführte Ziel zur Förderung von Frieden und Governance ist als Reaktion auf den letzten Bericht zur Umsetzung der Millenniumserklärung entstanden, in dem als einer der Hauptgründe für die unzureichende Erfüllung gewaltsame Konflikte und staatliche Instabilität genannt wurden.[627] Trotz der starken Opposition der Staaten der Gruppe 77 und Chinas, mit dem Argument, dass die Begriffe völkerrechtlich nicht determiniert seien und damit westliche Staatskonzepte als universell bewertet würden, wurde das Ziel im Zuge einer Paketlösung aufgenommen.[628] An anderer Stelle wurde die vorher von einigen Ländern stark bekämpfte Verpflichtung zu nachhaltigerem Konsum und nachhaltigerer Produktion sowie zur Bekämpfung gesellschaftlicher Ungleichheit aufgenommen.[629]

Internationale Migration wird in der Agenda an zwei Stellen ausdrücklich erwähnt. Erstens wird sie als Mittel zur Verringerung der Ungleichheit zwischen Ländern aufgeführt. Dazu soll geordnete, sichere, reguläre und verantwortungsvolle Migration erleichtert werden.[630] Zweitens wird der positive Beitrag von Migration für inklusives Wachstum und nachhaltige Entwicklung erklärt.[631] Mit dieser Aussage reagierten die Beteiligten auf die sich bei Annahme bereits abzeichnende kontinentübergreifende Flüchtlings- und Migrationskrise.[632]

Dass Migrationsmanagement als Strategie einer nachhaltigen Entwicklung aufgenommen wurde, ist u. a. auf das Engagement der IOM zurückzuführen. Diese setzte sich in der Aushandlungsphase dafür ein, dass anders als bei der Millenniumserklärung Migration nun endlich aufgenommen werden müsse. Den materiellen Anknüpfungspunkt für die Aufnahme sah sie bei der Weiterentwicklung des achten Millenniumsentwicklungsziels, einer globalen Partnerschaft für Entwicklung.[633] Migranten waren bereits davor konkludent als besonders vulnerable Gruppe in der Millenniumserklärung mitadressiert worden, wenn es etwa um die Verbesserung des allgemeinen Lebensstandards und die Bekämpfung von Armut ging. Gleiches gilt für die Agenda 2030.[634]

---

[627] UN System Task Team on the Post-2015 UN Development Agenda, Realizing the Future We Want for All, 2012, S. 7.

[628] *Kamau/Chasek/O'Connor,* Transforming Multilateral Diplomacy, S. 203.

[629] Ebd., S. 151, 203.

[630] Agenda 2030, A/Res/70/1, v. 25.10.2015, Ziel 10.7.; Ein eigens der Ungleichheit gewidmetes Nachhaltigkeitsziel war lange umstritten. Einige Staaten des globalen Nordens brachten vor, dass jedes Ziel im Kern der Ungleichheitsverringerung diene. Die abstrakte Verankerung bringe keinen Mehrwert. Die Diskussion und der aufrüttelnde Bericht von *Joseph Stiglitz* über gesellschaftliche Ungleichheit in den Vereinigten Staaten untergruben diese Argumentation, zeigte sich doch daran, dass dieses Ziel selbst in den Industriestaaten oft verfehlt wurde, *Kamau/Chasek/O'Connor,* Transforming Multilateral Diplomacy, S. 94, 184 f.

[631] Agenda 2030, A/Res/70/1, v. 25.10.2015, Ziff. 29.

[632] *Kamau/Chasek/O'Connor,* Transforming Multilateral Diplomacy, S. 227.

[633] IOM, The Post-2015 UN Development Agenda, Positionspapier abgedruckt in: Population and Development Review 2014, S. 381 (383).

[634] *Koch/Kuhnt,* SWP-Aktuell 2020, S. 1 (2).

cc) Umsetzung und Nachverfolgung

Die Umsetzung der Agenda wird durch ein Set von 230 Indikatoren überwacht, die für die Überprüfbarkeit voraussetzen, dass die Staaten verschiedene Datensätze erheben und sammeln.[635] Der ausführliche Abschnitt im Migrationspakt zur Datenerhebung ist auf diesen Überprüfungsmechanismus ausgerichtet.[636] Die Überprüfung der Agenda 2030 und des Migrationspaktes hängt im Wesentlichen von der Ausgestaltung der Indikatoren ab. Eine erste Zwischenbilanz zeigt jedoch, dass zu wenig Daten durch die Mitgliedstaaten erhoben werden. Das gilt insbesondere im Hinblick auf die Lebensumstände von Migranten. Hier fürchten Staaten einen Reputationsverlust, sofern die Datenerhebung die prekären Lebensumstände von Migranten bekannt machen würde.[637]

dd) Rechtscharakter

Obwohl von der deutschen Bundesregierung als „Zukunftsvertrag" bezeichnet,[638] besaß die Agenda bei Annahme keine Rechtsverbindlichkeit.[639] Sie wurde als Resolution der Generalversammlung angenommen. Die Bezeichnung als „Agenda" ist eine gängige Bezeichnung in der internationalen Politik. Man denke beispielsweise an die Agenda 21[640] oder die Agenda für Entwicklung.[641] Damit wird sprachlich ein strukturierter Handlungsauftrag ausgedrückt. Die beteiligten Staaten vereinbaren freiwillig eine Reihe von Maßnahmen zu ergreifen.[642] Die Ziele und Unterziele sind als politische Vorhaben formuliert, die in Umsetzung und konkretem Gehalt vage und unbestimmt sind. Dennoch wird durch den umfassenden Abschnitt zur Weiterverfolgung und Überprüfung und die deutliche Selbstverpflichtung der Beteiligten ein Befolgungsanspruch erhoben, der über eine reine symbolische Verpflichtung hinausgeht. Insofern ist die Agenda 2030 als Soft Law-Vereinbarung im Sinne dieser Arbeit einzuordnen.[643]

---

[635] Ausf. zur Fortschrittsüberwachung in Europa und Deutschland, *Huck/Kurkin,* ZaöRV 2018, S. 376 (417 ff.).

[636] Siehe dazu Abschnitt § 3 B. II. 3. Überwachung und Implementierung.

[637] *Koch/Kuhnt,* SWP-Aktuell 2020, S. 1 (3).

[638] Siehe https://www.bundesregierung.de/breg-de/themen/nachhaltigkeitspolitik/ein-zukunftsvertrag-fuer-die-welt-435582 (letzter Zugriff am 20.03.2023).

[639] Ausf. *Huck/Kurkin,* ZaöRV 2018, S. 376 (383 ff.).

[640] Agenda 21, Konferenz der Vereinten Nationen für Umwelt und Entwicklung, Rio de Janeiro, Juni 1992.

[641] GA Res/51/240 v. 15.10.1997.

[642] *Kamau/Chasek/O'Connor,* Transforming Multilateral Diplomacy, S. 10.

[643] Im Ergebnis ebenso *Huck/Kurkin,* ZaöRV 2018, S. 376 (424).

ee) Zwischenergebnis

Die Agenda 2030 wurde als Ergebnis eines neuen, modernen Multilateralismus begrüßt. Sie wird gefeiert als Beispiel dafür, wie eine inklusive und transparente Aushandlung zukunftsfähiger Vereinbarungen aussehen kann. Durch ihre universelle Ausrichtung und ihren umfassenden Ansatz wurde ein neues Entwicklungsparadigma begründet.[644] Insofern war sie Vorbild für den Migrations- und Flüchtlingspakt, die in vergleichbarer Weise, wenn auch über einen kürzeren Zeitraum, ausgehandelt wurden. Auch hier wurde der Versuch unternommen, durch eine Phase des *stocktaking* und die Miteinbeziehung diverser nicht staatlicher Akteure ein breites, mehrheitsfähiges Dokument zu kreieren, welches universell – gleichermaßen für den globalen Norden und den Süden – politische Verbindlichkeit einfordern kann.

2. Dichotomien des Migrationsrechts

In der rechtlichen Diskussion um Migration werden zur Kategorisierung legal/illegal und regulär/irregulär als Gegensatzpaare verwendet. In älterer Literatur[645] und älteren Politikpapieren, beispielsweise der Europäischen Gemeinschaft, wird ausschließlich das erstere Begriffspaar verwendet. Später kommt die Bezeichnung von Wanderungsbewegungen als regulär oder irregulär hinzu, wie beispielsweise in der UN-Wanderarbeiterkonvention aus dem Jahr 1990.[646] Dort[647] und in jüngeren Dokumenten der Europäischen Union[648] werden beide Begriffspaare zusammen verwendet, so beispielsweise im Jahresbericht 2019 der EU-Agentur Frontex, in dem u. a. Grenzübertritte wahlweise als illegal[649] oder irregulär bezeichnet werden[650] und von der Rückführung irregulärer[651] und an anderer Stelle illegaler Migranten gesprochen wird.[652] In der Agenda 2030, der New Yorker Erklärung und dem Migrationspakt taucht die Beschreibung von Migration als legal oder illegal nicht auf. Es wird lediglich zwischen regulärer und irregulärer Migration unterschieden.

Die Verwendungsweise wirft die Frage auf, ob und in welcher Beziehung beide Begriffspaare zueinanderstehen. In nur wenigen Texten wird dies thematisiert.

---

[644] *Kamau/Chasek/O'Connor*, Transforming Multilateral Diplomacy, S. 13.

[645] *Düvall*, in: Betts (Hrsg.), Global Migration Governance, S. 80.

[646] Internationale Konvention zum Schutz der Rechte aller Wanderarbeitnehmer und ihrer Familienangehörigen v. 18.12.1990, A/RES/45/158, Präambel.

[647] Internationale Konvention zum Schutz der Rechte aller Wanderarbeitnehmer und ihrer Familienangehörigen v. 18.12.1990, A/RES/45/158, Präambel und Art. 68.

[648] Synonyme Verwendung von illegaler und irregulärer Migration auch in der Frontex-Verordnung, Verordnung des Europäischen Parlaments und des Rates über die Europäische Grenz- und Küstenwache v. 23.10.2019, PE-CONS 33/19.

[649] Europäische Agentur für Grenz- und Küstenwache, Frontex 2019 Überblick, S. 9.

[650] Ebd., S. 2.

[651] Ebd., S. 1.

[652] Ebd., S. 14.

Die Verwendung erfolgt regelmäßig unkommentiert, die Begriffspaare werden dabei sowohl alternativ als auch synonym verwendet. Auf Nachfrage gab die Bundesregierung an, dass aus ihrer Sicht beide Begriffspaare synonym zu verwenden sind. Der Rückgriff auf das Begriffspaar regulär/irregulär sei dem multilingualen Sprachgebrauch bei internationalen Aushandlungen geschuldet.[653] Einige führen die eher jüngere Verwendung des Begriffspaars regulär/irregulär auf das politische Stigma der Bezeichnung eines Migranten als illegal zurück (Schlagwort: Kein Mensch ist illegal). Insofern habe die Bezeichnung eines Migranten als irregulär die als illegal abgelöst.[654] Gegen diese Erklärung spricht, dass im politischen und rechtlichen Kontext nach wie vor beide Begriffspaare genutzt werden. Überzeugender ist es daher, die Verwendung auf den Gegenstand und den Akteur zurückzuführen.[655]

Die Verwendung des Begriffspaars legal/illegal findet im Kontext eines klar definierten Rechtsrahmens statt. Dafür spricht bereits der Wortlaut, nach dem illegal „gesetzeswidrig" oder „gegen Normen verstoßend" bedeutet. Die Bezeichnung illegal muss sich also immer auf den Aufenthalt beziehen, der entweder rechtmäßig (legal) oder ohne Aufenthaltstitel (illegal) erfolgt. Von dem Aufenthaltstitel hängt ab, ob die Einreise legal oder illegal ist; ggf. kann die Einreise durch Stellung eines rechtmäßigen Antrages (Visum, Asylantrag) auch erst bei physischer Ankunft an der Grenze legal werden. Scheitert ein solcher Antrag oder wird er nicht gestellt, so erfolgt die Einreise wiederum unrechtmäßig und damit illegal. Denkbar ist umgekehrt, dass ein ursprünglich legaler Aufenthalt in einen illegalen umschlägt, etwa wenn trotz Ablauf eines Visums die Ausreise nicht angetreten wird oder ein Antrag auf Erteilung eines Aufenthaltstitels abgelehnt wird. Die Beschreibung ist somit nicht statisch, sondern hängt von der jeweiligen nationalen und in der Europäischen Union von der supranationalen Rechtsordnung ab. Grundsätzlich setzt eine solche Rechtsordnung jedoch voraus, dass eine der beiden Kategorien zutrifft. Es gibt in dieser Hinsicht keinen rechtsneutralen Migranten, sondern sein Aufenthalt ist entweder legal oder illegal. Mit der Bejahung des einen wird im *Luhmann'schen* Sinne eines Codes zugleich das andere verneint. Aus innerstaatlicher Perspektive wird diese strenge Dichotomie nicht durch das Konstrukt der Duldung aufgelöst, ist dieser Zwischenzustand doch so konstruiert, dass der Aufenthalt rechtswidrig (illegal) ist und nur ausnahmsweise vom Vollzug der Ausreiseverpflichtung abgesehen wird (§ 60a AufenthG). Das deutsche Recht verwendet anders als das Unionsrecht nicht die Begriffe legal oder illegal, sondern synonym das Begriffspaar rechtmäßig/rechtswidrig.

---

[653] BT-Drs. 19/10343, 7.

[654] *Düvall*, in: Betts (Hrsg.), Global Migration Governance, S. 80 Fn. 6.

[655] So auch *Kugelmann*, Migration, in: Wolfrum, MPEPIL, online-Ausgabe (März 2019), Rn. 24 ff.

Im Gegensatz dazu sagt das Begriffspaar regulär/irregulär zunächst nichts über den Status des einzelnen Migranten oder einer Migrantengruppe aus, sondern setzt an der Beschreibung der Migrationsgründe an. Reguläre Migration ist typischerweise vorherseh-, plan- und steuerbar. Kennzeichen irregulärer Migration ist hingegen, dass sie unvorhersehbar, plötzlich oder gezwungen ist. In dieser Hinsicht wird mit dem Begriffspaar Migration mehr als steuerbares oder nicht steuerbares Phänomen auf der nächsthöheren Ebene, über dem Individualschicksal des Betroffenen, verhandelt. Beispiele regulären Migrierens sind zu Reise-, Fort-/Weiterbildungs- oder Arbeitszwecken, dagegen handelt es sich bei Flucht wegen Krieg, Vertreibung, Klima- oder Umweltkatastrophen um Beispiele irregulärer Migration.

Beide Begriffspaare lassen sich miteinander kombinieren: So gibt es legale Grenzübertritte regulärer Reisender oder den legalen Aufenthalt eines anerkannten Flüchtlings, der Teil einer irregulären Migrationsbewegung war. Die komplementäre Verwendung ermöglicht, anders als die synonyme oder alternative Verwendung, Migration als Phänomen besonders umfassend zu beschreiben. Damit werden dann nämlich zugleich zwei Ebenen von Migration adressiert: zum einen die teilweise völkerrechtliche Frage, welches Rechtsregime Anwendung findet, und zum anderen die häufig national oder supranational zu entscheidende Frage, ob in dem jeweiligen Rechtsregime die einzelnen Voraussetzungen für einen dauerhaften oder temporären Aufenthalt vorliegen. Weil Letzteres regelmäßig ausschließlich in der Hoheit der Staaten liegt, wird im Völkerrecht richtigerweise primär die Unterscheidung zwischen regulärer und irregulärer Migration gewählt.

Da die Unterscheidung zwischen regulärer und irregulärer Migration, anders als die zwischen legaler und illegaler, keine Statusentscheidung ist, können die Übergänge hier fließend sein. Das gilt beispielsweise für die Gruppe der Migranten, die in der Diskussion häufig als Wirtschaftsflüchtlinge bezeichnet werden. Sie verlassen ihr Heimatland wegen wirtschaftlicher Perspektivlosigkeit. Häufig haben sie weder einen Aufenthaltsanspruch als Arbeitsmigrant noch einen Aufenthaltsanspruch als anerkannter Flüchtling im Sinne der Genfer Flüchtlingskonvention. Man könnte ihre Migration als illegale, aber reguläre Arbeitsmigration – sofern sie etwa zunächst mit einem gültigen Visum einreisen – oder aber auch als illegale irreguläre Migration verstehen. Die Einordnung hängt auch von dem Ausmaß einer solchen Migrationsbewegung ab. Die im Anschluss an den Syrienkonflikt ausgelöste Flüchtlingskrise hat gezeigt, dass solche großen Wanderungsbewegungen regelmäßig von Arbeitsmigranten und Flüchtlingen durchmischt sind. Für dieses Phänomen hat sich der Begriff der gemischten Wanderungen durchgesetzt, der genau dieses Spannungsverhältnis widerspiegeln soll.[656]

Obwohl mit der Bezeichnung regulär/irregulär an sich keine Statusentscheidung verbunden sein soll, zeigt die inkohärente Verwendung der Begriffspaare

---

[656] Siehe dazu bereits § 3 A. Die Flüchtlingskrise als Katalysator für das Migrationsrecht.

regulär/irregulär sowie legal/illegal, dass Staaten die Vermischung der Kategorien verhindern wollen. Sie befürchten, dass durch eine zu geringe Unterscheidung neue Rechtsansprüche für illegale Migranten geschaffen werden könnten.[657] Dies war Grund für die fehlende Ratifizierung der UN-Wanderarbeiterkonvention durch die Empfängerstaaten und auch deren Fokus bei der Aushandlung des Migrationspaktes.[658] Dieser Umstand spricht für eine stärkere Differenzierung beider Begriffspaare in der hier vorgeschlagenen Weise, sodass sie weder Hintertür noch Einfallstor für einseitige Verweigerungen oder Ansprüche darstellen können.

Die Unsicherheit in der Begriffsverwendung wird zusätzlich dadurch verstärkt, dass sowohl über den Begriff Migration als auch über den des Migranten im Völkerrecht kein Konsens besteht.

3. Zwischenergebnis

Im Gegensatz zu einer Phase der Stagnation in den 1990er Jahren kam es seit den 2000er Jahren zu einer Reihe von Initiativen und Kooperationen zum Thema Migration, immer mehr verknüpft mit der Debatte um nachhaltige Entwicklung. Dass beide Themen auf der internationalen Agenda verhandelt wurden, trotz der Bedenken und des Zögerns einiger Staaten des globalen Nordens, ist einerseits dem wachsenden Selbstbewusstsein der Staaten der Gruppe 77, also von Staaten des globalen Südens, geschuldet. Die wachsende wirtschaftliche Macht einiger Staaten, die weiterhin formal dieser Gruppe angehören, hat das vormalige Abhängigkeitsverhältnis des Südens vom Norden grundsätzlich infrage gestellt. Die Finanzkrisen, die um 2010 viele der europäischen Staaten und die Vereinigten Staaten trafen, zeigten die Grenzen einer Entwicklungsstrategie auf, die hauptsächlich auf den Wohlstand des industrialisierten Nordens setzt.[659] Zunächst bei der Aushandlung der Agenda 2030 und im Folgenden bei der Verhandlung des Migrations- und Flüchtlingspaktes sehen sich die Staaten des globalen Nordens daher einer selbstbewussten Gruppe von Staaten gegenüber, die inzwischen wirtschaftlich und politisch sehr unterschiedlich stark entwickelt sind.

Zugleich besteht andererseits ein originäres Interesse der Staaten des globalen Nordens, in bestimmten Bereichen globaler Migration zunehmend mehr zu kooperieren. Nach einer Phase der Anwerbung und Förderung gering qualifizierter Arbeitsmigranten in einigen westlichen Staaten bis zur Wirtschaftskrise in den 1970er Jahren sind die Bekämpfung und Eindämmung illegaler irregulärer Mi-

---

[657] *Geistlinger,* Impacts of the Adoption of the Global Compact for Safe, Orderly and Regular Migration for Austria, v. 09.11.2018, S. 20, 23; deswegen auch die ausdrückliche Feststellung, dass Mitgliedstaaten zwischen einem regulären und irregulären Migrationsstatus unterscheiden dürfen, Globaler Pakt für geordnete, sichere und reguläre Migration, A/Res/73/195 v. 19.12.2018, Ziff. 15 c).

[658] Siehe dazu § 3 B. III. 1. Internationale Migration und das Völkerrecht.

[659] *Kamau/Chasek/O'Connor,* Transforming Multilateral Diplomacy, S. 26 f.

gration ein Hauptanliegen vieler Staaten und Staatenkooperationen geworden. Die Zunahme und Erleichterung von Migration seit den 1990er-Jahren haben auch diesen Staaten gezeigt, dass nationalstaatliche Maßnahmen nur noch erschwert einen Steuerungseffekt haben können.[660] Zunächst in regionalen Prozessen und nun auch auf der globalen Ebene wird Migrationsmanagement daher immer auch als Strategie zur Vermeidung irregulärer illegaler Migration mitverhandelt,[661] etwa auch unter dem Schlagwort Fluchtursachenbekämpfung, wobei Entwicklungshilfe auch umgekehrt als Strategie zur Migrationsreduktion verwendet wird.[662] Zugleich verbinden Staaten des globalen Nordens mit der Erleichterung regulärer Migrationswege häufig auch die Hoffnung, irreguläre und illegale Migration weniger attraktiv zu machen.[663]

Beide parallel verlaufenden Prozesse haben das Thema auf der internationalen Agenda proliferieren können. Im Hinblick darauf ist der Migrationspakt ein typisches Instrument und vorläufiger Höhepunkt eines Völkerrechtsgebietes, welches sich seit den 2000er-Jahren dynamisiert und inzwischen über einen Selbstbestand verfügt.

C. Der Flüchtlingspakt

Der Flüchtlingspakt wurde zeitgleich unter Führung des Hohen Flüchtlingskommissars ausgehandelt, also nicht unter Leitung der Mitgliedstaaten der Vereinten Nationen selbst. Wie auch beim Migrationspakt wurde hier auf einen pluralen und transparenten Aushandlungsprozess gesetzt. Durch die New Yorker Erklärung wurde der „Umfassende Rahmenplan für Flüchtlingsmaßnahmen" ins Leben gerufen, der bereits während der Aushandlung des Flüchtlingspaktes angewandt worden war. Die Staaten wollten damit auf die akuten Herausforderungen unmittelbar reagieren und mögliche Schwachstellen sowie besonders erfolgreiche Instrumente frühzeitig identifizieren, um sie bei der weiteren Aushandlung berücksichtigen zu können.[664] Die vorläufige Anwendung des Rahmenplans in afrikanischen Staaten, die aufgrund ihrer geografischen Lage besonders von großen Flüchtlingsströmen betroffen waren, offenbarte schnell Probleme, die jedoch mehr in den faktischen Bedingungen internationaler Kooperation wurzelten, als Ausdruck der Schwächen des Regelungsansatzes waren. Nachdem Tansania und Uganda in der Vergangenheit für ihre progressive Flüchtlingspolitik gelobt worden waren, wurde in beiden Ländern die vorläufige Anwendung nach kurzer Zeit beendet: Tansania kündigte im Februar 2018 die Zusammenarbeit, nachdem

---

[660] *Koser,* Global Governance 2010, S. 301 (307).

[661] Sieht das sogar als Hauptmotiv der Bereitschaft westlicher Staaten zu kooperieren, *Düvall,* in: Betts (Hrsg.), Global Migration Governance, S. 99.

[662] *Munch,* TWQ 2008, S. 1227 (1236).

[663] *Koser,* Global Governance 2010, S. 301 (307).

[664] New Yorker Erklärung für Flüchtlinge und Migranten, A/RES/71/1, Annex 1, Ziff. 18, v. 19.09.2016.

keine Einigung über eine Kompensation oder finanzielle Unterstützung für sein Engagement mit Geberländern hatte erzielt werden können. Den Vorschlag, für die Beherbergung von Flüchtlingen Kredite der Weltbank aufzunehmen, lehnte die Regierung Tansanias ab. Anders gelagert war das Problem in Uganda, wo wiederum die Geberländer ihre Zusammenarbeit mit der ugandischen Regierung überprüften, nachdem Vorwürfe aufgekommen waren, dass Uganda falsche Flüchtlingszahlen angegeben und finanzielle Hilfeleistungen veruntreut habe.[665]

Der Flüchtlingspakt wurde ebenfalls auf der Marrakesch-Konferenz im Dezember 2018 feierlich angenommen und im Folgenden durch die Generalversammlung gebilligt. Anders als beim Migrations- wurde der Flüchtlingspakt fast uneingeschränkt von der Staatengemeinschaft unterstützt. Lediglich die USA zogen sich auch aus dieser Kooperation wegen befürchteter Einschränkungen ihres nationalen Handlungsspielraums zurück.

Der Flüchtlingspakt ist rechtlich nicht bindend.[666] Er setzt sich aus dem bereits erwähnten Rahmenplan[667] und einem neu ausgehandelten Aktionsprogramm zusammen. Mit ihm soll der Druck auf die Aufnahmeländer vermindert, die Eigenständigkeit von Flüchtlingen und der Zugang zu Drittstaatenlösungen erhöht und zuletzt in den Herkunftsländern Bedingungen für eine sichere und würdevolle Rückkehr geschaffen werden.[668] Anders als beim Migrations- ist dem Flüchtlingspakt kein ausführlicher Katalog der Leitprinzipien vorangestellt. Am Anfang wird lediglich festgehalten, dass die leidvolle Situation der Flüchtlinge alle Menschen etwas angehe, und auf die Genfer Flüchtlingskonvention verwiesen.[669] Vor diesem Hintergrund und gestärkt durch das Prinzip der geteilten Verantwortung soll der Pakt eine berechenbare und ausgewogene Lasten- und Verantwortungsteilung zwischen allen Mitgliedstaaten ermöglichen.[670]

Der Pakt selbst wird im Abschnitt „Leitprinzipien" selbst als völlig unpolitisch in der Art der Umsetzung bezeichnet.[671] Diese Einschränkung darf nicht als Absage an eine politische Erklärung verstanden werden, wie sie den Maßnahmen im Migrationspakt vorangestellt wurde, sondern sie nimmt Bezug auf die Satzung des UNHCR, in der der Hohe Kommissar verpflichtet wird, seine Tätigkeit völlig unpolitisch, humanitär und sozial auszurichten.[672]

Zuletzt werden die Prävention und Bekämpfung tieferer Fluchtursachen aufgegriffen, woran sich der eigentliche Maßnahmenkatalog anschließt.[673] Dabei

---

[665] *Angenendt/Biehler,* Auf dem Weg zum Globalen Flüchtlingspakt, SWP-Aktuell, Nr. 23 April 2018, S. 3; BT-Drs. 19/2945, 13.

[666] A/73/12 Part II, Ziff. 4.

[667] *Comprehensive Refugee Response Framework.*

[668] A/73/12 (Part II), Ziff. 7.

[669] Ebd., Ziff. 2, 5.

[670] A/73/12 (Part II), Ziff. 3.

[671] Ebd., Ziff. 5.

[672] Satzung des UNHCR, Kapitel I Ziff. 2.

[673] Ebd., Ziff. 8–9.

wird ausdrücklich darauf hingewiesen, dass zunächst die Länder, in denen Fluchtbewegungen ihren Ausgang nehmen, für die Bekämpfung der tieferliegenden Ursachen verantwortlich sind. Damit sollen sie als gleichberechtigte Partner in den Versuch der Ursachenbekämpfung miteinbezogen und gefordert werden.

I. Umfassender Rahmenplan für Flüchtlingsmaßnahmen

Der umfassende Rahmenplan beruht auf den Prinzipien der internationalen Zusammenarbeit, der Lastenteilung und der geteilten Verantwortung. Kommt es zu einem größeren Flüchtlingsstrom, soll unter Leitung des Hohen Flüchtlingskommissars und in enger Absprache mit den betroffenen Staaten ein Rahmenplan für die konkrete Situation ausgearbeitet und eingeleitet werden.[674] Neben diesem Ad-hoc-Mechanismus sieht der umfassende Rahmenplan eine Reihe von Instrumenten und Maßnahmen vor, die als feste Bestandteile unabhängig von einer konkreten Situation Anwendung finden sollen. Dabei umfasst er folgende Bereiche: den Empfang und die Aufnahme von Flüchtlingen,[675] die Unterstützung der Aufnahmeländer,[676] insbesondere bei der Deckung sofortiger und laufender Bedürfnisse,[677] sowie das Erarbeiten dauerhafter Lösungen.[678]

II. Aktionsprogramm

Im Unterschied zum umfassenden Rahmenplan, der sich speziell auf Flüchtlingssituationen großen Ausmaßes bezieht, adressiert das Aktionsprogramm Bevölkerungsbewegungen, die gemischt sind und neben Flüchtlingen auch Binnenvertriebene oder durch Naturkatastrophen und Umweltzerstörung Vertriebene umfassen.[679] Es beruht auf einem Steuerungsansatz, der sowohl Flüchtlinge als auch Aufnahmegemeinschaften[680] und darüber hinaus auch diverse nicht staatliche Akteure in den Prozess miteinbeziehen soll, die weiter unten eigens aufgelistet werden.[681] Das Aktionsprogramm setzt sich aus Regelungen zur Lasten- und Verantwortungsteilung[682] und Regelungen zu Bereichen, in denen die Aufnahmestaaten Unterstützungsbedarf haben, zusammen.[683]

---

[674] A/RES/71/1, Ziff. 2.
[675] Ebd., Ziff. 5.
[676] Ebd., Ziff. 8.
[677] Ebd., Ziff. 6–7.
[678] Ebd., Ziff. 9–16.
[679] A/73/12 (Part II), Ziff. 12.
[680] Ebd., Ziff. 13.
[681] Ebd., Ziff. 32–44.
[682] Ebd., Teil III A.
[683] Ebd., Teil III B.

1. Regelungen zur Lasten- und Verantwortungsteilung

Alle vier Jahre soll ein Globales Flüchtlingsforum auf Ministerebene stattfinden.[684] Ziel des Forums ist, dass relevante Interessenträger wie Staaten, NGOs und Unternehmen konkrete Zusagen zur Verwirklichung der Ziele des Paktes machen. Die Zusagen können finanzielle, materielle oder aber auch technische Hilfen umfassen. Ein erstes Zusammentreffen erfolgte im Jahr 2019 in Genf und war der Annahme formeller Zusagen und Beiträge gewidmet. Mit über 3000 Teilnehmern, 840 Zusicherungen, davon immerhin 250 finanzieller Art, bezeichnen die Veranstalter das erste Zusammentreffen als vollen Erfolg und Meilenstein in der Umsetzung des Paktes.[685] Die darauffolgenden Foren sollen einer jeweiligen Bestandsaufnahme und der Abgabe neuer oder anderer Zusagen dienen. Zusätzlich soll alle zwei Jahre ein Beamtentreffen auf hoher Ebene stattfinden, um für den jeweiligen Forumsdurchgang eine Zwischenbilanz zu ziehen.[686]

Das Forum, welches unabhängig von einer konkreten Krise stattfindet, wird flankiert durch einen Ad-hoc-Mechanismus, die sogenannte Unterstützungsplattform. Diese kann von Aufnahmeländern aktiviert werden, wenn sie von einer großen und komplexen Flüchtlingssituation betroffen sind, die die Bewältigungskapazitäten übersteigt, oder eine Langzeitflüchtlingssituation zusätzliche Unterstützung verlangt.[687] Die aktivierte Unterstützungsplattform soll eine kontextspezifische Unterstützung ermöglichen, die politische Hilfestellung sowie die Bereitstellung finanzieller, materieller und technischer Mittel und die Möglichkeit der Neuansiedlung umfasst.[688] Zurückgegriffen wird dabei auf die schon im Rahmen des Globalen Flüchtlingsforums gemachten Zusagen.[689] Die Finanzierung der Aufnahmeländer soll effektiver gestaltet werden, indem sie rechtzeitiger, berechenbarer, ausreichender und langfristiger angelegt wird.[690] Die Mittel sollen, wenn möglich, mehrjährig und nicht zweckgebunden bereitgestellt werden, außerdem sollen im Rahmen der Entwicklungszusammenarbeit Zuschüsse und hohe Vergünstigungen ermöglicht werden. Wenn möglich, soll die Entwicklungshilfe jedoch in die Herkunftsstaaten selbst fließen, um die freiwillige Rückkehr zu ermöglichen.

---

[684] A/73/12 (Part II), Ziff. 17.

[685] Für eine kurze Zusammenfassung siehe https://www.unhcr.org/5e20790e4 (letzter Zugriff am 20.03.2023), ausf. UNHCR, Outcomes of the Global Refugee Forum, 2019.

[686] Ebd., Ziff. 19.

[687] Ebd., Ziff. 24.

[688] Ebd., Ziff. 23.

[689] Ebd., Ziff. 26.

[690] Ebd., Ziff. 32 ff.

2. Bereich mit Unterstützungsbedarf

Der Bereich mit Unterstützungsbedarf ist darauf ausgerichtet, die Aufnahmeländer zu entlasten und Flüchtlingen und Mitgliedern der Aufnahmegemeinschaft zu nützen. Dabei orientiert er sich an umfassenden Lösungen aus der Vergangenheit, die sich aus Sicht der internationalen Gemeinschaft in anderen Krisen bewährt haben *(Best Practices)*.[691] Seine Effektivität hängt maßgeblich davon ab, dass die in Teil A eingegangenen Verpflichtungen zur gerechten Lastentragung umgesetzt werden. Denn – und das wird noch einmal hervorgehoben – Teil B sei nicht bindend und solle zu keinen weiteren Belastungen der Aufnahmeländer führen, sondern vielmehr gerade die Staaten mittleren und niedrigen Einkommens unterstützen.[692]

Dieser Bereich enthält Maßnahmen zu Empfang und Aufnahme sowie zur Deckung von Bedürfnissen und der Unterstützung der Aufnahmegemeinschaften, so etwa Regelungen zum Zugang zu Bildung und dem Arbeitsmarkt, zu einer verbesserten Gesundheitsversorgung, zum besonderen Schutz von Frauen und Kindern, zur Bereitstellung einer verbesserten Unterbringung und der Herstellung von Nahrungssicherheit, zur Registrierung in einem Personenstandsregister sowie der Vermeidung der Staatenlosigkeit und zuletzt zur Förderung guter Beziehungen und des friedlichen Zusammenlebens, in anderen Worten zur Bekämpfung von Diskriminierung.

Die Regelungen formulieren einen wünschenswerten Mindeststandard, der die Folgen eines großen Flüchtlingsstroms für die Flüchtlinge selbst und die Aufnahmegesellschaften merklich abfedern soll. Dabei sind die Regelungen so aufgebaut, dass die Aufnahmestaaten bei Bedarf im Einklang mit ihrem nationalstaatsrechtlichen Recht Unterstützung und Ressourcen anfordern können.

Zum Abschluss werden drei Maßnahmen als dauerhafte Lösungsansätze aufgegriffen, die bereits im umfassenden Rahmenplan genannt wurden und hier nun vertieft werden: die Rückkehr von Flüchtlingen in ihr Herkunftsland, die Neuansiedlung sowie komplementäre Wege der Aufnahme.[693] Die Maßnahmen zur Förderung der freiwilligen Rückkehr werden im Hinblick auf den umfassenden Rahmenplan nicht merklich konkretisiert. Umfassender wird hingegen die zweite Lösungsalternative, die Förderung der Neuansiedlung, geregelt.[694] Hierbei sollen Neuansiedlungen als Mittel der gerechten Lastentragung gefördert werden. Dazu wurde eine Dreijahresstrategie (2019–2022) des UNHCR entwickelt, die den Pool der aufnahmebereiten Staaten erweitern sollte. Die komplementären Wege für die Aufnahme in Drittstaaten umfasst Maßnahmen wie die Vergabe humanitärer Visa, von Stipendien oder von Gemeinschaftsprogrammen wie der *Global Refugee Sponsorship Initiative*.[695]

---

[691] Ebd., Ziff. 49.
[692] Ebd., Ziff. 50.
[693] Ebd., Ziff. 85.
[694] Ebd., Ziff. 90–93.
[695] Ebd., Ziff. 94–96; vgl. http://refugeesponsorship.org/(letzter Zugriff am 20.03.2023).

Auffällig ist der Verweis zur Integration von Flüchtlingen.[696] So wird anerkannt, dass die Integration vor Ort im Sinne einer dauerhaften Lösung eine
souveräne Entscheidung eines jeden Staates sei. Der Integrationsprozess sei ein in
beide Richtungen verlaufender, dynamischer Prozess, der die Bereitschaft der
Flüchtlinge erfordere, sich anzupassen, und die Bereitschaft der Staaten, die
Flüchtlinge, den Bedürfnissen einer diversen Bevölkerung entsprechend, einzugliedern. Insofern unterscheidet sich an dieser Stelle das Narrativ zum Migrationspakt, der diese Seite der Integration von Migranten und Flüchtlingen weitestgehend ausspart.

III. Flüchtlingsbegriff

Der Pakt bezieht sich an mehreren Stellen auf die Genfer Flüchtlingskonvention.[697] Nicht alle Staaten, die am Flüchtlingspakt mitwirken, sind selbst Vertragspartei der Flüchtlingskonvention. Ihr außerordentliches Engagement in der
Flüchtlingshilfe wird daher ausdrücklich erwähnt.[698] In der Einleitung zum Aktionsprogramm wird die Komplexität gemischter Wanderungsbewegungen festgestellt.[699] Ob diese Anerkenntnis Konsequenzen mit sich bringt, wird nicht klar.
Laut Bundesregierung soll mit dem Pakt die asylrechtliche Differenzierung zwischen Flüchtlingen im Sinne der Genfer Flüchtlingskonvention und subsidiär
Schutzberechtigten aufrechterhalten werden. Der Flüchtlingspakt sehe nicht vor,
dass beide Gruppen den gleichen Schutzstatus erlangen.[700] Es wird anerkannt,
dass Umweltzerstörung und Naturkatastrophen Fluchtbewegungen auslösen
können;[701] ein neuer Schutzstatus wird dafür jedoch nicht geschaffen.

Die New Yorker Erklärung erkennt die hohe Anzahl von Binnenvertriebenen
an.[702] Nicht ganz eindeutig ist es, inwiefern der Flüchtlingspakt auch diese
Gruppe adressiert; erneut sei auf die Erwähnung gemischter Wanderungsbewegungen verwiesen. Auf Nachfrage der Fraktion von Bündnis 90/Die Grünen
antwortete die Bundesregierung ausweichend, dass die Binnenvertriebenen nicht
durch den Pakt adressiert würden, sich die Bundesregierung dieser Gruppe jedoch politisch verpflichtet fühle.[703] Die mehrfache Bezugnahme auf die Genfer
Flüchtlingskonvention als Bezugsrahmen des Flüchtlingsbegriffs spricht dafür,
dass im Kern die Definition des Konventionsflüchtlings zugrunde gelegt wird.
Da der Flüchtlingspakt der Art nach ein Kooperationsrahmen im Hinblick auf
eine gerechte finanzielle Lastenteilung zwischen den Staaten ist, kommt es auf die
detaillierten innerstaatlichen Ausdifferenzierungen wohl nicht entscheidend an.

---

[696] Ebd., Ziff. 97–98.
[697] Res., A/73/12 (Part II), Ziff. 2, 5.
[698] Ebd., Ziff. 6.
[699] Res., A/73/12 (Part II), Ziff. 12.
[700] BT-Drs. 19/2945, 10.
[701] Res., A/73/12 (Part II), Ziff. 12.
[702] Res., A/Res/71/1, Ziff. 20.
[703] BT-Drs. 19/2945, 10.

Schließlich soll der Pakt eine Antwort auf große Flüchtlingsströme bieten, bei denen die einzelnen Schutzstatus häufig nicht feststehen und Staaten als Aufnahmeland besonders belastet sind, wenn sie mit gleichzeitig viel Binnenvertreibung zu kämpfen haben.

IV. Der Vergleich zum Migrationspakt

Obwohl beide Pakte von der New Yorker Erklärung ausgehen und zeitgleich ausgehandelt wurden, unterscheiden sie sich hinsichtlich ihrer Ausgestaltung und Rezeption deutlich. Beide Pakte stehen dabei exemplarisch für jeweils eine bestimmte Art von Soft Law. Der Flüchtlingspakt folgt einem Koordinationsansatz und adressiert ausschließlich freiwillige Kooperation zwischen den Staaten. Ohne politische Wertungen soll er einen Rahmen bieten, die betroffenen Staaten zu unterstützen und globalen Flüchtlingsschutz finanziell, materiell und organisatorisch zu effektivieren. Dass er ganz ohne Pathos auskommt, mag darauf zurückzuführen sein, dass der Schutz von Flüchtlingen und die sich daraus ergebende Verpflichtung der Staaten weitestgehend anerkannt sind. Es handelt sich um einen Rechtsbereich, der auf völkerrechtlicher Ebene ein hohes Maß an Institutionalisierung und Regelungsdichte aufweist und in vielen Staaten durch innerstaatliche Verpflichtungen gespiegelt wird. Hinzu kommt, dass der Pakt unter Leitung des Hohen Kommissars für Flüchtlinge und nicht durch die Mitgliedstaaten selbst verhandelt wurde. Daher war und ist er in der Öffentlichkeit weniger sichtbar und kann in gewissem Maße auf eine geringere politische Autorität zurückgreifen.[704] Die Nüchternheit des Flüchtlingspaktes lässt im Vergleich daher umso mehr die progressiv-gestaltende Ausrichtung des Migrationspaktes erkennen. Die Aushandelnden bewegen sich hier in einem erst global zu erschließenden Rechtsgebiet und können daher nicht selbstverständlich auf bereits etablierte Definitionen, Rechtsstrukturen oder einen generellen Befolgungswillen in der Staatengemeinschaft zurückgreifen. Andersherum besteht hier noch die Möglichkeit, die Deutungshoheit über ein in der Entwicklung begriffenes Rechtsgebiet zu gewinnen und durch die politischen Erklärungen spätere rechtsverbindliche Verpflichtungen vorzubereiten.[705]

D. Ergebnis zu § 3: Migrationspakt als typisches Instrument

Migration hat sich als eigenständiger und umfassender Regelungsbereich über mehrere Jahrzehnte im Rahmen der Vereinten Nationen in verschiedenen Diskussions- und Aktionsforen unter Beteiligung von Staaten und vielen nicht staatlichen Akteuren herausgebildet. Der Migrationspakt bildet einen vorläufigen Höhepunkt dieser Entwicklung; wobei abzuwarten bleibt, inwiefern die Umsetzung und Nachverfolgung die tatsächliche Wirksamkeit des Paktes unterstützen.

---

[704] *Chetail,* International Migration Law, S. 329.
[705] *Pécoud,* TWQ 2021, S. 16 (19).

Mit dem Migrationspakt wird dem vorherrschenden Muster der globalen Migrationsgovernance gefolgt, wonach sich Staaten auf Grundsätze einigen, ohne diese in Rechtsverpflichtungen zu übersetzen.[706] In ihm findet man die herrschenden Narrative und Argumente, die sich auf Ebene der Vereinten Nationen als Bezugsrahmen von Migration durchsetzen konnten: Da alle Staaten von Migration betroffen seien, müsse eine globale Antwort gefunden werden. Globale Migration sei ein reguläres Phänomen, welches für Entsende- und Aufnahmestaaten und den Migranten selbst besonders Vorteile mit sich bringe. Migration müsse im Zusammenhang mit anderen Rechtsgebieten wie beispielsweise dem Entwicklungsvölkerrecht umfassend betrachtet werden. Zuletzt sei die Staatengemeinschaft zu universellen Prinzipien und Werten, ausgedrückt im menschenrechtsbasierten Ansatz, verpflichtet.[707]

---

[706] *Pécoud,* TWQ 2021, S. 16 (19).
[707] Ebd., (20).

Teil 2

Die normative Härtung von Soft Law

§4 Formelle und Materielle Härtung

Nicht-rechtsverbindliche Instrumente haben eine eigenständige Wirkdimension *(para-law)*, für die sie als Handlungsinstrument bewusst gewählt werden.[1] Darüber hinaus können sie in besonderer Weise mit den traditionellen Rechtsquellen des Völkerrechts interagieren und darüber Rechtsverbindlichkeit erlangen. Dabei werden die Potenziale und Defizite der Rechtsquellen genutzt.

Die These ist, dass Soft Law im Kontext des modernen Verständnisses von Gewohnheitsrecht zu solchem erstarken kann. Anderseits kann es als evolutive, dynamische Auslegung den Geltungsgehalt völkerrechtlicher Verträge materiell verändern oder über Verweise in die Rechtsverbindlichkeit eines Vertragsregimes integriert werden. Während der Prozess normativer Härtung bei Gewohnheitsrecht auf Ebene der Rechtserzeugung stattfindet, also primär an die Herausbildung und Feststellung gewohnheitsrechtlicher Normen anknüpft, findet die Interaktion mit völkerrechtlichen Verträgen bei der Rechtsanwendung statt und kompensiert so die fehlende Flexibilität einmal ratifizierter Verträge. Besondere Bedeutung gewinnen diese Entwicklungen im Völkerrecht dadurch, dass beide Rechtsquellen durch das Grundgesetz im innerstaatlichen Recht gelten. Normative Härtungsprozesse wirken daher unmittelbar auf den innerstaatlichen Rechtsraum ein. Deswegen knüpfen an die Herausarbeitung der Prozesse im Völkerrecht sogleich die Darstellung und Einordnung der Geltung der Rechtsquellen im Rahmen des Grundgesetzes an.

Neben dieser formellen normativen Härtung ist als zweites Phänomen zu beobachten, dass die einigen Soft Law-Abmachungen zukommende politische Wirkmacht sich mit der Zeit weiterentwickeln und ohne Bezugnahme auf eine der formellen Rechtsquellen des Völkerrechts als Regelungsstandard für sich Geltung beanspruchen kann. Diese Wirkung kann unter Umständen den Gestaltungs- und Steuerungsanspruch der Staaten im Völkerrecht und ihrer innerstaatlichen Legislativorgane in Einzelfällen so einschränken, dass sie einer rechtsverbindlichen Vorprägung des Bereichs gleichkommt. Dieser Prozess, den Soft Law im Völkerrecht erfahren kann, wird im Anschluss mit der Rezeption transnationaler Gemeinwohldiskurse im verfassungsrechtlichen Raum ebenfalls gespiegelt.

---

[1] Siehe dazu ausf. §2 C. Funktionsdimensionen.

A. Formelle Härtung

Im Folgenden wird zunächst die Interaktion von Soft Law mit Gewohnheitsrecht herausgearbeitet, sodann folgt der Blick auf die Konkretisierung und Dynamisierung völkerrechtlicher Verträge mithilfe von Soft Law. Nach einer kurzen Zwischenbilanz wird die völkerrechtliche Ebene durch die verfassungsrechtliche Miteinbeziehung beider Rechtsquellen in die innerstaatliche Normenhierarchie ergänzt.

I. Erstarken zu Gewohnheitsrecht

Anders als man vermuten könnte, hat das Gewohnheitsrecht trotz seiner fehlenden Verschriftlichung *(lex non scripta)* im modernen Völkerrecht nicht an Bedeutung verloren. Das Gegenteil ist zu beobachten: Die Rechtsprechung internationaler Gerichte,[2] die Völkerrechtswissenschaft und die kontinuierliche Kodifizierung haben vielmehr eine Renaissance dieser Rechtsquelle bewirkt.[3] In bestimmten Regelungsbereichen, beispielsweise dem internationalen Menschenrechtsschutz, wird Gewohnheitsrecht vielfach zur Begründung menschenrechtlicher Verpflichtungen verwendet.[4] So steht Gewohnheitsrecht zwar im Zentrum des modernen Völkerrechts, seine Identifizierung und Anwendung sind jedoch nach wie vor umstritten, sodass es bisweilen auch als kontroverseste der Rechtsquellen bezeichnet wird.[5] Da es sich dem Wesen nach informell herausbildet, weisen die so entstandenen Prinzipien und Regelungen, anders als bei formalisierten Rechtsetzungsprozessen wie der Aushandlung eines multilateralen Vertrages, einen hohen Grad an Unschärfe auf.[6] Dadurch ist Gewohnheitsrecht bei seiner Anwendung regelmäßig konkretisierungsbedürftig. Diese Aufgabe kann durch Gerichte wie den Internationalen Gerichtshof übernommen werden. Diesem fehlt jedoch anders als Gerichten im nationalstaatlichen Kontext das unangefochtene Auslegungsmonopol.[7] Auf materieller Ebene fehlt eine autoritative Rechtsprechungslinie auch deswegen, weil die verhältnismäßig wenigen Verfahren die Entwicklung einer solchen erschweren.[8] In einem dezentralen System wie dem Völkerrecht bestehen daher nebeneinander verschiedene Ansätze – nach *Hart* verschiedene *rules of recognition* – darüber, was die gewohnheitsrechtliche Geltung einer Norm voraussetzt.[9] Dieser Pluralismus im Gewohnheitsrecht ist Folge der Zunahme zwischenstaatlicher Interaktionen im Kontext der Auswei-

---

[2] *Jimenez de Arechaga,* in: Cassese/Weiler (Hrsg.), Change and Stability, S. 2.

[3] *Danilenko,* GYIL 1988, S. 9 (46); *Roberts,* AJIL 2001, S. 757 (ebd.); *Wood,* in: Lepard (Hrsg.), Reexamining Cust. Int. Law, S. XIII.

[4] *Lepard,* in: ders. (Hrsg), S. 233 ff.; *Roberts,* AJIL 2001, S. 757 (ebd.).

[5] *Fidler,* GYIL 1996, S. 198 (ebd.).

[6] ILA, Report on Formation of CIL, S. 2.

[7] *Kadens/Young,* Wm. & Mary L. Rev. 2013, S. 886 (ebd).

[8] ILA, Report on Formation of CIL, S. 3.

[9] *Petersen,* Demokratie als teleologisches Prinzip, S. 62.

tung und Institutionalisierung des internationalen Rechts im Anschluss an den Zweiten Weltkrieg. Die äußeren Bedingungen, unter denen Gewohnheitsrecht entsteht, haben sich verändert; ein vormals langwieriger, bisweilen schwerfälliger Prozess wurde deutlich beschleunigt.[10]

Hinzu kommt, dass nicht mehr ausschließlich Staaten zu Gewohnheitsrecht beitragen, sondern eine Vielzahl nicht staatlicher Akteure wie internationaler Organisationen, internationaler und nationaler Gerichte und zivilgesellschaftlicher Gruppen bei der Entstehung und Proklamation mitwirken. Hinter diesem dichten Netz miteinander konkurrierender Akteure und ihrer Ansätze stehen tiefgreifende Grundannahmen zu den Funktionen und Aufgaben des Völkerrechts, in deren Dienst Gewohnheitsrecht gestellt wird und die bei der Untersuchung Berücksichtigung finden müssen.[11]

Erschwerend kommt hinzu, dass unter dem Begriff Gewohnheitsrecht sowohl gegenständliches Recht als auch der Prozess der Rechtsentwicklung selbst verhandelt werden.[12] In dieser Hinsicht ist der Begriff prozessbezogen; denn auch bestehendes Gewohnheitsrecht kann einer stetigen Wandlung durch sich ändernde Bedingungen unterworfen sein.[13]

Um das Erstarken von Soft Law zu Gewohnheitsrecht besser zu verstehen, soll zunächst die Zwei-Elemente-Lehre in den Blick genommen und zu den miteinander konkurrierenden Ansätzen in Bezug gesetzt werden. Da Soft Law nur in der Interaktion mit dem modernen Ansatz zur Entstehung von Gewohnheitsrecht beitragen kann, wird deren Beziehung zueinander näher untersucht. Der Abschnitt schließt mit einem kritischen Seitenblick darauf, was für Rückwirkungen die zu beobachtenden Entwicklungen auf den Bestand der Quelle selbst haben können.

1. Zwei-Elemente-Lehre

Gewohnheitsrecht setzt sich nach überwiegender Auffassung aus zwei Elementen zusammen: einer generellen Praxis *(consuetudo)*, die zugleich von einer Rechtsüberzeugung *(opinio juris sive necessitatis)* getragen werden muss.[14] Darüber hinaus ist vieles unklar, insbesondere unter welchen Bedingungen die zwei ge-

---

[10] Diese Erwähnung gleicht in Texten über Gewohnheitsrecht fast schon einem Mantra. Bspw. *Treves,* Customary International Law, in: MPEIL, Nov. 2006, Rn. 25; ILA, Report on Formation of CIL, S. 3 Rn. 3.

[11] ILA, Formation of CIL, S. 2.

[12] *Danilenko,* GYIL 1988, S. 9 (9 f.).

[13] Ebd., S. 9 (10).

[14] Art. 138 Abs. 1 IGH-Statut; IGH, North Sea Continental Shelf *(Federal Republic of Germany v. Denmark/Federal Republic of Germany v. Netherlands)*, Urt. v. 20.02.1969, I.C.J. Rep., 1969, S. 3 (44 Ziff. 77); insofern repräsentativ für die herrschende Meinung: ILC, Draft conclusions on identification of customary international law 2018, A/73/10, para 65, Concl. 2; die Bezeichnung *opinio juris* geht zurück auf *Gény,* Méthode d'Interprétation et Sources en Droit Privé Positif, Rn. 110.

nannten Elemente festgestellt werden können und in welchem Verhältnis sie zu-einanderstehen. Die beiden Elemente des Gewohnheitsrechtsbegriffs sollen im Folgenden näher in den Blick genommen werden. Ziel ist es dabei nicht, die Elemente in ihrer Gesamtheit darzustellen,[15] sondern anhand eines Überblickes sichtbar zu machen, wo die methodischen und tatsächlichen Anknüpfungs-punkte für die Interaktion mit Soft Law bestehen.

a) Staatenpraxis und Praxis internationaler Organisationen

Traditioneller Ausgangspunkt einer gewohnheitsrechtlichen Norm ist die Fest-stellung einer gleichartigen Staatenpraxis. In einem zweiten Schritt folgt die Frage, ob Staaten sich zu dieser Praxis rechtlich verpflichtet fühlen, also auf-grund einer Rechtsüberzeugung handeln. Das zweite Element wird als psycho-logisches[16] oder subjektives Element bezeichnet.[17] Im Gegensatz dazu wird die Staatenpraxis auch als objektives,[18] materielles oder quantitatives Element be-zeichnet, was meint, dass hier tatsächliche Praxis auch hinsichtlich Dauerhaftig-keit, Uniformität und Wiederholung ausgewertet wird.[19] Zum Teil wurde vorge-schlagen, auf die die Praxis begleitende Rechtsüberzeugung wegen ihrer theore-tischen und praktischen Herausforderungen vollständig zu verzichten.[20] Die Re-duktion allein auf die Praxis als Gewohnheitsrecht konnte sich jedoch nicht durchsetzen, da die Rechtsüberzeugung die Abgrenzung zu anderen unverbind-lichen Handlungsformen der Staaten wie der *Courtoisie* erlaubt.

Das traditionelle, also im Wesentlichen auf der Staatenpraxis aufbauende Ver-ständnis ist in der älteren Rechtsprechung zunächst des Ständigen Internatio-nalen Gerichtshofes in der Rechtssache *S.S. Lotus*[21] und später in den Anfängen der Rechtsprechung des Internationalen Gerichtshofes in der Rechtssache *North Sea Continental Shelf*[22] zu finden. Primär wurde dabei für die Begründung einer Praxis auf die der Staaten zurückgegriffen.[23] Die Institutionalisierung des Völ-kerrechts, die dazu geführt hat, dass internationale Organisationen neben den Staaten als selbstständige Völkerrechtsakteure auftreten, relativierte den Fokus

---

[15] Ausf. dazu *D'Amato*, The Concept of Custom, 1971; *Hoof*, Rethinking the Sources, 1983; *Lepard*, Customary international law, 2010; *Kolb*, NILR 2003, S. 119 ff.; *Roberts*, AJIL 2001, S. 757 ff.; mit Blick auf die historische Entwicklung *Kadens/Young*, Wm. & Mary L. Rev. 2012–2013, S. 885 ff.

[16] *Arajärvi*, The Changing Nature of Customary Int. Law, S. 18.

[17] IGH, North Sea Continental Shelf *(Federal Republic of Germany v. Denmark/Federal Republic of Germany v. Netherlands)*, Urt. v. 20.02.1969, I.C.J. Rep., 1969, S. 3 (44 Ziff. 77); *Guzman*, Mich. J. Int'l L. 2005, S. 115 (141).

[18] ILA, Report on Formation of CIL, S. 13.

[19] *Arajärvi*, The Changing Nature of Customary Int. Law, S. 18.

[20] Diese Kritik wiedergebend *Verdross/Simma*, Universelles Völkerrecht, § 561 ff.

[21] StIGH, *Case of the S.S. „Wimbledon"*, Urt. v. 17.08.1923, Series A, Ziff. 1, S. 5 ff.

[22] IGH, North Sea Continental Shelf *(Federal Republic of Germany v. Denmark/Federal Republic of Germany v. Netherlands)*, Urt. v. 20.02.1969, I.C.J. Rep., 1969, S. 3 ff.

[23] *Lepard*, in: ders. (Hrsg.), Reexamining Customary Int. Law, S. 22.

auf die Praxis der Staaten: Trotz des noch gängigen Begriffs der *Staaten*praxis ist inzwischen anerkannt, dass neben der Praxis der Staaten auch die Tätigkeit internationaler Organisationen Berücksichtigung finden muss.[24] Die Bedeutung ihrer Tätigkeiten reicht so weit, dass sie sogar als instrumental für die Weiterentwicklung des Gewohnheitsrechts eingeordnet werden.[25] Begründen lässt sich ihre Miteinbeziehung einerseits damit, dass ihr Handeln mittelbar auf den Willen der sie gründenden Staaten zurückführbar ist. Da es aber auch internationale Organisationen oder Unterorgane von diesen gibt, die nicht paritätisch besetzt sind, beispielsweise das UN-Generalsekretariat oder der UN-Sicherheitsrat, lassen sich inzwischen aber auch darüber hinaus ihre Tätigkeiten für sich genommen, ohne den Rückgriff auf die mittelbare Legitimation durch die Staatengemeinschaft, als Beitrag zur Praxis werten.[26] Dass die Tätigkeiten internationaler Organisationen als Praxis gelten können, schließt nicht aus, dass das Verhalten etwa im Hinblick auf die Annahme einer umstrittenen Resolution durch die Generalversammlung der Vereinten Nationen als Praxis des jeweiligen Staates gilt.[27] Die Verdichtung zwischenstaatlicher Interaktionen in Arenen wie der Generalversammlung stellt nämlich die modernen Bedingungen der Herausbildung einer Staatenpraxis dar. Einzugrenzen sind die Tätigkeiten der internationalen Organisationen, die als praxisrelevant gelten können, auf solche, die innerhalb des Mandats der Organisation liegen.[28] Kompetenzüberschreitendes Handeln einer internationalen Organisation ist nicht vom Willen der sie einsetzenden Staatengemeinschaft gedeckt und kann damit nicht zum Gewohnheitsrecht beitragen, welchem traditionell immerhin ein voluntaristisches Vorverständnis zugrunde liegt. In einem dezentralisiert organisierten System liegt die eigentliche Schwierigkeit darin, eine solche Kompetenzüberschreitung festzustellen, sodass die eben eingeführte Einschränkung wohl eher theoretische, denn praktische Relevanz hat.

Zwar besteht damit ein grundsätzlicher Konsens darüber, wer berechtigt ist, zur Bildung von Gewohnheitsrecht beizutragen, schwierig bleibt jedoch zu beantworten, was die Praxis der verschiedenen Akteure konstituiert und welche Anforderungen an die Dauerhaftigkeit und Uniformität dieser Praxis zu stellen sind.

Dem dem Wortlaut nach unscharfem Begriff der Praxis wird sich in der Literatur entweder über die Auflistung einschlägiger Beispiele oder über den Versuch einer Definition genähert. So nennt *D'Amato* als Beispiele staatlicher Praxis

---

[24] IGH, Reservations to the Genocide Convention Case, I.C.J. Rep. 1951, S. 15; *Ajävari,* The Changing Nature of Customary Int. Law, S. 18; *Akehurst,* BYIL, S. 1 (11); *Shaw,* Int. Law, S. 61; *Thirlway,* Sources of Int. Law, S. 92; *Treves,* Customary Int. Law, in: MPEIL, November 2006, Rn. 50; ILA, Report on Formation of CIL, S. 19.
[25] *Arajärvi,* The Changing Nature of Cust. Int. Law, S. 18; *Shaw,* International Law, S. 61.
[26] *Arajärvi,* The Changing Nature of Cust. Int. Law, S. 29.
[27] ILA, Report on Formation of CIL, S. 19.
[28] *Danilenko,* GYIL 1988, S. 9 (20).

die Beschlagnahmung eines Schiffes, eine Kriegserklärung oder die Verhaftung von Diplomaten.[29] *Verdross/Simma* nennen als Erscheinungsformen einerseits staatliche Rechtsakte und -behauptungen, andererseits faktische Verhaltensweisen wie die Vornahme oder Unterlassung einer Verhaftung, die Ausbeutung von Bodenschätzen sowie den Einsatz militärischer Mittel.[30] Allgemeiner formuliert es *Akehurst*, der unter Praxis physische Handlungen, Forderungen, abstrakte Erklärungen, nationales Recht und Rechtsprechung sowie Unterlassungen fasst.[31] Demnach könne jede Handlung oder Äußerung Praxis darstellen, sofern sich daraus die Haltung des Staates zu Fragen internationalen Rechts ableiten lasse.[32] Ähnlich äußert sich *Danilenko*, welcher Staatenpraxis als Handlungen beschreibt, die das Verständnis eines Staates oder eines Völkerrechtssubjekts von einer völkerrechtlichen Regelung ausdrücken.[33] Nach *Hoof* lässt sich Praxis auf das Handeln und Unterlassen des Staates im internationalen Bereich reduzieren.[34] *Thirlway* wiederum stellt darauf ab, dass der Staat in seiner Funktion als Staat gehandelt haben müsse, damit die betroffene Handlung als Praxis gelten könne.[35] Der Kern des traditionellen Verständnisses von Gewohnheitsrecht sei gerade, dass Gewohnheitsrecht durch die alltäglichen zwischenstaatlichen Beziehungen, etwa durch Konflikte, aber auch durch deren Beilegung, erwachse.[36] Forderungen könnten darunter fallen, sofern sie nicht *in abstracto* geäußert würden, sondern einen konkreten Bezug aufwiesen.[37]

Die hier beispielhaft genannten Definitionen offenbaren ein strukturelles Problem bei der Feststellung von Staatenpraxis: Ein Staat ist kein monolithischer Block, sondern besteht aus einer Vielzahl von – teilweise gegeneinander gerichteten – Unterorganisationen und Organen, die für ihn handeln. Kurz gefragt: Auf wessen Handlungen kommt es an? Während früher einige nur Handlungen von denjenigen Organen als Praxis gelten lassen wollten, die nach dem jeweiligen nationalen Recht die Kompetenz zum Abschluss völkerrechtlicher Verträge besaßen,[38] wird heute überwiegend anerkannt, dass daneben nationale Gesetze sowie Gerichtsentscheidungen zur Feststellung einer Praxis verwendet werden können.[39] Diese Herangehensweise findet sich beispielsweise in der Rechtssache *S. S.*

---

[29] *D'Amato,* Concept of Custom, S. 61.

[30] *Verdross/Simma,* Universelles Völkerrecht, § 559.

[31] *Akehurst,* BYIL 1974/75, S. 1 (53); a. A. *D'Amato,* Concept of Custom, S. 88, welcher unter Staatenpraxis nur rein physische Handlungen versteht und die Qualifikation von Forderungen *(claims)* als Praxis ablehnt, befindet sich in der Minderheit, siehe erneut *Akehurst,* BYIL 1974/75, S. 1 (2).

[32] *Akehurst,* BYIL 1974/75, S. 1 (10).

[33] *Danilenko,* GYIL 1988, S. 9 (20).

[34] *Hoof,* Rethinking Sources, S. 108.

[35] *Thirlway,* The Sources of Int. Law, S. 73.

[36] Ebd., S. 77.

[37] *Thirlway,* Int. Customary Law and Codification, S. 58.

[38] *Strupp,* RdC 1934, S. 263 (313 f.).

[39] *Akehurst,* BYIL 1974/75, S. 1 (10); *Shaw,* International Law, S. 60; ILA, Report on Formation of CIL, S. 17.

Lotus, in der die Türkei und Frankreich für die Begründung ihrer Position auf verschiedene nationale Gesetze sowie Entscheidungen nationaler Gerichte als Beispiel einer gegenteiligen Staatenpraxis verwiesen, was durch die Argumentation des Ständigen Gerichtshofes im Anschluss aufgegriffen wurde.[40] Interessanterweise findet sich jedoch weder in der Rechtsprechung des Ständigen Gerichtshofes noch in der des Internationalen Gerichtshofes eine ausdrückliche Entscheidung dazu, welche Handlungen Staatenpraxis konstituieren. Lediglich auf einer zweiten Ebene werden Anforderungen formuliert, die die bereits als Staatenpraxis konstituierenden Handlungen erfüllen müssen. So müssen die verschiedenen Akte auf eine beständige Praxis hinauslaufen,[41] welche umfassend und nahezu einheitlich sein muss.[42]

Die Schlussfolgerungen der Internationalen Völkerrechtskommission zur Identifikation von Gewohnheitsrecht kommen, wegen der ihnen in der Völkerrechtspraxis zukommenden autoritativen Wirkung, einer allgemein anerkannten Definition am nächsten.[43] Ihnen folgend kann die relevante Praxis eine Vielzahl unterschiedlicher Formen annehmen, wobei physische und verbale Akte darunterfallen, unter bestimmten Umständen auch ein Unterlassen.[44] Primär sei nach wie vor auf die Praxis von Staaten abzustellen, daneben könne in bestimmten Fällen auch die Praxis internationaler Organisationen relevant sein.[45] Grundsätzlich müsse die jeweilige Praxis weitverbreitet, repräsentativ und konsistent sein.[46] Sie könne sich etwa durch diplomatische Akte und Korrespondenz, durch das Verhalten bei der Annahme von Resolutionen internationaler Organisationen oder Erklärungen intergouvernementaler Konferenzen, bei der Annahme von völkerrechtlichen Verträgen sowie bei exekutivem, legislativem und judikativem nationalen Handeln herausbilden.[47] Auffällig ist die Formulierung, die bei der Auflistung verschiedener Beispiele für Akte, die Praxis konstituieren können, verwendet wird: Hier wird bei Resolutionen internationaler Organisationen und intergouvernementaler Konferenzen nicht die Resolution selbst als Handlung genannt, sondern das Verhalten des Staates im Zusammenhang mit der An-

---

[40] StIGH, *Case of the S.S. „Wimbledon"*, Urt. v. 17.08.1923, Series A, Ziff. 1, S. 5 (9, 14, 20, 23, 26, 28, 30).

[41] IGH, North Sea Continental Shelf *(Federal Republic of Germany v. Denmark/Federal Republic of Germany v. Netherlands)*, Urt. v. 20.02.1969, I.C.J. Rep., 1969, S. 3 (44 Ziff. 77).

[42] IGH, North Sea Continental Shelf *(Federal Republic of Germany v. Denmark/Federal Republic of Germany v. Netherlands)*, Urt. v. 20.02.1969, I.C.J. Rep., 1969, S. 3 (43 Ziff. 74); IGH, Military and Paramilitary Activities in and against Nicaragua *(Nicaragua v. United States of America)*, Urt. v. 27.06.1986, I.C.J. Rep. 1986, S. 14 (98 Ziff. 186).

[43] Kritisch zum Status der ILC Draft articles, siehe § 4 A. I. 3. c) Medium der Kodifizierung.

[44] ILC, Draft conclusions on identification of customary international law 2018, A/73/10, para 65, Concl. 6 Ziff. 1.

[45] Ebd., Concl. 4 Ziff. 1.

[46] Ebd., Concl. 8 Ziff. 1.

[47] Ebd., Concl. 6 Ziff. 2.

nahme. Im Kommentar findet sich dazu keine weitere Ausführung. Anzunehmen ist, dass hiermit die Praxis in ihrer Form des tatsächlichen Handelns betont wird. Abzustellen ist nicht auf eine abstrakte Zusage oder Feststellung in einer Resolution, sondern auf den Akt der Zustimmung gerade zu dieser Resolution.

Dem Titel nach sollen die Schlussfolgerungen der Völkerrechtskommission die Identifikation von Gewohnheitsrecht erleichtern. Ob sie dieser Funktion gerecht werden, mag bezweifelt werden. Sicherlich hilfreich, wenn auch bis dahin sowieso von der überwiegenden Meinung der Völkerrechtswissenschaft und -praxis vertreten ist die Feststellung, dass Äußerungen *(verbal acts)* wie Handlungen zur Praxis beitragen[48] sowie im Einzelfall auch Unterlassungen.[49] Daneben erfährt der Gegenstand der Praxis selbst keine nähere Konkretisierung. Praxis sei eben das Handeln aller Teilgewalten des Staates. Demnach ist alles Praxis, was ein Staat tut.

Die Anforderungen an die qualitativen Kriterien der Dauer und Konsistenz der Praxis bedingen sich gegenseitig. Je weitverbreiteter und einheitlicher eine Praxis ist, desto geringere Anforderungen sind an ihre Dauer zu stellen.[50] Miteinzubeziehen ist darüber hinaus die Regelungsdichte des jeweiligen Völkerrechtsgebietes. Je dichter ein Rechtsgebiet bereits durch etablierte Völkerrechtsregeln geregelt ist, desto höhere Anforderungen sind an eine sich neu etablierende Praxis hinsichtlich Dauer und Konformität zu stellen. Umgekehrt bedarf es in neu erschlossenen Rechtsgebieten, die bis dahin noch nicht durch Völkerrecht geregelt wurden, deutlich weniger Handlungen, damit eine Praxis festgestellt werden kann.[51] Die Vorstellung eines sogenannten *instant custom*, wie es *Bin Cheng* für das Weltraumrecht forderte, konnte sich hingegen nicht durchsetzen.[52] Schon begrifflich sowie methodisch setzt Gewohnheitsrecht eine gewisse Übung voraus, selbst wenn letztlich dafür keine hohen Hürden bestehen.[53] Die genannten Anforderungen weisen schlussendlich einen hohen Beurteilungsspielraum auf und hängen von vielen weiteren Faktoren ab, die mitgewichtet werden müssen. Demnach handelt es sich bei der Dauer und Konformität der Praxis nicht um absolute Kriterien, die entweder vorliegen oder nicht, sondern eher um Hinweise, die die Herausbildung einer Praxis sichtbar machen.[54]

Wertet man Literatur und Rechtsprechung auf der Suche nach einem konsistenten Verständnis der Staatenpraxis aus, so muss man feststellen, dass ein sol-

---

[48] Als Beispiele der überwiegenden Meinung *Akehurst,* BYIL 1974/75, S. 1 (10); ILA, Report on Formation of CIL, S. 14 f.; a. A. *D'Amato,* The Concept of Custom, S. 89 f.; 160.

[49] ILA, Report on Formation of CIL, S. 15.

[50] IGH, North Sea Continental Shelf *(Federal Republic of Germany v. Denmark/Federal Republic of Germany v. Netherlands)*, Urt. v. 20.02.1969, I.C.J. Rep., 1969, S. 3 (43 Ziff. 74).

[51] *D'Amato,* The Concept of Custom, S. 61.

[52] *Cheng,* Studies in Int. Space Law, S. 136; siehe dazu § 2 A. I. 3. Rechtsverbindlichkeit von UN-Resolutionen; ferner *Hoof,* Rethinking Sources, S. 86; a. A. ILA, Formation of CIL, S. 61 ff. Rn. 32 ff.

[53] So auch *Hoof,* Rethinking Sources, S. 86; ILA, Report on Formation of CIL, S. 20.

[54] *D'Amato,* The Concept of Custom, S. 66.

ches gerade nicht vorhanden ist. Staatenpraxis verbleibt somit ein schwer greifbarer Begriff, der sich wohl am ehesten als die Beschreibung allen relevanten Verhaltens von Staaten und einiger internationaler Organisationen fassen lässt. Die Unschärfe des Begriffs ist vermutlich zugleich sein Vorteil, erlaubt er doch, etwa aus Sicht der Rechtsprechung nicht von vornherein zu eng zu begrenzen, was bei der Suche nach Praxis gefunden werden kann.

b) Rechtsüberzeugung

„Not only must the acts concerned amount to a settled practice, but they must also be such, or be carried out in such a way, as to be evidence of a belief that this practice is rendered obligatory by the existence of a rule of law requiring it. The need for such a belief, i.e., the existence of a subjective element, is implicit in the very notion of the *opinio juris sive necessitatis*."[55] Dieser weithin bekannte Satz aus der für das traditionelle Verständnis von Gewohnheitsrecht konstituierenden *Festlandsockel*-Entscheidung des Internationalen Gerichtshofes leitet zum zweiten Element, der Rechtsüberzeugung,[56] über.

Weder die Praxis noch die Wissenschaft hat ein konsistentes Konzept relevanter Praxis für die Herausbildung und Feststellung von Gewohnheitsrecht entwickelt. Dennoch offenbaren sich die eigentlichen methodischen Probleme erst bei Hinzunahme des subjektiven Elements.[57] Das hat mehrere Gründe: Umstritten ist, welche Funktion *opinio juris* für die Formation von Gewohnheitsrecht erfüllt. Es geht dabei um die Frage, ob *opinio juris* deklarativ oder konstitutiv für die Herausbildung von Gewohnheitsrecht ist.[58] Wäre sie deklarativ, so würde sie allein dazu dienen, eine bereits vorher bestehende gewohnheitsrechtliche Norm sichtbar zu machen. Im Gegensatz dazu wäre sie konstitutiv, wenn erst durch ihre Herausbildung und darauffolgende Feststellung die gewohnheitsrechtliche Norm entstünde. Virulent wird die Problematik, wenn man die Formulierung der Rechtsquellen im IGH-Statut mit in den Blick nimmt. Dort wird Gewohnheitsrecht als Ausdruck einer allgemeinen, als Recht anerkannten Übung beschrieben (Art. 38 Abs. 1 lit. b). Die Formulierung legt nahe, dass bereits bei der Übung aufgrund einer vermeintlichen Rechtsüberzeugung gehandelt werden muss. Hier wird *opinio juris* folglich als deklarativ beschrieben. Das würde bedeuten, dass Gewohnheitsrecht bei seiner Entstehung maßgeblich von Rechtsirrtümern abhängig wäre, denn Staaten müssten fälschlicherweise davon ausgehen, bereits zu ihrem Handeln rechtlich verpflichtet zu sein, obwohl diese Rechtspflicht doch

---

[55] IGH, North Sea Continental Shelf *(Federal Republic of Germany v. Denmark/Federal Republic of Germany v. Netherlands)*, Urt. v. 20.02.1969, I.C.J. Rep., 1969, S. 3 (44 Ziff. 77), (Herv. d. Verf.).

[56] Der Begriff Rechtsüberzeugung sowie *opinio juris* wird synonym verwendet.

[57] So auch ILA, Report on Formation of CIL, S. 29.

[58] *Elias,* ICLQ 1955, S. 501 (502); andere bezeichnen dieses Problem als „chronological paradox", siehe *Byers,* Power and the Power of Rules, S. 130.

gerade erst durch die Übung entsteht. Insofern unterliegt dieses Verständnis der Rechtsüberzeugung einem Zirkelschluss und kann nicht überzeugend erklären, wie sich Gewohnheitsrecht herausbildet, gerade im Hinblick darauf, dass Staaten möglicherweise willentlich neue gewohnheitsrechtliche Regelungen schaffen wollen.[59] Die *International Law Association* begegnet diesem Dilemma, indem sie feststellt, dass die Rechtsüberzeugung als Beweis einer bereits bestehenden gewohnheitsrechtlichen Regelung entscheidend sei, nicht jedoch für deren Herausbildung.[60]

Die oben zitierte Passage der *Festlandsockel*-Entscheidung des Internationalen Gerichtshofes spricht im Kontext der *opinio juris* vom Glauben *(belief)* des Handelnden, rechtlich verpflichtet zu sein. An anderer Stelle verwendet der Ständige Internationale Gerichtshof bezüglich der Rechtsüberzeugung folgende Formulierung: „being conscious of having a duty/la conscience d'un devoir".[61] Der Wortlaut offenbart ein weiteres methodisches Problem, welches sich für die Einordnung der erforderlichen *opinio juris* als deklarativ oder konstitutiv gleichermaßen stellt: Das Abstellen auf eine Rechtsüberzeugung setzt voraus, dass Staaten in ihrer Verfasstheit überhaupt einen Glauben, eine Überzeugung oder ein Bewusstsein entwickeln können oder dies zumindest fingiert werden kann und ein solches in einem zweiten Schritt feststellbar ist.[62]

Die dargelegten Schwächen haben eine umfangreiche wissenschaftliche Auseinandersetzung provoziert. Mit neuen Theorieansätzen sowie wahlweise restriktiven oder sehr weiten Interpretationen der erforderlichen Rechtsüberzeugung versucht die Wissenschaft das unbefriedigende Ergebnis eines an sich fehlerhaften Konzepts zu überbrücken.

Als naheliegende Lösung wurde vorgeschlagen, Gewohnheitsrecht allein auf die Staatenpraxis zu reduzieren und auf das subjektive Element vollständig zu verzichten.[63] Wie bereits dargestellt, hat sich dieser Vorschlag nicht durchgesetzt. Trotz ihrer Schwächen erfüllt *opinio juris* die wichtige Funktion, aus dem gesamten Spektrum staatlichen Handelns diejenige Praxis herauszuheben, die sich als Gewohnheitsrecht qualifizieren lässt. Würde man daher auf die Rechtsüberzeugung als Abgrenzungsmerkmal verzichten, so müsste man anhand eines anderen Merkmals rechtlich relevante Praxis von reiner Übung abgrenzen, denn es besteht Einigkeit dahingehend, dass nicht jede Übung die gleiche Bindungsqualität aufweist. Beim diplomatischen Verkehr beispielsweise gibt es eine Vielzahl üblicher Protokollvorschriften und Vorgänge, die nahezu universell gleich ausgeübt werden, und dennoch wird der größte Teil dieser Vorschriften nicht als Rechts-

---

[59] *D'Amato*, The Concept of Custom, S. 66; *Akehurst,* BYIL 1974/75, S. 1 (32); *Elias,* ICLQ 1995, S. 501 (503).

[60] ILA, Report on Formation of CIL, S. 32.

[61] StIGH, *Case of the S.S. „Wimbledon",* Urt. v. 17.08.1923, Series A, Ziff. 1, S. 5 (28).

[62] *Guzman,* Mich. J. Int'l L. 2005, S. 115 (146).

[63] Siehe *Akehurst,* BYIL 1975/75, S. 1 (32) für eine Übersicht der Vertreter dieser Ansicht; *Guzman,* Mich. J. Int'l L. 2005, S. 115 (145).

pflicht, sondern als Völkerrechtscourtoisie und damit als rechtsunverbindlich verstanden.[64]

Dem Dilemma, im Rahmen der traditionellen Ansicht auf die genuine Überzeugung der Staaten abzustellen, begegnet *Akehurst* mit einer überzeugenden, da so einleuchtenden Lösung. Seiner Auffassung nach kommt es nur darauf an, was der Staat behaupte, und nicht darauf, was seine – wenn überhaupt bildbare – Überzeugung tatsächlich sei. Bekunde ein Staat, dass etwas Bestimmtes bereits Recht sei, so lasse sich dies als Ausdruck seiner Rechtsüberzeugung deuten, ganz gleich, ob ein Staat in diesem Fall irrtümlich davon ausgehe oder es einfach aus Eigeninteresse bekunde. Akzeptieren andere Staaten dieses, so bilde sich *opinio juris* heraus.[65] Als Beispiel führt er die Erklärung des amerikanischen Präsidenten *Truman* vom 28. September 1945 an, in der dieser behauptete, dass Staaten aus Sicht des Völkerrechts die exklusiven Rechte an ihrem Festlandsockel besäßen. Dass es sich dabei zunächst nur um eine behauptete völkerrechtliche Regel handelte, wird durch Äußerungen des Amtsvorgängers *Roosevelt*, die vorhergegangenen amerikanischen Konsultationen mit ihren Anrainerstaaten sowie die ausführliche rechtliche Begründung durch das State Department nahegelegt.[66] Dennoch traf der unilaterale Vorstoß auf keinen merklichen Widerstand und wurde bereits in den 1950er Jahren durch Wissenschaft und Praxis als neue Regel des Völkerrechts behandelt, bis zuletzt der Status der Truman-Erklärung als Gewohnheitsrecht durch den Internationalen Gerichtshof in seiner Entscheidung zum Nordsee-Festlandsockel bestätigt wurde.[67] Wie bedeutend die Truman-Erklärung für das jüngere Verständnis von Gewohnheitsrecht ist, spiegelt sich auch in *Scharfs* Bezeichnung der Truman-Erklärung als ein sogenannter *Grotian Moment* wider. Mit dem Begriff bezeichnet er Momente in der Völkerrechtsgeschichte, in denen sich aufgrund technologischer oder sozialer Faktoren neue gewohnheitsrechtliche Normen oder Lehren ungewöhnlich schnell, d. h. ohne eine weiterverbreitete Staatenpraxis, aber dennoch ohne größeren Widerstand entwickelt haben. Im Hinblick auf die Truman-Erklärung sei die technologische Neuerung bei der Ressourcenausbeutung des Meeresbodens, verknüpft mit dem gesteigerten Interesse von Küstenstaaten, in Anbetracht der wirtschaftlichen Schäden durch den Zweiten Weltkrieg neue Finanzierungsquellen zu erschließen, entscheidend gewesen.[68]

Indem *Akehurst* die Rechtsüberzeugung der Staaten mit deren Stellungnahmen dahingehend gleichstellt, greift er *D'Amatos* Ansatz auf, der *opinio juris*

---

[64] IGH, North Sea Continental Shelf *(Federal Republic of Germany v. Denmark/Federal Republic of Germany v. Netherlands)*, Urt. v. 20.02.1969, I.C.J. Rep., 1969, S. 3 (44 Ziff. 77).

[65] *Akehurst,* BYIL 1974/75, S. 1 (36).

[66] *Scharf,* Cust. Int. Law in Times of Fundamental Change, S. 115.

[67] Ebd., S. 118 f.; IGH, North Sea Continental Shelf *(Federal Republic of Germany v. Denmark/Federal Republic of Germany v. Netherlands)*, Urt. v. 20.02.1969, I.C.J. Rep., 1969, S. 3 (47 Ziff. 86).

[68] *Scharf,* Cust. Int. Law in Times of Fundamental Change, S. 121.

durch die Artikulation einer rechtlichen Regel ersetzt: Artikuliere ein Staat, dass er aufgrund einer rechtlichen Verpflichtung handle, und treffe er dabei auf keinen Widerstand oder eine gegensätzliche Regelung, so reiche bereits diese Artikulation, sofern durch die internationale Staatengemeinschaft wahrgenommen, für die effektive Herausbildung von Gewohnheitsrecht aus.[69] *D'Amatos* Reduktion der Rechtsüberzeugung allein auf den Sprechakt fügt sich in sein grundsätzliches Verständnis von Völker- und Gewohnheitsrecht ein, welches er als *„matter of relative persuasion"*[70] bezeichnet. Entscheidend sei es, sein Gegenüber – ob die Streitpartei oder einen Gerichtshof – von seiner völkerrechtlichen Ansicht zu überzeugen. Je klarer artikuliert eine Regel sei und je besser die völkerrechtsdogmatischen Argumente seien, desto eher werde man sich mit seiner Auffassung durchsetzen und dadurch die weitere Völkerrechtsentwicklung mitbestimmen. So würden sich in der völkerrechtlichen Arena nicht notwendigerweise die militärisch oder politisch Mächtigsten durchsetzen, sondern diejenigen mit den besseren Argumenten.[71]

Hier unterscheiden sich *Akehurst* und *D'Amato*, da Letzterer es für nicht erforderlich hält, dass sich Übung und Rechtsüberzeugung wiederholt und nahezu universell manifestieren. Ansonsten liegen aber beide Ansätze nah beieinander und bewegen sich noch dicht an dem ursprünglichen Verständnis der *opinio juris* als wahre Überzeugung der Staaten. Sie lassen sich damit exemplarisch als Teil des traditionellen Verständnisses von Gewohnheitsrecht einordnen.[72] Damit ist gemeint, dass sich hier *opinio juris* auf den Ist-Zustand von Recht beziehen soll, Staaten mit ihrer Rechtsüberzeugung also ausdrücken, dass sie bereits die Existenz einer Rechtsnorm annehmen. Daneben werden keine materiellen Anforderungen an die Rechtsüberzeugung gestellt. Rein formell wird festgestellt, dass ein Staat von der Geltung irgendeiner Norm ausgeht.

Im Gegensatz dazu kann die Priorisierung der Rechtsüberzeugung über die Staatenpraxis als ein Trend in Wissenschaft und internationaler Rechtsprechung beobachtet werden, wo im Zweifel nur wenig oder keine Praxis benötigt wird, sofern aus rechtsverbindlichen und -unverbindlichen Instrumenten eine Rechtsüberzeugung festgestellt werden kann.[73] Darüber hinaus gibt es Ansätze, die die Rechtsüberzeugung mit moralischen oder ethischen Erwägungen materiell aufladen:[74] Wenn eine Regelung als zwingend erforderlich für das internationale Gemeinwohl empfunden wird, so kann dies bereits als *opinio juris* dienen oder

---

[69] *D'Amato*, Concept of Custom, S. 77.

[70] Ebd., S. 86.

[71] Ebd., S. 98.

[72] Vgl. insofern *Akehurst*, BYIL 1974/75, S. 1 (36).

[73] ILA, Report on Formation of CIL, S. 41; erstmals *Cheng*, Studies in Int. Space Law, 136, 139; *Guzman*, Mich. J. Int'l L. 2005, S. 115 (149); *Petersen*, Am. U. Int'l L. Rev. 2007, S. 275 (280); *Tasioulas*, Oxford J. Legal Stud. 1996, S. 85 (96).

[74] Bspw. *Lepard*, Customary Int. Law, S. 110 f., 140; dazu *Petersen*, Demokratie als teleologisches Prinzip, S. 65; *Roberts*, AJIL 2001, S. 757 (765).

zumindest die Hemmschwelle senken, eine Rechtsüberzeugung, gerade auch bei fehlender oder gegenteiliger Staatenpraxis, anzunehmen. Als Reaktion auf diesen Trend schlägt *Kirgis* vor, das Verhältnis beider Elemente zueinander flexibler zu betrachten. Im Zweifel könne eine besonders starke Rechtsüberzeugung oder die besondere moralisch-ethische Notwendigkeit einer Regelung in einem bestimmten Bereich das Erfordernis einer sie unterstützenden Praxis vollständig ablösen.[75]

Zugleich verschwimmt durch den geringen Bezug zur Staatenpraxis die Grenze zwischen Rechtsprechung und -setzung. Hier bewegt man sich streng genommen im Bereich der Rechtsetzung, da bereits mit der ethisch-moralischen Notwendigkeit einer Regelung deren Geltung beansprucht werden kann. Der Ansatz wird insbesondere im Bereich des internationalen Menschenrechtsschutzes verwendet, wo einzelne Rechte neben ihrer vertragsrechtlichen Geltung auch gewohnheitsrechtlich anerkannt sind, trotz des Dilemmas, dass einige Staaten zwar die Achtung der Menschenrechte proklamieren *(opinio juris)*, sie praktisch jedoch nicht gewährleisten (Staatenpraxis).[76]

2. Das Verhältnis der Elemente zueinander

Was als Staatenpraxis und Rechtsüberzeugung gelten kann, hängt auch davon ab, wie man das Verhältnis der beiden Elemente zueinander bestimmt. Die Frage nach der Beziehung zwischen beiden Elementen trat in der Praxis in der Entscheidung des Internationalen Gerichtshofes zur Rechtssache *Military and Paramilitary Activities in and against Nicaragua*[77] auf, die eine deutliche Veränderung der Anwendung der Zwei-Elemente-Theorie bedeutete. Ob man bei der Feststellung von Gewohnheitsrecht von der Staatenpraxis oder der Rechtsüberzeugung ausgeht oder zumindest welches Element man in seiner Wichtigkeit voranstellt, ist inzwischen zur entscheidenden Weichenstellung geworden. Ihr zugrunde liegen Vorannahmen hinsichtlich der Aufgaben sowie Funktionen des Völkerrechts, insbesondere der Bedeutung internationaler Herrschaft, etwa ausgeübt durch die internationale Gerichtsbarkeit.[78] In diesem Kontext wird in der Literatur zwischen zwei groben Strömungen unterschieden, für die sich die Begriffe des traditionellen oder klassischen sowie des modernen Ansatzes durchgesetzt haben.

a) Traditioneller Ansatz

Der traditionelle Ansatz priorisiert die Staatenpraxis gegenüber der Rechtsüberzeugung. Dahinter steht das theoretische Vorverständnis des Völkerrechts als Ordnung, die eine friedliche Koexistenz und Kooperation der Staaten ermögli-

---

[75] *Kirgis*, AJIL 1987, S. 146 (149).
[76] *Lepard*, in: ders. (Hrsg.); Reexamining Customary Int. Law, S. 240.
[77] Im Folgenden als *Nicaragua*-Entscheidung bezeichnet.
[78] *Petersen*, Demokratie als teleologisches Prinzip, S. 61.

chen soll. Darüber hinaus wird keine Verwirklichung ethischer oder moralischer Prinzipien angestrebt.[79] Das Voranstellen der Staatenpraxis hat den Vorteil, dass die Geltung des infrage stehenden Grundsatzes durch Staaten in der Regel akzeptiert und befolgt wird. Formell wird im Sinne des Voluntarismus damit die souveräne Gleichheit der Staaten vorangestellt.[80]

Eine pragmatische Betrachtungsweise relativiert diese Idealvorstellung: Die Staatengemeinschaft ist im letzten Jahrhundert auf nahezu 200 Staaten gewachsen. Dennoch werten Gerichte bei der Frage, ob eine gewohnheitsrechtliche Norm gilt, regelmäßig nicht die Praxis aller Staaten aus, sondern beschränken sich auf die einflussreicher Staaten.[81] Die Staatenpraxis aller Staaten oder zumindest eines Großteils der Staaten auszuwerten, wäre für Gerichte zu aufwendig und zu umfangreich. Ferner können viele Staaten aufgrund fehlender Ressourcen nicht im gleichen Maße an der für das Gewohnheitsrecht erforderlichen Staatenpraxis teilnehmen.[82] Die quantitative Zunahme der Staaten und ihre Diversität verstärken damit die selektive Herangehensweise, die der Bildung von Gewohnheitsrecht inhärent ist.[83] Dagegen richtet sich die an anderer Stelle erwähnte Kritik sozialistischer und entkolonialisierter Staaten, dass Gewohnheitsrecht ein Produkt und Mittel westlicher Hegemonie sei.[84] Dieser Kritikpunkt wurde von der Völkerrechtskommission jüngst aufgegriffen: In ihren 2018 angenommenen Schlussfolgerungen zur Identifikation von Gewohnheitsrecht wurde festgestellt, dass eine unterlassene Reaktion eines Staates nur dann als Akzeptanz einer sich herausbildenden Rechtsüberzeugung dienen könne, wenn der Staat die Fähigkeiten besessen hätte, zu reagieren.[85]

Zugleich verlangt die induktive Vorgehensweise des traditionellen Ansatzes, dass sich überhaupt Staatenpraxis bildet. Dieser braucht also Zeit. Auch wenn der Internationale Gerichtshof in seiner älteren Rechtsprechung keine Mindestdauer festlegt, so fordert er doch qualitativ, dass eine umfangreiche, nahezu einheitliche Staatenpraxis festgestellt werden können muss.[86] Da das Herausbilden einer Staatenpraxis abgewartet werden muss, eignet sich dieser Ansatz nicht dazu, mithilfe des Gewohnheitsrechts drängende globale Probleme zu adressieren.[87] Anders formuliert: Anhänger dieses Ansatzes würden die Instrumentalisierung von Gewohnheitsrecht in diesem Sinne als unangemessen ablehnen.

---

[79] *Roberts,* AJIL 2001, S. 757 (767).

[80] Ebd.

[81] *Fidler,* GYIL 1996, S. 198 (203); *Petersen,* Demokratie als teleologisches Prinzip, S. 62; *Roberts,* AJIL 2001, S. 757 (768).

[82] *Fidler,* GYIL 1996, S. 198 (218).

[83] Ebd., (217).

[84] Siehe § 2 A. I. Heterogenisierung der internationalen Staatengemeinschaft; *Kelly,* in: Lepard (Hrsg.), Reexaming Customary International Law, S. 49.

[85] ILC, Draft conclusions on identification of customary international law 2018, A/73/10, para 65, Concl. 10 Ziff. 3.

[86] IGH, North Sea Continental Shelf *(Federal Republic of Germany v. Denmark/Federal Republic of Germany v. Netherlands)*, Urt. v. 20.02.1969, I.C.J. Rep., 1969, S. 3 (43 Ziff. 74.).

[87] *Fidler,* GYIL 1996, S. 198 (219).

b) Moderner Ansatz

Umgekehrt wird bei dem als modern bezeichneten Ansatz Gewohnheitsrecht deduktiv hergeleitet.[88] Am Anfang wird eine generelle Rechtsüberzeugung festgestellt, die erst in einem zweiten Schritt mit Praxis untermauert wird. Der Schwerpunkt liegt demnach nicht auf der Praxis, sondern auf der Rechtsüberzeugung *(opinio juris)*.[89] Seine besondere Dynamik entwickelt der Ansatz nicht nur durch die Relativierung der Praxis, sondern zusätzlich durch die materielle Ausweitung des Praxisbegriffs.[90] Damit kompensiert der moderne Ansatz einige der Probleme sowie der von einigen als Unzulänglichkeiten empfundenen Konsequenzen des oben dargestellten traditionellen Ansatzes. Dem modernen Verständnis folgend erscheint Gewohnheitsrecht nicht nur als eine Möglichkeit, auf drängende Entwicklungen zu reagieren, sondern gar als Mittel der ersten Wahl. Besonders attraktiv wird es dadurch, dass mit Rückgriff auf internationale Foren, wie die UN-Generalversammlung, die gesamte Staatengemeinschaft am Prozess der Herausbildung beteiligt wird.[91] Abgesehen von der voraussetzungsreichen Rechtsfigur des *persistent objector* gilt Völkerrecht universell und kann Staaten verpflichten, die einer vertragsrechtlichen Regelung nicht zugestimmt hätten.

c) Konsolidierungsversuche

Es fehlt nicht an Versuchen in der Völkerrechtswissenschaft, die verschiedenen Strömungen innerhalb des Gewohnheitsrechts zu konsolidieren. Direkt als Reaktion auf die umstrittene *Nicaragua*-Entscheidung des Internationalen Gerichtshofes entstand der bereits kurz erwähnte Vorschlag von *Kirgis*, die Anforderungen an die beiden Elemente auf einer gleitenden Skala zueinander in Beziehung zu setzen.[92] Gebe es eine konsistente Praxis, so könne man eine gewohnheitsrechtliche Regelung annehmen, selbst wenn keine ausdrückliche Rechtsüberzeugung feststellbar sei. Je weniger konsistent die Praxis ausgeprägt sei, desto mehr müsse auf die Rechtsüberzeugung abgestellt werden. Am anderen Ende der Skala könne demnach allein aufgrund einer klar artikulierten Rechtsüberzeugung eine gewohnheitsrechtliche Regelung angenommen werden, selbst wenn es kaum oder keine sie belegende Praxis gebe. Praxis könne insbesondere dann durch *opinio juris* ersetzt werden, wenn eine gewohnheitsrechtliche Regelung in Rede stehe, die staatliche Handlung begrenze und damit moralisch Verwerfliches oder Destabilisierendes verhindere.[93] *Kirgis* bietet damit ein Analy-

---

[88] *Roberts,* AJIL 2001, S. 757 (758).
[89] *Cheng,* in: Macdonald/Johnston (Hrsg.), The Structure and Process of Int. Law, S. 513 (532); *Petersen,* Demokratie als telologisches Prinzip, S. 64; *Roberts,* AJIL 2001, S. 757 (758).
[90] *Fidler,* GYIL 1996, S. 198 (223); *Petersen,* Demokratie als telologisches Prinzip, S. 63.
[91] *Fidler,* GYIL 1996, S. 198 (220).
[92] *Kirgis,* AJIL 1987, S. 146 ff.; Kritisch dazu *Roberts,* AJIL 2001, S. 757 (773 ff.).
[93] *Kirgis,* AJIL 1987, S. 146 (149).

seraster für die Entscheidungsfindung internationaler Gerichte an. Schließlich liege es an ihnen festzustellen, ob eine Regelung sinnvoll sei und welcher Schaden im Falle einer fehlenden Regelung drohe.

Ein anderer Versuch stammt von *Fidler*, der drei Sichtweisen auf Gewohnheitsrecht unterscheidet, die auf die Defizite des traditionellen, von ihm als pädagogisch *(pedagogical)* bezeichneten Verständnisses reagieren.[94] Er charakterisiert diese drei Kompensationsansichten mit den Schlagworten *dinosaur*, *dynamo* und *dangerous*, in denen sich die jeweilige Haltung zur Funktion von Gewohnheitsrecht widerspiegeln soll.[95] Anhänger der „Dinosaur"-Perspektive betrachten Gewohnheitsrecht als überkommene Rechtsquelle, die nicht mehr adäquat in der internationalen Gemeinschaft wirken kann. Grund dafür ist die Zunahme der Staaten, die zu einer zu starken Heterogenisierung der Staatengemeinschaft führe.[96] Demgegenüber steht der „Dynamo"-Ansatz, der Gewohnheitsrecht als wesentlichen Bestandteil des modernen Völkerrechts sieht und dessen Bedeutung zur Beantwortung drängender globaler Probleme betont.[97] Durch internationale Foren bestehe die Möglichkeit, schnell und universell neue Lösungswege mithilfe gewohnheitsrechtlicher Regelungen zu beschreiten. Zuletzt beschreibt *Fidler* unter der Bezeichnung der „Dangerous"-Perspektive eine Sichtweise auf Gewohnheitsrecht, die die aktuellen Entwicklungen äußerst kritisch und als bedrohlich für die Legitimität internationalen Rechts beurteilt.[98] Das als Gewohnheitsrecht Deklarierte erfülle regelmäßig nicht die Anforderungen, die typischerweise an gewohnheitsrechtliche Regelungen gestellt würden.[99] Es werde durch Völkerrechtswissenschaftler herbeigeschrieben und in den Dienst verschleiernder Begriffe wie der Forderungen der Menschheit *(demands of humanity)*, gerade im Menschenrechtsschutz, gestellt.[100] Der Versuch, diese drei Perspektiven miteinander in Bezug auf das traditionelle Gewohnheitsrecht mithilfe eines liberalen Verständnisses der internationalen Beziehungen einer Staatengemeinschaft, die die ideologischen Gegensätze des Kalten Krieges überwunden hat, zu vereinen, gelingt *Fidler* nicht. Er schließt mit der Erkenntnis, dass es eine Entscheidung sei, wie den methodischen Defiziten des traditionellen Gewohnheitsrechts begegnet werde. Dieser Entscheidung lägen implizite Erwartungen und Vorstellungen des Aufbaus sowie der Funktion internationaler Beziehungen zugrunde. Wenn es sich aber um eine Entscheidung handle, so sei es Pflicht der Akteure, ihr Vorverständnis explizit zu machen und damit anzuerkennen, dass an dieser Stelle Völkerrecht auf Rechtspolitik und politische Theorie treffe.[101]

---

[94] *Fidler*, GYIL 1996, S. 198 (ebd.).
[95] Ebd., (199).
[96] Ebd., (216).
[97] Ebd., (220).
[98] Ebd., (224).
[99] Ebd., (216).
[100] Ebd., (225).
[101] Ebd., S. 198 (248).

Zuletzt sei der Versuch von *Roberts* genannt, das traditionelle sowie moderne Verständnis von Gewohnheitsrecht zu vereinen, indem sie einen interpretativen Ansatz im Sinne *Dworkins* nutzt. Darin weitet sie den Gegenstand der Praxis aus und streitet für die Fokussierung gerade auch auf innerstaatliches Handeln sowie Nichthandeln.[102] Daneben unterscheidet sie im Rahmen der *opinio juris* zwei Ebenen: einerseits eine ausdrückliche Rechtsüberzeugung und andererseits eine normative Aussage darüber, was Recht sein soll. Im Gegensatz zu *Kirgis* betont sie die Bedeutung der Praxis als Ausgangspunkt. Die Elemente könnten zwar nicht beliebig ausgetauscht werden, sie erkennt aber an, dass der inhaltliche Gehalt der Norm die Anforderungen an die Elemente mitbestimmt. Letztendlich seien beide Elemente möglichst kohärent zu interpretieren.[103] Widersprüche wie gegensätzliche Staatenpraxis seien nicht zu ignorieren, sondern als Ausdruck eines sich ständig wandelnden Bestandes von Gewohnheitsrecht miteinzubeziehen.[104] Zweifel bestehen, ob ihr theoretisch sehr voraussetzungsreicher Ansatz praxistauglich ist oder nicht nur unter dem schillernden Begriff eines reflektiert interpretativen Ansatzes zu vereinen versucht, was zu gegensätzlich ist. Die Hauptleistung ihres Beitrages scheint vielmehr darin zu liegen, konsistent und überzeugend die beiden Hauptströmungen zu identifizieren und ihre sich gegenseitig bedingenden Defizite aufzubereiten.

Die hier dargestellten Konsolidierungsversuche zeigen die Spannbreite, unter der Gewohnheitsrecht inzwischen verhandelt wird. Zugleich lenken sie den Blick wieder auf das Problem, welches der Rechtserkenntnis und Rechtsetzung in einem dezentralisierten Rechtssystem inhärent ist. Wer entscheidet, was die relevanten Voraussetzungen für Gewohnheitsrecht sind? Im Völkerrechtssystem kann diese Funktion durch verschiedene Akteure übernommen werden. Anders als in einem nationalen Rechtssystem, wo die Legislative die originäre Kreationsfunktion und die Exekutive nur davon abgeleitete Rechtsetzungsbefugnisse besitzt sowie die Judikative zumindest in einem Civil-Law-System primär der Rechtserkenntnis und -anwendung verpflichtet ist, können diese Funktionen nicht ausdrücklich einzelnen Akteuren zugewiesen werden. Selbst wenn die Generalversammlung der Vereinten Nationen als „Weltparlament" bezeichnet wird, wird damit eher ein Wunsch einer international verfassten Gesellschaft ausgedrückt als adäquat die Kompetenzen der Generalversammlung beschrieben.

Die Unschärfe der beiden Begriffe, die Unklarheit über ihr Verhältnis und das Fehlen autoritativer Organe im Völkerrecht, die darüber *erga omnes* entscheiden können, führen dazu, dass all diese Ansätze, ob man sie mit *Fidler* in drei Strömungen oder mit *Roberts* in einen traditionellen sowie modernen Ansatz unterteilen möchte, nebeneinander bestehen. Insofern löst nicht ein Ansatz den anderen ab, sondern ergänzt ihn und macht die Feststellung und Herausbildung ungleich komplexer.

---

[102] *Roberts,* AJIL 2001, S. 757 (777).
[103] Ebd., (788).
[104] Ebd., (784).

d) Alternative Lösung

Zum Zeitpunkt der Etablierung des modernen Gewohnheitsrechtsbegriffs begegneten *Simma/Alston* dieser Expansion mit dem Vorschlag, nicht über Staatenpraxis begründbare Regelungen als allgemeine Rechtsgrundsätze aufzufassen (Art. 38 Abs. 1 lit. c IGH-Statut). Sie entwickelten ihren Ansatz mit Blick auf die Geltung von Menschenrechten; er lässt sich aber auch auf alle anderen progressiv begründeten, gewohnheitsrechtlichen Normen übertragen. Die Entstehung solcher Regeln und Prinzipien unterscheide sich von Gewohnheitsrecht dadurch, dass die Geltung nur einen impliziten Konsens in der Staatengemeinschaft voraussetze und gerade keine begleitende Praxis verlange.[105] Damit könne man das in der Wissenschaft zunehmend entleerte Begriffsverständnis der Praxis aufgeben und so begründete Regelungen sinnvollerweise als Ausfluss der allgemeinen Rechtsgrundsätze begründen. Zugleich könne man dadurch im Gewohnheitsrecht zum traditionellen Verständnis beider Elemente zurückkehren und weiterhin Regelungen induktiv, ausgehend von einer nahezu universellen Staatenpraxis, herleiten.[106] Der Lösungsansatz baut auf dem inzwischen anerkannten weiten Verständnis der allgemeinen Rechtsgrundsätze auf. Nicht nur fallen darunter Grundsätze, die in den nationalen Verfassungsräumen der internationalen Staatengemeinschaft universell zu finden sind, sondern sie bestehen darüber hinaus auch eigenständig im Völkerrecht.[107] Der dafür erforderliche Konsens könne beispielsweise in Resolutionen der UN-Generalversammlung gewonnen werden.

Der Ansatz wurde in der deutschsprachigen Wissenschaft aufgegriffen und etwa durch *Petersen* weiterentwickelt,[108] der für die Rechtsgrundsätze die Unterscheidung zwischen Regeln und nach *Alexy* Prinzipien einführt. Nur Erstere würden zur Begründung den Nachweis von Staatenpraxis benötigen. Rechtsprinzipien würden sich dagegen von Regeln in struktureller Sicht unterscheiden, da sie nicht verhaltens-, sondern rechtsgutbezogen seien. Sie könnten daher durch den bloßen Nachweis einer *opinio juris* identifiziert werden.[109] Mit dieser Unterscheidung reagiert *Petersen* auf das Defizit des Ansatzes von *Simma/Alston*, die effektiv modernes Gewohnheitsrecht lediglich durch den Begriff der allgemeinen Rechtsgrundsätze ersetzen.[110]

Insgesamt bringt dieser Ansatz ebensolche Abgrenzungsschwierigkeiten mit sich wie das Gewohnheitsrecht. Über die allgemeinen Rechtsgrundsätze scheint als theoretisches Konzept sogar ein noch geringerer Konsens zu bestehen, da sie in der Wissenschaft und Praxis nur eine zweitrangige Rolle spielen. Das Ausein-

---

[105] *Simma/Alston*, Austr. Yb. Int'l L. 1988/1989, S. 82 (102).

[106] Ebd., (107).

[107] Ebd., (102); dazu *Weiss*, AVR 2001, S. 394 ff.

[108] Die Weiterentwicklung wurde wiederum von *Farahat* aufgegriffen (S. 273) und dazu genutzt progressive Inklusion und statische Zuordnung als allgemeine Rechtsgrundsätze zu qualifizieren, *dies.*, Progressive Inklusion, S. 281 ff.

[109] *Petersen*, Demokratie als teleologisches Prinzip, S. 71.

[110] Ebd., S. 67.

anderklaffen zwischen behaupteter Rechtsgeltung und tatsächlicher Rechtspraxis kann auch mit diesem Ansatz nicht verhindert werden. Staaten werden so im Zweifel gegen ihren Willen unter dem Begriff der allgemeinen Rechtsgrundsätze verpflichtet, ohne dass dadurch eine höhere Befolgung zu erwarten ist. Wegen dieser theoretischen Schwierigkeiten werden im Folgenden die allgemeinen Rechtsgrundsätze außer Betracht gelassen.

3. Soft Law und der moderne Ansatz

Der moderne Ansatz erlaubt die Miteinbeziehung einer Vielzahl von Handlungsformen und Instrumenten zur Begründung einer gewohnheitsrechtlichen Norm. Neben völkerrechtlichen Verträgen werden dazu Soft Law-Instrumente wie Resolutionen der Generalversammlung, Schlussfolgerungen völkerrechtlicher Organisationen oder nicht verbindliche Staatenvereinbarungen genutzt. Soft Law trägt daher maßgeblich zur Feststellung von Gewohnheitsrecht im Rahmen des modernen Ansatzes bei.[111] Dabei wird Soft Law in Wissenschaft und Praxis in dreierlei Hinsicht verwendet: Erstens können unverbindliche Instrumente unmittelbar zur Bildung einer gewohnheitsrechtlichen Norm beitragen, indem sie als Beweis einer Rechtsüberzeugung herangezogen werden. Zweitens wird die Annahme unverbindlicher Instrumente als Staatenpraxis gewertet. Drittens wird vorgebracht, dass mithilfe von Soft Law bereits bestehendes Gewohnheitsrecht kodifiziert werde. In diesem Fall trägt das Soft Law nicht selbst zur Entstehung bei, sondern macht die geltende Regelung lediglich sichtbar.

a) Soft Law als Beweis einer Rechtsüberzeugung

In der zweiten Hälfte des 20. Jahrhunderts wurde auf Initiative der entkolonialisierten Staaten die Rechtswirkung von Resolutionen der Generalversammlung diskutiert.[112] Die Debatte war wegen der ihr inhärenten geostrategischen Machtfragen zu Beginn eine politische, die zugleich von einer intensiven wissenschaftlichen Auseinandersetzung begleitet wurde. Ein Ende fand die Debatte in der Rechtsprechung des Internationalen Gerichtshofes, welcher in zwei prominenten Entscheidungen Resolutionen der Generalversammlung für die Begründung gewohnheitsrechtlicher Normen heranzog. Die Vorgehensweise des Gerichts wird im Folgenden dargestellt und kritisch gewürdigt. Dem schließt sich eine knappe Einschätzung zum Einfluss und der Gestaltungsmacht, die dem Internationalen Gerichtshof und seinen Entscheidungen für die Entwicklung des Völkerrechts zukommen, an. Darauf folgt eine Betrachtung der neueren internationalen Gerichtsbarkeit, die seit den 1990er Jahren aufgekommen ist und die dynamische Entwicklung des Gewohnheitsrechts quantitativ verstärkt. Der Abschnitt schließt mit Überlegungen dazu, welche Voraussetzungen ein unverbindliches Instrument erfüllen muss, damit es sich für die dargestellte Verwendung eignet.

---

[111] *Boyle/Chinkin,* The Making of Int. Law, S. 161.
[112] Siehe dazu ausf. § 2 A. I. 3. Rechtsverbindlichkeit von UN-Resolutionen.

aa) Die Rechtsprechung des IGH

In der Rechtssache *Nicaragua* aus dem Jahr 1986 ging es um die Geltung des gewohnheitsrechtlichen Gewalt- und Interventionsverbots. Den Hintergrund des Rechtsstreits bildete die amerikanische Unterstützung militärischer und paramilitärischer Rebellengruppen in den 1980er Jahren in Nicaragua. Die Anwendung des Gewaltverbots aus Art. 4 Abs. 2 UN-Charta und weiterer möglicherweise materiell einschlägiger völkerrechtlicher Verpflichtungen zwischen den beteiligten Parteien konnte wegen der auf Reservationen gründenden fehlenden Zuständigkeit des Internationalen Gerichtshofes im Verfahren keine Berücksichtigung finden. Deswegen war die Begründung einer gewohnheitsrechtlichen Regelung entscheidend.[113] Die Vereinigten Staaten brachten vor, dass ihre Reservationen auch die Anwendung einer materiell gleichlautenden gewohnheitsrechtlichen Regelung ausschließen müssten.[114] Demgegenüber betonte der Internationale Gerichtshof die Selbstständigkeit beider Rechtsquellen. Eine gewohnheitsrechtliche Regelung und eine gleich- oder ähnlich lautende völkerrechtliche Regelung könnten nebeneinander bestehen.[115]

Das Gericht zog in dieser Entscheidung zur Begründung eines dem Gewaltverbot der UN-Charta entsprechenden gewohnheitsrechtlichen Verbots mehrere Resolutionen der Generalversammlung, insbesondere die Erklärung über Grundsätze des Völkerrechts betreffend freundschaftliche Beziehungen und Zusammenarbeit zwischen den Staaten, heran.[116] Damit schloss sich das Gericht der Sichtweise an, die Resolutionen der Generalversammlung rechtliche Autorität zusprach.[117] Die Annahme einer solchen Resolution könne nicht einfach als Wiederholung oder Verdeutlichung der in der Charta eingegangenen vertraglichen Verpflichtungen verstanden werden. Durch sie werde erklärt, dass die in der Resolution selbst enthaltene Regel gültig sei.[118] Damit gelte das Gewaltverbot gewohnheitsrechtlich. Da das Gericht seine Begründung ausschließlich auf Deklarationen stützt, also solche Resolutionen der Generalversammlung, denen eine besondere Bedeutung zukommen soll, muss einschränkend angemerkt werden, dass wohl im Regelfall nur diesen aus Sicht des Gerichts eine rechtliche Wirkung zukommen kann.

---

[113] IGH, Military and Paramilitary Activities in and against Nicaragua *(Nicaragua v. USA)*, Urt. v. 27.06.1986, I.C.J. Rep. 1986, S. 14 (92 Ziff. 172).

[114] Ebd., (92 Ziff. 173).

[115] Ebd., (94 Ziff. 176; 96 Ziff. 179).

[116] IGH, Military and Paramilitary Activities in and against Nicaragua *(Nicaragua v. USA)*, Urt. v. 27.06.1986, I.C.J. Rep. 1986, S. 14 (99 Ziff. 188); ebenso in der jüngeren Entscheidung: IGH, Case Concerning Armed Activities on the Territory of the Congo *(Dem. Republic of the Congo v. Uganda)*, Urt. v. 19.12.2005, I.C.J. Rep. 2005, S. 168 (226 Ziff. 162; 268 Ziff. 300).

[117] *Byers*, Custom, Power and the Power of Rules, S. 135; Siehe dazu ausf. § 2 A. I. Heterogenisierung der internationalen Staatengemeinschaft.

[118] IGH, Military and Paramilitary Activities in and against Nicaragua *(Nicaragua v. USA)*, Urt. v. 27.06.1986, I.C.J. Rep. 1986, S. 14 (99 Ziff. 188).

Das Ergebnis wird durch die Aufnahme verschiedener Abkommen und Resolutionen mit ähnlichen Prinzipien, denen die Vereinigten Staaten zugestimmt haben, weiter untermauert. Die Zustimmung der Vereinigten Staaten zeige, dass sie die oben festgestellte *opinio juris* teile.[119] An dieser Stelle ist interessant, dass zur Begründung des subjektiven Elements ausdrücklich auf die Haltung der Vereinigten Staaten abgestellt wird. Die Geltung einer gewohnheitsrechtlichen Norm gegenüber einem Staat hängt nicht von seiner explizit geäußerten Rechtsüberzeugung ab. Sofern festgestellt wird, dass die Rechtsüberzeugung allgemein anerkannt ist, gilt sie auch gegenüber dem Staat, der sich bis dahin noch nicht dazu geäußert hat. Das individuelle staatliche Verhalten ist nur bei der Frage entscheidend, ob die Geltung einer Norm gegenüber dem betroffenen Staat als *persistent objector* ausgeschlossen werden kann. Dass der Internationale Gerichtshof hier dennoch diesen Weg wählte, lässt vermuten, dass er seine Position gegenüber den Vereinigten Staaten argumentativ absichern wollte. In der Auflistung steckt der Versuch, die Vereinigten Staaten über ihre eigenen Rechtsansichten an die Geltung der Norm zu binden, um die Akzeptanz ihrer vorausgegangenen, als kontrovers antizipierten Argumentation zu erhöhen.

Aus der Entscheidung lassen sich einige entscheidende Schlüsse ziehen: Einerseits wird das Verhältnis zwischen völkerrechtlichen Verträgen und Gewohnheitsrecht geklärt. Eine gewohnheitsrechtliche Norm geht nicht in einem völkerrechtlichen Vertrag auf und verliert dadurch ihre eigenständige Geltung, sondern kann aus einem völkerrechtlichen Vertrag hergeleitet werden und somit auch für Nichtvertragsparteien oder trotz Reservationen Anwendung finden. Aus Staatensicht bedeutet dies eine gewisse Unsicherheit, reicht doch das Erklären einer Reservation nicht notwendigerweise aus, die Verpflichtung sich selbst gegenüber auszuschließen. Andererseits ist es darüber möglich, Staaten etwa im Bereich der Menschenrechte zu verpflichten, wo im besonderen Maße die Effektivität einiger Schutzinstrumente durch zu viele Reservationen und Derogationen gefährdet ist.

Im Hinblick auf die Herleitung von Gewohnheitsrecht ist bemerkenswert, dass auf das Feststellen einer Staatenpraxis fast gänzlich verzichtet wird. Der Internationale Gerichtshof bereitet dies vor, indem er die Anforderungen an die Konsistenz und Uniformität, bekannt aus der *Festlandsockel*-Entscheidung, relativiert. Es sei nicht zu erwarten, dass Staaten die fraglichen Regeln ohne Brüche anwenden würden – hier auf den Anwendungsfall bezogen, dass sie vollständig auf Gewaltanwendung und Einmischung in die inneren Angelegenheiten anderer Staaten verzichtet hätten. Das Gericht hält es für ausreichend, dass die Staatenpraxis im Allgemeinen mit solchen Regeln übereinstimmt und dass damit unvereinbares Verhalten als Verstoß gegen diese Regel behandelt wird und nicht als Herausbildung einer neuen. Berufe sich ein Staat bei einem zur Regel konträr verlaufenden Verhalten auf eine Ausnahme der Regel oder rechtfertige er sein

---

[119] Ebd., (100 Ziff. 189).

Verhalten innerhalb der Regel, so werde der Bestand der infrage stehenden Regelung nicht geschwächt, sondern gestärkt.[120]

Der Internationale Gerichtshof beginnt in dieser Entscheidung mit einer normativen Aussage und gleicht sie in einem zweiten Schritt mit entsprechender Staatenpraxis ab. Dieser Paradigmenwechsel hin zu einer deduktiven Herangehensweise[121] in Verbindung mit den gesenkten Anforderungen an die Staatenpraxis macht es möglich, ein gewohnheitsrechtliches Gewaltverbot hauptsächlich gestützt auf eine Deklaration der Generalversammlung zu begründen. Die Vorgehensweise des Internationalen Gerichtshofes und die letztendliche Entscheidung waren mit hohen politischen Kosten verbunden. Die Vereinigten Staaten hatten von vornherein die Zuständigkeit des Internationalen Gerichtshofes abgelehnt und blieben zuletzt dem Verfahren fern. Sie nahmen im Laufe des Verfahrens die Unterwerfung unter die obligatorische Zuständigkeit des Internationalen Gerichtshofes nach Art. 36 Abs. 2 IGH-Statut zurück und erkannten ihre Verurteilung nicht an.[122] Auch die Wissenschaft setzte sich mit der Entscheidung intensiv auseinander. Die Reaktionen reichten dabei von konstruktiven Konsolidierungsversuchen wie der *sliding scale* nach *Kirgis*[123] bis zu vernichtender Kritik, wie der *D'Amatos*, der dem Gericht vorwarf, das Gewohnheitsrecht mit seiner Entscheidung abgeschafft zu haben.[124]

Zehn Jahre später verdeutlichte der Internationale Gerichtshof in einem Gutachten zur Frage der Völkerrechtswidrigkeit des Einsatzes von Nuklearwaffen seine Vorgehensweise in Bezug auf UN-Resolutionen. Angerufen durch die Generalversammlung beschäftigte er sich u. a. damit, ob inzwischen ein gewohnheitsrechtliches Verbot des Einsatzes von Nuklearwaffen gelte (Art. 96 Abs. 1 UN-Charta).[125] Dabei sah sich das Gericht mit zwei divergierenden Sichtweisen konfrontiert: Ein Teil der Staaten brachte vor, dass ausgehend von einer Resolution Anfang der 1960er Jahre die Generalversammlung regelmäßig die Illegalität des Einsatzes von Nuklearwaffen festgestellt habe; diese Kette von Resolutionen sei der Beweis dafür, dass ein gewohnheitsrechtliches Verbot existiere. Demgegenüber betonte eine andere Gruppe von Staaten die Rechtsunverbind-

---

[120] Ebd., (98 Ziff. 186).

[121] In der Entscheidung selbst wird das Verb *to deduce,* mehrfach verwendet, bspw. auf S. 98, Ziff. 186, IGH, Military and Paramilitary Activities in and against Nicaragua *(Nicaragua v. USA)*, Urt. v. 27.06.1986, I.C.J. Rep. 1986, S. 14.

[122] Decl. by the President of the USA, ICJ: US Recognition of Compulsory Jurisdiction, v. 14.08.1946, 61 Stat 1218; Treaties and Other International Acts Series 1598.

[123] *Kirgis,* AJIL 1987, S. 146 ff., dazu § 4 I. 2. Das Verhältnis der Elemente zueinander.

[124] *D'Amato* kritisiert insbesondere, dass der IGH von der *opinio juris* ausging und nicht den Versuch unternahm die Staatenpraxis zu untersuchen. Schließlich gebe es in der Praxis eine Reihe von Interventionen, die einem gewohnheitsrechtlichen Verbot entgegenstünden, wie bspw. humanitäre Interventionen, siehe *ders.,* AJIL 1987, S. 101 (102 f.).

[125] Die Resolution war sehr umstritten, UNGA, Res. 49/75 K v. 15.12.1994 und wurde mit 78 gegen 43 Stimmen bei 38 Enthaltungen angenommen.

lichkeit von Resolutionen und dass die infrage stehenden Resolutionen nicht ohne Gegenstimmen angenommen worden seien.[126]

Das Gericht stellte fest, dass Resolutionen zwar nicht rechtsverbindlich seien, aber einigen normative Wirkung zukommen könne. Sie könnten als Beweis einer bereits existierenden gewohnheitsrechtlichen Norm verstanden werden oder aber es sei an ihnen das Aufkommen einer neuen Rechtsüberzeugung zu beobachten; an einer Reihe von Resolutionen lasse sich die graduelle Entwicklung nachvollziehen. Die normative Wirkung werde entscheidend durch den Inhalt und die Umstände der Annahme bedingt.[127] Mit Blick auf ein Verbot des Einsatzes von Nuklearwaffen ließen die einschlägigen Resolutionen nicht die gewohnheitsrechtliche Geltung eines solchen erkennen.[128] Zwar würden durch sie die große Besorgnis und der Wunsch, den Einsatz zu verbieten, von Teilen der Staatengemeinschaft deutlich, die Bedingungen der Annahme mit einer Vielzahl von Enthaltungen und Gegenstimmen ließen jedoch nicht den Schluss zu, dass sie zugleich Ausdruck einer Rechtsüberzeugung seien.[129]

Die Frage, ob ein solches Verbot in der Praxis zu beobachten sei, ließ das Gericht offen: Es sei denkbar, dass der Nichteinsatz seit 1945 der praktische Beweis einer gleichlautenden Rechtsüberzeugung sei oder sich nur (noch) nicht wieder die Bedingungen ergeben hätten, unter denen Staaten bereit wären, zum Zwecke der Selbstverteidigung Nuklearwaffen einzusetzen. Schließlich werde die Politik der nuklearen Abschreckung nach wie vor praktiziert.[130]

Auch wenn im Ergebnis mithilfe der Resolutionen kein Verbot begründet wird, zeigt die Argumentation des Gerichts, dass dies nicht an ihrer Rechtsunverbindlichkeit scheitert, sondern an der fehlenden universellen Unterstützung. Dadurch schließt sich der Internationale Gerichtshof inhaltlich der Argumentation derjenigen Staaten an, die für ein Verbot plädierten, und entwickelt die durch die *Nicaragua*-Entscheidung eingeführten Maßstäbe weiter. In beiden Fällen spielte die Staatenpraxis nur eine zweitrangige Rolle. Dies lässt sich methodisch darauf zurückführen, dass bei der Konstruktion eines völkerrechtlichen Verbots Unterlassen als Praxis gewertet werden muss.[131] Bei dem Gutachten kam als besonderer Umstand hinzu, dass nur ein geringer Teil der Staaten überhaupt über Nuklearwaffen verfügt. Das Nichteinsetzen nuklearer Waffen durch die meisten Staaten kann daher nicht ohne weiteres als ein Indiz einer Praxis gewertet werden.[132] Beide Fälle eint, dass dem subjektiven Element zur Begründung eines

---

[126] IGH, Legality of the Threat or Use of Nuclear Weapons, Adv. Op. v. 08.07.1996, I.C.J. Rep. 1996, S. 226 (254 Ziff. 68).

[127] Ebd., (254 Ziff. 70).

[128] Ebd., (254 Ziff. 67).

[129] Ebd., (255 Ziff. 71).

[130] Ebd., (254 Ziff. 66).

[131] *Alvarez,* Int. Organizations as Law-makers, S. 77.

[132] Dahinter verbirgt sich die methodische Frage, inwiefern Staaten tatsächlich betroffen sein müssen, damit ihr Handeln als Gewohnheitsrechtsrelevante Praxis gewertete werden kann. Das Gegenstück dazu ist die Rechtsfigur der *specially affected states,* die der IGH entwickelt hat, sieh dazu *Scharf,* Recognizing Grotian Moments, S. 38 f.

Verbots die entscheidende Rolle zukommt. Jedoch kommt einem Gutachten anders als einer Entscheidung des Gerichts keine Rechtsverbindlichkeit zu. Dies scheint der Wirkung, die das Gutachten entfaltete, insbesondere für die Etablierung des modernen Ansatzes in der Rechtsprechung keinen Abbruch getan zu haben.[133]

Die Adaption des modernen Ansatzes durch den Internationalen Gerichtshof bedeutete nicht die Aufgabe der traditionellen Herleitung gewohnheitsrechtlicher Normen. In seiner Rechtsprechung finden beide Ansätze nebeneinander Verwendung. Zumindest für die 2000er-Jahre zieht *Alvarez-Jiménez* die Bilanz, dass in den Fällen, in denen der traditionelle Ansatz Anwendung fand, die Auswirkungen auf das jeweilige Völkerrechtsgebiet signifikanter gewesen seien, beispielsweise in der Entscheidung zur Immunität von Regierungsangehörigen.[134] Im Gegensatz dazu wurde Gewohnheitsrecht nach dem modernen Ansatz primär in Fällen begründet, in denen allgemein anerkannt war, dass die entscheidenden Normen gewohnheitsrechtlich gelten würden, so beispielsweise in der Entscheidung zum Bau einer Mauer in der Westbank, in der erneut die gewohnheitsrechtliche Geltung der Erklärung über Grundsätze betreffend freundschaftliche Beziehungen und Zusammenarbeit zwischen den Staaten aus der *Nicaragua*-Entscheidung aufgegriffen wurde.[135]

Eine Entscheidung des IGH bindet *inter partes* (Art. 59 IGH-Statut). Das bedeutet jedoch nicht, dass die Urteile des Gerichts darüber hinaus keinen Einfluss auf das Völkerrecht und insbesondere auf das Gewohnheitsrecht haben.[136] Erstens bilden Rechtsauffassungen internationaler Gerichte ein Hilfsmittel zur Feststellung von Rechtsnormen, sind also Rechtserkenntnisquellen (Art. 38 Abs. 1 lit. d IGH-Statut),[137] zweitens kann sich die Praxis der Staaten und internationaler Organisationen an die Entscheidung des Gerichts anpassen und drittens kann die erklärte Regel in Verfahren vor anderen Gerichten Eingang finden.[138] Die Auswirkungen, die eine Entscheidung in dieser Weise entfalten kann, wirken auf die Verhärtung der gewohnheitsrechtlichen Regelung zurück und bestätigen zugleich ihre Geltung. Der Internationale Gerichtshof wird jedoch nicht von sich aus tätig, sondern ist immer davon abhängig, dass ihm ein Rechtsstreit zugewiesen wird. Dort, wo er keine Jurisdiktion besitzt, entwickelt sich das Gewohnheitsrecht von seiner Rechtsprechung unabhängig.[139] Bei der Herausbildung von Gewohnheitsrecht spielen demnach Staaten nach wie vor eine entscheidende Rolle.[140] Teilweise handeln sie dabei bewusst konträr zur Rechtspre-

---

[133] *Higgins* spricht den Gutachten des IGH „a role of great importance" zu, *dies.,* Problems & Process, S: 203.
[134] *Alvarez-Jiménez,* ICLQ 2011, S. 681 (693).
[135] Ebd., (689 f.).
[136] Ebd., (682); *Higgins,* Problems & Process, S. 202; *Roberts,* AJIL 2001, S. 757 (772).
[137] *Payandeh,* NVwZ 2020, S. 125 (127).
[138] *Alvarez-Jiménez,* ICLQ 2011, S. 681 (683).
[139] *Alvarez-Jiménez,* ICLQ 2011, S. 681 (685).
[140] Ebd.; *D'Amato,* AJIL 1987, S. 101 (104).

chung, um die Folgewirkungen einer Entscheidung zu minimieren. In diese Richtung lässt sich beispielsweise das destruktive Verhalten der Vereinigten Staaten während und im Anschluss an das *Nicaragua*-Verfahren beurteilen. Im Ergebnis übernimmt der Internationale Gerichtshof am ehesten die Rolle eines Schiedsrichters oder einer letzten Instanz: Zwar werden die Existenz und der Inhalt gewohnheitsrechtlicher Normen primär durch Staaten und von der Wissenschaft bestimmt, im Streitfall kommt es jedoch auf die Entscheidung des Internationalen Gerichtshofes an.[141]

Die prominente Rolle, die der Internationale Gerichtshof und andere Gerichte in dieser Weise einnehmen können, gilt nicht für alle Völkerrechtsgebiete gleichermaßen, sondern ist auf bestimmte beschränkt. Eine gestaltende Funktion wird in solchen Völkerrechtsgebieten übernommen, in denen Staaten zu einem bestimmten Handeln oder Unterlassen, auch gegen ihren Willen, verpflichtet werden können oder sollen.[142] Das gilt insbesondere für den Menschenrechtsschutz, der als Paradebeispiel der dynamischen Entwicklung gewohnheitsrechtlicher Normen gelten kann. Als weiteres Beispiel kann das Umweltrecht angeführt werden. Gerade in diesen Rechtsgebieten kann es für Individuen und Gruppen besonders attraktiv sein, rechtsverbindliche Normen herzuleiten, die vor Gericht berücksichtigt werden können. Insofern ist ein Großteil der Bemühungen der Wissenschaft und Praxis, gewohnheitsrechtliche Normen mithilfe von Soft Law zu begründen, nicht an Staaten gerichtet, sondern an rechtsprechende oder quasirechtsprechende Körper.[143]

bb) Eine neue internationale Gerichtsbarkeit

Die Auswirkungen dieser Veränderung wirken umso schwerer, als sich mit dem Ende des Kalten Krieges die internationale Gerichtsbarkeit weiterentwickelt und ausdifferenziert hat.[144] Der Ständige Internationale Gerichtshof und sein Nachfolger wurden noch als Weltgerichte konzipiert, die beauftragt wurden, durch Streitbeilegung den Weltfrieden zwischen den Staaten zu wahren.[145] Die Rückschau macht jedoch deutlich, dass die beiden Gerichte nicht unbedingt in Streitfällen angerufen wurden, in denen unmittelbare Gewaltanwendung drohte, die also hochpolitisch waren, sondern vielmehr in Rechtssachen, die politisch weniger drängend waren.[146] Während der Internationale Gerichtshof und andere

---

[141] *Roberts,* AJIL 2001, S. 757 (772).

[142] So auch in der Selbstbeschreibung, IGH, Legality of the Threat or Use of Nuclear Weapons, Adv. Op. v. 08.07.1996, I.C.J. Rep. 1996, S. 226 (237 Ziff. 18).

[143] *Bodansky,* Global Legal Studies Journal 1995, S. 105 (117).

[144] zu den Gründen *Romano,* NYU JIL 1999, S. 709 (729); ferner *Charney,* NYU JIL 1999, S. 697 ff.; *Chinkin/Boyle,* The Making of Int. Law, S. 265; *Higgins,* ICLQ 2003, S. 1 (12 ff.); *Kingsbury,* NYU JIL 1999, S. 679 ff.; *Krieger,* AöR 2008, S. 315 (317); *Pauwelyn/Wessel/Wouters,* EJIL 2014, S. 733 (737).

[145] *Higgins,* ICLQ 2003, S. 1 (2); *Lauterpacht,* The Development of International, S. 3; *Shany,* EJIL 2009, S. 73 (77); *Gill,* Rosenne's the World Court, S. 23.

[146] *Lauterpacht,* The Development of International, S. 4; *Shany,* EJIL 2009, S. 71 (77).

Gerichte für diese Art von Konflikten die Möglichkeit einer gewaltfreien Streitbeilegung bieten,[147] ist ihr Beitrag zur Lösung der schwerwiegendsten und dring-
lichsten Konflikte der Nachkriegsära, wie der Auswirkungen des Kalten Krieges,
der Dekolonisation, des Konfliktes im Mittleren Osten und der Terrorismusbe-
kämpfung, moderat.[148] In den vor dem Internationalen Gerichtshof behandelten
Fällen, in denen unmittelbar Gewalt drohte oder bereits angewandt worden war,
konnte das Gericht die weitere Eskalation und die Anwendung von Gewalt nur
selten verhindern.[149] In der Tat führte die erforderliche Einwilligung beider Parteien in die Zuständigkeit des Gerichts in vielen Fällen dazu, dass der Anreiz, sich
dieser zu unterwerfen, gerade in denjenigen Fällen gering war, in denen der Streit-
gegenstand besonders umstritten war.[150] In den wenigen Fällen, in denen gegen
den Willen oder das erklärte Interesse von Staaten ein Verfahren vor dem Internationalen Gerichtshof verhandelt wurde, etwa indem Zuständigkeitsregeln anders oder besonders weit interpretiert wurden, haben diese Staaten ihre Kooperation im Verfahren regelmäßig verweigert und die Entscheidungen nicht anerkannt.[151] Wegen der begrenzten Zuständigkeit, der fehlenden Durchsetzungs-
mechanismen und der Schwächen der internationalen Rechtsordnung konnten
der Ständige Gerichtshof vor und der Internationale Gerichtshof nach dem Zweiten Weltkrieg die in sie gesetzten Hoffnungen als friedenstiftende Weltgerichte
nur unzureichend erfüllen.[152]

Dementsprechend unterscheiden sich die später gegründeten Gerichte von
ihren Vorgängern.[153] Zu ihnen gehören beispielsweise der Internationale Seege-
richtshof oder der Internationale Strafgerichtshof.[154] Dazu lässt sich auch der
Europäische Gerichtshof für Menschenrechte zählen, der zwar im Jahr 1959
gegründet, aber durch umfassende Reformen, insbesondere die Einführung der
unmittelbaren Individualbeschwerde im Jahr 1998, in seiner Konstitution grundsätzlich verändert wurde.[155] Die territoriale Ausdehnung des Zuständigkeitsbe-

---

[147] *Gill,* Rosenne's the World Court, S. 31.

[148] *Shany,* EJIL 2009, S. 73 (74).

[149] Ebd., (77).

[150] *Kooijmans,* in: Muller u. a. (Hrsg.), The International Court of Justice, S. 411; *Shany,*
EJIL 2009, S. 71 (78).

[151] *Higgins,* Problems & Process, S. 189; *Ody,* ICLQ 2000, S. 251 (264); *Shany,* EJIL 2009,
S. 71 (78).

[152] Ausnahme hierzu Art. 94 Abs. 2 UN-Charta.

[153] Der Gerichtsbegriff folgt hier der Definition *Romanos,* der sie als ständige aufgrund
eines völkerrechtlichen Vertrages gegründete, verbindliches Völkerrechtsprechende Institutionen bezeichnet, deren Verfahrensregeln fallunabhangig feststehen, *ders.,* NYU JILP 1999,
S. 709 (714).

[154] Aufzählung nach *Shany,* EJIL 2009, S. 71 (79), Dieser erwähnt ebenfalls das Berufungs-
gremium der WTO *(Appelate Body),* da umstritten ist, ob es sich hier nur um eine Kontroll-
instanz innerhalb des Schiedsgerichtssystems der WTO handelt oder dem Gremium vielmehr
die Rolle eines Welthandelsgerichts zukommen soll, fügt sich das Gremium nicht ohne weiteres in die Aufzählung mit ein, siehe dazu *Walter,* in: Wolfrum/Stoll/Kaiser (Hrsg.), WTO-
Institutions and Dispute Settlement, Art. 17 Rn. 1 f.

[155] Art. 34, 35 EMRK; Protokoll Ziff. 11 zur Konvention zum Schutze der Menschen-

reichs nach Ende des Kalten Krieges verstärkte ferner seine Relevanz.[156] Inzwischen liegt die Mitgliederzahl bei 47 Staaten. Ebenso lässt sich dazu der Europäische Gerichtshof zählen, welcher seit dem Vertrag von Maastricht und der Gründung der Europäischen Union zu einem mächtigen Gericht *sui generis* herangewachsen ist. Sein Machtzuwachs ist auf die strukturellen Änderungen der vertraglichen Grundlagen zurückzuführen; zugleich erweiterte sich sein Zuständigkeitsbereich durch die Ost- und Süderweiterungen ab dem Jahr 2005 ebenfalls merklich.[157]

Diesen Gerichten ist gemeinsam, dass sie in ihrem Anwendungsbereich die originäre Zuständigkeit besitzen.[158] Effektiviert wird die Zuständigkeit dadurch, dass sie von nicht staatlichen Akteuren genutzt werden, die, neben Staaten, Beschwerden erheben und Verfahren einleiten können.[159] Das können Individualpersonen sein wie vor dem EGMR, hier wegen einer Verletzung der Konventionsgrundrechte durch einen Mitgliedstaat (Art. 34 EMRK), internationale Organisationen[160] oder wie in der Europäischen Union unionseigene Organe, wie beispielsweise die Europäische Kommission (Art. 257 AEUV). Da sich die Staatenbeschwerde als ineffektives Instrument erwiesen hat, erlauben diese Mechanismen, dass viel häufiger Verfahren, auch solche, die gegen Staatsinteressen gerichtet sind, vor den Gerichten verhandelt werden.[161]

Ihr Anwendungsbereich ist regelmäßig auf einen völkerrechtlichen Vertrag, ein Korpus völkerrechtlicher Verträge oder ein Rechtsgebiet begrenzt und territorial auf eine bestimmte Region beschränkt.[162] Auch scheint sich die Aufgaben- und Funktionswahrnehmung durch die Gerichte gewandelt zu haben. Neben der Streitbeilegung nutzen sie ihre Verfahren dazu, das jeweils einschlägige Rechtsregime zu stabilisieren und weiterzuentwickeln.[163] Diese zuweilen als Missionsbewusstsein bezeichnete Haltung[164] kann für ein Gericht wie den Europäischen

---

rechte und Grundfreiheiten, über die Umgestaltung des durch die Konvention eingeführten Kontrollmechanismus, Vertrag-Ziff. 155; *Grabenwater/Pabel,* EMRK, § 9 Rn. 1; *Kadelbach,* in: Dörr/Grote/Marauhn, EMRK/GG, 2. Aufl., Kap. 30 Rn. 7.

[156] *Shany,* EJIL 2009, S. 71 (75).

[157] Hinzuzählen ließen sich darüber hinaus der Internationale Strafgerichtshof und die ad-hoc Tribunale in Jugoslawien und Ruanda, wegen ihrer Ausrichtung auf das Völkerstrafrecht werden sie jedoch im Folgenden ausgeklammert.

[158] *Shany,* EJIL 2009, S. 71 (79).

[159] *Nowrot* mit der prägnanten Funktionsbeschreibung, dass NGOs als „private attorney-generals" auftreten, vgl. *ders.,* Ind. J. Global L. Stud. 1999, S. 579 (633); *Romano,* NYU JIL 1999, S. 709 (739); *Shany,* EJIL 2009, S. 71 (79).

[160] *Romano,* NYU JIL 1999, S. 709 (740).

[161] Es wurden bis jetzt, erst in 30 Fällen Staatenbeschwerden nach Art. 33 EMRK erhoben, vgl. *Grabenwater/Pabel,* EMRK, § 10 Rn. 2; *Kadelbach,* in: Dörr/Grote/Marauhn, EMRK/GG, 2. Aufl., Kap. 30 Rn. 94.

[162] *Higgins,* ICLQ 2003, S. 1 (16); *Shany,* EJIL 2009, S. 71 (80).

[163] *v. Bogdandy/Venzke,* ZaöRV 2010, S. 1 (3); *Weiler/Haltern,* in: Slaughter u. a. (Hrsg.), The European Court and National Courts, S. 331 (339 f.); *Shany,* EJIL 2009, S. 71 (80 f.).

[164] *Koskenniemi/Leino,* LJIL 2002, S. 553 (567); *Shany,* EJIL 2009, S. 71 (81).

Gerichtshof für Menschenrechte bedeuten, die zu schützenden Rechte im Kontext moderner Entwicklungen auszulegen oder den zugrundeliegenden Kooperationsrahmen zu stärken. Beim Europäischen Gerichtshof äußerte sich ein solches Bestreben beispielsweise in seiner Rechtsprechung zur Autonomie des Unionsrechts, die sein Auslegungsmonopol gerade auch im Verhältnis zu anderen völkerrechtlichen Vertragsregimen, in diesem Fall zur EMRK, sichern soll.[165]

Die Gerichte generieren in ihrem Zuständigkeitsbereich in größerem Umfang Rechtsprechung zum Völkerrecht, die zugleich viel selbstverständlicher durch nationale Gerichte, Staaten und die Wissenschaft rezipiert wird.[166] Wie geübt Gerichte inzwischen darin sind, Völkerrecht anzuwenden, zeigt jüngst die Entscheidung eines niederländischen erstinstanzlichen Gerichts, welches das britische Unternehmen Shell hinsichtlich seiner schädlichen Umweltauswirkungen zu mehr Sorgfalt verurteilte und seine Argumentation u. a. auch auf die UN-Leitprinzipien für Menschenrechte und Unternehmen stützte.[167]

Die internationalen und nationalen Gerichte übernehmen dabei zum Teil Rechtsprechung des Internationalen Gerichtshofes. Präjudizien werden übernommen, ohne dass im Einzelfall die dafür erforderlichen Voraussetzungen geprüft werden.[168] Zwar entspricht die Selbstdarstellung vieler Gerichte der Vorstellung, sie würden das Recht lediglich „erkennen";[169] Gerichte, die ihre Entscheidungen mitsamt Erwägungen publizieren, sind jedoch selbst Teilnehmer am allgemeinen Rechtsdiskurs. Ein veröffentlichtes und übersetztes Urteil kann in späteren Rechtsdiskursen ein wesentliches Argument bilden.[170] Zumindest aber können Gerichtsentscheidungen die Argumentationslast umverteilen. Die Darlegungs- und Begründungslast liegt dann bei demjenigen, der im nachfolgenden Rechtsdiskurs von einer Entscheidung oder gegen eine Entscheidungsreihe spricht und argumentativ abweicht.[171] Die Spruchtätigkeit eines über Reputation

---

[165] *Haltern,* Europarecht, Bd. II, § 11 Rn. 1727; Es besteht seit dem Vertrag von Lissabon die primärrechtliche Pflicht zum Beitritt der Europäischen Union zur EMKR (Art. 6 Abs. 2 EUV), welche vom EuGH in einem Gutachten ausgeschlossen wurde, Gutachten 2/13 v. 18.12.2014 – EMRK II, Rs. 2/13.

[166] *Buergenthal,* LJIL 2001, S. 267 (271 f.); *Chinkin/Boyle,* The Making of Int. Law, S. 265; *Higgins,* ICLQ 2003, S. 1 (12); *Lepard,* in: ders. (Hrsg.), Reexamining Customary Int. Law, S. 238; *Shany,* EJIL 2009, S. 71 (76).

[167] *Rechtsbank Den Haag,* v. 26.05.2021; ECLI:NL:RBDHA:2021:5339, Ziff. 4. 4. 2; siehe auch das Verfahren vor dem OLG Hamm eines peruanischen Bauern gegen RWE, Az. I-5 U 15/17 v. 30.11.2017; zuletzt die Entscheidung des BVerfG, die wiederum den Staat und nicht Private verpflichtet, BVerfG, Beschl. v. 24.03.2012 – 1 BvR 2656/18, Rn. 1–270, die über Deutschland hinausgehende Signalwirkung der Entscheidung zeigt sich bereits daran, dass sie vom BVerfG ins Englische, Französische und Spanische übersetzt wurde; eine ähnliche Entscheidung traf bereits das niederländische Verfassungsgericht, *Hooge Raad,* v. 20.12.2019 – 19/00135, EGLI: NL: HR:2019:2006; für mehr richterliche Zurückhaltung vgl. *Wagner,* NJW 2021, S. 2256 (2263).

[168] *Alvarez-Jiménez,* ICLQ 2011, S. 681 (684); *v. Bogdandy/Venzke,* ZaöRV 2010, S. 1 (18).

[169] *v. Bogdandy/Venzke,* ZaöRV 2010, S. 1 (12).

[170] Ebd., (14).

[171] Ebd., (18).

verfügenden internationalen Gerichts kann als Ausübung öffentlicher Gewalt begriffen werden, die ihrerseits rechtfertigungsbedürftig ist.[172] Die internationale Gerichtsbarkeit lässt sich nach *Shany* nicht mehr als „*a weak department of power*" begreifen.[173]

Zwar werden die modernen internationalen Gerichte anders als noch der Ständige Gerichtshof und der Internationale Gerichtshof durch ihren institutionellen Aufbau begrenzt, ihre neue Macht und das damit verbundene Selbstbewusstsein führen in der Praxis jedoch zu Widerstand.[174] Regional erleben der Europäische Gerichtshof für Menschenrechte und der Europarat einen gewissen Backlash durch ihre Mitgliedstaaten;[175] beispielhaft sei auf die zurückhaltende und kritische Rezeption der Rechtsprechung des Europäischen Gerichtshofes für Menschenrechte durch Großbritannien spätestens seit der sogenannten *Hirst*-Entscheidung[176] oder die Weigerung von Staaten wie Russland oder der Türkei, Urteile zu befolgen und die Mitgliedsbeiträge zu zahlen, verwiesen.[177] Auf internationaler Ebene wurde durch die Blockade des Berufungsgremiums der WTO durch die Vereinigten Staaten der Rechtsprechungsmechanismus innerhalb der Organisation weitestgehend lahmgelegt.[178] Konflikte können zuletzt mit den jeweiligen nationalen Höchstgerichten entstehen, wie beispielsweise zwischen dem Bundesverfassungsgericht und dem Europäischen Gerichtshof, deren Konfliktlinie zuletzt durch die *PSPP*-Entscheidung des Bundesverfassungsgerichts einen vorläufigen Höhepunkt erreichte.[179]

---

[172] Ebd., (19); Öffentliche Gewalt wird hier nach *v. Bogdandy/Venzke* als Rechtsmacht, andere Akteure in ihrer Freiheit einzuschränken, also deren rechtliche oder tatsächliche Situation zu gestalten, verstanden, siehe S. 16 ff.

[173] *Shany,* EJIL 2009, S. 71 (Titel).

[174] *Krisch,* I. CON 2016, S. 657 (675).

[175] *Steininger,* ZaöRV 2021, S. 533 (534).

[176] EGMR, Appl. no. 74025/01 v. 06.10.2005 – Hirst. gg. Großbritannien; *Baade,* AVR 2013, S. 339 (349); *Krieger,* ZaöRV 2014, S. 187 (195); vgl. ferner die Vorlesung *Brenda Hales, Baroness Hale of Richmond,* die während ihrer Zeit als Richterin am Supreme Court of the United Kingdom eine Vorlesung zum Thema „*Beanstalk or Living Instrument? How tall can the European Convention on Human Rights Grow?*", das Transkript ist abrufbar unter https://www.gresham.ac.uk/lectures-and-events/beanstalk-or-living-instrument-how-tall-can-the-european-convention-on-human (letzter Zugriff am 20.03.2023).

[177] *Steininger,* ZaöRV 2021, S. 533 (554).

[178] *Glöckle/Würdemann,* EuZW 2018, S. 976 (978 f.); zur Zukunft *Glöckle,* EuZW 2020, S. 356 ff.

[179] BVerfGE 154, 17 ff.; die Europäische Kommission hat das gegenüber Deutschland eingeleitete Vertragsverletzungsverfahren Anfang Dezember 2021 eingestellt, siehe die Pressemitteilung unter https://ec.europa.eu/commission/presscorner/detail/de/inf_21_6201 (letzter Zugriff am 20.03.2023); die Entscheidung wird in der Wissenschaft intensiv besprochen, statt vieler nur wenige krit. *Mayer,* JZ 2020, S. 725 ff; vermittl. *Nettesheim,* NJW 2020, S. 1631; zust. *Schorkopf,* JZ 2020, S. 734 ff.

cc) Welche Art von Soft Law eignet sich?

Nachdem die Bedingungen der Rechtsprechung im Rahmen einer sich neu etablierten internationalen Gerichtsbarkeit näher in den Blick genommen worden sind, stellt sich nun die Folgefrage, welche Art von Soft Law sich für die Verwendung durch Gerichte zur Begründung gewohnheitsrechtlicher Normen eignet. Soft Law, dessen gewohnheitsrechtlicher Status zum Teil oder insgesamt anerkannt oder zumindest behauptet wird, sind beispielsweise die Erklärung der Menschenrechte von 1948, die Schlussakte von Helsinki aus dem Jahr 1975 und die Erklärung über die Rechte indigener Völker von 2007.[180] Die gewohnheitsrechtliche Geltung des Vorsorgeprinzips oder die Verpflichtung, grenzüberschreitende Verschmutzung[181] zu unterlassen, werden im Umweltvölkerrecht ebenfalls mithilfe von Soft Law begründet oder es wird sogar ein Recht auf Leben für Wale unter Miteinbeziehung von Soft Law hergeleitet.[182] Die Entscheidung zwischen anerkannter Geltung und nur behaupteter wird hier getroffen, weil es im Völkerrecht an einer letztentscheidenden Autorität fehlt, die dieses verbindlich für alle Akteure feststellen kann. Vielmehr kommt es darauf an, dass die Herleitung einer gewohnheitsrechtlich geltenden Norm bestmöglich überzeugen kann. Die Akzeptanz kann von einer als sorgfältig empfundenen Methodik oder der Legitimität und Autorität des Behaupteten herrühren. Sie wird maßgeblich davon beeinflusst, dass einflussreiche Staaten der Feststellung folgen, und kann ferner dadurch unterstützt werden, dass nicht staatliche Akteure wie internationale Organisationen und weniger NGOs die Feststellung aufgreifen.[183] Je mehr Zeit vergeht und je mehr einschlägige Rechtsprechung, besonders von reputablen internationalen Gerichten oder von einflussreichen nationalen Gerichten, entsteht, desto wahrscheinlicher ist es, dass ein allgemeiner Konsens in der Staatengemeinschaft entsteht, dass das infrage stehende Prinzip oder die infrage stehende Norm gewohnheitsrechtlich gilt, selbst wenn der Ursprung im Soft Law begründet ist.[184]

Neben diesen externen Umständen spielt auch das infrage stehende Soft Law eine entscheidende Rolle. Nur weniges, was als Soft Law angenommen wird, qualifiziert sich überhaupt dazu, zur Herausbildung gewohnheitsrechtlicher Normen beizutragen. Hilfreiche Kriterien gibt der Internationale Gerichtshof in seinem Gutachten zum Einsatz von Nuklearwaffen vor: Entscheidend seien bei einer Resolution der Generalversammlung der Inhalt, die Umstände der Annahme sowie ihre normative Ausrichtung, die es erlaube, eine Rechtsüberzeu-

---

[180] GA, Res. 61/295 v. 13.09.2007.

[181] Zur gewohnheitsrechtlichen Geltung krit. *Bodansky,* Global Legal Studies Journal 1995, S. 105 (110).

[182] *D'Amato/Chupra,* Whales: Their Emerging Right to Life, Faculty Working Papers 2010, Nr. 63, S. 19, abrufbar unter: https://scholarlycommons.law.northwestern.edu/cgi/vie wcontent.cgi?article=1062&context=facultyworkingpapers (letzter Zugriff am 20.03.2023).

[183] *Roberts,* AJIL 2001, S. 757 (769, 775).

[184] *Chinkin/Boyle,* The Making of Int. Law, S. 156.

gung zu deduzieren.[185] Der Inhalt müsse normkreierenden Charakter haben.[186] Hinsichtlich der Annahme seien solche Soft Law-Dokumente besonders geeignet, die ohne Abstimmung im Konsens angenommen wurden.[187] Auf Resolutionen der UN-Generalversammlung wird deswegen so regelmäßig zurückgegriffen, weil sich ein dort entstandener Konsens durch ihren Vertretungsanspruch gegenüber der gesamten Staatengemeinschaft als kollektive Affirmation der infrage stehenden Regelung deuten lässt.[188]

Bei der Erklärung über die Menschenrechte und der Erklärung über die Rechte indigener Völker handelt es sich ebenfalls um Resolutionen der Generalversammlung. Während Erstere in Teilen universell als Gewohnheitsrecht anerkannt ist, kann Letztere als Beispiel für eine Soft Law-Vereinbarung gelten, die sich derzeit noch in der Phase der gewohnheitsrechtlichen Härtung befindet.

Die Erklärung der Menschenrechte ist als prominenteste der Menschenrechtsresolutionen idealtypisch dafür, wie unverbindliche Instrumente mit rechtsverbindlichem Völkerrecht interagieren können.[189] Von den damaligen 56 Mitgliedern stimmten 48 für ihre Annahme, acht Staaten enthielten sich, darunter die sozialistischen Staaten, Saudi-Arabien und die Südafrikanische Union.[190] Der Beitrag der Menschenrechtserklärung liegt darin, dass sie als erstes Dokument die wichtigsten Menschenrechte und Grundfreiheiten formulierte, die in Zukunft von der neu organisierten Staatengemeinschaft anerkannt werden sollten.[191] Anfangs ging man davon aus, dass der sich im Anschluss an den Zweiten Weltkrieg entwickelnde Menschenrechtsschutz primär völkervertragsrechtlich geregelt werden sollte. Die Erklärung der Menschenrechte war für diesen Prozess nur als Startpunkt, als Zukunftsvision gedacht. Wegen des Kalten Krieges dauerten die Ausarbeitung und Ratifikation der ihr folgenden Menschenrechtspakte deutlich länger und gestalteten sich viel schwieriger als antizipiert. Ein Ergebnis konnte erst im Jahr 1966 erzielt werden und es dauerte noch einmal zehn Jahre, bevor diese Pakte durch ausreichende Ratifikation in Kraft treten konnten. Eine Handvoll Staaten hat den einen oder den anderen Pakt bis heute nicht ratifiziert.[192] Bereits ab den 1960er-Jahren wurde in der Wissenschaft, bei multilateralen Konferenzen, durch Vertreter internationaler Organisationen und in der Rechtspre-

---

[185] IGH, Legality of the Threat or Use of Nuclear Weapons, Adv. Op. v. 08.07.1996, I.C.J. Rep. 1996, S. 226 (254 Ziff. 70).

[186] *Chinkin/Boyle,* The Making of Int. Law, S. 225, das Kriterium stammt ursprünglich aus der Festlandsockelentscheidung, bezog sich da jedoch auf völkerrechtliche Verträge, IGH, North Sea Continental Shelf Cases *(Federal Republic of Germany v. Denmark/Federal Republic of Germany c. Netherlands),* Urt. v. 20.02.1969, I.C.J. Rep. 1969, S. 3 (41 f., Ziff. 72).

[187] *Boyle,* in: Evans (Hrsg.), The Making of Int. Law, S. 128.

[188] *Chinkin/Boyle,* The Making of Int. Law, S. 226.

[189] *Olivier,* CiLSA 2002, S. 289 (298).

[190] Abstimmungsverhalten übernommen von *Olivier,* CiLSA 2002, S. 289 (298); zu den Gründen siehe *Moyn,* The Last Utopia, S. 70 f.

[191] *Moyn,* The Last Utopia, S. 68; *Olivier,* CiLSA 2002, S. 289 (299).

[192] Zu alldem siehe § 2 A. I. Heterogenisierung der Staatengemeinschaft.

chung des Internationalen Gerichtshofes sowie weiterer internationaler und nationaler Gerichte, hier insbesondere amerikanischer Gerichte nach dem *Alien Tort Statute,*[193] die Auffassung vertreten, dass einzelne Prinzipien der Erklärung gewohnheitsrechtlich gälten.[194] Dazu gehören das Folterverbot,[195] das Verbot der willkürlichen Verhaftung sowie der unmenschlichen oder erniedrigenden Behandlung und das Verbot der Sklaverei.[196]

Der Erfolg, den die Erklärung seit ihrer Annahme verzeichnen konnte, lässt sich mit den Umständen der Annahme, ihrem Inhalt sowie dem politischen und institutionellen Setting erklären. Die Erklärung wurde ohne Gegenstimmen angenommen und auch von den später in die Vereinten Nationen eintretenden Staaten akzeptiert. Bereits die Bezeichnung als Erklärung legt dabei nahe, dass ihre Annahme von besonderer Bedeutung für die Staatengemeinschaft war. Die in ihr enthaltenen Rechte sind immerhin so ausreichend normativ formuliert und konkretisiert, dass der Wortlaut erlaubt, die in ihr enthaltenen Grundprinzipien als rechtsverbindlich zu verstehen. Gleichzeitig sind die Rechte inspirativ formuliert, was verbunden mit der Intention der Staatengemeinschaft, mit der Erklärung auch ein Zeichen gegen die Grausamkeiten des Zweiten Weltkrieges und für eine menschenrechtsorientierte Zukunft zu setzen, der Erklärung eine gewisse moralische Kraft (*moral force*) zukommen lässt.[197] Diese moralische Bindungswirkung wurde durch die Rechtsprechung diverser Gerichte verstärkt, zu deren Befolgung sich Staaten idealerweise zusätzlich verpflichtet fühlen. Begünstigend kommen die institutionellen Umstände hinzu: Das Fehlen rechtsverbindlicher Regelungen in den ersten zwanzig Jahren nach Gründung der Vereinten Nationen legte einen Rückgriff auf die im Konsens angenommene Erklärung nahe. Im Hinblick darauf übernahm die Erklärung der Menschenrechte eine Lückenfüllerposition, die ihre normative Härtung zusätzlich ermöglichte. Zugleich entwickelte sich im Menschenrechtsschutz früh ein komplexes institutionelles Geflecht von UN-Unterorganisationen, die eine normative Verhärtung mit vorantrieben.[198] Dazu gehört die bereits 1946 eingesetzte UN-Menschenrechtskom-

---

[193] *Higgins,* Problems & Process S. 211 f; *Simma/Alston,* Austr. Yb. Int'l L. 1988/1989, S. 82 (86 f.); Ausf. *Lepard,* in: ders. (Hrsg.), Reexamining CIL, S. 245 ff.

[194] IGH, Case Concerning United States Diplomatic and Consular Staff in Tehran (*U.S.A. v. Iran*), Urt. v. 24.05.1980, I.C.J. Rep. 1980, S. 3 (42 Ziff. 91); *v. Arnauld,* Völkerrecht, § 9 Rn. 611; *Farahat,* Progressive Inklusion, S. 106; *Lillich,* GA. J. Int'l & Comp. L. 1995/96, S. 1 (2 ff.); *Olivier,* CILSA 2002, S. 289 (301 ff.) mit den ausf. Nachweisen.

[195] IGH, Obligation to Prosecute or Extradite Case *(Belgium v. Senegal),* Urt. v. 20.07.2012, I.C.J. Rep. 2012, S. 422 (457 Ziff. 99); EGMR, No. 35763/97, Rn. 60 – Al-Adsani/Vereinigtes Königreich (2001); No. 34503/97, Rn. 73 – Demir u. Bykara/Türkei (2008); U.S. Court of Appeals, Filartiga v. Pena-Irala, 630 F. 2d 876 (2. Cir. 1980), 88.

[196] Human Rights Committee, General Comment No. 24, UN Doc. CCPE/C/21/Rev. 1/Add. 6 (1994), Ziff. 8; *Reiling,* ZaöRV 2018, S. 311 (318).

[197] *Barelli,* ICLQ 2009, S. 957 (961).

[198] Das Kriterium des institutionellen Settings übernommen von *Barelli,* ICLQ 2009, S. 957 (960).

mission, welche im Jahr 2006 durch den UN-Menschenrechtsrat abgelöst wurde. Weitere wichtige Organe sind die Vertragsorgane der beiden Menschenrechtspakte: der UN-Menschenrechtsausschuss und der UN-Ausschuss für wirtschaftliche, soziale und kulturelle Rechte.

Diese Faktoren haben seit den 1970er Jahren einen wahren Siegeszug der Menschenrechte bewirkt, für die die Erklärung der Menschenrechte symbolisch steht.[199] Der vorher dominierende Diskurs über die Selbstbestimmung der Völker[200] wurde durch die Menschenrechte als neue Utopie abgelöst und wie kein anderes Thema als übergeordnetes Ziel völkerrechtlicher Bemühungen etabliert.[201] Ihre heutige Bedeutung konnte die Erklärung der Menschenrechte also erst dann gewinnen, als der Menschenrechtsdiskurs sich auch außerhalb einschlägiger Fachkreise zu einem international omnipräsenten Thema wandelte. Erst im Nachhinein wurden die ihr inzwischen zugesprochene Symbolkraft und ihre historische Bedeutung in sie hineingelesen und als Menschenrechtserzählung verfestigt.[202]

Dass dabei nur die gewohnheitsrechtliche Geltung politisch-bürgerlicher Rechte hergeleitet wurde, die der Rechtstradition westlicher Verfassungsstaaten entsprechen, ist auf die politische Macht dieser Staaten, solche Prozesse zu gestalten, zurückzuführen. Soziale und wirtschaftliche Rechte waren und sind nicht konsensfähig in der Staatengemeinschaft, da sie als zu kostenintensiv und hoheitseinschränkend gelten. Zugleich ermöglichte der damit propagierte Rechtsschutz des Einzelnen gegen den Staat, den von den westlichen Verfassungsstaaten als bedrohlich empfundenen Rechtstrend, in entkolonialisierten und sozialistisch orientierten Staaten Kollektivansprüche zuzulassen, zu entschärfen.[203]

Während die Erklärung der Menschenrechte als ältestes Erfolgsmodell normativer Härtung von Soft Law dienen kann,[204] zeigen sich jüngst auch die Begrenzungen und Probleme, die mit dem modernen Ansatz aus Sicht einiger Staaten verbunden sein können. Die Erklärung über die Rechte indigener Völker wurde im Jahr 2007 von der Generalversammlung angenommen. Zwischen dieser als historischer Meilenstein[205] gefeierten Resolution und der Erklärung der Menschenrechte liegen knapp sechzig Jahre. Auch für sie wurde, wie inzwischen bei solchen Resolutionen üblich, die feierliche Bezeichnung „Erklärung" *(declaration)* gewählt. Ihrer Annahme war ein langer Aushandlungsprozess voraus-

---

[199] Dazu ausf. *Moyn,* The Last Utopia, 2010.

[200] *Moyn,* The Last Utopia, S. 89; darauf bezogen kritisch, weil die kollektive Selbstbestimmung als politische Gemeinschaft hinter dem individuellen Freiheitsanspruch zurücktritt, *Schorkopf,* Staaatsrecht der int. Beziehungen, § 9 Rn. 16; dazu ausf. *Fisch,* Das Selbstbestimmungsrecht der Völker, 2010.

[201] *Moyn,* The Last Utopia, S. 213.

[202] Ebd., S. 121.

[203] *Roberts,* AJIL 2001, S. 757 (769).

[204] *Villeneuve,* in: Lagoutte/Gammeltoft-Hansen/Cerone (Hrsg.), Tracing Soft Law in Human Rights, S. 220.

[205] Ebd., S. 213.

gegangen, der sich seit 1985 hinzog und letztendlich dazu führte, dass sich ihre Annahme als rechtsunverbindliches Instrument im Gegensatz zu einem multilateralen Vertrag durchsetzte. Die Wahl von Soft Law erlaubte es somit den Initiatoren, Vertreter indigener Gruppen intensiv in die Aushandlung miteinzubeziehen, was die Akzeptanz und Legitimität des Vereinbarten ihnen gegenüber erhöhen sollte.[206] Zugleich konnten durch die fehlende Rechtsverbindlichkeit Staaten dazu gebracht werden, deutlich größere Zugeständnisse gegenüber indigenen Gruppen zu machen.[207] Deswegen schafften es selbst strittige Passagen wie ein Selbstbestimmungsrecht indigener Gruppen, bestimmte Kollektivrechte und effektive Vetorechte bei der Landnutzung in die Endfassung.[208] Für diejenigen, die für umfassende Rechte indigener Gruppen eintraten, war es wegen der damit verbundenen Flexibilität und Informalität nicht notwendigerweise ein Misserfolg, dass „nur" Soft Law ausgehandelt wurde. Die Möglichkeit normativer Härtung eines solchen Instruments wird bei Aushandlungsprozessen inzwischen bewusst miteinkalkuliert.[209] Wegen solcher Potenzialitäten stimmten die Vereinigten Staaten, Kanada und Australien gegen die Annahme der Resolution. Zu diesem Zeitpunkt war dies erst das zweite Mal, dass Staaten gegen die Annahme einer Menschenrechtserklärung stimmten.[210] Typischerweise enthalten sich opponierende Staaten bei der Abstimmung einfach. Den drei Staaten gingen die in der Erklärung enthaltenen Forderungen im Hinblick auf innerstaatliche demokratische Prozesse zu weit. Ausdrücklich hielten sie fest, dass mit der Annahme der Resolution keine gewohnheitsrechtliche Härtung in Gang gesetzt werden solle.[211] Trotz dieser ausdrücklichen Vorbehalte dreier mächtiger Staaten, in deren Territorium indigene Gruppen leben, wird es nicht für ausgeschlossen gehalten, dass sich wegen der überragenden Zustimmung der Mehrheit der Staaten und weiterer Akteure des Völkerrechts, wie UN-Organisationen und Repräsentanten der betroffenen Gruppen, Teile der Resolution gewohnheitsrechtlich härten.[212] Gerade auch, weil die opponierenden Staaten nachträglich die Resolution doch noch akzeptierten.[213] Dies taten sie, obwohl die Erklärung nicht abgeändert oder an ihre Vorbehalte inhaltlich angepasst worden war. Sie begründeten ihre späte Akzeptanz damit, dass sie nach gründlicher Prüfung der innerstaatlichen

---

[206] *Barelli*, ICLQ 2009, S. 957 (965 f.).

[207] Ebd., (965).

[208] Ebd., (961); *Villeneuve*, in: Lagoutte/Gammeltoft-Hansen/Cerone (Hrsg.), Tracing Soft Law in Human Rights, S. 224.

[209] *Villeneuve*, in: Lagoutte/Gammeltoft-Hansen/Cerone (Hrsg.), Tracing Soft Law in Human Rights, S. 232.

[210] Die Vereinigten Staaten stimmten gegen die UN-Erklärung auf ein Recht auf Entwicklung, UNGA, Res. 41/128 v. 04.12.1986; *Villeneuve,* in: Lagoutte/Gammeltoft-Hansen/Cerone (Hrsg.), Tracing Soft Law in Human Rights, S. 223, Fn. 56.

[211] Ebd., S. 226.

[212] *Barelli*, ICLQ 2009, S. 957 (967 f.).

[213] *Villeneuve*, in: Lagoutte/Gammeltoft-Hansen/Cerone (Hrsg.), Tracing Soft Law in Human Rights, S. 228.

Rechtslage und nationaler Vorgaben die Erklärung im Ergebnis durchaus mittragen könnten, weiterhin unter dem expliziten Vorbehalt, dass sich aus dem Instrument selbst keine rechtlichen Verpflichtungen ergeben könnten.[214] Im entscheidenden Punkt, der Verhinderung einer nicht gewollten oder antizipierten Rechtsbindung, verhielt sich die Staatengruppe damit über den gesamten Zeitraum konsistent.

Dennoch zeigt das Verhalten der Vereinigten Staaten, Kanadas, Neuseelands und Australiens, welches stark an die Figur des _persistent objector_ erinnert, dass Staaten bei der Annahme unverbindlicher Dokumente wachsamer geworden sind und eine Bindung über die Hintertür, sofern sie gegen ihre Interessen verstößt, zu vermeiden suchen.[215] Die ausdrückliche Ablehnung politisch einflussreicher Staaten bei der Annahme macht es nach der hier vertretenen Ansicht unwahrscheinlich, dass aus der Resolution Rechtsüberzeugungen deduziert werden können. Das soll wiederum nicht bedeuten, dass die Erklärung nicht über andere Wege rechtliche Effekte haben oder für sich genommen Staatenverhalten beeinflussen kann.[216]

b) Die Annahme von Soft Law als Staatenpraxis

Soft Law als Beweis der Rechtsüberzeugung zu verwenden, wird teilweise damit kombiniert, dass die Annahme des betreffenden Soft Law-Dokuments zugleich als Staatenpraxis gewertet wird.[217] Nach dieser Auffassung ist es möglich, bei Annahme eines unverbindlichen Instruments unmittelbar beide Elemente des Gewohnheitsrechts zu gewinnen.[218] Dass verbale Akte wie Äußerungen und Erklärungen nach herrschender Meinung als Staatenpraxis gelten können,[219] machen sich Vertreter dieses Ansatzes zunutze und kombinieren es mit einer deduktiven Herangehensweise, in der Praxis nur als Beweis einer vorher festgestellten Rechtsüberzeugung benötigt wird. Es handelt sich also um eine moderne Variante der Vorstellung eines _instant custom_.[220] In der konsequentesten Ausprägung dieses Ansatzes kann dies dazu führen, dass Gewohnheitsrecht linear durch Soft Law ersetzt wird.

Besonders geeignet erscheint die Verwendung in Bereichen, in denen Staatenpraxis fehlt oder viel gegenteiliges Staatenhandeln zu beobachten ist; „Praxis auf Papier" kann ein solches tatsächliches Hindernis überwinden.[221] Ein Rechtsge-

---

[214] _Villeneuve,_ in: Lagoutte/Gammeltoft-Hansen/Cerone (Hrsg.), Tracing Soft Law in Human Rights, S. 229 f.

[215] Ebd., S. 227.

[216] Dazu ausf. _Barelli,_ ICLQ 2009, S. 957 (972 ff.).

[217] _Chinkin/Boyle,_ The Making of Int. Law, S. 161.

[218] Krit. _Simma/Alston,_ Austr. Yb. Int'l L. 1988/1989, S. 82 (96).

[219] a. A. _D'Amato,_ Concept of Custom, S. 89 f., 160.

[220] Mit der Einschränkung, dass diese Möglichkeit nur bei UN-Resolutionen bestehe, die nahezu einstimmig angenommen wurden, ILA, Report on Formation of CIL, S. 61.

[221] _Lepard,_ in: ders. (Hrsg.), Reexamining CIL, S. 249; _Petersen,_ Demokratie als teleologisches Prinzip, S. 63.

biet, in dem in dieser Art und Weise regelmäßig argumentiert wird, ist der Menschenrechtsschutz. Wertet man in diesem Feld das Handeln der Staaten aus, etwa hinsichtlich der Befolgung des gewohnheitsrechtlich geltenden Folterverbots, so fällt auf, dass dieses in der Praxis kaum universell beachtet wird.[222] Bezieht man hingegen die Äußerungen von Staaten in internationalen Foren mit ein, was nach herrschender Meinung zulässig ist, oder ersetzt man die Praxis sogleich durch die Annahme gleichlautender Resolutionen und weiterer Soft Law-Instrumente, so lässt sich die gewohnheitsrechtliche Geltung auch des Folterverbots begründen.[223] Problematisch an dieser Vorgehensweise erscheint, dass, sofern man beide Elemente im gleichen Medium begründet, ihre Abgrenzung voneinander zunehmend schwerfällt. Zugleich drohen durch die fehlende Verwurzelung in der tatsächlichen Praxis der Staaten geltendes Völkerrecht und internationale Politikpraxis auseinanderzudriften.[224]

Ob man in dieser Weise Gewohnheitsrecht begründen kann, ist in der Wissenschaft umstritten und scheint von der Mehrheit der Wissenschaft als eine Art Taschenspielertrick und zu weite Ausdehnung des Gewohnheitsrechtsbegriffs abgelehnt zu werden.[225] Weniger polemisch muss man zumindest anmerken, dass dieser Ansatz im Kern die Aufgabe der Zwei-Elemente-Lehre bedeutet und die Rückkehr dazu, Gewohnheitsrecht auf ein Element zu reduzieren. Dabei muss man sich deutlich machen, dass dies primär ein wissenschaftlicher Streit ist. Bis jetzt ist es in der Rechtsprechung internationaler Spruchkörper nicht üblich, den reinen Akt der Zustimmung als Staatenpraxis zu deuten.[226] Vielmehr behilft sich die Praxis damit, in sensiblen Bereichen wie dem Menschenrechtsschutz Staatenpraxis nur wenig oder oberflächlich zu prüfen. Mit dieser Vorgehensweise kann es im Ergebnis ebenfalls zu einer gewohnheitsrechtlichen Bindung kommen.[227]

Überzeugender scheint es, im Falle sehr etablierter Menschenrechte wie des Folterverbots mit dem modernen Ansatz ausschließlich auf die Rechtsüberzeugung der Staaten abzustellen, die sich in diversen Völkerrechtsverträgen und nicht verbindlichen Instrumenten zeigt. Selbst Staaten, die gegen diese Menschenrechte verstoßen, würden nach wie vor anerkennen und durch ihr Verhalten

---

[222] *Bodansky,* Global Legal Studies Journal 1995, S. 105 (112); *Roberts,* AJIL 2001, S. 757 (764); Die Ausnahme bildet hier das Verbot des Genozids, welches gleichermaßen durch ausreichend Staatenpraxis und Rechtsüberzeugung getragen wird, vgl. *Tesón,* in: Lepard (Hrsg), Reexamining CIL, S. 106.

[223] Krit. *Simma/Alston,* Austr. Yb. Int'l L. 1988/1989, S. 82 (86, 90).; *Tesón,* in: Lepard (Hrsg.), Reexamining CIL, S. 107.

[224] *Fidler* fässt diese Problematik als „word vs. action" zusammen, *ders.,* GYIL 1996, S. 198 (207 ff.).

[225] Hinsichtlich der Ablehnung ebenso *Villeneuve,* in: Lagoutte/Gammeltoft-Hansen/Cerone (Hrsg.), Tracing Soft Law in Human Rights, S. 219 Fn. 38.

[226] IGH, Military and Paramilitary Activities in and against Nicaragua *(Nicaragua v. USA),* Urt. v. 27.06.1986, I.C.J. Rep. 1986, S. 14 (97 Ziff. 184); *Chinkin/Boyle,* The Making of Int. Law, S. 215.

[227] *Lepard,* in: ders. (Hrsg.), Reexaming CIL, S. 250.

in internationalen Foren dazu beitragen, dass die jeweiligen Verbote aufrechterhalten bleiben. Mit dieser Argumentation verzichtet man auf die Herleitung zweifelhafter Staatenpraxis und macht sich insofern methodisch weniger angreifbar.[228]

c) Medium der Kodifizierung

Die Völkerrechtskommission ist als Nebenorgan der Vereinten Nationen mit der Kodifizierung und fortschreitenden Entwicklung des Völkerrechts betraut.[229] Wie die systematische Auflistung ihrer beiden Aufgaben nebeneinander in der UN-Charta zeigt, wird zwischen Kodifizierung und fortschreitender Entwicklung nicht gesondert unterschieden. Die Gründungsmitglieder waren sich mehrheitlich einig, dass dies weder möglich noch notwendigerweise wünschenswert wäre.[230] Dieser Befund wird zusätzlich durch den Wortlaut des Statuts der Völkerrechtskommission gestützt, in dem die Förderung der Rechtsentwicklung der Kodifizierung sogar vorangestellt ist. Zwar werden im Statut der Völkerrechtskommission im Folgenden beide Aufträge voneinander getrennt konkretisiert, etwa dahingehend, ob die Kommission selbstständig oder auf Initiative Dritter tätig werden darf, dennoch ist anerkannt, dass je nach Völkerrechtsgebiet die Arbeiten des Expertengremiums immer auch rechtsgestaltende und -kreierende Dimensionen umfassen und die Unterscheidung zwischen *lex lata* und *lex ferenda* nicht immer trennscharf möglich ist.[231]

Die Kommission entwirft Vorschläge zur Kodifizierung, sogenannte *draft articles*, die der Generalversammlung vorgelegt werden. Zu Beginn ihrer Tätigkeit verfolgte sie das Ziel, ihre Entwürfe in völkerrechtliche Konventionen, die von der Staatengemeinschaft angenommen werden, zu übersetzen.[232] In dieser Weise trug sie beispielsweise zur Wiener Vertragsrechtskonvention bei.[233] Der als ideal antizipierte Weg, in einer dezentralisierten Rechtsgemeinschaft Recht zu setzen, nämlich die universelle Einigung in einem rechtsverbindlichen Vertrag, konnte sich jedoch nicht in dem erhofften Maße durchsetzen.[234] Inzwischen greift die Kommission daher immer häufiger auf die alternativen Handlungsmöglichkeiten, die für den Umgang mit ihren Entwürfen vorgesehen sind, zurück.[235] So kann sie der Generalversammlung empfehlen, den Entwurf lediglich zur Kenntnis zu nehmen oder ihn als Resolution anzunehmen. Mit dieser Vorgehensweise können

---

[228] *Tesón,* in: Lepard (Hrsg.), Reexamining CIL, S. 107.

[229] Art. 13 Abs. 1 a) UN-Charta i. V. m. Art. 1 Satzung der Völkerrechtskommission; zum Verhältnis zum Rechtsausschuss der UN, siehe *Chinkin/Boyle,* The Making of Int. Law, S. 168.

[230] *Koskenniemi,* Wis. Int'l L. J. 2005, S. 61 (69 f.).

[231] *Chinkin/Boyle,* The Making of Int. Law, S. 174.

[232] Art. 23 Abs. 1 c), d) Satzung der Völkerrechtskommission; *Chinkin/Boyle,* The Making of Int. Law, S. 181 f.

[233] Dazu *Chinkin/Boyle,* The Making of Int. Law, S. 189 ff.

[234] *Geiger,* AöR 1978, S. 382 (383).

[235] Art. 23 Abs. 1 Satzung der Völkerrechtskommission.

bei einem besonders strittigen Gegenstand einige der Defizite und Probleme umgangen werden, die im Zweifel mit der Aushandlung und Annahme eines völkerrechtlichen Vertrages einhergehen.[236] Der allgemein zu beobachtende Trend
zur De- oder Informalisierung schlägt sich also auch auf die Arbeiten der Kommission nieder.[237]

In dieser Weise ging die Kommission bei ihrem Entwurf zur Staatenverant-
wortlichkeit vor. Vorausgegangen war ein langwieriger Aushandlungsprozess innerhalb der Kommission, bei dem auch Staaten frühzeitig beteiligt waren. Als der
finale Entwurf feststand, entschied sich die Kommission, die Generalversammlung darum zu bitten, ihn ohne Abstimmung anzunehmen.[238] Die Annahme als
Konvention, gar auf einer eigens dafür ausgerichteten Konferenz, barg das Risiko, dass lang ausgehandelte Kompromisse neu verhandelt werden würden. Zugleich hätte eine geringe Anzahl von Ratifikationen bedeutet, dass das lang antizipierte Projekt, Kodifizierungen in diesem Bereich voranzutreiben, als gescheitert hätte angesehen werden müssen.[239]

Obwohl die Artikel nur als Soft Law eingeordnet werden können, wurden sie
von Gerichten, etwa durch den IGH in der Entscheidung *Gabčikovo-Nagymaros*,[240] und von Staaten als Kodifizierung gewohnheitsrechtlicher Normen aufgegriffen und angewandt.[241] Eine Untersuchung des Generalsekretariats der Vereinten Nationen ergab, dass im Jahr 2013, über zehn Jahre nach der Veröffentlichung, in 210 Entscheidungen auf sie verwiesen wurde.[242]

Die starke Rezeption lässt sich darauf zurückführen, dass die Kommission
trotz bisweilen starker Kritik[243] als Expertengremium anerkannt ist und als solches hohes Ansehen genießt. Zugleich dauerte der Aushandlungsprozess sehr
lange; Staaten und andere Akteure konnten so frühzeitig informell auf die diversen Entwurfsstadien Einfluss nehmen.

Entscheidender ist jedoch der Umstand, dass einmal verschriftlichte Artikel
unabhängig von ihrem Rechtsstatus als Werkzeug viel zu attraktiv sind, um in
Wissenschaft und Praxis nicht angewandt zu werden. Durch sie kann der beschwerliche Weg, Gewohnheitsrecht festzustellen, abgekürzt werden.[244] Die klare

---

[236] *Bordin,* ICLQ 2014, S. 535 (541); *Chinkin/Boyle,* The Making of Int. Law, S. 182.

[237] *Koskeniemmi,* Wis. Int'l L. J. 2005, S. 61 (80).

[238] GA, Res. 56/83, v. 12.12.2001.

[239] *Boyle,* in: Evans (Hrsg.), Int. Law, S. 123.

[240] IGH, *Gabčikovo-Nagymaros Project (Hungary v. Slovakia),* Urt. v. 25.09.1997, I.C.J.
Rep. 1997, S. 7 (38 Ziff. 47; 39 Ziff. 50; 54 Ziff. 79; 55 Ziff. 83); ferner IGH, Application of the
Convention on the Prevention and Punishment of the Crime of Genocide *(Bosnia and Her-
zegovina v. Serbia and Montenegro),* Urt. v. 26.02.2007, I.C.J. Rep. 2007, S. 43 (202 Ziff. 385;
207 Ziff. 398; 217 Ziff. 420; 221 Ziff. 431).

[241] *Bordin,* ICLQ 2014, S. 535 (536); *Chinkin/Boyle,* The Making of Int. Law, S. 184 f., 201.

[242] UN, Responsibility of States for internationally wrongful acts, A/68/72, v. 30.04.2013,
Rn. 5; u. a. auch durch das BVerfG, vgl. BVerfGE 118, 124 (137 f.).

[243] *Bordin,* ICLQ 2014, S. 535 (539); zusammenf. *Koskenniemi,* Wis. Int'l L. J. 2005, S. 61
(62 ff.).

[244] *Bordin,* ICLQ 2014, S. 535 (548).

und normative Wortwahl, die etwaige Uneinigkeiten in Theorie und Praxis verdeckt, verbunden mit den ausführlichen Begleitkommentaren, sowie die fehlende Thematisierung des Rechtsstatus im Dokument selbst können den Eindruck erzeugen, dass ausschließlich bereits anerkanntes Völkerrecht wiedergegeben werde, was dann den Rückgriff darauf rechtfertigt. Die unspektakuläre Annahme durch die Generalversammlung mag den Eindruck nur weiter unterstützen, dass es sich nur um einen wissenschaftlichen und nicht in Teilen auch um einen rechtspolitischen Prozess handle.[245]

So entfaltet ein Entwurf der Kommission keine Wirkung über seinen eigenen Rechtsstatus, sondern darüber, dass er als Träger gewohnheitsrechtlicher Regelungen und Prinzipien akzeptiert wird, dabei ausblendend, dass gewisse Teile unstreitig progressive Rechtsentwicklung sind. Dieser Härtungsprozess wird daran offenbar, dass mit der Zeit der einschränkende Zusatz als Entwurf *(draft)* in den meisten Kontexten nicht mehr verwendet wird.[246]

In dieser Weise macht Soft Law schon vorher bestehendes Gewohnheitsrecht sichtbar und entwickelt es weiter. Neben der Kommission sind in diesem Bereich weitere Organisationen wie UNIDROIT[247] für das Privatrecht, das Internationale Rote Kreuz für humanitäres Völkerrecht oder auch private Organisationen wie die bereits im Jahr 1873 gegründete *International Law Association* oder das *Institut de droit international* tätig.[248]

Diese Argumentationsstruktur wird nicht nur von Gerichten und nicht staatlichen Akteuren verwendet, auch Staaten selbst bringen vor, dass eine bestimmte Resolution zum Teil oder insgesamt gewohnheitsrechtliche Regelungen verschriftliche. Eine solche Argumentation wurde von einem Teil der Staaten im Gutachten zur völkerrechtlichen Zulässigkeit des Einsatzes von Nuklearwaffen genutzt. Darin behaupteten sie, dass ein schon vorher bestehendes gewohnheitsrechtliches Verbot in einer im Jahr 1961 angenommenen Resolution lediglich verschriftlicht worden wäre.[249] Die infrage stehenden Resolutionen hätten nur als „Umschlag" oder *instrumentum* dieser bereits vorher bestehenden gewohnheitsrechtlichen Regelung gedient, sodass es hier auf etwaige Gegenstimmen anderer Staaten nicht ankommen könne.[250] Der IGH schloss sich dieser Argumentation nicht an und verneinte zum damaligen Zeitpunkt die Möglichkeit, ein eindeutiges gewohnheitsrechtliches Verbot auszumachen.[251]

---

[245] Ebd., (557 f.).

[246] Ebd.

[247] Siehe dazu ausf. *Michaels,* Unif. L. Rev. 2014, S. 643 ff.; *ders.,* RabelsZ 1998, S. 580 ff.

[248] *Chinkin/Boyle* bezeichnen sie als Ausgangspunkt der internationalen Juristerei, *dies.,* Making of Int. Law, S. 164.

[249] GA, Res. 1653 (XVI) v. 24.11.1961; IGH, Legality of the Threat or Use of Nuclear Weapons, Adv. Op. v. 08.07.1996, I.C.J. Rep. 1996, S. 226 (254 Ziff. 68).

[250] IGH, Legality of the Threat or Use of Nuclear Weapons, Adv. Op. v. 08.07.1996, I.C.J. Rep. 1996, S. 226 (254 Ziff. 68).

[251] Ebd., (255 Ziff. 71).

Mit dieser Argumentationsstruktur wird der Versuch unternommen, den im Kern hochumstrittenen Prozess der Feststellung von Gewohnheitsrecht zu umgehen. Die strittigen Fragen ausreichender Staatenpraxis und einer sie begleitenden Rechtsüberzeugung werden zeitlich zurückverlagert und bedürfen sodann keiner Begründung mehr. Da in diesem Fall die infrage stehende Norm oder das infrage stehende Prinzip wegen ihrer bzw. seiner Zugehörigkeit zur formellen Rechtsquelle des Gewohnheitsrechts gilt,[252] erübrigt sich darüber hinaus jede Diskussion dahingehend, ob und wie unverbindliche Instrumente überhaupt zur Herausbildung beitragen können. Dadurch entsteht jedoch die paradoxe Situation, dass die angestrebte Stärkung der *rule of law* im Völkerrecht durch Kodifikation und wegen der fortschreitenden Informalisierung selbst in Bedrängnis gerät.[253]

4. Kritik

Die zu beobachtende materielle Ausdehnung des modernen Ansatzes wird in der Wissenschaft kritisch gesehen. Es wird hinterfragt, ob das, was inzwischen als Gewohnheitsrecht deklariert wird, überhaupt noch als solches gelten könne.[254] Wenn Gewohnheitsrecht nur auf eine Reihe unverbindlicher Abmachungen und Instrumente gestützt wird, von denen manche sogar ausschließlich von nicht staatlichen Akteuren entworfen wurden, so geht dies zulasten der souveränen Gleichheit als Grundprinzip multilateraler Ordnung. Diese setzt mit wenigen Ausnahmen voraus, dass Staaten der Unterwerfung unter ein Rechtsregime zustimmen.[255] Fällt die Wahl auf ein unverbindliches Instrument, wollen die Beteiligten im Zweifel gerade keine Rechtsverbindlichkeit begründen. Das gilt umso mehr, wenn sich einzelne Staaten ausdrücklich gegen die Annahme eines bestimmten Instruments ausgesprochen oder dagegengestimmt haben. Die Geltung des Mehrheitsprinzips kann und soll für die internationale Staatengemeinschaft nicht gelten.[256]

Hinter der Behauptung gewohnheitsrechtlicher Geltung, selbst wenn nach einem weiten Verständnis weder Praxis noch *opinio juris* begründet werden kann, verbirgt sich häufig die Überzeugung, dass etwas gelten solle.[257] In vielen Bereichen erscheint es kaum hinnehmbar, dass das Völkerrecht darauf nicht mit rechtsverbindlichen Regelungen zu reagieren vermag.[258] Zu denken sei hier an die

---

[252] Siehe zur Unterscheidung zwischen formellen und materiellen § 2 B. I. Inhalt und Wirkung.

[253] *Bordin,* ICLQ 2014, S. 535 (563).

[254] *Tesón,* in: Lepard (Hrsg.), Reexamining CIL, S. 86 ff.

[255] *Chinkin/Boyle,* The Making of Int. Law, S. 266; *Higgins,* Problems & Process, S. 186; *Lauterpacht,* Aspects of the Administration, S. 23; *Schorkopf,* Staaatsrecht der int. Beziehungen, § 9 Rn. 12.

[256] *Tesón,* in: Lepard (Hrsg.), Reexamining CIL, S. 92.

[257] *Simma/Alston,* Austr. Yb. Int'l L. 1988/1989, S. 82 (83).

[258] *Tesón,* in: Lepard (Hrsg.), Reexamining CIL, S. 103 f.

Folgen des Klimawandels oder gravierende Menschenrechtsverletzungen. So werden Prinzipien und Grundsätze, die als Inspiration für zukünftiges Recht konzipiert wurden, als *lex lata* missverstanden. Dabei besteht die Gefahr, moralische oder ethische Prinzipien mit Recht gleichzusetzen.[259]

Gewohnheitsrecht dennoch als Instrument für eine progressive Völkerrechtsentwicklung zu begreifen, ist in einer heterogenen Staatengemeinschaft mit Risiken verbunden. Durch eine zu inflationäre Behauptung, etwas gelte gewohnheitsrechtlich, kann die Autorität der Rechtsquelle insgesamt beschädigt werden und die Befolgungsbereitschaft der Staaten sinken. Die Loslösung von staatlichem Willen und staatlicher Praxis bedeutet zugleich, dass man als Staat, gerade als demokratisch verfasster, seinen Einfluss verliert, Gewohnheitsrecht mitzugestalten.[260] *Tesón* stärkt dieses Argument mit zwei Beispielen: Er erinnert erstens an die Forderung der UdSSR und anderer sozialistischer Staaten, bei Enteignungen ausländischen Eigentums keine am Marktpreis orientierte Entschädigung zahlen zu müssen, die durch die vehemente Opposition einiger weniger, aber einflussreicher westlicher Staaten verhindert werden konnte.[261] Zweitens verweist er auf Bemühungen der Staaten der Islamkonferenzen, die sich bei verschiedenen Organen der UN dafür einsetzen, Religionskritik und -diffamierung zu kriminalisieren.[262]

Um zu verstehen, warum dennoch ein weiter Gewohnheitsrechtsbegriff vertreten wird, muss man benennen, wer der Adressat dieser Behauptungen ist. Mit der unsubstantiierten Behauptung einer gewohnheitsrechtlichen Regelung werden regelmäßig Gerichte adressiert, nicht Staaten, die so von deren Geltung überzeugt werden. Gerichte können nicht allein aufgrund moralischer oder ethischer Überlegungen entscheiden. Sie können solche nur insoweit berücksichtigen, als diese überzeugenderweise in rechtlicher Form zum Ausdruck kommen.[263] Der erleichterte Zugang für nicht staatliche Akteure zu einer internationalen Gerichtsbarkeit verstärkt diesen Trend. Gerade in Bereichen, in denen Staaten gegen ihr vermeintliches Interesse zu einem bestimmten Verhalten verpflichtet werden sollen – zu denken sei hier an den Umwelt- oder Menschenrechtsschutz –, kann es für Interessengruppen besonders attraktiv sein, gewohnheitsrechtliche Normen zu behaupten und zu wiederholen, die von Gerichten in ihrer Rechtsprechung angewandt werden können.[264] Freilich übernehmen Gerichte diese Funktion häufig auch selbst und wenden ohne ausdrückliche Begründung ergebnisorientiert

---

[259] Hier befinden wir uns wieder in der von *Fidler* als *dynamo* bezeichneten Strömung, siehe dazu § 4 A. I. 2. Das Verhältnis beider Elemente zueinander.

[260] *Tesón,* in: Lepard (Hrsg.), Reexamining CIL, S. 95.

[261] Ebd., S. 91.

[262] Ebd., S. 95.

[263] IGH, South West Africa Cases *(Ethiopia v. South Africa; Liberia v. South Africa),* Sec. Phase Judg. 18.07.1966, I.C.J. Rep. 1966, S. 6 (34 Ziff. 49).

[264] *Bodansky,* Global Legal Studies Journal 1995, S. 105 (117); *Tesón,* in: Lepard (Hrsg.), Reexamining CIL, S. 92.

vermeintliches Gewohnheitsrecht an.[265] Passender wäre es daher, solches Recht als argumentativ zu verstehen, welches auf erkennbare Muster im Diskurs, auf das, was von Staaten geäußert wird, nicht auf deren Verhalten abstellt.[266]

Für den Fokus dieser Arbeit soll die problematische Seite dieser Entwicklung nur kurz beleuchtet werden. Es gibt nur wenige Themen, bei denen sich die Wissenschaft zwischen der Behauptung von „fake custom"[267] und der Argumentation für die dringenden Notwendigkeit ethischer Erwägungen im Gewohnheitsrecht[268] einerseits sowie Gerichte und internationale Organisationen und erboste Staaten auf andererseits gegenüberstehen. Mit Blick auf Soft Law ist wichtig festzuhalten, dass es idealerweise zu dieser Entwicklung beiträgt, sie gar bedingt. Dadurch, dass immer neues Soft Law produziert wird, besteht für die Wissenschaft und für Gerichte die Möglichkeit, mit ausgewählten Dokumenten und Instrumenten selektiv gewohnheitsrechtliche Regelungen herzuleiten, die den Adressaten, insbesondere Staaten, je nach Gegenstand und Interesse mehr oder weniger überzeugen können.[269]

5. Zwischenergebnis

Nachvollziehbarerweise wirken sich die veränderte Staatengemeinschaft und die zunehmende Interaktion der Staaten untereinander auf die Konstitution der Rechtsquellen, gerade der des Gewohnheitsrechts, aus. Der moderne Ansatz ist davon eine Folge:[270] Er ist weniger staatenzentriert und erlaubt, die Tätigkeiten weiterer relevanter Akteure des Völkerrechts besser miteinzubeziehen. Zur Herausbildung moderner gewohnheitsrechtlicher Regelungen und Prinzipien trägt Soft Law maßgeblich bei. Die Rechtsunverbindlichkeit dieser Instrumente steht dem nicht im Wege. Der Rückgriff auf unverbindliche Instrumente erfolgt auch deshalb, weil immer weniger multilaterale Abkommen geschlossen werden, aus denen eindeutige Beweise einer dahingehenden Rechtsüberzeugung gewonnen werden können.[271] Dieses Potenzial ist nicht allem Soft Law gleichermaßen eigen. Besonders geeignet sind in diesem Sinne Resolutionen internationaler Organisationen, die nahezu einstimmig angenommen wurden. Einige Deklarationen der Generalversammlung konnten zum Teil oder gesamt zu Gewohnheitsrecht erstarken und hatten in dem sie betreffenden Anwendungsbereich eine entscheidende Katalysatorwirkung für progressive Entwicklungsschübe.[272] Inhaltlich müssen die Instrumente hinreichend determiniert und normativ formuliert sein,

---

[265] *Tesón,* in: Lepard (Hrsg.), Reexamining CIL, S. 96.

[266] *Bodansky,* Global Legal Studies Journal 1995, S. 105 (116); *Simma/Alston,* Austr. Yb. Int'l L. 1988/1989, S. 82 (89).

[267] *Tesón,* in: Lepard (Hrsg.), Reexamining CIL, S. 86.

[268] Expl. *Lepard,* Customary Int. Law, S. 110 f., 140.

[269] *Tesón,* in: Lepard (Hrsg.), Reexamining CIL, S. 96.

[270] Ebd., S. 90.

[271] *Pauwelyn/Wessel/Wouters,* EJIL 2014, S. 733 (736).

[272] *Brownlie,* RdC 1979, S. 261; *Reiling,* ZaöRV 2018, S. 311 (318).

um die Deduktion künftiger Rechtssätze zu erlauben. Diese Voraussetzungen werden idealtypisch durch Entwürfe der Völkerrechtskommission erfüllt.

Zugleich bedeutete die abnehmende Staatenzentrierung im Gewohnheitsrecht, dass die Verwendung des Begriffs und die daran gestellten Anforderungen vielfältiger geworden sind. Der traditionelle und moderne Ansatz werden je nach Kontext nebeneinander angewandt und in Praxis und Wissenschaft weitestgehend als gleichberechtigt anerkannt. Der moderne Ansatz ist Gegenstand weiterer Ausdehnungsbemühungen und auch Ausgangspunkt diverser extensiver Forderungen im Völkerrecht geworden. Diesen Vorstößen, Gewohnheitsrecht vollständig losgelöst von der substantiierten Behauptung zumindest eines der Elemente zu begründen, wird in Teilen der Wissenschaft äußerst kritisch begegnet. Auch Staaten scheinen wachsamer geworden zu sein. Sie versuchen, befürchtete Normativierungsprozesse von Beginn an zu begrenzen, indem sie potenziellen Instrumenten ihre Zustimmung verweigern oder diese nur unter Vorbehalten annehmen.

Soft Law konnte zwar einigen der Defizite bei der Herausbildung und Feststellung gewohnheitsrechtlicher Normen begegnen, die grundsätzlichen dogmatischen und methodischen Probleme der Rechtsquelle scheinen damit aber nicht gelöst. Weitreichende Expansionsbestrebungen des Gegenstandes lassen vielmehr die Grenzen der Kompensationsmöglichkeiten unverbindlicher Instrumente erkennen, welche sich dann nur noch unzureichend und anekdotisch in ein konsistentes Bild der Rechtsquelle einordnen lassen.

II. Dynamische Vertragsentwicklung

Das formelle Völkerrecht stagniert sowohl in quantitativer als auch in qualitativer Hinsicht. Seit den 1950er Jahren wurde in jeder Dekade die Ratifikation von durchschnittlich 35 neuen multilateralen Verträgen beim UN-Generalsekretariat hinterlegt.[273] Diese Zahl sank auf nur zwanzig Verträge im Zeitraum zwischen den Jahren 2000 bis 2010 und von 2011 bis 2014 wurde überhaupt kein neuer Vertrag hinterlegt.[274] Das dürfte zum einen darauf zurückzuführen sein, dass große Teilbereiche des Völkerrechts inzwischen durch völkerrechtliche Verträge geregelt sind. Zum anderen zeigt sich daran der Wechsel zu mehr informeller Regelungssetzung in zunehmend komplexen Netzwerken.[275]

Soft Law wird mit Blick auf völkerrechtliche Verträge dazu verwendet, die bestehenden zu erhalten und ihre Gewährleistungen weiterzuentwickeln. Völkerrechtliche Verträge müssen im Regelfall bei Anwendung konkretisiert und ausgelegt werden. Einmal ratifizierte Verträge werden zudem selten reformiert

---

[273] *Pauwelyn/Wessel/Wouters,* EJIL 2014, S. 733 (734).

[274] Ebd., (735).

[275] Ebd., (738 f.); zum Begriff des Informal Lawmaking, welches über Soft Law hinausgeht, ebd. (743), ausf. *Pauwelyn/Wessel/Wouters (Hrsg.),* Informal International Lawmaking, 2012, insbs. die Beiträge von *Dann/Engelhardt,* S. 107 ff.; *Pauwelyn,* S. 125 ff. und *Pollack/Shaffer,* S. 241 ff.

und können damit nur wenig flexibel auf neuere Entwicklungen reagieren. Diese Defizite können durch unverbindliche Instrumente kompensiert werden.[276] Anders als bei Gewohnheitsrecht spielt Soft Law daher bei völkerrechtlichen Verträgen auf Ebene der Rechtsanwendung die entscheidende Rolle.

Mit der Auslegung völkerrechtlicher Verträge sind in der Regel Vertragsorgane oder vertraglich eingerichtete Gerichte betraut. Die Auslegung unter Zuhilfenahme unverbindlicher Instrumente kann in den Graubereich zwischen noch legitimer Interpretation und kompetenzüberschreitender Rechtsfortbildung geraten. Die Abgrenzung zwischen beiden ist methodisch und rechtskulturell voraussetzungsreich; der Übergang ist häufig fließend.[277] Gegenüber einigen so agierenden Institutionen wird der Vorwurf laut, dass sie ihr Mandat zu weit und den jeweiligen völkerrechtlichen Vertrag über den darin enthaltenen Staatenkonsens hinaus ausdehnen würden. Die auf die Stabilisierung der Vertragsregime gerichtete Aktivität einiger Spruchkörper hat damit den gegenteilig wirkenden Negativeffekt, dass manche Staaten noch weniger bereit sind, neue vertragsrechtliche Verpflichtungen einzugehen,[278] was den Reformstau wiederum verstärkt.

Im Rahmen dieses Spannungsfeldes sind drei Aspekte der Interaktion von Soft Law mit völkerrechtlichen Verträgen zu unterscheiden: Erstens findet Soft Law als Instrument der authentischen Interpretation und Auslegung Anwendung.[279] Zweitens kann es die erforderlichen technischen Standards oder detaillierten Regelungen für die Anwendung eines völkerrechtlichen Vertrages bereitstellen und zuletzt kann in völkerrechtlichen Verträgen auf Soft Law explizit oder implizit verwiesen werden.[280]

1. Evolutive Auslegung[281]

Die Auslegung völkerrechtlicher Verträge ist inzwischen in der Wiener Vertragsrechtskonvention niedergelegt; wegen ihres Ursprunges in der üblichen Staatenpraxis gelten ihre Grundsätze darüber hinaus unbestritten auch gewohnheitsrechtlich.[282] In einigen Vertragsregimen unterwerfen sich die Beteiligten einem

---

[276] Die Defizite und Herausforderungen, die die Aushandlung und Annahme völkerrechtlicher Verträge mit sich bringen kann, insbesondere bei multilateralen Abkommen, wurden an mehreren Stellen bereits erwähnt, siehe bspw. § 2 A. I. 3. Rechtsverbindlichkeit von UN-Resolutionen, C. Funktionsdimensionen.

[277] *Schorkopf*, Staatsrecht der int. Beziehungen, § 3 Rn. 162.

[278] Bzgl. des EGMR, *Voeten*, Am. Polit. Sci. Rev. 2008, S. 417 (422); allg. *Pauwelyn/Wessel/Wouters*, EJIL 2014, S. 733 (740).

[279] *Boyle*, ICLQ 1999, S. 901 (906); *Simma/Alston*, Austr. Yb. Int'l L. 1988/1989, S. 82 (100).

[280] *Boyle*, ICLQ 1999, S. 901 (906).

[281] Im Folgenden werden die Begriffe evolutive oder dynamische Auslegung synonym verwendet.

[282] Art. 31, 32 Wiener Übereinkommen über das Recht der Verträge, BGBl. 1985 II, S. 927 ff.; *Breuer*, ZöR 2013, S. 729 (756 Fn. 131).

außervertraglichen Gerichtshof wie dem Internationalen Gerichtshof oder einem Schiedsgericht. In anderen wird wiederum ein Vertragsorgan ausdrücklich damit beauftragt. Das kann entweder ein Plenarorgan sein, wie bei der Ernährungs- und Landwirtschaftsorganisation (FAO) oder der Internationalen Seeschifffahrtsorganisation (IMO) der Vereinten Nationen, oder, wie bei Finanzorganisationen üblich, ein Exekutivorgan. In seltenen Fällen wird zur Überwachung und Auslegung des Vertrages eigens ein Gerichtshof eingerichtet, wie der Europäische Gerichtshof für die Europäische Union oder der Interamerikanische Gerichtshof für die Amerikanische Konvention für Menschenrechte. Manchmal wird zwar kein Gericht, dafür aber zumindest ein Streitbeilegungsmechanismus installiert, wie beispielsweise in der WTO mit einem zweistufigen Verfahren, bestehend aus dem *Dispute Settlement Body* und der Berufungsinstanz, dem *Appellate Body*.[283]

Teilweise fehlt für die Auslegung eine solch ausdrückliche Regelung, etwa bei der Charta der Vereinten Nationen. In diesem Fall werden verschiedene Optionen diskutiert. Der Sicherheitsrat oder wegen universeller Repräsentanz die Generalversammlung könnten die Kompetenz einer autoritativen Auslegung besitzen. Möglich wäre ferner, dass im jeweiligen Funktionsbereich das dafür zuständige Organ zur Auslegung berechtigt ist.[284] In der Praxis entscheidend ist vor allem die Rechtsprechung des Internationalen Gerichtshofes, der im Rahmen von Gutachten oder anlässlich eines Konfliktes zwischen den Mitgliedstaaten einzelne Vorschriften der Charta auslegt. Dabei verfolge er die Absicht, die der Charta zugrundeliegenden Ziele im Lichte bestehender Gemeinschaftswerte zweckorientiert und ohne zu große Rücksicht auf die historischen Ursprünge auszulegen.[285]

Wie im nationalen Recht werden auch im internationalen Recht verschiedene Auslegungsmethoden nebeneinander verwendet. Unverbindliche Instrumente weisen eine besondere Relevanz für die sogenannte evolutive oder dynamische Auslegung auf. Als Fortentwicklung der teleologischen Auslegung wird mit ihr das Ziel verfolgt, den jeweiligen Vertragstext im Kontext aktueller Bedingungen und unter Berücksichtigung moderner rechtspolitischer Trends auszulegen. Diese Form der Auslegung steht im Gegensatz zur historischen Auslegung oder dem im amerikanischen Rechtsraum vertretenen *Originalism*,[286] wonach der bei Annahme ursprüngliche *(original)* ausgeprägte Wille der Vertragsparteien entscheidend ist.

---

[283] Beispiel teilw. von *Alvarez* übernommen, *ders.,* Int. Organizations as law-makers, S. 76.
[284] Dazu *Alvarez,* Int. Organizations as law-makers, S. 76 ff.
[285] Ebd., S. 73.
[286] *Baude,* Colum. L. Rev. 2015, S. 2349 ff.; *Colby/Smith,* Duke Law J. 2009, S. 239 ff.; *Greene/Persily,* Colum. L. Rev. 2011, S. 356 ff.; *Harvard Law Review Association,* Harv. L. Rev. 2007, S. 1279 ff.; *Kay,* New. U. L. Rev. 1988, S. 226 ff.; *Krieger,* AöR 2008, S: 315 (321 ff.); *Scalia,* in: Gutman (Hrsg.), A Matter of Interpretation, S. 3 ff.; *Touqueville,* Democracy in America, Kap. 2.

a) Living-Instrument-Doktrin in der Rechtsprechung des EGMR

Die evolutive Vertragsauslegung wird besonders mit dem Europäischen Gerichtshof für Menschenrechte in Verbindung gebracht. Der von den Mitgliedstaaten des Europarates gegründete Gerichtshof wacht über die Einhaltung der Europäischen Menschenrechtskonvention (Art. 19 EMRK) und besitzt die Zuständigkeit für ihre authentische Auslegung (Art. 32 EMRK).

aa) Entwicklung und methodische Begründung

Obwohl bereits im Jahr 1959 gegründet, begann das Gericht erst ab den 1970er Jahren, den Vertragstext dynamisch auszulegen. Der Zeitpunkt der dafür entscheidenden Grundsatzurteile, *Tyrer v. the United Kingdom* und *Marckx v. Belgium*, fällt in die Anfänge des modernen Menschenrechtsdiskurses und unterstreicht einmal mehr *Moyns* These, der die 1970er Jahre als Geburtsstunde der modernen Menschenrechte einordnet.[287] Ohne tiefergehende Begründung stellte der EGMR in *Tyrer v. the United Kingdom* fest, dass die EMRK ein *„living instrument"* sei, welches im Lichte der *„present-day conditions"* zu betrachten sei.[288] Das Gericht geht dabei methodisch im Sinne einer wertenden Rechtsvergleichung vor.[289] Unbestimmte oder normative Rechtsbegriffe, Regelungslücken oder der allgemeine Wortsinn werden anders als vormals oder auch erstmals mit Blick auf einen europäischen Konsens dynamisch ausgelegt. Ein solcher dynamischer Ausbau ist beispielsweise bei Art. 3 EMRK, dem Verbot der Folter oder unmenschlicher,[290] erniedrigender Behandlung, bei Art. 8 EMRK, dem Recht auf Familienleben,[291] und bei der Miteinbeziehung der Europäischen Sozialrechtecharta[292] zu beobachten.

---

[287] Siehe dazu § 4 A. I. 3. a) Soft Law als Beweis einer Rechtsüberzeugung.

[288] EGMR, Ziff. 5856/72, Rn. 31 – Tyrer/Vereinigtes Königreich (1978).

[289] *Klocke*, EuR 2015, S. 148 (152).

[290] Hier vor allen Dingen im Abschiebungsrecht, wo durch die extraterritoriale Anwendung des Art. 3 EMRK, i. V. m. Art. 4 des 4. Zusatzprotokolls u. Art. 13 EMRK ein individuelles Non-Refoulement-Verbot konstruiert wird, vgl. EGMR, No. 27765/09 – Hirsi Jamaa u. a./Italien (2012), welches über inzwischen EGMR, No. 8675/15 u. 8697/15 – N.D., N.T./Spanien (2020) wieder begrenzt wurde. Beide Entscheidungen wurden ausführlich besprochen, siehe bspw. *Nussberger*, NVwZ 2016, S. 815 ff.; *Thym*, ZaöRV, S. 989 ff., insb. (994); *A. Weber*, ZAR 2012, S. 265 ff.

[291] *Farahat*, Progressive Inklusion, S. 304 f.; *Schüller*, ZAR 2015, S. 64 (65); *Thym*, ZAR 2019, S. 131(133).

[292] Die Sozialcharta (Europäische Sozialcharter v. 18.10.1961, BGBl. 1965 II, 1122) ist deutlich zurückhaltender formuliert, verpflichtet die Mitgliedstaaten und gewährt keine subjektiven Rechte. Die revidierte Fassung wurde von einigen Staaten nicht ratifiziert. Deutschland ratifizierte sie vor kurzem erst, während seines Vorsitzes des Europarats, jedoch mit einigen Vorbehalten, BGBl. 2020 Teil II, 900. Noch schlechter steht es um den Ratifikationsstatus des kollektiven Beschwerderechts für nicht staatliche Akteure (Add. Protocol to the European Social Charter Providing for a System of Collective Complaints, ETS Ziff. 158, v. 01.07.1988), der von Deutschland nach wie vor nicht ratifiziert wurde, vgl. *Krieger*, ZaöRV 2014, S. 187 (196 f.).

Um einen solchen europäischen Konsens festzustellen, greift der EGMR auf diverse Quellen zurück. Er fragt dabei nach einer insgesamt vergleichbaren europäischen Herangehensweise, einer europäischen herrschenden Meinung.[293] Miteinbezogen wird beispielsweise die nationale Gesetzgebung der Mitgliedstaaten, darüber hinaus aber auch die Gesetzgebung nicht europäischer Staaten, sofern es um die Feststellung eines internationalen Trends geht.[294] Die Auslegungsmethode speist sich in hohem Maße aus den internationalen Rechtsquellen.[295] So werden beispielsweise weitere völkerrechtliche Verträge und Abkommen herangezogen, die nicht notwendigerweise vom beklagten Staat selbst ratifiziert worden sein müssen.[296] In der Rechtssache *Scoppola v. Italy Nr. 2* geht der EGMR so weit, zur Begründung einer Rechtsprechungsänderung Vorgaben der Amerikanischen Menschenrechtskonvention aufzugreifen, die den europäischen Staaten zum Beitritt gar nicht offensteht.[297] *Breuer* deutet dies als Bemühungen des Gerichts als spezialisierter Menschenrechtsgerichtshof, bei aktuellen Trends nicht abgehängt zu werden; vorausgegangen war eine Entscheidung des Europäischen Gerichtshofes, welchem sich das Gericht durch seine Rechtsprechung anzupassen versuchte.[298]

Die Wahl der rechtsverbindlichen Instrumente zur Begründung eines europäischen Konsenses wird vielfach auf Art. 31 Abs. 3 lit. c WVK gestützt, der es erlaubt, jeden weiteren Völkerrechtssatz, der zwischen den beteiligten Parteien gilt, in die Auslegung miteinzubeziehen.[299] Der Europäische Gerichtshof für Menschenrechte weitet diese Miteinbeziehungsklausel dahingehend aus, dass der für die Rechtsvergleichung herangezogene völkerrechtliche Vertrag nicht durch den verklagten Staat selbst ratifiziert worden sein muss. Diese Ausweitung provoziert eine Reihe von Folgeproblemen.[300] Knapp zusammengefasst, besteht durch diese Vorgehensweise die Gefahr, dass den Konventionsstaaten ein Menschenrechtsstandard aufgedrängt wird, der nicht von ihrem Willen gedeckt ist. Dies gilt insbesondere für diejenigen Staaten, die nicht zugleich Mitglied der Europäischen Union sind und somit Gefahr laufen, über die Hintertür an einen

---

[293] *Maaß*, Europäischer Konsens, S. 56.

[294] EGMR, No. 28957/95, Rn. 84 – Christine Goodwin/Vereinigtes Königreich (2002); No. 25680/94, Rn. 64 – I/Vereinigtes Königreich (2002); *Maaß*, Europäischer Konsens, S. 63.

[295] EGMR, No. 34503/97, Rn. 85 – Demir und Baykara/Türkei (2008).

[296] EGMR, No. 34503/97, Rn. 78 – Demir und Baykara/Türkei (2008).

[297] EGMR, No. 10249/03, Rn. 105 – Scoppola/Italien (2009); kritisch Richter *Nicolaou*, abw. Meinung, Ebd.; *Breuer*, ZöR 2013, S. 729 (745 f.).

[298] *Breuer*, ZöR 2013, S. 729 (745).

[299] *Klocke*, EuR 2015, S. 145 (152); *Nussberger*, in: van Aaken/Motoc (Hrsg.), The ECHR, S. 51; Beispiele: EGMR, No. 4451/70, Rn. 38 – Golder/Vereinigtes Königreich (1975); EGMR, Ziff. 29381/09 u. 32684/09, Rn. 91 f. – Vallianatos u. a./Griechenland (2013); EGMR, Ziff. 19010/07, Rn. 150 – X. u. a./Österreich (2013).

[300] Umgekehrt hat er eine geringe Anzahl an Ratifikationen, gerade auch durch den verklagten Staat, als Indiz eines fehlenden Konsens gewertet, EGMR, Ziff. 19010/07, Rn. 149 – X. u. a./Österreich (2013).

unionsrechtlichen Grundrechtsstandard ohne Mitbestimmungsmöglichkeit gebunden zu werden.[301] Der so gewonnenen gemeinsamen Überzeugung kann der beklagte Staat nur mit dem Vorbringen nationaler Besonderheiten begegnen *(margin of appreciation)*, deren inkonsistente Anwendung durch das Gericht ein erhebliches Maß an Rechtsunsicherheit bedeutet.[302]

bb) Soft Law zur Konkretisierung der EMRK

Neben diesen rechtsverbindlichen Instrumenten greift das Gericht zur Konkretisierung der Vorgaben der EMRK internationales und europäisches Soft Law auf.[303] Besonders häufig werden Dokumente der dem Europarat nachgeordneten Organe, nämlich des Ministerkomitees und der Parlamentarischen Versammlung, verwendet.[304] Darüber hinaus finden auch Empfehlungen und allgemeine Kommentare anderer Vertragsorgane, wie des Menschenrechtsausschusses der Vereinten Nationen, Eingang in die Rechtsprechung.[305]

Der Europarat wird durch die Konventionsmitglieder mit der Fortentwicklung der Menschenrechte und Grundfreiheiten beauftragt, sodass sich der Rückgriff des Gerichts auf die Empfehlungen beider nachgeordneter Organe rechtfertigen lässt, selbst wenn sie nicht rechtsverbindlich sind.[306] Sie entwerfen mögliche Auslegungsangebote einzelner menschenrechtlicher Garantien, die durch die Rechtsprechung aufgegriffen und effektiviert werden. Vor diesem Hintergrund lasse sich die Arbeit des Gerichts eigentlich nur als eine Transmission verstehen.[307] Jedoch unterscheiden sich die Mehrheitserfordernisse der Handlungsformen des Ministerkomitees und der Parlamentarischen Versammlung. Empfehlungen des Ministerrates bedürfen der Einstimmigkeit und müssen zugleich von einer Zweidrittelmehrheit der Gesamtzahl der Mitglieder getragen werden.[308] Dieses qualifizierte Mehrheitserfordernis soll sicherstellen, dass eine Empfehlung tatsächlich einen Grundkonsens transportiert, und begründet damit eine direkte Ver-

---

[301] *Breuer*, ZöR 2013, S. 729 (747).

[302] *Baade*, Der EGMR als Diskurswächter, S. 173; *Klocke*, EuR 2015, S. 145 (152); ausf. *Maaß*, Europäischer Konsens, S. 37 ff.

[303] Betrachtet wird hier allein, wie Soft Law zur Auslegung und Anwendung einzelner Konventionsrechte verwendet wird. Häufig zitiert der EGMR im zweiten Abschnitt seines Urteils (THE LAW) auch unverbindliche Instrumente, inwiefern die entscheidend für den Urteilsspruch sind, kann nicht immer linear nachvollzogen werden. Dazu *Nussberger,* in: van Aaken/Motoc (Hrsg.), The ECHR, S. 49.

[304] Bspw. EGMR, No. 46410/99, Rn. 54 – Üner/Niederlande (2006); No. 1638/03, Rn. 73 – Maslov/Österreich (2008); *Klocke,* EuR 2015, S. 145 (ebd.); *Maaß,* Europäischer Konsens, S. 25.

[305] Bspw. EGMR, No. 23459/03, Rn. 105 – Bayatyan/Armenien (2012) bzgl. General Comment No. 22 des UN-Menschenrechtsausschusses; EGMR, No. 2260/10 – Tanda-Muzinga/Frankreich (2014); *Maaß,* Europäischer Konsens, S. 63; *McCall-Smith,* in: Lagoutte/Gammeltoft-Hansen/Cerone (Hrsg.), Tracing Soft Law, S. 42 ff.

[306] Präambel, EMRK.

[307] *Klocke,* EuR 2015, S. 145 (164).

[308] Art. 20 Satzung des Europarates.

bindung zur Feststellung eines europäischen Standards im Kontext der Living-Instrument-Doktrin.[309] Im Gegensatz dazu kann die Parlamentarische Versammlung Empfehlungen bereits mit einer Zweidrittelmehrheit annehmen. Einstimmigkeit ist hier nicht erforderlich.[310] Eine so angenommene Empfehlung steht daher weniger repräsentativ für einen gemeineuropäischen Standard. Darüber hinaus werden Resolutionen, die sich anders als die an das Ministerkomitee gerichteten Empfehlungen direkt an die Mitgliedstaaten richten, informell mit einfacher Mehrheit angenommen.[311]

Die Dokumente beider Organe und anderes Soft Law werden für verschiedene Zwecke herangezogen. Sie werden ergänzend verwendet, um eine bestimmte Argumentation abzusichern oder unbestimmte Begriffe auszulegen.[312] In Entscheidungen, die die Unterbringung von Gefangenen betreffen, nutzt das Gericht beispielsweise häufig die vom Ministerkomitee entworfenen Europäischen Gefängnisregeln.[313] Umgekehrt werden entweder sie oder ggf. ihr Fehlen dafür verwendet, das Vorhandensein eines europäischen Konsenses zu verneinen. Bisweilen werden sie auch extensiv ausgelegt, um eine bestimmte Vorgabe in eine Konventionsnorm hineinzulesen.[314] In einigen Fällen ist in Soft Law-Dokumenten ein Trend abzulesen, der gegenläufig zum Verständnis einzelner Konventionsrechte durch den Europäischen Gerichtshof für Menschenrechte läuft und sodann ausdrücklich abgelehnt wird.[315] Die fehlende Bindungswirkung steht allen diesen Verwendungen nicht entgegen.[316] Das Gericht spricht den Dokumenten vielmehr eine *considerable importance* zu.[317] Auch an dieser Stelle darf die Attraktivität einschlägiger rechtsähnlicher Dokumente für den Rechtsanwender nicht unterschätzt werden.[318] Der pointierte Titel eines Sammelbandbeitrages der ehemaligen deutschen Richterin *Nussberger* – *„Hard Law or Soft Law – Does it Matter?"*[319] – unterstützt diesen Befund und macht deutlich, dass der normative und materielle Gehalt die formellen Begrenzungen übertrumpfen.

---

[309] *Klocke,* EuR 2015, S. 145 (156); insb., da das Ministerkomitee im Regelfall seine Entscheidungen im Konsens trifft, *Upermann-Wittzack,* in: Hatje/Müller-Graf (Hrsg.), Europäisches Organisations- und Verfassungsrecht, S. 1077 Rn. 14.

[310] Art. 29 Abs. i Satzung des Europarates.

[311] *Klocke,* EuR 2015, S. 145 (156), *Maaß,* Europäischer Konsens, S. 30 f.: *Uerpmann-Wittzack* spricht der Parlamentarischen Versammlung trotz ihrer formell ausschließlich beratenden Funktion im Organgefüge eine „erhebliche Eigenständigkeit" zu, *ders.,* in: Hatje/Müller-Graf (Hrsg.), Europäisches Organisations- und Verfassungsrecht, S. 1079 Rn. 20.

[312] *Nussberger,* in: van Aaken/Motoc (Hrsg.), The ECHR, S. 49.

[313] Ebd., S. 50.

[314] *Klocke,* EuR 2015, S. 145 (157).

[315] *Nussberger,* in: van Aaken/Motoc (Hrsg.), The ECHR, S. 52 ff.

[316] Implizit bereits in *Marckx v Belgium,* so *Nussberger,* in: van Aaken/Motoc (Hrsg.), The ECHR, S. 51; ausdrücklich in EGMR, No. 34503/97, Rn. 85 – Demir und Baykara/Türkei (2008).

[317] EGMR, Ziff. 33834/03, Rn. 72 – Rievière/Frankreich (2006); EGMR, Ziff. 41153/06, Rn. 48 – Dybeku/Albanien (2007).

[318] Siehe dazu § 4 A. 3. c) Medium der Kodifizierung.

[319] *Nussberger,* in: van Aaken/Motoc (Hrsg.), The ECHR, S. 41 ff.

cc) Grenzen

Eine evolutive oder dynamische Auslegung provoziert die Frage, wo die Grenze zwischen zulässiger Effektivierung des Menschenrechtsschutzes und extensiver Rechtsfortbildung durch den Europäischen Gerichtshof für Menschenrechte liegt. Sie stellt sich umso mehr, als Entscheidungen des Gerichts den Mitgliedstaat binden und die EMRK je nach Rechtsordnung Verfassungsrang oder zumindest den Rang eines qualifizierten Gesetzes besitzt. Da im Regelfall die Konventionsstaaten Demokratien sind, können durch zu extensive Entscheidungen Handlungsspielräume nationaler Gesetzgeber beschränkt werden, sodass im Hintergrund demokratische Legitimationsfragen und Abgrenzungen zwischen judikativer und legislativer Gewalt mitverhandelt werden.[320] Als Mindestkonsens lässt sich festhalten, dass die Living-Instrument-Doktrin in den Konventionsstaaten weitestgehend akzeptiert wird.[321] Die Möglichkeit der Individualbeschwerde, verknüpft mit der evolutiven Auslegung, hat das Gericht zum führenden Menschenrechtsgerichtshof befördert, der international hohes Ansehen genießt und dessen Rechtsprechung einen hohen Menschenrechtsstandard in Europa garantiert.

Über diesen Grundkonsens hinaus ist zwischen den Konventionsstaaten und dem Gerichtshof, innerhalb der den Gerichtshof begleitenden Wissenschaft und im Gericht selbst, vieles umstritten und hart umkämpft.[322] Das beginnt bereits damit, festzustellen, was von der evolutiven Auslegung umfasst ist und, wichtiger, umfasst sein darf. In dieser Arbeit wird generalisierend die gesamte Verwendung von Soft Law der evolutiven Auslegung zugeordnet. Andere nehmen die Lückenfüllerposition, die Soft Law einnehmen kann, explizit aus und verstehen die evolutive Auslegung enger als dynamische Auslegung normativer Begriffe.[323] Die hier vorgenommene Generalisierung lässt sich jedoch mit der Präambel der EMRK, die eine kontinuierliche Fortentwicklung des Menschenrechtsregimes vorsieht, und dem ständigen Verweis des Gerichts auf Art. 31 Abs. 3 lit. c WVK begründen: Beiden wohnt ein dynamischer Impetus inne, der durch das Gericht willig aufgegriffen wurde.[324]

---

[320] *Krieger,* ZaöRV 2014, S. 187 (196 f.); *Haefeli* stellt fest, dass im erfahrungsgemäß besonders sensiblen Bereich der Migration, die Legislativen und Exekutiven der europäischen Demokratien ihr politisches Primat zugunsten weitreichender Zuständigkeiten internationaler Gerichte zur Disposition gestellt haben und damit einen rechtspolitischen Sonderweg im außereuropäischen Vergleich beschritten haben, *ders.,* ZAR 2020, S. 25 (31).

[321] *Krieger,* ZaöRV 2014, S. 187 (194).

[322] Ausf. *Baade,* Der EGMR als Diskurswächter, S. 161, 167 ff.

[323] *Nussberger,* in: van Aaken/Motoc (Hrsg.), The ECHR, S. 49.

[324] Als Gegenreaktion der Mitgliedstaaten lässt sich die Brighton Erklärung aus dem Jahr 2012 deuten, die unter Schirmherrschaft der britischen Regierung ein umfassendes Reformvorhaben für den EGMR zwischen Mitgliedstaaten und dem Ministerkomitee in die Wege geleitet hat. Neben der Überlastung des EGMR soll der bisweilen extensiven Auslegung mit der festen Verankerung des Grundsatzes der Subsidiarität und der *Margin-of-Appreciation*-Doktrin in der Rechtsprechung begegnet werden (Brighton-Erklärung, Ziff. 12). Zugleich

Breuer wiederum attestiert einen neuen Trend richterlicher Rechtsfortbildung, der inzwischen gegen den Wortlaut und ausdrücklichen Willen der Vertragsgestalter konventionsrechtliche Garantien annimmt, die von der evolutiven Auslegung bei weitem nicht mehr gedeckt seien.[325] Seine Kritik greift an einigen Stellen die Kritik ehemaliger und aktiver Richter auf, die in abweichenden Meinungen dem Gericht vorwerfen, ihr Mandat zu weit auszudehnen.[326] Dieser Konflikt hat eine politische Dimension und sein Ausgang ist nach wie vor unklar. Zu bedenken bleibt, dass das Gericht in hohem Maße von der Akzeptanz der Konventionsstaaten abhängig ist. Der Vorwurf, dass er sein Mandat zu überschreite, wiegt daher besonders schwer und kann im schlimmsten Fall seine Autorität langfristig beschädigen.

dd) Zwischenergebnis

Unverbindliche Instrumente spielen bei der Auslegung der EMRK eine entscheidende Rolle und werden von den Streitparteien und dem Gericht ganz selbstverständlich verwendet. In dieser Weise prägt Soft Law den Inhalt geltenden Rechts.[327] Es liegt dabei im Ermessen des Gerichts, welches Instrument in welcher Weise herangezogen wird. In den Entscheidungen wird primär auf die Dokumente der Organe des Europarates zurückgegriffen, was wegen der institutionellen Verwandtschaft naheliegt. Für ein Soft Law-Dokument bedeutet die Erwähnung in einer Entscheidung, dass es aus der Masse potenziell einschlägiger unverbindlicher Dokumente herausgehoben und in seinem normativen Gehalt und seinem Bekanntheitsgrad gestärkt wird.[328] Dieser Effekt ist primär für seinen Urheber von Interesse, der in Antizipation desselben unverbindliche Instrumente bereits mit Blick auf die Rechtsprechung des Gerichts kreieren kann.

Durch das sich in der Rechtsprechung zeigende Selbstbewusstsein des Europäischen Gerichtshofes für Menschenrechte kann man diesen inzwischen auch als einen politischen Akteur begreifen, der durch seine Rechtsprechung bewusst auf die Konventionsstaaten einwirkt. Der Weg dorthin wurde zumindest auch

---

soll die Anzahl der Individualbeschwerden durch die Einführung eines mit dem Vorabentscheidungsverfahren vergleichbarem Gutachten-Verfahren vor dem EGMR gesenkt werden (Brighton-Erklärung, Ziff. 12 lit. d), krit. *Lörcher,* KritV 2015, S. 223 ff. Das inzwischen veröffentlichte Zusatzprotokoll ist aufgrund der zu geringen Ratifikationszahl noch nicht in Kraft getreten, Protokoll Nr. 16, SEV 214.

[325] *Breuer,* ZöR 2013, S. 729 (731 f., 761 f.); ebenfalls *Krieger,* ZaöRV 2014, S. 187 (205, 208); bezogen auf Art. 3 EMRK *Haefeli,* ZAR 2020, S. 25 (32).

[326] *Breuer,* ZöR 2013, S. 729 (735, 739 f., 746); spätestens seit der sogenannten *Hirsi-Entscheidung* EGMR [GK], No. 27765/09 – Hirsi Jamaa u. a./Italien (2012), vgl. *Di Fabio,* Herrschaft und Gesellschaft, S. 261, die durch strategische Prozessführung erreicht wurde, *Thym,* ZaöRV 2020, S. 989 (1013).

[327] *Klocke,* EuR 2015, S. 148 (ebd.); bspw. EGMR [GK], No. 34503/97 – Demir u. Baykara/Türkei (2008), Rn. 104 ff.

[328] *Nussberger,* in: van Aaken/Motoc (Hrsg.), The ECHR, S. 48.

durch die geschickte Miteinbeziehung unverbindlicher Instrumente in eine dynamische Vertragsauslegung geebnet.

b) Empfehlungen und Kommentare von Vertragsorganen

Eng verbunden mit der Rechtsprechung des Europäischen Gerichtshofes für Menschenrechte sind die Aktivitäten diverser menschenrechtlicher Vertragsorgane.[329] Im Menschenrechtsregime ist es inzwischen etabliert, bei Annahme einer Schutzkonvention zugleich einen Kontrollmechanismus einzurichten. Eigens eingerichtete Vertragsorgane überwachen die Einhaltung und Implementierung der gewährten Grundrechte durch die Staaten.[330] Besonders an diesen Vertragsorganen ist, dass sie häufig als Fachausschüsse konzipiert werden, die nicht von Repräsentanten der Ratifikationsstaaten besetzt werden, sondern durch unabhängige Experten.[331] Zu den wichtigsten Aufgaben der Fachausschüsse gehört es, die Staaten durch regelmäßige Selbsterklärungen (Staatenberichte) zu kontrollieren, in denen bestimmte Fragenkataloge abgearbeitet werden müssen. Die Gremien können versuchen, die staatlichen Antworten mit weiteren Nachfragen zu konkretisieren. Häufig sind die Staatenberichte durch sogenannte Schattenberichte von nationalen NGOs begleitet. Das so gesammelte Material dient dazu, zu prüfen, ob der betroffene Staat den jeweiligen Gewährleistungen gerecht wird oder Verstöße festzustellen sind. Kommt es zu Letzterem, besitzen die Fachausschüsse zwar keine Sanktionsmöglichkeiten im eigentlichen Sinne, können aber über einen drohenden Reputationsverlust *(Naming and Shaming)* gegenüber dem betreffenden Staat Druck ausüben.

---

[329] Dazu ausf. *Keller/Grover*, in: Keller/Ulfstein (Hrsg.), UN Human Rights Treaty Bodies, S. 116 ff.; Alston, The Historical Origins of the Concept of 'General Comments' in Human Rights Law, in: FS Abi-Saab, 2001, S. 763 ff.

[330] Internationales Übereinkommen zur Beseitigung jeder Form von Rassendiskriminierung (1969): UN-Ausschuss für die Beseitigung der Rassendiskriminierung (CERD); Internationaler Pakt über wirtschaftliche, soziale und kulturelle Rechte (1976): UN-Ausschuss für wirtschaftliche, soziale und kulturelle Rechte (CESCR); Internationaler Pakt über bürgerliche und politische Rechte (1976): UN-Menschenrechtsausschuss (CCPR); Übereinkommen zur Beseitigung jeder Form von Diskriminierung der Frau (1981): UN-Ausschuss für die Beseitigung der Diskriminierung der Frau (CEDAW); Übereinkommen gegen Folter und andere grausame, unmenschliche oder erniedrigende Behandlung oder Strafe (1987): UN-Ausschuss gegen Folter (CAT); Übereinkommen über die Rechte des Kindes (1990): UN-Ausschuss für die Rechte des Kindes (CRC); Internationale Konvention zum Schutz der Rechte aller Wanderarbeitnehmer und ihrer Familienangehörigen (2003): UN-Ausschuss zum Schutz der Rechte aller Wanderarbeitnehmer und ihrer Familienangehörigen (CMW); Übereinkommen über die Rechte von Menschen mit Behinderungen (2008): UN-Ausschuss zum Schutz der Rechte von Menschen mit Behinderungen (CRPD); Übereinkommen zum Schutz aller Personen vor dem Verschwindenlassen (2010): UN-Ausschuss über das Verschwindenlassen (CED); sofern man das Fakultativprotokoll zum Übereinkommen gegen Folter (2006) dazuzählt, sind es mit dem Unterausschuss zur Verhütung von Folter (SPT) zehn Organe.

[331] *Chinkin/Boyle,* The Making of Int. Law, S. 155; *McCalll-Smith,* in: Lagoutte/Gammeltoft-Hansen/Cerone (Hrsg.), Tracing Soft Law, S. 29.

Daneben verfassen Fachausschüsse allgemeine Empfehlungen und Kommentare, die der besseren Umsetzung der jeweiligen Konvention dienen sollen; zugleich sollen sie die in ihr enthaltenen Rechte konkretisieren und weiterentwickeln. Wie die EMRK werden auch die meisten anderen Menschenrechtsverträge als „living instruments" verstanden, die an die Bedingungen der sich ändernden, sich modernisierenden[332] Gesellschaften kontinuierlich angepasst werden müssen.[333] Die dazu verwendeten diversen Instrumente sind regelmäßig im jeweiligen Vertragstext als rechtsunverbindliche Handlungsformen der Vertragsorgane verankert und können folglich als Soft Law eingeordnet werden.[334] Inzwischen ist die Anzahl der Empfehlungen und Kommentare der neun menschenrechtlichen Vertragsorgane auf über 150 angewachsen.[335] Besonders die Allgemeinen Kommentare des einflussreichen UN-Menschenrechtsausschusses werden von Gerichten als Auslegungshilfen herangezogen. Der Europäische Gerichtshof für Menschenrechte, aber auch nationale Höchstgerichte greifen bei Unklarheiten oder zur Begründung bestimmter Entwicklungen darauf zurück.[336] Zuletzt ist in Ausnahmefällen eine individuelle Beschwerde möglich; für den Menschenrechtsausschuss wurde dies beispielsweise im Rahmen des ersten Zusatzprotokolls eingeführt. Dadurch können Individuen, nach Ausschöpfung des nationalen Rechtsweges, den Ausschuss wegen eines Verstoßes gegen den Zivilpakt anrufen.[337] Die daraufhin getroffenen Auffassungen darüber, ob ein Verstoß gegen den Vertrag

---

[332] Damit soll nicht die Modernisierungsthese aufgegriffen werden, sondern deutlich gemacht werden, dass sich Bedrohungsszenarien für Menschenrechte sowie staatliches Eingriffshandeln kontinuierlich wandeln können.

[333] *Chinkin/Boyle,* The Making of Int. Law, S. 155; *McCalll-Smith,* in: Lagoutte/Gammeltoft-Hansen/Cerone (Hrsg.), Tracing Soft Law, S. 27.

[334] Die rechtliche Autorität ist umstritten, teilweise werden sie als autoritative Interpretationen, offiziöse Kommentierungen oder sogar Kodifizierungen bezeichnet, siehe dazu *Payandeh,* NVwZ 2020, S. 125 (127 f.) m. w. N.; hier wird der insofern generelleren Einordnung als Soft Law gefolgt nach *Chinkin/Boyle,* The Making of Int. Law, S. 156; *Keller/Grover,* in: dies./Ulfstein (Hrsg.), UN Human Rights Treaty Bodies, S. 129, die auch der Rechtsprechung des BVerfG entspricht, die die Auslegung durch Ausschüsse für völkerrechtlich unverbindlich einordnet, vgl. § 4 A. IV. 2. b) Sonderfall: Europäische Menschenrechtskonvention.

[335] *McCalll-Smith,* in: Lagoutte/Gammeltoft-Hansen/Cerone (Hrsg.), Tracing Soft Law, S. 31.

[336] Ebd.

[337] Für den IPCCR: 1. Fakultativprotokoll v. 23.05.1976, BGBl. 1994 II, 311); Zuletzt etwa hinsichtlich sog. Klimaflüchtlinge: Hier wurde anlässlich einer Beschwerde gegen Neuseeland, Art. 6 IPpbR dahingehend ausgelegt, dass er ein Recht auf menschenwürdiges Leben umfasse und in Zukunft das *Non-Refoulement*-Verbot für den Aufnahmestaat ausgelöst werden könne, wenn nicht durch robuste nationale und internationale Maßnahmen, dem Klimawandel begegnet werden würde, vgl. HRC, CCPR/C/127/D/2728/2016 v. 24.10.2019, Ziff. 9.4., 9.11; dazu *Prechtel, Qistauri/Uerpmann-Wittzack,* SVR 2020, S. 349 ff.; die neugebildete Regierung (SPD, Bündnis 90/Die Grünen, FDP) haben im Koalitionsvertrag zugesagt, das Zusatzprotokoll zum Sozialpakt, welches eine Individualbeschwerde ermöglicht, zu ratifizieren, *dies.,* Mehr Fortschritt wagen, S. 147.

vorliegt, sind völkerrechtlich nicht bindend (Art. 5 Abs. 4 1. Fakultativprotokoll IPpbR).[338]

aa) Beispiel: Bemühungen des CEDAW-Ausschusses

Unabhängig vom tatsächlichen Einfließen in Rechtsprechung sind Fälle zu beobachten, in denen Fachausschüsse das materielle Verständnis der von ihnen betreuten Konvention substanziell verändert haben.[339] Ein besonders prägnantes Beispiel betrifft den CEDAW-Ausschuss,[340] der die Frauenrechtskonvention überwacht. An seinen Bestrebungen, Staaten menschenrechtlich zur Verhinderung von Gewalt gegen Frauen zu verpflichten, lässt sich exemplarisch beobachten, wie die Fachausschüsse Soft Law für ihre Aktivitäten nutzen können.[341]

Die Frauenrechtskonvention wurde im Jahr 1979 von der Generalversammlung der Vereinten Nationen verabschiedet und trat zwei Jahre später in Kraft.[342] Das inzwischen von 189 Staaten ratifizierte Übereinkommen adressiert nicht ausdrücklich physische oder psychische Gewalt gegen Frauen, sondern regelt allgemein Diskriminierungen von Frauen aufgrund ihres Geschlechts, die dem Ziel der Gleichberechtigung zwischen Mann und Frau entgegenstehen (Art. 1). Die Umstände der Aushandlung und Annahme der Konvention machen deutlich, dass zu diesem Zeitpunkt kein Konsens bestand, die Verhinderung von Gewalt gegen Frauen mit in die Konvention aufzunehmen, sondern dass eher die Einschätzung vorherrschend war, dass dies nicht notwendigerweise eine Frage des internationalen Menschenrechtsschutzes sei.[343] Bereits wenige Jahre nach dem Inkrafttreten der Konvention erwähnte der bis dahin wenig aktivistische CEDAW-Ausschuss[344] relativ eindeutig in der Einführung seiner Allgemeinen Empfehlung Nr. 12, dass Art. 2, 5, 11, 12 und 16 der Konvention Staaten dazu verpflichten würden, Frauen vor jeder Art von Gewalt zu schützen. Der Ausschuss nimmt sodann Bezug auf eine Resolution des UN-Ausschusses für wirtschaftliche und soziale Rechte (ECOSOC),[345] welcher sich zuvor mit der Bekämp-

---

[338] *Payandeh,* NVwZ 2020, S. 125 (126).

[339] *Chinkin/Boyle,* The Making of Int. Law, S. 155.

[340] Kurz für: Convention on the Elimination of All Forms of Discrimination Against Women.

[341] Als Beispiel besonders hervorgehoben ebenfalls in *Chinkin/Boyle,* The Making of Int. Law, S. 155 f.

[342] Deutschland ratifizierte das Übereinkommen 1985, BGBl. 1985 II, S. 647.

[343] *Yahyaoui Krivenko,* in: Lagoutte/Gammeltoft-Hansen/Cerone (Hrsg.), Tracing Soft Law, S. 55.

[344] Ebd.

[345] Der ECOSOC ist kein menschenrechtliches Vertragsorgan, sondern ein Unterorgan der UN (Art. 61 ff. UN-Charta). Da er aber für Themenfelder verantwortlich ist, die in enger Verbindung zu Menschenrechten stehen (Art. 62 Abs. 1 UN-Charta) und Empfehlungen zur Förderung der Achtung der Menschenrechte und Grundfreiheiten abgeben kann (Art. 62 Abs. 2 UN-Charta), wird er an dieser Stelle mitbehandelt, insbs. im Hinblick auf seine koordinierten Bemühungen mit dem CEDAW.

fung von Gewalt gegen Frauen beschäftigt hat.[346] Dadurch, dass der CEDAW-Ausschuss eine bereits bestehende Verpflichtung annimmt, verschleiert er zwar ein Stück weit, dass er hier eine Rechtsfortentwicklung vorschlägt;[347] zugleich vermochte der Rückgriff auf die Resolution des ECOSOC seiner Behauptung jedoch mehr Gewicht zu geben.[348]

Der Vorstoß gewinnt seine eigentliche Dynamik erst mit der Allgemeinen Empfehlung Nr. 19, die im Jahr 1992 Gewalt gegen Frauen als eine Form der Diskriminierung deutet.[349] Geschlechtsbezogene Gewalt sei solche, die sich gegen die Frau aufgrund ihres Geschlechts richte oder unverhältnismäßig stark Frauen betreffe. Umfasst davon seien Handlungen oder die Androhung von Handlungen, die körperlichen, seelischen oder sexuellen Schaden oder Leid zufügen. Neben der Einordnung als Diskriminierung könne geschlechtsspezifische Gewalt auch weitere Bestimmungen des Übereinkommens verletzen, unabhängig davon, ob an dieser Stelle Gewalt ausdrücklich erwähnt werde.[350]

Anders als die reine Behauptung in der vorhergegangenen Empfehlung bietet der CEDAW-Ausschuss nun eine dynamische Auslegung der Konvention an, die den materiellen Gehalt ohne eine Vertragsänderung substanziell verändern soll. Zeitgleich widmete sich der ECOSOC in mehreren Resolutionen erneut dem Thema und forderte die Staatengemeinschaft zur Annahme eines rechtsverbindlichen Instruments auf.[351] Es folgte zwar kein völkerrechtlicher Vertrag, aber immerhin wurde im Jahr 1993 eine Erklärung *(declaration)* der Generalversammlung angenommen, die ausdrücklich dem Thema gewidmet war.[352]

Schon frühzeitig wurden die Staaten dazu aufgefordert, in den regelmäßigen Staatenberichten ihre Bemühungen zur Verhinderung und Bekämpfung von Gewalt gegen Frauen zu evaluieren.[353] Staaten folgten dieser Aufforderung von Anfang an.[354] Auch in den einzelnen Entscheidungen im Rahmen des Beschwerdemechanismus[355] wurde das Thema sowohl vonseiten des Ausschusses als auch

---

[346] CEDAW-Ausschuss, General Recommendation No. 12: Violence against Women, Achte Sitzung 1989.

[347] *Yahyaoui Krivenko,* in: Lagoutte/Gammeltoft-Hansen/Cerone (Hrsg.), Tracing Soft Law, S. 57.

[348] Ebd., S. 56.

[349] CEDAW-Ausschuss, General Recommendation No. 19: Violence against Women, Elfte Sitzung 1992, Ziff. 6.

[350] CEDAW-Ausschuss, General Recommendation No. 19: Violence against Women, Elfte Sitzung 1992, Ziff. 6.

[351] ECOSOC, Anlage zu Resolution 1990/15 v. 24.05.1990, Schlussfolgerungen Ziff. 23; ECOSOC, Resolution 1991/18 v. 30.05.1991: Violence Against Women in All its Forms; ECOSOC, Resolution 1992/18 v. 30.07.1992: Violence Against Women in All its Forms.

[352] GA, Res. 48/104 v. 20.12.1993: Erklärung über die Beseitigung der Gewalt gegen Frauen, in der Präambel wird auf zwei Resolutionen des ECOSOC Bezug genommen.

[353] CEDAW-Ausschuss, General Recommendation No. 12: Violence against Women, Achte Sitzung 1989.

[354] *Yahyaoui Krivenko,* in: Lagoutte/Gammeltoft-Hansen/Cerone (Hrsg.), Tracing Soft Law, S. 64.

[355] Durch das Fakultativprotokoll vom 06.10.1999 wurden zwei weitere Kontrollmecha-

vonseiten der Antragstellerin und des betroffenen Staates aufgegriffen.[356] Interessanterweise nutzte der Ausschuss die Verpflichtung der Staaten zur Verhinderung von Gewalt gegen Frauen nur dann, wenn andere Konventionsrechte nicht einschlägig waren.[357] Inzwischen gilt als anerkannt, dass trotz des gleich gebliebenen Wortlautes die Frauenrechtskonvention auch die Verhinderung und Bekämpfung von Gewalt gegen Frauen beinhaltet.[358] Das zeigt sich nicht zuletzt an der Istanbul-Konvention des Europarates, die sich explizit diesem Thema auf europäischer Ebene verpflichtet und sich in der Präambel in die Tradition der Frauenrechtskonvention und, ausdrücklich erwähnt, der Allgemeinen Empfehlung Nr. 19 des CEDAW-Ausschusses stellt.[359]

Dass der CEDAW-Ausschuss Erfolg hatte, kann mit der erfolgreichen Verknüpfung des Diskriminierungs- mit dem Gewaltverbot begründet werden, denn dadurch wird suggeriert, dass die Empfehlung ihre rechtliche Autorität aus dem Übereinkommen selbst ableitet.[360] Zugleich ist der Begriff der Diskriminierung so offen, dass er eine dynamische Auslegung erlaubt. Hinzu kommt, dass der Ausschuss in seinen Bemühungen durch die parallel verlaufenden Aktivitäten des ECOSOC unterstützt wurde. Koordinieren verschiedene Ausschüsse ihre Tätigkeiten, erhöhen sie die Möglichkeit, sich mit einem konsistenten Ansatz durchzusetzen.[361]

bb) Zwischenergebnis

Die Praxis der Ausschüsse ist einer der seltenen Fälle, in denen ein formell unabhängiges Gremium, welches kein Gericht ist, eine bedeutende Rolle bei der internationalen Rechtsetzung spielt.[362] Die ständige Wiederholung und Zitierung der Ausschusserklärungen suggerieren einen Konsens, der nicht einfach ignoriert werden kann[363] und gerade von Gerichten gerne aufgegriffen wird.

Die Beziehung zwischen Staaten und Vertragskörpern ist schwieriger zu beurteilen, da sie antagonistisch verläuft. Sofern sich Staaten an die vertraglich vereinbarte Berichtspflicht halten, besteht im Idealfall zwischen beiden Parteien ein kontinuierlicher Dialog.[364] Mit Blick auf den CEDAW-Ausschuss lässt sich

---

nismen eingeführt: eine Individualbeschwerde und ein Untersuchungsverfahren. Siehe BGBl. 2001 II Ziff. 35.

[356] *Yahyaoui Krivenko,* in: Lagoutte/Gammeltoft-Hansen/Cerone (Hrsg.), Tracing Soft Law, S. 62.

[357] Ebd., S. 63.

[358] Ebd., S. 47.

[359] Übereinkommen des Europarats zur Verhütung und Bekämpfung von Gewalt gegen Frauen und häuslicher Gewalt v. 11.05.2011, BGBl. 2017 II, S. 1026.

[360] *Chinkin/Boyle,* The Making of Int. Law, S. 155; *Yahyaoui Krivenko,* in: Lagoutte/Gammeltoft-Hansen/Cerone (Hrsg.), Tracing Soft Law, S. 58.

[361] *Chinkin/Boyle,* The Making of Int. Law, S. 156.

[362] Ebd., S. 157.

[363] Ebd., S. 156.

[364] *McCalll-Smith,* in: Lagoutte/Gammeltoft-Hansen/Cerone (Hrsg.), Tracing Soft Law, S. 30.

beispielsweise die Reziprozität eines solchen funktionierenden Austausches beobachten. Staaten zeigten in ihren Berichten schon früh die Bereitschaft, auch in
Bezug auf die Beseitigung geschlechtsbezogener Gewalt, gegenüber dem Ausschuss Rechenschaft abzulegen, was für diesen wiederum ein Hinweis war, dass
ein Teil der Staaten der Verfestigung einer solchen Verpflichtung nicht entgegen-
stünde.[365] Die darüber hinausgehenden Tätigkeiten hinsichtlich der Weiterentwicklung des Vertragstextes werden von Staaten in der Regel weitestgehend ignoriert oder lediglich zur Kenntnis genommen,[366] zumindest vordergründig. Staaten
wissen inzwischen um die katalytischen Wirkungen, die diese Instrumente haben
können, und zumindest in Deutschland werden die Dokumente von den jeweils
zuständigen Ministerien genauestens studiert. In wenigen Fällen gibt es ausdrückliche Reaktionen, und zwar nur dann, wenn der Eindruck entsteht, dass ein
Vertragsorgan mit einem Kommentar oder einer Empfehlung sein Mandat überschritten hat.[367] Hier dient die Reaktion dazu, einem möglichen Härtungsprozess
der infrage stehenden Position von vornherein zu begegnen. Insgesamt lässt sich
feststellen, dass die Dokumente, die nah am Vertragstext argumentieren, deutlich
weniger kritisiert werden als solche, bei denen die Autoren extensiv auslegen.[368]

2. Inkorporation und Konkretisierung

In seltenen Fällen wird in einem völkerrechtlichen Vertrag auf Soft Law zur
näheren Bestimmung und Konkretisierung ausdrücklich oder zumindest implizit
verwiesen. Eine solche Verweisungstechnik ist im Seerechtsübereinkommen von
1982 installiert. Dort heißt es an mehreren Stellen, dass die allgemein anerkannten internationalen Regeln und Normen, die im Rahmen der zuständigen internationalen Organisation oder allgemein anerkannter diplomatischer Konferenzen aufgestellt worden sind,[369] bei gewissen die Staaten zu Mindest- oder Höchst-
standards verpflichtenden Maßnahmen Beachtung finden müssten.[370] Mit der
Bezeichnung der zuständigen Organisation ist hier die Internationale Seeschifffahrtsorganisation (IMO) gemeint.[371] Hieraus folgt, dass die Vertragsstaaten im

---

[365] *Yahyaoui Krivenko,* in: Lagoutte/Gammeltoft-Hansen/Cerone (Hrsg.), Tracing Soft
Law, S. 65.

[366] *Nussberger,* in: in: van Aaken/Motoc (Hrsg.), The ECHR, S. 47.

[367] Bspw. des Vereinigten Königreichs und der Vereinigten Staaten auf den Allg. Kommentar Ziff. 24 des CCPR zu Reservationen, CCPR/C/21/Rev. 1/Add.6, General Comment
No. 24 v. 04.11.1994; Report of the Human Rights Committee, Vol 1. UN Doc. A/50/40
(1995), Ziff. 278, 409.

[368] *McCalll-Smith,* in: Lagoutte/Gammeltoft-Hansen/Cerone (Hrsg.), Tracing Soft Law,
S. 33.

[369] Original Engl.: „[...] are giving effect to generally accepted international rules and
standards," vgl. Art. 21 Abs. 2; „[...] established through the competent international organization or general diplomatic conference.", vgl. 211 Abs. 2 Seerechtsübereinkommen der
Vereinten Nationen, BGBl. 1994, II, S. 1798.

[370] *Aston,* Sekundärgesetzgebung int. Organisationen, S. 161.

[371] Ebd., S. 162.

Geltungsbereich der jeweils verweisenden Normen die von der IMO verabschie-
deten Regeln zwingend zu beachten haben, sofern sie allgemein anerkannt sind.
Sinn und Zweck der Inkorporation, der von der IMO entworfenen Dokumente
ist, die staatlichen Verpflichtungen an neue technische Erkenntnisse und Entwicklungen ohne eine Vertragsänderung anpassen zu können.

Zu diesen Regeln gehören auch die durch die Vollversammlung beschlossenen
Empfehlungen.[372] Ihr originär rechtsunverbindlicher Charakter ist dabei un-
schädlich und geht durch die verweisende Norm im Geltungsbereich verloren.
Was unter dem einschränkenden Passus „allgemein anerkannt" zu verstehen ist,
ist umstritten. Dieser Streit dreht sich im Kern darum, dass Staaten hier möglicherweise gegen ihren Willen gebunden werden, entweder weil sie bei der infrage
stehenden Regelung bei Annahme in der IMO dagegen gestimmt haben oder
nicht zugleich auch Mitglied der IMO sind.[373] Dem lässt sich entgegenhalten, dass
ein Staat bei Beitritt und Ratifikation der Seerechtskonvention eine solche Verweisungstechnik akzeptiert hat und damit seinen Konsens auch zur mittelbaren
Regelungssetzung durch die IMO gegeben hat.[374] *Aston* hält es insofern für ausreichend, dass die infrage stehende Regelung oder Empfehlung mit breiter Mehrheit in der IMO angenommen wurde.[375]

Teilweise wird bei den mit der Umsetzung und Konkretisierung beauftragten
Organen oder internationalen Organisationen nicht deutlich unterschieden, wel-
che ihrer Instrumente Rechtsverbindlichkeit beanspruchen können und welche
nur empfehlender Natur sind. Bei der Internationalen Zivilluftfahrtorganisation
(ICAO) beispielsweise kann der Rat internationale Standards und empfohlene
Praktiken für die zivile Raumfahrt verabschieden.[376] Diese werden sodann als
Annex zum ICAO-Übereinkommen designiert und können nach Ablauf einer
Dreimonatsfrist in Kraft treten.[377] Die Rechtsverbindlichkeit der so beschlossenen internationalen Standards steht außer Frage, die empfohlenen Praktiken
werden nun lediglich effektiv.[378] Nicht auszuschließen ist, dass die gemeinsame
Veröffentlichung dazu führt, dass die empfohlenen Praktiken in gleicher Weise
die internationalen Standards oder das ihnen zugrundeliegende Übereinkommen
hinsichtlich der Auslegung und Anwendung beeinflussen.

Ein besonderer Fall sind die Vertragsstaatenkonferenzen, die die kontinuierliche Implementierung und Weiterentwicklung des Umweltvölkerrechts beglei-

---

[372] Art. 15 lit. J) Übereinkommen über die Internationale Schifffahrtsorganisation.

[373] Vorbringen insb. von *Danilenko,* mit Verweis auf den dahingehenden Staatenwillen
ersichtlich durch die *travaux préparatoires,* siehe dazu *Aston,* Sekundärgesetzgebung int.
Organisationen, S. 164.

[374] *Aston,* Sekundärgesetzgebung int. Organisationen, S. 166.

[375] Ebd., S. 164 ff., hier S. 165.

[376] Art. 37 i. V. m. Art. 54 lit. l) Abkommen über die Internationale Zivilluftfahrt.

[377] Der Ablauf des Verfahrens beschrieben bei *Aston,* Sekundärgesetzgebung int. Organisationen, S. 134.

[378] *Aston,* Sekundärgesetzgebung int. Organisationen, S. 133.

ten. Sie sind eine hybride Mischung aus einer themenspezifischen diplomatischen Konferenz und dem Plenarorgan einer internationalen Organisation;[379] am ehesten lassen sie sich als selbstständige institutionelle Arrangements begreifen.[380] Diese Konferenzen sollen als periodisch zusammentreffendes Forum dazu dienen, die Vertragsstaaten in einem Dialog über weitergehende Verpflichtungen zu halten. Da Staaten – besonders die beiden größten Emittenten schädlicher Treibhausgase, die Vereinigten Staaten und China –[381] hier hinsichtlich rechtlicher Verpflichtungen notorisch zurückhaltend sind, hat sich eine Struktur aus Rahmenübereinkommen, Zusatzprotokollen und freiwilliger Selbstverpflichtung entwickelt.[382] Gerade in einer solch vielschichtigen, bisweilen unübersichtlichen Struktur kommt den Tätigkeiten der Vertragsstaatenkonferenzen eine stabilisierende Funktion zu. Zwar besitzen sie im eigentlichen Sinne keine bis wenige formelle Kompetenzen zum Erlass von Sekundärrecht,[383] doch neben den Vorbereitungen und Ausarbeitungen neuer rechtsverbindlicher Instrumente[384] versuchen sie, durch unverbindliche Instrumente das Klimaschutzregime zu konkretisieren und damit in seinem Status quo zu stärken.[385]

Anders als der Menschenrechtsschutz sind der Klimaschutz und die anderen hier erwähnten Völkerrechtsgebiete in hohem Maße von technischen und wissenschaftlichen Erkenntnissen abhängig. Die Tätigkeit der diversen Akteure bezieht sich also, anders als oben beschrieben, nicht auf die evolutive Auslegung normativer Begriffe, sondern auf die kontinuierliche Anpassung an die neuesten wissenschaftlichen Standards.[386] Im Klimaschutz zeigt sich jedoch, dass die Miteinbeziehung nicht staatlicher Akteure, wie NGOs, auch darin resultieren kann, dass sich durchaus ein hohes Streben nach Ausweitung des Regimes durchzusetzen beginnt.[387]

3. Zwischenergebnis

Große Teilbereiche des Völkerrechts sind inzwischen vertraglich geregelt und werden durch eine Vielzahl von Akteuren überwacht und weiterentwickelt. Wichtigstes methodisches Instrument ist dafür die evolutive Auslegung, die Gerichten

---

[379] *Brunée,* LJIL 2002, S. 1 (16); zur möglichen Legitimierung solcher informellen Vorgänge durch einen „thick stakeholder consent", siehe *Pauwelyn/Wessel/Wouters,* EJIL 2014, S. 733 (749).

[380] *Churchill/Ulfstein,* AJIL 2000, S. 623 (628).

[381] *Hunter,* in: Bradlow/Hunter (Hrsg.), Advocating Social Change, S. 146.

[382] *Germelmann,* AVR 2014, S. 325 (331); *Hunter,* in: Bradlow/Hunter (Hrsg.), Advocating Social Change, S. 138; *Pauwelyn/Wessel/Wouters,* EJIL 2014, S. 733 (740).

[383] *Brunée,* LJIL 2002, S. 1 (51); *Germelmann,* AdV 2014, S. 325 (341).

[384] *Germelmann,* AdV 2014, S. 325 (340).

[385] Ebd., (359); zur eigenständigen Bedeutung von Soft Law im Umweltvölkerrecht, ebd., S. 359 ff.

[386] *Pauwelyn/Wessel/Wouters,* EJIL 2014, S. 733 (740).

[387] *Hunter,* in: Bradlow/Hunter (Hrsg.), Advocating Social Change, S. 140.

und Ausschüssen erlaubt, den einmal angenommenen Vertrag an die aktuellen Bedingungen und Herausforderungen anzupassen. Hier bewegen sich die Akteure in einem Spannungsfeld zwischen effektiver Schutzgewährung und möglichem Überschreiten ihres vertraglichen Mandats zulasten der Vertragsstaaten. Weniger politisch sind die Verweisungstechnik und die Konkretisierungen insbesondere technischer Abkommen, für die ebenfalls auf unverbindliche Instrumente zurückgegriffen wird.

Auch wenn inzwischen weniger multilaterale Abkommen ausgehandelt und angenommen werden, bleibt so der völkerrechtliche Vertrag als Rechtsquelle lebendig und relevant, jedoch ist er zugleich einem hohen Maß an Informalisierung ausgesetzt.

III. Zwischenergebnis: Informalisierung der Rechtsquellen

Die Entwicklung des Völkerrechts wird durch die Anforderungen an das Zusammenleben der internationalen Gemeinschaft bedingt.[388] Mit Blick auf die zunehmende wirtschaftliche, gesellschaftliche und politische Verflechtung der Staaten, die man auch als Ausdehnung funktionaler Differenzierung auf die gesamte Welt begreifen kann (Globalisierung),[389] sowie die Entwicklung des internationalen Rechts hin zu einem System komplexer, fragmentierter Systeme mit einer Vielzahl von Akteuren wird das formelle Völkerrecht (Art. 38 IGH-Statut) tiefgreifend infrage gestellt.[390] Diese Prozesse haben die internationale Rechtsetzung um eine Folie informalisierter Rechtsetzung ergänzt. Das Gewohnheitsrecht und völkerrechtliche Verträge verbleiben dabei die wichtigsten Quellen verbindlicher Verpflichtungen für Staaten; unverbindliche Instrumente docken gleichsam an sie an.[391] Das Einfallstor bilden dafür die den Rechtsquellen inhärenten Strukturprobleme einerseits und ihre Potenziale zur Weiterentwicklung des Völkerrechts andererseits. Deswegen findet die Interaktion von Soft Law primär auf Ebene der Herausbildung und Feststellung von Gewohnheitsrecht statt, bei völkerrechtlichen Verträgen im Gegensatz dazu auf Ebene der Rechtsanwendung.

Nach einer Phase des großen Enthusiasmus für multilaterale Kooperation nach Ende des Kalten Krieges stagniert das vertragliche Völkerrecht zunehmend.[392] Das ist zum einen auf das bereits hohe Regelungsniveau in vielen Be-

---

[388] IGH, Reparations for Injuries Suffered in the Service of the United Nations, Adv. Op. v. 11.04.1949, I.C.J. Rep. 1949, S. 174 (178).

[389] *Prandini,* in: Dobner/Loughlin (Hrsg.), The Twilight of Constitutionalism 2010, S. 313; dazu *Puttler,* Globalisierung als Topos, in: HbStR, Bd. XI, § 234.

[390] *Weiss,* AVR 2015, S. 220 (221).

[391] Zum Vorschlag Soft Law als neue Rechtsquelle zu kategorisieren *Weiß,* AVR 2015, S. 220 (239 ff.).

[392] Innbegriff dessen *Fukuyama,* National Interest 1989, S. 1 (16), später, *ders.,* The End of History, 1992; die These, dass sich mit Ende des Kalten Krieges das Modell westlicher, liberal-demokratischer Demokratien durchsetzen werden, wurde schnell durch *Huntingtons* These des Kampfes der Kultur(-räume) abgelöst, *ders.,* Clash of Civilizations, 1996.

reichen zurückzuführen, zum anderen gibt es inzwischen wieder mehr staatliche Vorbehalte, sich rechtsverbindlich zu verpflichten und sich einer überstaatlichen Kontrolle zu unterwerfen. Diesen Reformbedarf kompensieren einige Akteure durch eine progressiv-dynamische Weiterentwicklung bestimmter Völkerrechtsgebiete, was die Vorbehalte einiger Staaten weiter verstärkt. Gegen diese Ausweitung, die sich bisweilen vom staatlichen Konsens zu lösen vermag, werden demokratisch-legitimatorische Einwände vorgebracht. Selbst bei der Annahme unverbindlicher Instrumente sind Staaten zurückhaltender geworden, da sie befürchten, dass sie über den Prozess normativer Härtung dann doch rechtsverbindlich verpflichtet werden könnten.[393]

Dabei ist der Prozess normativer Härtung innerhalb der formellen Rechtsquellen keineswegs vorhersehbar. Viele Faktoren, sowohl des Instruments selbst als auch der beteiligten Akteure, bedingen diesen Vorgang und lassen, anders als beim Abschluss einer vertraglichen Regelung, nicht den automatischen Schluss einer bestimmten Bindungsqualität zu. Die Informalisierung der Rechtsquellen geht daher mit einem hohen Maß an Unsicherheit für die internationale Staatengemeinschaft einher.[394]

IV. Einbeziehung der Rechtsquellen in das GG

Die formelle Härtung, die Soft Law im Völkerrecht erfährt, wird erst durch die Miteinbeziehung in den innerstaatlichen Rechtsraum vollständig.[395] Die Rechtsquellen des Völkerrechts treffen auf den Verfassungsstaat, der sie in der Tradition eines gemäßigten Dualismus durch „Transformationsnormen" inkorporieren muss.[396]

Der Verfassungsstaat zeigt sich dabei für die Miteinbeziehung überstaatlichen Rechts offen, wofür sich seit den 1960er Jahren nach *Vogel* das gleichnamige Leitbild offener Staatlichkeit etabliert hat.[397] *Leitbild* meint hier eine bildliche Zielvorstellung, in die übergreifende gesellschaftliche Gerechtigkeits- und Ordnungsvorstellungen aufgenommen werden.[398] Mit Blick auf die Verfassung können damit normativ verfestigte Hintergrundvorstellungen sichtbar gemacht werden,[399] die die Vorstellung von der Verfassung als eine gute und gerechte Ordnung

---

[393] *Villeneuve,* in: Lagoutte/Gammeltoft-Hansen/Cerone (Hrsg.), Tracing Soft Law, S. 224 ff.

[394] Ebd., S. 221.

[395] *Simma/Alston,* Austr. Yb. Int'l L. 1988/1989, S. 82 (85 f.).

[396] *Schorkopf,* Staaatsrecht der int. Beziehungen, S. 25 Rn. 53.

[397] *Vogel* meint „offen" nicht im Sinne *Poppers,* der das Gegensatzpaar offen/geschlossen in Bezug zur sozialethischen Haltung einer Gesellschaft benutzt, *ders.,* Verfassungsentscheidung für int. Zusammenarbeit, S. 33 f., sondern im Gegensatz zum souveränen Staatswesen klassischer Prägung, das in *Fichtes* geschlossenem Handelstaat eine idealtypische Prägung erfahren hat, *Tomuschat,* in: J. Isensee/Kirchhof, HbStR, Bd. XI, § 226 Rn. 1; ferner *Hobe,* Der offene Verfassungsstaat, S. 137 ff.

[398] *Braun,* Leitbilder im Recht, S. 26.

[399] *Volkmann,* AöR 2009, S. 157 (175); *ders.,* Grundzüge einer Verfassungslehre, S. 90 f.

stützen.[400] *Vogel* deutet die im Grundgesetz enthaltenen internationalrechtlichen Normen (Art. 24, 25 GG) als eine Verfassungsentscheidung bezüglich des Verhältnisses des deutschen Staates zur internationalen Staatengemeinschaft. Der Staat positioniere sich damit als ein sich in die internationale Gemeinschaft der Staaten rechtlich einordnender und sich ihr insoweit auch unterordnender Herrschaftsverband.[401] Die Verfassungsentscheidung bedeute zugleich das Gebot, internationale Zusammenarbeit zu fördern.[402] Die Bereitschaft des Staates, sich auf Überstaatliches einzulassen und diesem in der innerstaatlichen Ordnung Bedeutung zukommen zu lassen, wird als Gegenentwurf eines nationalen Sonderweges verstanden und ist in der Bundesrepublik durchweg positiv besetzt.[403]

Ergänzt wird das Leitbild durch den in der Rechtsprechung entwickelten, ungeschriebenen Verfassungsgrundsatz der Völkerrechtsfreundlichkeit: Die Gesamtschau der internationalrechtlichen Normen (Präambel, Art. 23 bis 26, 59 GG) verpflichtet die öffentliche Gewalt, einem Auseinanderfallen von völkerrechtlicher und innerstaatlicher Rechtslage entgegenzuwirken und im Außenverhältnis eine mit einer Verletzung des Völkerrechts verbundene Haftung Deutschlands zu vermeiden.[404] Daraus folgt, dass nationales Recht nach Möglichkeit im Einklang mit dem Völkerrecht auszulegen ist.[405]

Zwar hat das Bundesverfassungsgericht in jüngeren Entscheidungen zum Völkerrecht, aber insbesondere in seiner Rechtsprechung zur europäischen Integration deutliche Grenzen einer Internationalisierung der innerstaatlichen Rechtsordnung aufgezeigt, dennoch findet die konkrete Miteinbeziehung der Rechtsquellen vor einem positiven Vorverständnis der Verschränkung beider Rechtsräume statt. Dieses Vorverständnis erklärt und beeinflusst die Anwendung der für das Gewohnheitsrecht und Völkervertragsrecht relevanten Normen.

1. Art. 25 GG – allgemeine Regeln des Völkerrechts

Die Diskussion um die Entstehung und Feststellung gewohnheitsrechtlicher Normen wirkt sich auf den innerstaatlichen Rechtsraum gleichermaßen aus, wenn Gewohnheitsrecht miteinbezogen wird.[406] Eine solche Miteinbeziehung erfolgt für den deutschen Rechtsraum über Art. 25 GG, welcher die allgemeinen Regeln als Bestandteil des Bundesrechts bestimmt. Diese gehen den Gesetzen vor (Art. 25 S. 2 GG) und stehen damit ihrem Rang nach zwischen der Verfassung

---

[400] *ders.,* in: Krüper/Merten/Morlok (Hrsg.), An den Grenzen der Rechtsdogmatik, S. 89.

[401] *Vogel,* Verfassungsentscheidung für int. Zusammenarbeit, S. 35.

[402] *Ders.*, S. 48.

[403] *Krieger,* AöR 2008, S: 315 (324); *Walter,* in: Wittreck (Hrsg.), 60 Jahre Grundgesetz, S. 62.

[404] BVerfGE 111, 307 (317 f.).

[405] BVerfGE 19, 112 (121); 31, 58 (78 f.); *Knop,* Völker- und Europarechtsfreundlichkeit, S. 209.

[406] *Geiger,* AöR 1978, S. 382 (384).

und sonstigem Recht.[407] In dieser Hinsicht unterscheidet sich ihre Inkorporation ins deutsche Recht von gängigen Common-Law-Systemen, die Gewohnheitsrecht als *part of the law of the land* als mit Parlamentsgesetzen gleichrangig einordnen.[408] Durch den Rechtsanwendungsbefehl sind allgemeine Regeln als Gesetz und Recht i. S. d. Art. 20 Abs. 3 GG von allen drei Teilgewalten zu beachten.[409]

Die Sonderstellung der allgemeinen Regeln im Grundgesetz ist in ihrer Entstehungsgeschichte begründet. Bereits die Weimarer Reichsverfassung kannte eine fast gleichlautende Norm, die im Gegensatz zur heutigen Fassung den einschränkenden Passus enthielt, dass nur allgemein *anerkannte* Regeln als bindende Bestandteile des deutschen Reichsrechts galten (Art. 4 WRV). Mit Aufnahme einer solchen Scharniernorm sollte von der jungen Republik ein positives Signal zur deutschen Bindung an das Völkerrecht gesandt werden und diese sich gezielt dem internationalen normativen Standard öffnen.[410] Diese Überlegungen galten im Anschluss an den Zweiten Weltkrieg umso mehr. Durch die Ausweitung der Bindung und des Adressatenkreises wollte man sich symbolisch zum ethischen und zivilisatorischen Kernbestand des Völkerrechts bekennen.[411] Zugleich sollte verhindert werden, dass in der Rechtspraxis Völkerrecht durch nationale Gerichte defensiv ausgelegt wird. Ziel war es, Deutschland den Weg zur Rückkehr in die Völkerrechtsgemeinschaft zu ebnen.[412]

a) Anwendungsbereich

Zu den von Art. 25 GG umfassten Rechtsquellen gehören primär das Gewohnheitsrecht sowie daneben auch die allgemeinen Rechtsgrundsätze.[413] Das Völkervertragsrecht fällt unter den insofern spezielleren Art. 59 Abs. 2 GG.[414] Da das Grundgesetz selbst keine Definition von Gewohnheitsrecht enthält, funktioniert Art. 25 GG als dynamisch-perpetuierliche Verweisung[415] auf den Bestand des Gewohnheitsrechts, dessen Feststellung sich nach den Regeln der Völkerrechtsordnung bestimmt.[416] Die Rechtsprechung des Bundesverfassungsgerichts be-

---

[407] BVerfGE 6, 309 (363); *Röben,* Außenverfassungsrecht, S. 70; *Vogel,* Verfassungsentscheidung für int. Zusammenarbeit, S. 9.

[408] *Talmon,* JZ 2013, S. 12 (ebd.); vlg. etwa Art. VI para. 2 US-Verfassung.

[409] *Schorkopf,* Staaatsrecht der int. Beziehungen, § 3 Rn. 27.

[410] *Röben,* Außenverfassungsrecht, S. 113; *Schorkopf,* Staaatsrecht der int. Beziehungen, S. § 3 Rn. 5.

[411] *Schorkopf,* Staaatsrecht der int. Beziehungen, § 3 Rn. 6 f.

[412] Ebd., § 3 Rn. 7; *Walter,* in: Wittreck (Hrsg.), 60 Jahre Grundgesetz, S. 64.

[413] BVerfGE 15, 25 (33 f.); 16, 27 (33); 23, 288 (317); 31, 145 (177); 66, 39 (64 f.); 94, 315 (328); 95, 96 (129); 109, 13 (27); 112, 1 (25, 27 f.), 118, 124 (134); a. A. *Silagi,* EuGRZ 1980, S. 632 (645 f.), welcher zwingendes Völkerrecht (jus cogens) als den ausschließlichen Gegenstand von Art. 25 GG ansieht.

[414] *Cremer,* Allg. Regeln des Völkerrechts, in: J. Isensee/Kirchhof (Hrsg.), HbStR, Bd. XI, § 235 Rn. 10.

[415] *Silagi,* EuGRZ 1980, S. 632 (635).

[416] *Röben,* Außenverfassungsrecht, S. 70.

wegt sich daher in dessen frühen Entscheidungen, durch seine Definition des Gewohnheitsrechts als von der überwiegenden Mehrheit der Staaten im Bewusstsein rechtlicher Verpflichtungen für längere Zeit geübter Brauch, im Rahmen des traditionellen Verständnisses.[417] Die dynamische Verweisung erlaubt, dass aktuelle Entwicklungen oder ein verändertes Verständnis der erforderlichen zwei Elemente direkt in die nationale Rechtsordnung zurückwirken.[418] Ob unter den Wortlaut *allgemein* auch partikulares und regionales Gewohnheitsrecht fallen, ist umstritten. Einerseits ließe sich der Begriff so verstehen, dass nur solches Gewohnheitsrecht umfasst ist, welches tatsächlich universell Geltung beanspruchen kann.[419] Andere sehen den Begriff lediglich als Abgrenzung zu den besonderen Regeln des Völkervertragsrechts i. S. d. Art. 59 Abs. 2 GG und lassen partikulares und regionales Gewohnheitsrecht als allgemeine Regel gelten, sofern sie in ihrem territorialen und sachlichen Anwendungsbereich grundsätzliche Beachtung finden.[420]

Von praktischer Bedeutung ist diese Frage im Hinblick auf die EMRK, die als völkerrechtlicher Vertrag ihre innerstaatliche Wirkung über Art. 59 Abs. 2 GG und ein entsprechendes Zustimmungsgesetz erlangt hat. Gälten die in der EMRK verbürgten Rechte auch gewohnheitsrechtlich über Art. 25 GG, so stünden sie im Rang über den einfachen Gesetzen. Damit würde die EMRK zum formalen Prüfungsmaßstab aller einfachen Gesetze werden.[421] Aufgrund der herausragenden Stellung, die das Parlamentsgesetz in der Konzeption der Verfassung einnimmt, ist eine restriktive Auslegung des Begriffs zu wählen und die Anwendung auf regionales Völkerrecht auszuschließen.[422]

Durch die fehlende Definition wird ein hohes Maß an normativer Unschärfe und Unsicherheit in Kauf genommen, welche Normen über Art. 25 GG Bestandteil des Bundesrechts sind. Dieser Unschärfe soll durch das Normenverifikationsverfahren (Art. 100 Abs. 2 GG) begegnet werden.[423] Es flankiert als eigenständige Verfahrensart Art. 25 GG. Als Sonderfall der Richtervorlage verpflichtet es Gerichte, sofern in einem Rechtsstreit zweifelhaft ist, ob eine Regel des Völkerrechts Bestandteil des Bundesrechts ist (Alt. 1) oder ob eine Regel unmittelbar Rechte und Pflichten erzeugt, diese Frage dem Bundesverfassungsgericht vorzulegen. Die Kompetenz zur Auslegung des zweifelhaften allgemeinen Völkerrechts beim Bundesverfassungsgericht zeigt, dass das Grundgesetz die allge-

---

[417] BVerfGE 15, 25 (35).

[418] *Schorkopf,* Staaatsrecht der int. Beziehungen, § 3 Rn. 14.

[419] BVerfGE 15. 25 (32 ff.); 23, 288 (317); 96, 68 (86).

[420] So *Cremer,* Allg. Regeln des Völkerrechts, in: J. Isensee/Kirchhof (Hrsg.), HbStR, Bd. XI, § 235 Rn. 17; *Talmon,* JZ 2013, S. 12 (15); *Tomuschat,* in: J. Isensee/Kirchhof (Hrsg.), HbStR, Bd. XI, § 226 Rn. 15.

[421] *Schorkopf,* Staaatsrecht der int. Beziehungen, § 3 Rn. 10.

[422] Ebd., § 3 Rn. 11.

[423] *Cremer,* Allg. Regeln des Völkerrechts, in: J. Isensee/Kirchhof (Hrsg.), HbStR, Bd. XI, § 235 Rn. 42.

meinen Regeln als funktionelle Gesetzgebung ansieht.[424] Das Bundesverfassungsgericht übernimmt damit innerstaatlich die Funktion, die im Völkerrecht von
keiner Institution übernommen werden kann, nämlich als zentrale Autorität,
wenn auch mit wenig praktischer Relevanz letztverbindlich über die Geltung von
Gewohnheitsrecht zu entscheiden.

Das Normenverifikationsverfahren wird dabei als rein kognitiver Prozess begriffen. Aus theoretischer Sicht erkennt das Bundesverfassungsgericht lediglich
die bereits durch Art. 25 GG erfolgte Inkorporation der jeweiligen Regel.[425] Dafür untersucht es ausführlich, ob sich anhand einschlägiger Staatenpraxis eine
gewohnheitsrechtliche Regel feststellen lässt. Bedarf es inhaltlich einer spezielleren Regel, so wird sie in einer fallbezogenen Analyse konkretisiert.[426] In keinem
Verfahren gab es bisher dabei Divergenzen zwischen dem Bundesverfassungsgericht und anderen Verfassungsorganen; sowieso war in keinem Verfahren ein
grundlegender Wandel gewohnheitsrechtlicher Regeln Gegenstand. Bis jetzt be-
wegten sich daher die Entscheidungen innerhalb des festen Rahmens der anerkannten Völkerrechtsordnung.[427] Der bereits in den 1970er Jahren gemachte Befund, dass die Miteinbeziehung der allgemeinen Regeln des Völkerrechts das
Rechtsleben der Bundesrepublik Deutschland nicht entscheidend beeinflusst
hatte, kann bis heute aufrechterhalten werden.[428]

b) Ausblick

Dennoch ist die methodische Bedeutung des Normenverifikationsverfahrens
nicht zu unterschätzen. Zum einen tritt das Bundesverfassungsgericht bei seiner
Entscheidung gleichsam an die Stelle des Gesetzgebers.[429] Daher wird die Ent-
scheidungsformel folgerichtig im Bundesgesetzblatt veröffentlicht (§ 31 Abs. 2
S. 1 BVerfGG). Zum anderen ist nicht auszuschließen, dass die progressive Weiterentwicklung des Völkerrechts über Art. 25 und Art. 100 Abs. 2 GG in die nationale Rechtsordnung Eingang findet und sich beide aus ihrem Schattendasein
in der Verfassungsrechtspraxis herauslösen.

Ein Ansatzpunkt könnte in der über Art. 25 S. 2 GG eröffneten Möglichkeit
der vermittelten Subjektivierung des allgemeinen Völkerrechts liegen.[430] Nur ausnahmsweise begründet Gewohnheitsrecht unmittelbar Rechte und Pflichten für
den Einzelnen. Durch die Vorschrift soll daher kein Adressatenwechsel bewirkt
werden. Unmittelbar anwendbar können nur solche Normen sein, die hinrei-

---

[424] *Röben,* Außenverfassungsrecht, S. 150.

[425] *Ruffert,* JZ 2001, S. 633 (634).

[426] *Geiger,* AöR 1978, S. 382 (404).

[427] *Ruffert,* JZ 2001, S. 633 (634).

[428] *Schorkopf,* Grundgesetz und Überstaatlichkeit, S. 165 f.; *Silagi,* EuGRZ 1980, S. 632
(634); a. A. *Tomuschat,* in: J. Isensee/Kirchhof (Hrsg.), HbStR, Bd. XI, § 226 Rn. 20.

[429] *Ruffert,* JZ 2001, S. 633 (634)

[430] Begriff der vermittelten Subjektivierung nach *Schorkopf,* Staatsrecht der int. Beziehungen, § 3 Rn. 37.

chend bestimmt und vollzugsfähig *(self-executing)* sind.[431] In neuerer Rechtsprechung hat das Bundesverfassungsgericht den Anwendungsbereich dogmatisch erweitert, indem es eine Verletzung des Rechts auf freie Entfaltung der eigenen Persönlichkeit (Art. 2 Abs. 1 GG) durch eine belastende, auf innerstaatlichem Recht beruhende und gegen eine allgemeine Regel des Völkerrechts verstoßende gerichtliche Entscheidung zuließ.[432] Damit wird Art. 25 S. 2 GG mittelbar über die Verfassungsbeschwerde aktiviert, welche quantitativ das wichtigste Verfahren ist. Zugleich bedingen die zunehmende Verrechtlichung der internationalen Beziehungen und der Ausbau des internationalen Menschenrechtsschutzes, dass in immer mehr Rechtsbereichen völkerrechtliche Grundsätze und Normen relevant sind. Denkbar ist, dass Rechtsbereiche, die momentan primär nationalstaatlich geprägt sind, wie beispielsweise die Medienordnung oder das Kirchen- und Religionsrecht, internationalisiert werden und es so zu Konflikten mit der nationalen Rechtsordnung kommt,[433] die über Art. 100 Abs. 2 GG mediatisiert werden müssen. Bei einer unterlassenen Vorlage ist ferner an eine Verletzung des gesetzlichen Richters (Art. 101 Abs. 1 GG) zu denken. Eine solche Verletzung berechtigt, Verfassungsbeschwerde zu erheben, sodass auch auf diesem Weg das Verfahren vor das Bundesverfassungsgericht gebracht werden könnte. Zuletzt liegt in der Herausbildung zwingenden Völkerrechts *(jus cogens)* und der zugrundeliegenden Anerkenntnis eines völkerrechtlichen Mindeststandards ein unverfügbarer und änderungsfester Kern von Völkerrecht, an dem sich hoheitliches Handeln grundsätzlich messen muss.[434] Ob dabei zwingendes Völkerrecht als eigene Rechtsquelle zu betrachten ist oder unter das Gewohnheitsrecht oder unter die allgemeinen Rechtsgrundsätze fällt, ist bisweilen umstritten. Zwingendes Völkerrecht ist regelmäßig auch als Gewohnheitsrecht zu qualifizieren, sodass sich dieser Konflikt mit Blick auf Art. 25 GG lösen lässt.[435] Die tatsächliche Auswirkung dieses Rechtsdiskurses scheint vielmehr darin zu liegen, dass die Argumentationsfigur eines völkerrechtlichen Mindeststandards die Anforderungen an den Nachweis einer allgemein geltenden Norm des Gewohnheitsrechts in einer nicht näher spezifizierten Weise abgesenkt hat.[436] Die Art. 25 GG sowieso inhärente normative Unsicherheit wird dadurch weiter verschärft.

2. Art. 59 Abs. 2 GG – völkerrechtlicher Vertrag

Völkerrechtliche Verträge haben für die Wiederaufnahme Deutschlands in die internationale Gemeinschaft eine entscheidende Rolle gespielt: Sie bedeuteten

---

[431] *Talmon,* JZ 2013, S. 12 (13).

[432] *Schorkopf,* Staaatsrecht der int. Beziehungen, § 3 Rn. 37.

[433] *Talmon,* JZ 2013, S. 12 (20).

[434] BVerfGE 63, 322 (337 f.) – Auslieferung Italien; 75, 1 (19) – ne bis in idem; 108, 129 (136) – Auslieferung Indien; *Schorkopf,* Staaatsrecht der int. Beziehungen, § 3 Rn. 22.

[435] *Schorkopf,* Staaatsrecht der int. Beziehungen, § 3 Rn. 25.

[436] Ebd.

für Deutschland zunächst den Abbau des Besatzungsregimes und die Integration in westliche Bündnisse, später die Normalisierung der Beziehung zur DDR im Rahmen der Ostpolitik, die schließlich in die ebenfalls völkerrechtlich ermöglichte Wiedervereinigung mündete.[437] Zugleich haben die Ratifikation und innerstaatliche Umsetzung wichtiger Menschenrechtsverträge sowie die Öffnung hin zu einer immer tieferen europäischen Gemeinschaft dazu geführt, dass der innerstaatliche Rechtsraum inzwischen durch völkervertragliche Rechtsregime vielfach überlagert wird. Wegen der gestaltenden Rolle, die das Völkervertragsrecht im rechtlichen und politisch-gesellschaftlichen Alltag inzwischen einnimmt, mag aus heutiger Sicht überraschen, dass im Grundgesetz das Völkervertragsrecht aus seiner historischen Bedeutung heraus weiterhin als Exekutivdomäne betrachtet und damit nur sporadisch geregelt wird.[438] Es wird bestimmt, dass der Bundespräsident den Bund völkerrechtlich vertritt und im Namen des Bundes die Verträge schließt (Art. 59 Abs. 1 GG). Politische Verträge oder solche, die innerstaatlich eines Gesetzes bedürfen, unterliegen der Zustimmung oder Mitwirkung des Bundestages und ggf. des Bundesrates in Form eines Gesetzes (Art. 59 Abs. 2 S. 1 GG). Zuletzt wird für Verwaltungsabkommen die entsprechende Anwendung der Vorschriften über die Bundesverwaltung erklärt (Art. 59 Abs. 2 S. 2 GG). Was fehlt, sind nähere Bestimmungen zur Aushandlung und Annahme des Vertragstextes durch die Bundesregierung.[439] Darüber hinaus fehlen Vorschriften zur Beteiligung der gesetzgebenden Organe bei der Weiterentwicklung und Abänderung eines völkerrechtlichen Vertrages. Zuletzt wird im Grundgesetz keine Aussage zum Rang eines völkerrechtlichen Vertrages getroffen, sobald er in die innerstaatliche Rechtsordnung überführt wird. Die Rechtsprechung des Bundesverfassungsgerichts hat die völkervertragsrechtliche Geschichte der Bundesrepublik begleitet und viele der sich offenbarenden Leerstellen durch dessen Entscheidungen gefüllt.[440]

An dieser Stelle soll sich für ein umfassendes Verständnis der formellen Härtung nur der Frage gewidmet werden, welchen Rang völkerrechtliche Verträge in der innerstaatlichen Normenhierarchie einnehmen und wie sie zur innerstaatlichen Anwendung kommen. Gesondert wird auf die Stellung der Europäischen Menschenrechtskonvention eingegangen, deren dynamische Entwicklung im Sinne der Living-Instrument-Doktrin auch ihren Niederschlag in der innerstaatlichen Rechtsordnung gefunden hat. Der Abschnitt endet mit einem kurzen Seitenblick auf die Stellung völkerrechtlicher Sekundärnormen.

---

[437] *Schorkopf,* Grundgesetz und Überstaatlichkeit, S. 134 f.

[438] Ebd., S. 134.

[439] Beides fällt unter den Hoheitsbereich der Exekutive, siehe dazu § 6 Die Beteiligung des Bundestages und die Richtlinien zur Behandlung völkerrechtlicher Verträge (RvV) gem. § 72 Abs. 6 GG, Stand: Januar 2021.

[440] *Schorkopf,* Grundgesetz und Überstaatlichkeit, S. 135.

a) Rang und Anwendung in der nationalen Rechtsordnung

Die im Grundgesetz angelegte Differenzierung nach Gegenstand des völkerrechtlichen Vertrages setzt sich im Rang sowie den Voraussetzungen für eine Anwendung fort. Politische Verträge, also solche, die „die Existenz des Staates, seine territoriale Integrität, seine Unabhängigkeit, seine Stellung oder sein maßgebliches Gewicht in der Staatengemeinschaft"[441] beeinflussen, bedürfen der Zustimmung des Bundestages und Bundesrates in Form eines Gesetzes. Gleiches gilt für sogenannte Gesetzesinhaltsverträge, also solche völkerrechtlichen Verträge, deren Regelungsgehalt innerstaatlich eines Gesetzes bedurft hätte. Je nach Gegenstand des völkerrechtlichen Vertrages erfolgt dies in Form eines Einspruchs- oder Zustimmungsgesetzes. Diese beiden innerstaatlichen Unterkategorien eines völkerrechtlichen Vertrages genießen nach ständiger Rechtsprechung den Rang formeller Bundesgesetze. Es liegt nahe, den Rang mit dem Rechtsanwendungsbefehl[442] in Form des Vertragsgesetzes zu begründen. Das Argument lautet hier, dass der Vertrag den gleichen Rang wie der nationale Umsetzungsakt haben muss.[443] Diese Sichtweise ist jedoch nicht zwingend. Nimmt man die Miteinbeziehung allgemeiner Regeln des Völkerrechts (Art. 25 S. 2 GG) in den Blick, so wird deutlich, dass der Rang der infrage stehenden Norm und die innerstaatliche Miteinbeziehungsnorm sich normhierarchisch unterscheiden können.[444] Überzeugender ist es daher, den Rang als formelles Gesetz mit dem Demokratieprinzip zu begründen. Ließe man völkerrechtlichen Verträgen Verfassungsrang zukommen, wie beispielsweise in Österreich, so käme es bei jeder Inkorporation zu einer stillen Verfassungsänderung,[445] ohne dass die besonderen verfassungsrechtlichen Anforderungen (Art. 79 Abs. 2 GG) dafür erfüllt wären. Materiell wäre nicht nur der handelnde Gesetzgeber, sondern auch ein zukünftiger Gesetzgeber an das einmal Beschlossene gebunden. Das wäre mit der Idee der Bewahrung der Freiheit zukünftiger Gesetzgeber als einem der wesentlichen Grundsätze der Demokratie als einer Herrschaft auf Zeit nicht vereinbar.[446] Diese wären nicht nur an die verfassungsmäßige Ordnung, sondern bei ihrer politischen Gestaltung auch an einen überstaatlichen Maßstab gebunden.[447]

---

[441] BVerfGE 1, 372 (381) – Dt.-Franz. Wirtschaftsabkommen; 90, 286 (359) – AWACS-Adria/Somalia

[442] Es kann dahinstehen, ob Art. 59 Abs. 2 GG dem Wortlaut nach der Vollzugs- oder Transformationslehre folgt. Die Rechtsprechung des BVerfG ist bezüglich der Terminologie uneindeutig, vgl. BVerGE 111, 307 (316); 104, 151 (209); 128, 326 (367). Der überwiegende Teil der Literatur folgt wohl der Vollzugslehre, siehe *Frau,* Der Gesetzgeber zwischen Völkerrecht u. Verfassungsrecht, S. 19 m. w. N.

[443] *Hwang,* EuR 2017, S. 512 (515); *Nettesheim,* in: Dürig/Herzog/Scholz (Hrsg.), GG-Kommentar, 95. EL Juli 2021, Art. 59 Rn. 184.

[444] *Schorkopf,* Staaatsrecht der int. Beziehungen, § 3 Rn. 132.

[445] Ebd, Rn. 133.

[446] *Nettesheim,* in: Dürig/Herzog/Scholz (Hrsg.), GG-Kommentar, 95. EL Juli 2021, Art. 59 Rn. 184.

[447] *Schorkopf,* Staaatsrecht der int. Beziehungen, § 3 Rn. 133.

Letzteres spricht nicht nur gegen den Verfassungsrang, sondern darüber hinaus gegen den Rang zwischen der Verfassung und einfachen Gesetzen, wie ihn die allgemeinen Regeln einnehmen.

Der demokratisch begründeten Gestaltungsfreiheit wird so große Bedeutung zugeschrieben, dass im Außenverhältnis entstehende Völkervertragsbrüche in Kauf genommen werden.[448] Das zeigt sich bei der Frage, ob der *Lex-posterior*-Grundsatz auf völkerrechtliche Verträge Anwendung finden kann. Durch den einfachgesetzlichen Rang kann der Gesetzgeber damit einen unerwünschten völkerrechtlichen Vertrag durch ein jüngeres Parlamentsgesetz überschreiben – sogenannter *Treaty Override*.[449]

Diese Frage stellte sich im Steuerrecht.[450] Anlass bildete die Vorlage des Bundesfinanzhofes an das Bundesverfassungsgericht mit der Frage, ob der Gesetzgeber gegen die Verfassung verstoßen habe, indem er eine eigentumsrechtliche Steuerregel verabschiedete, die im Gegensatz zu einem Doppelbesteuerungsabkommen mit der Türkei stand.[451]

In einer solchen Konstellation treffen Völkerrechtsfreundlichkeit als Verfassungs- und das Demokratieprinzip als Strukturentscheidung des Grundgesetzes aufeinander.[452] Die Problematik wird durch eine kompetenzielle Ebene ergänzt, da die Exekutive und nicht die Legislative als primäre Trägerin der auswärtigen Gewalt für die Änderung und Kündigung völkervertraglicher Pflichten zuständig ist.[453] Das Bundesverfassungsgericht hat sich zugunsten des Demokratieprinzips entschieden.[454] Mit dem Diskontinuitätsgrundsatz sei es unvereinbar, wenn ein Parlament den Entscheidungsspielraum späterer Legislaturperioden durch ein einfaches Bundesgesetz beschränken könnte.[455] Da die Vertragskündigung allein der Exekutive zustehe, sei die völkervertragswidrige Gesetzgebung die einzige Möglichkeit für den Gesetzgeber, sich von ungewollten völkerrechtlichen Verträgen zu lösen.[456] Mit dieser Einordnung wird der im Grundgesetz angelegten

---

[448] *Nettesheim,* in: Dürig/Herzog/Scholz (Hrsg.), GG-Kommentar, 95. EL Juli 2021, Art. 59 Rn. 184.

[449] Ebd., Rn. 186.

[450] Ausf. *Frau,* Der Gesetzgeber zwischen Völkerrecht u. Verfassungsrecht, S. 74 ff.

[451] Vorlagebeschluss: BFH, Beschl. v. 10.01.2012, I R 66/09, BFHE 236, 304.

[452] Ähnlich *Nettesheim,* in: Dürig/Herzog/Scholz (Hrsg.), GG-Kommentar, 95. EL Juli 2021, Art. 59 Rn. 186 a., welcher jedoch beide als Verfassungswertungen einordnet. Nach Auffassung der Verfasserin ist die Völkerrechtsfreundlichkeit ein Verfassungsgrundsatz und unterscheidet sich damit vom Demokratieprinzip als Staatsstrukturprinzip, ebenso *Schorkopf,* Staaatsrecht der int. Beziehungen, § 1 Rn. 54.

[453] *Nettesheim,* in: Dürig/Herzog/Scholz (Hrsg.), GG-Kommentar, 95. EL Juli 2021, Art. 59 Rn. 186.

[454] BVerfGE 141, 1 ff. – Treaty Override, für eine Abwägung im Einzelfall zwischen demokratischer Gestaltungsfreiheit und rechtsstaatlicher Verpflichtung siehe die abw. Meinung *R. König;* ebenfalls krit. *Payandeh,* NJW 2016, S. 1279 ff.; der Entscheidung zust. *Funke,* DÖV 2016, S. 833 ff.; *Schwenke,* DStR 2018, S. 2310 ff.

[455] BVerfGE 141, 1 (53) – Treaty Override.

[456] Ebd., (54).

Unterscheidung zwischen allgemeinen Regeln des Völkerrechts und dem Völkervertragsrecht Rechnung getragen, da Letzteres gerade keine Privilegierung im Grundgesetz erhalten hat.[457] Völkervertragsrecht ist damit im Ergebnis ein Gesetz wie jedes andere.[458] Potenzielle Kollisionen können im Vorhinein durch eine völkerrechtskonforme Auslegung entschärft werden, sodass es nur in Ausnahmefällen zu dem hier geschilderten Konflikt kommen sollte.[459]

Von der innerstaatlichen Geltung durch das Vertragsgesetz ist dessen Anwendung zu unterscheiden. Regelmäßig erfolgt die Umsetzung durch ein Ausführungsgesetz, welches rechtstechnisch als Artikelgesetz ausgestaltet sein kann.[460] Wenn die Vertragsnormen hinreichend bestimmt und geeignet sind, kann auf letzteren Schritt ausnahmsweise verzichtet werden. Die über das Vertragsgesetz geltenden Vertragsnormen können in diesen Fällen unmittelbar angewandt werden.[461]

Bei Verwaltungsabkommen fehlt die Zustimmung oder Mitwirkung der gesetzgebenden Organe in Form eines Gesetzes, sodass hiernach ihr Rang nicht begründet werden kann. Vielmehr ist aus den gleichen Erwägungen heraus wie oben auf den die Verpflichtung begründenden Regierungsakt abzustellen.[462]

b) Sonderfall: Europäische Menschenrechtskonvention

Die hier dargestellte Rangzuweisung gilt im Grundsatz, unabhängig vom Vertragsinhalt.[463] Völkerrechtliche Verträge im Menschenrechtsschutz wären demnach ebenso als einfache Gesetze zu betrachten. Auf sie wären die allgemeinen Kollisionsregeln anwendbar und sie könnten durch neue Parlamentsgesetze überschrieben werden. Wenn Menschenrechtsverträge ihre Schutzwirkung gegenüber der Legislative erfüllen sollen, indem sie als Prüfungsmaßstab einfacher Gesetzgebung dienen, ist dieses Ergebnis unbefriedigend.[464] Für den im deutschen Rechtsraum relevantesten Menschenrechtsvertrag, die Europäische Menschenrechtskonvention, hat das Bundesverfassungsgericht in seiner Rechtsprechung daher einen besonderen Rang begründet.[465] Die Sonderposition, die die

---

[457] Ebd., (37).

[458] Ebd., (46).

[459] *Nettesheim,* in: Dürig/Herzog/Scholz (Hrsg.), GG-Kommentar, 95. EL Juli 2021, Art. 59 Rn. 186 d.

[460] *Schorkopf,* Staaatsrecht der int. Beziehungen, § 3 Rn. 142.

[461] Ebd., Rn. 141.

[462] *Nettesheim,* in: Dürig/Herzog/Scholz (Hrsg.), GG-Kommentar, 95. EL Juli 2021, Art. 59 Rn. 193; *Schorkopf,* Staaatsrecht der int. Beziehungen, § 3 Rn. 137; Die fehlende Bekanntmachung kann im Einzelfall zur Rechtsunsicherheit führen und die Frage aufwerfen, ob das betreffende Verwaltungsabkommen überhaupt in die deutsche Rechtsordnung einbezogen wurde. Virulent wurde die Frage, bei der Kontroverse um den Bau der Elbschlösschenbrücke in Dresden, siehe dazu *Fastenrath,* DÖV 2008, S. 697 ff.

[463] *Nettesheim,* in: Dürig/Herzog/Scholz (Hrsg.), GG-Kommentar, 95. EL Juli 2021, Art. 59 Rn. 184.

[464] *Schorkopf,* Staaatsrecht der int. Beziehungen, S. 198 Rn. 135.

[465] Die Rechtsprechungslinie wurde an der EMRK entwickelt, gilt aber auch für die wei-

EMRK dadurch einnimmt, spiegelt die große Wirkmacht des Instruments wider, die u. a. in der evolutiven Auslegung des Gerichts begründet ist. Die große Wirkmacht wird zugleich in den innerstaatlichen Rechtsraum übersetzt. Im Zusammenspiel mit Soft Law bedeutet dies, dass extensive Vorstöße bei der Auslegung der Konvention unmittelbar Einfluss in der nationalen Rechtsordnung entfalten können. Dies erklärt, warum einzelne Staaten kompetenzbegrenzende Vorstöße wie in der Brighton-Erklärung aus dem Jahr 2012, auch im Hinblick auf den Schutz demokratisch legitimierter nationaler Gesetzgebung, voranbrachten.

In einer Reihe von Entscheidungen hat das Bundesverfassungsgericht konkretisiert, wie die EMRK und die Rechtsprechung des Europäischen Gerichtshofes für Menschenrechte innerstaatlich miteinzubeziehen sind.[466] Zugleich hat es die Grenzen der Rezeption aufgezeigt, gestützt auf den Verweis, dass die EMRK ihren Ursprung im Völkerrecht habe und als völkerrechtlicher Vertrag weiterhin einen einfachen Gesetzesrang genieße. Trotz einer grundsätzlichen Offenheit gegenüber der dynamischen Weiterentwicklung der Konventionsrechte durch die Rechtsprechung hält das Bundesverfassungsgericht damit an der in Art. 59 Abs. 2 GG angelegten dualistischen Auffassung fest, die gerade keine umfassende Bindung aller Teilgewalten an das Völkerrecht bedeutet.[467]

Nach seiner Rechtsprechung kommt der Konvention eine faktische Leit- und Orientierungsfunktion zu.[468] Sie dient als Auslegungshilfe grundgesetzlicher Bestimmungen. Eine Entscheidung des Europäischen Gerichtshofes für Menschenrechte wirkt nicht nur *inter partes* (Art. 47 EMRK), sondern muss darüber hinaus durch Behörden und Gerichte in Parallelsituationen, die ein Vergleichsmoment vorweisen, Berücksichtigung finden.[469] Die Parallelisierung muss nicht schematisch erfolgen, sondern die Konvention muss im Einzelfall ergebnisorientiert mitgedacht werden.[470] Dazu müssen sich Instanzgerichte im Rahmen methodisch vertretbarer Gesetzesauslegung mit der Rechtsprechung des Straßburger Gerichts auseinandersetzen. Eine fehlende oder mangelhafte Rezeption kann im Einzelfall eine grundrechtliche Verletzung in Verbindung mit dem Rechtsstaatsprinzip bedeuten. Zwar ist nach ständiger Rechtsprechung eine Verfassungsbeschwerde, die sich ausschließlich auf die Verletzung von Konventionsgrundrechten richtet, unzulässig, jedoch können Wertungen der Konvention auf Ebene der Verhältnismäßigkeit einfließen. Die Verpflichtung zur konventionsorientierten

---

teren Menschenrechtabkommen wie dem Zivilpakt und der Behindertenrechtekonvention, BVerfGE 74, 358 (370); 83, 11 (128); 111, 307 (319 f., 329); 120, 189 (299 f.); 128, 326 (367 f.); 124, 313 (345); 148, 296 (351); 151, 1 (27).

[466] BVerfGE 74, 358 ff. – Unschuldsvermutung; 111, 307 ff. – Görgülü; 127, 132 ff. – Nichteheliche Väter; 128, 326 ff. – Sicherungsverwahrung; 148, 296 ff. – Beamtenstreikverbot.

[467] *Hwang,* EuR 2017, S. 512 (522).

[468] *Haug,* NJW 2018, S. 2674 (ebd.); *Schorkopf,* Staaatsrecht der int. Beziehungen, § 3 Rn. 169.

[469] BVerfGE 128, 326 (367 ff.) – Sicherungsverwahrung.

[470] Ebd., (370).

Auslegung begründet das Bundesverfassungsgericht mit der Völkerrechtsfreundlichkeit des Grundgesetzes[471] und mit der Bindung aller Staatsgewalt an den Menschenrechtsschutz (Art. 1 Abs. 2 GG), als dessen zwingender Mindeststandard die Konvention betrachtet werden müsse.[472]

In seiner Rechtsprechung zum Recht auf Vergessen hat das Bundesverfassungsgericht die Verfassungsbeschwerde für Beschwerden wegen der Verletzung von Rechten aus der Grundrechtecharta der Union geöffnet. Mit Blick darauf ist nicht auszuschließen, dass sich die Rechtsprechung zur Geltendmachung von Konventionsrechten diesem Vorstoß anschließt. Mindestens hat diese Rechtsprechungsänderung die Stellung der Konvention als Auslegungshilfe weiter gefestigt, indem das Bundesverfassungsgericht sie als Fundament eines gemeineuropäischen Grundrechtsschutzes einordnet.[473]

Diese im Kern völkerrechtsfreundliche Rechtsprechung des Bundesverfassungsgerichts kann in ihren Grundzügen auf andere, internationale Spruchkörper übertragen werden.[474] Hinsichtlich der Stellungnahmen von Vertragsorganen diverser Menschenrechtsausschüsse hält das Bundesverfassungsgericht fest, dass sie zwar erhebliches Gewicht haben und sich Gerichte bei der Auslegung betreffender Verträge in gutem Glauben argumentativ damit auseinandersetzen sollten; da sie jedoch völkerrechtlich nicht verbindlich sind und die betreffenden Ausschüsse regelmäßig keine Kompetenz zur Fortentwicklung des Vertrages haben, kann hier anders als bei der Spruchtätigkeit des Europäischen Gerichtshofes für Menschenrechte keine Befolgungs- oder tiefergehende Berücksichtigungspflicht etabliert werden.[475] Die im Vergleich zur internationalen Gerichtsbarkeit deutlich restriktivere Rechtsprechung des Bundesverfassungsgerichts trägt der geringen demokratischen Legitimation solcher Expertenausschüsse Rechnung, die anders als Gerichte regelmäßig nicht zur letztverbindlichen Interpretation berechtigt sind.[476]

c) Ausblick

Trotz des über das Grundgesetz lediglich vermittelten einfachen Gesetzesranges haben völkerrechtliche Verträge ganz entscheidend zur Integration der Bundes-

---

[471] BVerfGE 111, 307 (317) – Görgülü.

[472] BVerfGE 111, 307 (329) – Görgülü; 128, 326 (369) – Sicherungsverwahrung.

[473] BVerfGE 152, 152 (178) – Recht auf Vergessen I.

[474] Das Bundesverfassungsgericht ist inzwischen selbst international vernetzt. Das gilt nicht nur für seine Rechtsprechung, bei dem es die Entscheidung anderer, auch nicht-europäischer Verfassungsgerichte rezipiert, sondern auch personell, indem sich die Gerichte gegenseitig besuchen und austauschen; *Huber/Paulus,* in: Andenas/Fairgrieve (Hrsg.), Courts and Comparative Law, S. 292 f.

[475] BVerfGE 142, 313 (346); krit. *Reiling,* ZaöRV 2018, S. 311 (332 ff.); BVerfGE 151, 1 (29); krit. *Payandeh,* NVwZ 2020, S. 125 (128).

[476] Geht selbst die Indizwirkung, die das BVerfG den Rechtsauffassungen zuspricht, deswegen zu weit, *Reiling,* ZaöRV 2019, S. 311 (333 f.).

republik in die internationale Staatengemeinschaft beigetragen. Über den Hebel der Völkerrechtsfreundlichkeit hat das Bundesverfassungsgericht einen ausdifferenzierten Maßstab dafür entwickelt, wie völkerrechtliche Verträge, insbesondere Menschenrechtsverträge, durch alle drei Teilgewalten Berücksichtigung finden müssen. In der für einen offenen Verfassungsstaat streitenden Rechtsprechung wird zugleich eine vom Völkerrecht unabhängige Verfassungsidentität etabliert, die es zu bewahren gilt.[477] Jüngere Entscheidungen zum sogenannten *Treaty Override*, zu den Grenzen der Rezeptionspflicht der Entscheidungen des Europäischen Gerichtshofes für Menschenrechte,[478] zeigen eine Sensibilisierung für den Schutz des innerstaatlichen Rechtsraums vor einer unbegrenzten Internationalisierung. Wie schon im Hinblick auf die europäische Integration werden dafür das Demokratieprinzip und die Besonderheiten der gewachsenen innerstaatlichen Rechtsordnung herangezogen. Diese jüngeren, restriktiven Tendenzen sollen jedoch nicht darüber hinwegtäuschen, dass der Rechtsalltag in hohem Maße durch internationale Regelungen aus völkerrechtlichen Vertragsregimen bestimmt wird.

3. Ergebnis

Die formelle Öffnung des Grundgesetzes für Völkerrecht bedeutet, dass internationale Entwicklungen und Trends in den innerstaatlichen Rechtsraum zurückwirken. Ein modernes Verständnis von Gewohnheitsrecht im Völkerrecht kann eine Ausweitung des Anwendungsbereichs von Art. 25 GG bedeuten. Ändert der Europäische Gerichtshof seine Rechtsprechung zur EMRK, sind nationale Gerichte angehalten, dem zu folgen. Die Interaktion von Soft Law mit den herkömmlichen Rechtsquellen des Völkerrechts schlägt durch die Öffnungsnormen des Grundgesetzes unmittelbar auf die nationalstaatliche Ebene durch.

Diese Verschränkungen bedeuten, dass völkerrechtliche Trends nicht isoliert betrachtet werden können, sondern hinsichtlich ihrer Auswirkungen auf den eigenen Rechtsraum mitgedacht werden müssen. Das gilt insbesondere für den Bereich des Menschenrechtsschutzes, bei dem mehrere Faktoren die Wirkung auf die innerstaatliche Rechtsordnung über die formelle Rangbetrachtung nach den Öffnungsnormen hinaus verstärken. Zum einen haben sich in diesem Völkerrechtsgebiet mit dem Europäischen Gerichtshof für Menschenrechte regional einflussreiche Akteure etablieren können, die die innerstaatliche Rechtsprechung und Gesetzgebung substanziell beeinflussen können. Zum anderen handelt es sich um ein Rechtsgebiet, in dem eine Vielzahl nicht staatlicher Akteure auftritt und Instrumente verschiedener Bindungsqualität nebeneinander angewandt werden. Zugleich unternehmen nicht staatliche Akteure den Versuch, gerade auch unverbindliche Instrumente über Gerichte oder andere staatliche Akteure

---

[477] Als Grenze einer europäischen Integration entwickelt BVerfGE 113, 273 (296) – Maastricht; 123, 267 (354) – Lissabon.

[478] BVerfGE 111, 307 (329); 128, 326 (371); insb. 148, 296 (379 ff.).

normativ zu verfestigen und als Rechtsstandard zu etablieren. Zuletzt sieht sich Deutschland in diesem Bereich in einer besonderen Verantwortungs- und Vorbildfunktion, sodass insgesamt wohlwollend, auch auf kompetenzausweitende Aktivitäten, reagiert wird.

B. Materielle Härtung

Ein Untersuchungsgegenstand wie Soft Law, der sich zwischen Rechtsverbindlichkeit und -unverbindlichkeit, Recht und Nichtrecht bewegt, bedarf naturgemäß einer umfassenden Betrachtung auch von Prozessen, die sich nicht mit der formellen Interaktion zwischen Völker- und Verfassungsrecht begreifen lassen. Die Erkenntnis, dass auf der internationalen Ebene „mehr" passiert, als mit den gängigen Formen des Völkerrechts und der Übersetzung ins Verfassungsrecht beschrieben werden kann, ist nicht neu. Schließlich ist die Kategorienbildung von Soft Law ein Versuch, die Zwischentöne internationaler Politik- und Rechtsetzung sichtbar zu machen.

Neuer sind hingegen die Versuche, umfassende Erklärungsansätze zu entwickeln, die dieses Phänomen ganzheitlich beschreiben sollen. In einem solchen Ansatz werden seit der Jahrtausendwende die diversen Tätigkeiten internationaler Organisationen, insbesondere der Vereinten Nationen und ihrer nachgeordneten Organisationen, unter dem Schlagwort der *Global Governance* gefasst.[479] Der aus der Politikwissenschaft stammende Begriff *Governance* ist notorisch vieldeutig und soll bezogen auf die völkerrechtliche Ebene primär der Beobachtung Ausdruck verleihen, dass regierungsähnliches Handeln auch ohne einen zentralen Souverän möglich ist. In diesem Sinne entspräche *Global Governance* im Internationalen dem, was Regierungen national tun.[480] *Global Governance* ist demnach eine spezifisch analytische Perspektive, die insbesondere der unitarisch konzipierten Betonung von Staaten als wichtigsten Akteuren widerspricht.[481] Die sekundär- und unterrechtlichen Normen und Regulationen werden inzwischen durch das sich neu entwickelte internationale Verwaltungsrecht (Global Public Administration Law) abgedeckt, welches ähnlich dem innerstaatlichen Verwaltungsrecht versucht, eine Formen- und Prinzipienlehre zu entwickeln.[482] Vergleichbar mit der Neuen Verwaltungsrechtswissenschaft wird sich dabei auch alternativen und unverbindlichen Regelungsansätzen gewidmet.[483]

---

[479] Der Ansatz war so populär, dass dem Thema sogar eine eigene Zeitschrift, *Global Governance,* gewidmet wurde.

[480] *Finkelstein,* Global Governance 1995, S. 367 (369); aus Sicht der Institutionen stellvertretend der damalige UN-Generalsekretär *Annan,* Global Governance 1998, S. 123 ff.

[481] *v. Bogdandy/Goldmann,* ZaöRV 2009, S. 52 (56).

[482] *Möllers/Voßkuhle/Walter (Hrsg.),* Internationales Verwaltungsrecht, 2007.

[483] Mit dem Begriff wird die Arbeit um *Hoffmann-Riem/Schmidt-Aßmann/Voßkuhle* um ihr Gesamtwerk „Grundlagen des Verwaltungsrechts" gemeint, welches seit 2006 in drei Bänden erscheint, dazu *Fehling,* BH VERW 2017, S. 64 ff; *Meinel,* FAZ, 22.11.2017, Ziff. 271, S. N3; krit. *Gärditz,* BH VERW 2017, S. 106 ff.

Rund um die Forschungsgemeinschaft von *Armin von Bogdandy und Matthias Goldmann* ist ein innovativer Ansatz entstanden, der unter dem Begriff der internationalen öffentlichen Gewalt verschiedene Herrschaftsausübungen durch internationale Akteure zusammenfasst.[484] Der Begriff der internationalen öffentlichen Gewalt wird dabei denkbar weit, nämlich als das rechtsbasierte Vermögen, andere zu bestimmen, d. h. ihre Freiheit zu beschränken, verstanden. Eine solche Freiheitsbeschränkung könne auch in einer konditionierenden Maßnahme liegen. Dies sei zu bejahen, wenn eine Maßnahme kommunikative Macht etabliere, die entweder von denjenigen, die von der Maßnahme betroffen sind, nicht mehr außer Acht gelassen werden kann, ohne ernste Nachteile zu erleiden, oder die den kognitiven Rahmen für das betroffene Politikfeld so abstecke, dass alternative Ansätze dahinter zurückbleiben.[485] Als Beispiel dieser Ausprägung internationaler öffentlicher Gewalt wählen die Autoren die PISA-Studien der OECD. Hier sei durch *Governance by Information* zu beobachten, wie ein an sich innerstaatliches Thema, nämlich der Bildungsbetrieb, internationalisiert werde und nur noch unter dem *Frame* gerade dieser Studien verhandelt werden könne.[486]

In eine ähnliche Richtung, wenn auch unter anderen Vorzeichen, geht *Di Fabios* Ansatz, der sich aus dem Blickwinkel einer modernen Staatslehre der Vorprägung nationaler Kommunikationsräume durch transnationale Diskurse, insbesondere im Hinblick auf Gemeinwohl- und Wertbelange, widmet. *Modern* bezieht sich hier auf den Gegenstand, den der Autor über den Staat hinaus ausweitet, habe dieser als Institution doch seine kategoriale Dominanz und die von ihr ausgehende explanative Kraft eingebüßt.[487] Seine umfangreiche Herrschaftsanalyse, unter Zuhilfenahme der Systemtheorie, soll nicht in ihrer Gänze dargestellt werden, sondern nur im Hinblick auf die Beobachtungen, die für die spätere Anwendung auf den Migrationspakt fruchtbar erscheinen.[488]

---

[484] Dazu *v. Bogdandy/Wolfrum/v. Bernstorff/Dann/Goldmann (Hrsg.)*, The Exercise of Public Authority, 2010; *v. Bogdandy/Dann/Goldmann*, in: Forst/Günther (Hrsg.), Die Herausbildung normativer Ordnungen, S. 227 ff.; *Goldmann*, Int. Öffentliche Gewalt, S. 241 ff, 359 ff.; speziell zur Gerichtsbarkeit *v. Bogdandy/Venzke*, ZaöRV 2010, S. 1 ff.

[485] *v. Bogdandy/Goldmann*, ZaöRV 2009, S. 52 (70).

[486] Ebd., (53).

[487] *Di Fabio*, Herrschaft und Gesellschaft, S. 1.

[488] Seinem Vorschlag einer modernen Herrschaftsanalyse, wurde mit Kritik begegnet. Kritisiert wird u. a., dass *DiFabio* die Systemtheorie *Luhmanns* inkonsistent und wenig gewinnbringend verwende. Insbesondere eigne sich die Systemtheorie nicht, da *Luhmann* selbst den Herrschaftsbegriff nicht verwendet. Zugleich lasse der, bisweilen schwer nachvollziehbare Argumentationsgang, die Vermutung zu, dass zum Teil eher die politischen Ängste des Verfassers geäußert werden, als ein Beitrag zur Modernisierung der Staatslehre vorgelegt wird, *Knöbl*, STAAT 2019, S. 485 (486). Umso mehr, als an entscheidenden Stellen Definitionen fehlen und der Leser bis zuletzt mit Widersprüchen und offenen Fragen konfrontiert werde, vgl. dazu *Knöbl*, STAAT 2019, S. 485 ff.; Nach *Di Fabio* liegt der Nutzen *Luhmanns* Systemtheorie für die Rechtswissenschaft darin, dass die durch sie angeleitete Selbstbeobachtung ermöglicht, an (kontrafaktischen) dogmatischen Kontraktionen festzuhalten und zugleich die Abhängigkeit von anderen Funktionssystemen der Gesellschaft und von den Einstellun-

I. Politische Prägung in transnationalen Gemeinwohldiskursen[489]

Di Fabio wählt als Ausgangspunkt die Beobachtung, dass die internationale Ordnung nach wie vor durch die Gliederung in Staaten gekennzeichnet ist und Nationen-, Sprach-, Ethnien- oder Religionsgemeinschaften als Erlebnisraum aufrechterhalten hat. Zugleich haben sich die kommunikativen Prozesse in überstaatlichen Foren verdichtet und zur Herausbildung eines überstaatlichen kommunikativen Prägeraums des politischen Handelns geführt. Politische Kommunikation zeichne sich dabei durch eine Wertesemantik aus. Werte, verstanden als moralnahe Präferenzen, häufig mit Gemeinwohlbezug, würden für die Dynamisierung politischer Entscheidungen mobilisiert. So würden politische Konzepte einer künftigen Gesellschaft mithilfe einer moralisierten Werteposition, die normativ formuliert und mit passenden Fakten unterfüttert werde, in den politisch-kommunikativen Raum eingeführt.[490] Akteure dieser politischen Kommunikation seien dabei nicht ausschließlich Staaten, die auf internationaler Ebene mehr oder weniger durch Wahlen formell und auf ein Territorium begrenzt legitimiert seien, sondern internationale Foren, Expertenausschüsse, Menschenrechtsorganisationen und NGOs. So fänden transnationale Legitimitätsdiskurse statt, die in einer für das politische System typischen Weise, weil wertbezogen, wissenschaftlich oder politisch beglaubigt, verbindliche und globale Gemeinwohldefinitionen entwickeln würden. Durch übernational vernetzte Kommunikationsprozesse würden die Themen, Ziele und Aktionsprogramme formuliert, während die sanktionsbewehrten Instrumente der Durchsetzung solcher Konzepte in nationalen Gesellschaften verblieben.[491] Auf transnationaler Aktivitäts- und Expertenebene finde nicht nur ein Prozess der Zielformulierung, Wertekonkretisierung und Wissensstrukturierung statt, sondern auch eine technisch-politische Sprachbildung, in der sich zugleich bestimmte Denkrichtungen, Attitüden und Haltungen mit hohen Konformitätserwartungen wiederfänden. Beispiele einer solchen weltgesellschaftlichen Synchronisierung seien etwa im Bildungsbereich der Bologna-Prozess oder die Lissabon-Strategie.[492]

---

gen personaler Systeme mit in den Blick zu nehmen, *ders,* in: Gripp-Hagestange (Hrsg.), Niklas Luhmann Denken 2000, S. 152, „die Wiedererkennung der eigenen Systemerfahrung im Spiegel der soziologischen Beschreibung (S. 144).

[489] Der Begriff des transnationalen Rechts geht auf *Jessup* zurück, der ein gleichnamiges Werk im Jahr 1956 veröffentlichte, *Vesting,* Staatstheorie, § 7 Rn. 344, *Transnational* wird hier verstanden als Bezeichnung für grenzüberschreitenden, nicht notwendigerweise globale Sachverhalte, unter Bezugnahme staatlicher und nicht staatlicher Akteure und einer Vielzahl, gerade auch informeller Handlungen, i. d. S. ebd.; ferner *Farahat,* Progressive Inklusion, S. 11 ff., im Kontext des öffentlichen Rechts, S. 16 f.; ferner zum umfassenden rechtssoziologischen Forschungsansatz *Teubners,* ders., Constitutional Fragments, 2012.

[490] *Di Fabio,* Herrschaft und Gesellschaft, S. 69.

[491] Ebd., S. 86.

[492] Ebd., S. 87.

Dass ein Konsens über weltgesellschaftliche Gemeinwohlbelange erreicht werden kann, sei auf die Formelhaftigkeit der Ziele[493] und die Entkopplung von konkreten, kostspieligen oder sozialkonflikthaften Maßnahmen zurückzuführen.[494] Es werde über Zielvorgaben ein „spontaner Konsens" hergestellt, den kein vernünftiger Akteur im politischen Raum infrage stellen werde.[495] Dabei werde die Kontingenz der so Aufmerksamkeit erlangenden Konzepte nicht thematisiert.[496] Kosten und Konsequenzen der deswegen getroffenen Entscheidungen, im Sinne einer *Weber'schen* Verantwortungsethik, würden nicht reflektiert.[497]

Transnationale Gemeinwohldiskurse und Mechanismen des Interessenaustausches wie bei Vertragsstaatenkonferenzen oder umfangreichen Aushandlungen von Abkommen fänden physisch weit vom politischen Zentrum symbolisierter und gefühlter Machtausübung sowie staatlicher Gewaltkompetenz statt.[498] Auch wenn das Treffen von Expertengremien, international vernetzten Thinktanks oder UN-Sonderorganisationen auf den ersten Blick nicht als mit dem Staat vergleichbare Gewaltausübung gesehen werden könne, würden dort unter Umständen Entscheidungen vorbereitet, die auf einem komplizierten Weg eines Mehrebenensystems von anderen Ebenen implementiert, umgesetzt und im Zweifel irgendwann mit Zwang vollstreckt werden würden. Weil die Akteure moralische und rechtliche Verbindlichmachung von Präferenzen (Gehorsamserzwingung) kommunizieren, seien sie Teil des politischen Systems.[499] Die Prägungen der Wertesemantik seien keine Randphänomene, sondern zentrale Herrschaftsimpulse, die durch „Themensetting", „Mainstreaming" oder aber auch journalistische Selektion betrieben werden.[500]

Eine ausdrückliche Definition, was Gemeinwohl[501] im transnationalen Diskurs bedeute und welche Werte damit verbunden seien, fehlt.[502] Anekdotisch erwähnt *Di Fabio* den Klimaschutz,[503] Armutsbekämpfung oder Diversitätsförderung, wobei Letztere für ihn eher als Negativfolie eines als gezielt empfundenen „Mainstreamings" genutzt wird.[504] In dieser Weise ließe sich die Liste mit den

---

[493] Ebd., S. 68.

[494] Ebd., S. 87.

[495] Ebd., S. 104.

[496] Ebd., S. 70.

[497] Ebd. S. 68; *Weber*, Politik als Beruf, S. 56.

[498] Ebd., S. 90.

[499] Ebd., S. 91.

[500] Ebd., S. 71.

[501] Vgl. dazu auch den neueren Diskurs über *Common Goods* im Umweltvölkerrecht, *Durner*, Common Goods, S. 30 ff.; die Beschäftigung mit der analytischen Kategorie sog. *public goods* ist unter Völkerrechtlern in den letzten Jahren immer beliebter geworden, *Barkin/Rashchupkina*, AJIL 2017, S. 376 (377); zur möglichen Spannung zwischen kollektiv erforderlichen Handlungen gegen die Zustimmung einzelner Staaten *Krisch*, AJIL 2014, S. 1 (3 ff., 15 ff.).

[502] So auch die Kritik bei *Knöbl*, STAAT 2019, S. 485 (486).

[503] Der Umwelt- oder Klimaschutz kann als Paradebeispiel eines globalen Gemeinwohlbelangs dienen, *Krisch*, AJIL 2014, S. 1 (15).

[504] *Di Fabio*, Herrschaft und Gesellschaft, S. 72; zu den Herausforderungen der Einbet-

Zielen nachhaltiger Entwicklung (Agenda 2030) und einer geordneten, sicheren und regulären Migration (Migrationspakt) sicherlich ergänzen.

1. Globale Gemeinwohlvorgaben

Als Beispiel eines solchen politischen Prozesses, mit dem unanfechtbar gute politische Zielvorgaben (globales Gemeinwohl) angestoßen werden und in typischer Weise politische Herrschaft, nach dem Wirkprinzip von Soft Power im Gewand von Soft Law ausgeübt wird, zieht *Di Fabio* die Agenda 2030 heran.[505] In der Tat soll mit der Agenda 2030 ein umfangreicher Transformationsprozess hin zu einer nachhaltigen Entwicklung begonnen werden. Insofern steht sie prototypisch für vorausgegangene Instrumente, mit denen sich seit den 1970er Jahren die Weltgemeinschaft regelmäßig zur Erreichung bestimmter Großziele verpflichtet.[506]

Zwei weitere Gründe legen nach der hier vertretenen Ansicht besonders nahe, die Agenda 2030 als exemplarisches Beispiel heranzuziehen: erstens ihr innovativer Aushandlungsprozess, der noch mehr als bei vorausgegangenen Projekten auf den Vor- und Zuarbeiten von Komitees und Expertengremien beruhte, und zweitens die universelle Verpflichtung aller Staaten. Anders als bei früheren Zukunftsprojekten, in denen die Staaten des globalen Nordens als Geberstaaten adressiert wurden, verpflichtet die Agenda 2030 mit Blick auf das überragende Ziel nachhaltiger Entwicklung die gesamte Staatengemeinschaft zur Mitwirkung. Die in der Agenda formulierten Ziele betreffen somit auch die politisch-gesellschaftliche Gestaltung in Deutschland. Interessanterweise scheinen die Befolgungs- und Umsetzungserwartung, die mit diesen Großprojekten verbunden sind, nicht durch die fehlende Rechtsverbindlichkeit behindert zu werden. Der von den Staaten formulierte politische Bindungswille wird dabei als Anknüpfungspunkt für nicht staatliche Akteure wie internationale Organisationen und ihre Unterorgane, NGOs und weitere Akteure einer internationalen Öffentlichkeit genutzt, den Umsetzungsfortschritt zu überwachen und einzufordern. Die Europäische Union möchte dabei eine Vorreiterrolle einnehmen und hat dazu ein eigenes Indikatorenset zur Überprüfung entwickelt; zugleich hat sie zugesagt, zwischen den Nachhaltigkeitszielen und dem außenpolitischen Handeln der EU sowie ihren anderen Politikfeldern einen gemeinsamen Ansatz herzustellen und zugleich die Kohärenz ihrer Finanzierungsinstrumente zu fördern.[507]

---

tung des Diversitätskonzept in einer nach dem Mehrheitsprinzip und formeller Gleichheit organisierten Gesellschaft *Schorkopf,* Staat und Diversität, S. 1 ff., insbes. 17 ff.; 31 ff.

[505] *Di Fabio,* Herrschaft und Gesellschaft, S. 103 ff., zur Agenda 2030 siehe bereits § 3 B. III. 1. c) Agenda 2030.

[506] Ebd., S. 104.

[507] EU Commission, Communication from the Commission to the European Parliament, the Council, the European Economic and Social Committee and the Regions, Next Steps for a Sustainable European Future, European Action for Sustainability, v. 22.11.2016, COM(2016) 739 final, 3; *Huck/Kurkin,* ZaöRV 2018, S. 375 (417).

Die Erfahrung der letzten Aushandlungen solcher Zukunfts- und Aktionsagenden zeigt, wie komplex und langwierig es sein kann, in Experten- und Ad-hoc-Gremien einen Konsens herzustellen. Auch daran zeigt sich, dass die Beteiligten sich der politischen Tragweite einmal aufgenommener Begriffe, Narrative und Ziele durchaus bewusst sind und je nach Interessenlage besonders vorsichtig oder fordernd auftreten.

2. *Prägung internationaler Debatten*

Ein Beispiel, wie eine öffentlich geführte internationale Debatte versuchen kann, Befolgungs- und Einhaltungsdruck zu erzeugen, bietet die Kontroverse um den amerikanischen Rückzug aus dem Nuklearabkommen mit dem Iran im Jahr 2018. Der Rechtscharakter des „Gemeinsamen umfassenden Aktionsplans" ist umstritten. Das von den ständigen Mitgliedern des UN-Sicherheitsrates sowie Deutschland, Frankreich, dem Vereinigten Königreich und der EU mit dem Iran ausgehandelte Nuklearabkommen wurde nicht als völkerrechtlicher Vertrag ausgehandelt und lässt sich zunächst dem völkerrechtlichen Soft Law zuordnen.[508] Damit die Vereinbarungen aber in Kraft treten konnten, insbesondere damit die gegenüber dem Iran verhängten Sanktionen der Vereinten Nationen und der jeweiligen Staaten aufgehoben werden konnten, musste das Abkommen vom UN-Sicherheitsrat gebilligt werden.[509] Der betreffenden Resolution des UN-Sicherheitsrates wurde der Aktionsplan angehängt, in dem dieser sich weiter oben auf seine Kompetenz zu rechtsverbindlichem Handeln (Art. 41, 25 UN-Charta) beruft.[510] Durch diese Inkorporation hat der Gemeinsame umfassende Aktionsplan Rechtsverbindlichkeit erlangt,[511] wobei umstritten bleibt, ob die einzelnen Verpflichtungen, insbesondere die Aufhebung nationaler US- und EU-Sanktionen, aufgrund ihrer Formulierung als verbindliche Rechtspflicht formuliert sind oder im Ermessen des jeweiligen Staates liegen.[512]

Zu vermuten ist daher, dass sich die Vereinigten Staaten bei ihrem Rückzug aus dem Abkommen und der Wiedereinsetzung von Sanktionen gerade nicht auf den Rechtscharakter des Abkommens insgesamt und einzelner Verpflichtungen beriefen, sondern dem Iran vorwarfen, seinerseits gegen die Abrüstungsverpflichtungen verstoßen zu haben. Wegen dieser Uneindeutigkeiten ist in der Völkerrechtswissenschaft umstritten, ob der Rückzug der Vereinigten Staaten völkerrechtswidrig war und wie ein völkerrechtskonformer Rückzug hätte aussehen müssen. Dennoch wurde dem amerikanischen Präsidenten *Trump* ein Vertragsbruch vorgeworfen, wohl auch, um ihn doch noch zum Einlenken zu bewegen.[513]

---

[508] WD-BT, WD 2–3000–077/20, S. 5.

[509] Joint Comprehensive Plan of Action v. 14.07.2015, Ziff. 34 (ii).

[510] S/RES/2231 (2015).

[511] WD-BT, WD 2–3000–077/20, S. 6.

[512] WD-BT, WD-2–097/19, S. 5 f.

[513] Auswahl int. Presse: BBC News, Iran nuclear deal: Trump pulls US out in break with Europe allies, 09.05.2018, abrufbar: https://www.bbc.com/news/world-us-canada-44045957

Schließlich sollte mit dem Abkommen der realen Gefahr eines Atomkrieges begegnet werden. Deswegen und weil die Europäische Union und ihre Mitgliedstaaten als gemeinsame politische Macht auftraten, entschieden sich die anderen Staaten, am Iran-Abkommen festzuhalten.

An diesem Beispiel zeigt sich, dass der politische Prozess auf internationaler Ebene von einer großen Öffentlichkeit begleitet ist, deren Akteure bereit sind, als universell empfundenen Werten, wie in diesem Fall der Prävention von Konflikten, durch Multilateralismus zu begegnen und die Einhaltung der ihnen dienenden Regelungen auch bei umstrittener Rechtspflicht einzufordern.

3. Moral in der internationalen Politik

Der Konformitätsdruck, der bei politischen Prozessen durch transnationale Gemeinwohldiskurse aufgebaut werden kann, entfaltet gerade dort seine Wirkung, wo die Moralisierung der Politik fehlende rechtliche Instrumente kompensieren soll. Im Klimaschutz etwa spielt das zivilgesellschaftliche Engagement eine entscheidende Rolle dabei, Staaten zu substanziell größeren Beiträgen für den Klimaschutz zu bewegen.[514] Die regelmäßig stattfindenden Vertragsstaatenkonferenzen werden engmaschig durch NGOs überwacht und begleitet.[515] Zugleich sind die inzwischen staatenübergreifende Schülerbewegung *Fridays for Future* und ihre Initiatorin *Greta Thunberg* eine eigenständige Kraft im globalen und nationalen Klimaschutz geworden. Die berühmt gewordenen Worte *Thunbergs* „How dare you?" vor den versammelten Regierungschefs bei dem UN-Klimagipfel 2019 sind der Ausdruck eines anscheinend globalen Gewissens, dem sich die Staatengemeinschaft moralisch gegenüber zu verantworten hat.[516] Doch nicht jeder global zu beobachtende Protesttrend strebt nach mehr internationaler Vernetzung und Koordination. Die Proteste können sich als *pouvoir irritant*[517] gerade auch gegen den Prozess ökonomischer Konstitutionalisierung richten, der von internationalen Wirtschaftsinstitutionen ausgelöst wird.[518] Die zwar als Phänomen global auftretende Opposition einer als zu weit empfundenen Globalisierung, die sich beispielsweise in den Protesten um *Occupy Wall Street* zeigte,

---

(letzter Zugriff am 20.03.2023); *Landler,* Trump Abandons Iran Nuclear Deal He Long Scorned, NY Times, 08.05.2018, abrufbar unter: https://www.nytimes.com/2018/05/08/world/mid dleeast/trump-iran-nuclear-deal.html (letzter Zugriff am 20.03.2023); FAZ, „Es gibt eine Führungsschwäche", 05.05.2018, Ziff. 104, S. 4; FAZ. NET, Maas kritisiert Trumps *Iran-Strategie,* v. 19.01.2020.

[514] *Alkoby,* Non-State Actors and Int. Law 2003, S. 23 (36).

[515] *Hunter,* in: Bradlow/ders. (Hrsg.), Advocating Social Change, S. 140.

[516] Die gesamte Rede ist zu lesen unter https://www.theguardian.com/commentisfree/2019/sep/23/world-leaders-generation-climate-breakdown-greta-thunberg (letzter Abruf am 22.07.2021).

[517] *Krisch,* I. CON 2016, S. 657 (673).

[518] *Bailey/Mattei,* Ind. J. Global Legal Stud. 2013, S. 965 (968); *Krieger,* AöR 2008, S. 315 (320).

strebte nach mehr Kontrolle sich internationalisiert habender Institutionen und Prozesse durch partikulare Selbstbestimmungsgemeinschaften und trat der Internationalisierungsbewegung agonal entgegen.

4. Zwischenergebnis

Di Fabios Beobachtung, dass Themen im internationalen Raum vorgeprägt werden, eine erste Codierung erhalten und durch diverse Akteure bewusst gesetzt werden, ist eng verknüpft mit der Zunahme von Soft Law und seiner Verwendung. Insofern bietet sich sein Ansatz an, das schwer begreifbar zu machende „Mehr", welches einigen Soft Law-Dokumenten trotz der fehlenden Rechtsverbindlichkeit zukommt, als Mittel eines transnationalen Gemeinwohldiskurses, welcher auf die Prägung politischer Prozesse gerichtet ist, zu erklären.

II. Rückwirkung in nationale Kommunikationsräume

Die rechtliche und politische Offenheit des Grundgesetzes hat nationale Kommunikationsräume internationalisiert, allen voran den Deutschen Bundestag.[519] Die historisch begründete Kompetenzverankerung der auswärtigen Gewalt ausschließlich bei der Bundesregierung scheint in einem System geteilter Zuständigkeiten aufgegangen zu sein:[520] Klassisch exekutive Kernaufgaben wie die Entsendung der Streitkräfte sind durch den Parlamentsvorbehalt inzwischen institutionell eingehegt,[521] materielle Regelungsbereiche der auswärtigen Angelegenheiten wie das Konsular- und Diplomatenwesen gesetzlich geregelt.[522] Dem Auswärtigen Ausschuss wird als der zentralen Institution, die die effektive Willensbildung des Bundestages in auswärtigen Angelegenheiten vorbereitet und kanalisiert (Art. 45a Abs. 1 GG), durchaus Einfluss auf die deutsche Außenpolitik zugesprochen.[523] Der Bundestag nutzt Parlamentsbeschlüsse, um ausdrücklich Stellung zur Außenpolitik zu beziehen, und folgt dabei nicht immer der Linie der Bundesregierung.[524] Besonders umstrittene Entschließungen betrafen beispielsweise die Bezeichnung der Verbrechen gegen die Armenier als Völkermord[525] oder die Verurteilung der „Boycott, Divestment and Sanctions"-Bewe-

---

[519] So auch *Osterloh*, in: Franzius/Mayer/Neyer (Hrsg.), Modelle des Parlamentarismus, Baden-Baden 2015, S. 137.

[520] Dass in den entscheidenden Bereichen die traditionelle Kompetenzverteilung zugunsten der Exekutive aufrecht erhalten bleibt, wird weiter unten ausf. besprochen, siehe dazu § 6 Beteiligung des Bundestages.

[521] BVerfGE 90, 286 (387); 108, 34 (44); 121, 135 (154); 126, 55 (73); § 1 ParlBG.

[522] Gesetz über den Auswärtigen Dienst, BGBl. I, S. 1842; Gesetz über die Konsularbeamten, BGBl. I S. 591, 605; *Schorkopf*, Staaatsrecht der int. Beziehungen, § 5 Rn. 9.

[523] *Fuchs*, Auswärtiger Ausschuss, in: Morlok/Schliesky/Wiefelspütz (Hrsg.), Parlamentsrecht, § 28 Rn. 15; *Schorkopf*, Staaatsrecht der int. Beziehungen, § 5 Rn. 58 f.; *Wolfrum*, VVDStRL 1996, S. 39 (61).

[524] *Kemper*, in: Mangoldt/Klein/Starck (Hrgs.), GG, 7. Aufl., Art. 59 Rn. 39.

[525] BT-Drs. 15/5689; 18/8613; *Schorkopf*, Staaatsrecht der int. Beziehungen, § 5 Rn. 10.

gung als antisemitisch.[526] Auch auf persönlicher Ebene sind viele Abgeordnete international vernetzt. Parlamentarische Delegationen unternehmen Auslandsreisen,[527] sitzen als Abgesandte in internationalen Gremien[528] und koordinieren sich mit Abgeordneten anderer Parlamente (sogenannte Parlamentariergruppen). Diese Internationalisierung, die so passend in der verfassungsrechtlichen Figur der Völkerrechtsfreundlichkeit verbildlicht wird, verändert, wie politische Akteure über Themen und Konzepte verhandeln, neue Ideen vorstellen und einführen.

Die Agenda 2030 konnte in dieser Hinsicht einen ungeahnten Siegeszug auch im innerstaatlichen Raum antreten. Auf die Annahme in der Generalversammlung folgte ein von den damaligen Regierungsfraktionen der CDU/CSU und SPD initiierter Beschluss, mit dem die Bundesregierung aufgefordert wurde, sich aktiv für die nationale Umsetzung der Agenda und den Wandel zu einer nachhaltigeren Lebens- und Wirtschaftsweise in Deutschland einzusetzen.[529] Die Bundesregierung und der Bundestag stünden in der Pflicht, die Ziele im Sinne einer kohärenten Politik in allen Bereichen zu beachten und auf ihre ambitionierte Umsetzung hinzuarbeiten.[530] Ein noch weitergehender Antrag auf eine sofortige Umsetzung der vereinbarten Ziele der damaligen Oppositionsfraktionen konnte hingegen keine Mehrheit finden,[531] ebenso wenig ein späterer Antrag in der 19. Legislaturperiode, die Agenda 2030 zum handlungsleitenden Rahmen jeglicher Regierungstätigkeit zu machen.[532] Die Bundesregierung wird seit Annahme der

---

[526] BT-Drs. 19/10191.

[527] Seit 1992 wird durch den Bundestagspräsidenten, in der Mitte und zum Ende einer Wahlperiode, ein Bericht über die Auslandsdienstreisen der Abgeordneten erstellt. Die Zahlen fluktuieren stark und liegen zwischen knapp über 200 (1998) und etwas über 820 (2008); abrufbar unter https://www.bundestag.de/resource/blob/435250/f3ced988aadd337e46a5fad ebb7e6c7d/Kapitel_21_14_auslandsdienstreisen_der_abgeordneten-data.pdf (letzter Zugriff am 20.03.2023).

[528] Beispiele: Parlamentarische Versammlung der OSZE; Parlamentarische Versammlung der NATO; Interparlamentarische Konferenz für die GASP und GSVP; Interparlamentarische Union; Konferenzen der Präsidentinnen und Präsidenten der Parlamente; Parlamentarische Versammlung der Union für den Mittelmeerraum; Konferenz über Stabilität, wirtschaftspolitische Koordinierung und Steuerung in der EU (Art. 13 ESM-Vertrag); Ostseeparlamentarierkonferenz; Parlamentarische Versammlung der Schwarzmeerwirtschaftskooperation; zu einigen näher *Ruffert*, Parlamentarisierung, in: Morlok/Schliesky/Wiefelspütz (Hrsg.), Parlamentsrecht, § 42 Rn. 34 ff.

[529] BT-Drs. 18/7361 v. 26.01.2016, 4.

[530] BT-Drs. 18/7361 v. 26.01.2016, 2.

[531] BT-Drs. 18/6061; Ablehnung in BT-Drs. 18/7632 v. 22.06.2016.

[532] BT-Drs. 19/11149; Ablehnung in 19/13583 v. 25.09.2019; sowohl Bündnis 90/DIE GRÜNEN als auch die FDP beziehen sich in ihren Wahlprogrammen zur BTW 2021 auf die Agenda 2030, erstere setzt sie in eine Reihe mit den internationalen Menschenrechtskonventionen und dem Pariser Klimaabkommen, vgl. Wahlprogramm BTW 2021, S. 217. Die FDP forderte, dass die Agenda 2030 nun endlich umgesetzt werden müsse, vgl. Wahlprogramm TW 2021, S. 56.

Agenda durch Anfragen der einzelnen Fraktionen hinsichtlich des Umsetzungsfortschrittes befragt und kontrolliert.[533] Mit dem Einzug der AfD-Fraktion in den Bundestag im Jahr 2017 kam es erstmalig zu grundsätzlicher Kritik und der nicht mehrheitsfähigen Forderung, die Agenda 2030 durch ein nationales Programm zu ersetzen.[534]

Auch bei gesetzgeberischen Großprojekten wie zuletzt beim Lieferkettensorgfaltsgesetz[535] verweist die Bundesregierung in ihrem Gesetzesentwurf ausdrücklich auf die Agenda 2030. Man stehe aufgrund der hohen internationalen Verflechtung der eigenen Wirtschaft in einer besonderen Verantwortung, auf eine Verbesserung der weltweiten Menschenrechtslage hinzuwirken und die Globalisierung mit Blick auf die Agenda 2030 sozial zu gestalten.[536] Das vorher aus Soft Law[537] und Selbstverpflichtung bestehende Netz aus völkerrechtlichen,[538] unionsrechtlichen[539] und nationalen[540] Instrumenten konnte keine ausreichenden Sorgfaltsstandards bei den Wertschöpfungsketten der deutschen Unternehmen sicherstellen, sodass nun erstmalig gesetzlich verpflichtende Sorgfaltspflichten beschlossen wurden.[541] Selbst in der Verwaltung ist die Agenda 2030 angekommen. Auf den Homepages der Ministerien findet man dazu ressortspezifische Erklärungen und wenn man darauf achtet, entdeckt man selbst bei Kommunalbehörden Sticker, die deren Beteiligung an der Umsetzung der Agenda 2030 bewerben.

Festzustellen ist also, dass es eine große Bereitschaft der meisten politischen Akteure gibt, sich solchen zukunftsvisionären Großprojekten anzuschließen und ihre Kompetenzen zur Umsetzung einzusetzen. Selbst diejenigen, die das deutsche Engagement kritisieren, wie etwa die Oppositionsfraktion der AfD, können

---

[533] Auswahl: Große Anfrage der Fraktion Bündnis 90/Die Grünen, BT-Drs. 19/13352; krit. Kleine Anfrage der Fraktion der AfD, BT-Drs. 19/14317; Kleine Anfrage der Fraktion die Linke BT-Drs. 19/16564.

[534] BT-Drs. 19/13531.

[535] Dazu ausf. *Kamann/Irmscher,* NZWiST 2021, S. 249 ff.; krit. *Omari Lichuma,* ZaöRV 2021, S. 497 ff.

[536] BT-Drs. 19/28649, 1.

[537] Inwiefern sich die einzelnen Selbstverpflichtungen und Codes of Conduct als Soft Law qualifizieren, siehe § 2 B. II. 3. Private.

[538] UN-Menschenrechtsrat, Leitprinzipien für Wirtschaft und Menschenrechte, UN doc/A/HRC/17/31; OECD, Leitsätze für multinationale Unternehmen.

[539] Richtlinie 2014/95/EU v. 22.10.2014 im Hinblick auf die Angabe nichtfinanzieller und die Diversität betreffender Informationen durch bestimmte große Unternehmen und Gruppen.

[540] Nationale Aktionsplan 2016, welcher in Kooperation mit Wirtschaft und Gewerkschaften als Reaktion auf die UN-Leitprinzipien angenommen und mit einem Monitoring bis 2020 flankiert wurde, abrufbar unter: https://www.auswaertiges-amt.de/blob/297434/8d6a b29982767d5a31d2e85464461565/nap-wirtschaft-menschenrechte-data.pdf (letzter Zugriff am 20.03.2023).

[541] Überblicksartig zur Haftung für Menschenrechtsverletzungen in transnationalen Lieferketten *Thomale,* EuZA 2021, S. 40 ff.

sich nicht einfach darauf zurückziehen, dass die Agenda rechtsunverbindlich ist, und sie deswegen ignorieren. Sie versuchen, sie durch parlamentarische Mittel zu diskreditieren, wodurch sie natürlich umgekehrt die Wirkmacht der Agenda mittelbar ebenfalls anerkennen.

Über diese rechtliche Weichenstellung der Offenheit des Grundgesetzes hinaus stellt sich dennoch die Frage, warum sich politische Akteure bei ihrem Handeln häufig argumentativ auf die internationale oder europäische Ebene beziehen, sich der dort vertretenen Werte und Wertungen versichern und sie sich zu eigen machen. Kurz gefragt: Was macht den Appeal für politische Akteure aus, international wohlwollend rezipierte Entscheidungen zu treffen? *Di Fabio* kommt in diesem Kontext zu der Annahme, dass die Vorprägung, mit der die politischen Akteure konfrontiert seien, einer materiellen Beschränkung ihres freien Mandats gleichkomme, dass sie ihr Handeln regelmäßig nur noch an den vorgefundenen Parametern ausrichten könnten.[542] Dass die politischen Akteure, wie von *Di Fabio* angenommen, international entwickelte Wert- und Zielvorstellungen gezwungenermaßen übernehmen müssen, scheint die tatsächliche Motivationslage derjenigen, die Entscheidungen treffen, nur unvollständig abzubilden. Die Aktivitäten rund um die Agenda 2030 zeigen, dass sich die Abgeordneten unterschiedlich und selbstständig in ihren Fraktionen zu solchen Projekten äußern. Auch im neuen Koalitionsvertrag wird die Verpflichtung zur Einhaltung der Ziele der Agenda 2030 erneut aufgegriffen.[543] Politische Akteure wie Abgeordnete knüpfen mit ihrer Politik bewusst und willentlich an überstaatliche Konzepte an.

Manow stellt in seiner vergleichenden Analyse zur politischen Ökonomie des Populismus innerhalb der Europäischen Union fest, dass die jeweiligen nationalen Exekutiven deutlich integrationsfreundlicher, also proeuropäischer, seien als die Bürger, die sie repräsentieren sollen. Dies sei auf die Gesetzmäßigkeiten nationaler Regierungsbildung in Verhältniswahlsystemen zurückzuführen, wie sie die meisten Mitgliedstaaten hätten. Zur Mehrheitsbildung sei es regelmäßig erforderlich, Koalitionen zu bilden oder eine Minderheitsregierung zu tolerieren.[544] Dieser Umstand führe dazu, dass zentristische Parteien, die integrationsfreundlicher sind, mit höherer Wahrscheinlichkeit an Koalitionen beteiligt sind als links oder rechts positionierte Parteien, die eher antieuropäisch eingestellt sind. Der Prozess der Koalitionsbildung führe so zu einem Pro-Integrations-Bias der Mitgliedsregierungen, die damit deutlich unionsfreundlicher eingestellt seien als ihre Bevölkerungen.[545] Zu vermuten ist, dass ein ähnlicher Bias auch auf die Bereitschaft zu mehr internationaler Zusammenarbeit bei der Exekutive und der sie tragenden Regierungsfraktionen zu übertragen ist. Betrachtet man die dis-

---

[542] *Di Fabio,* Herrschaft und Gesellschaft, S. 4.

[543] Koalitionsvertrag 2021 – 2025 zwischen der SPD, BÜNDNIS 90/DIE GRÜNEN und der FDP, Mehr Fortschritt wagen, S. 63, 143, 150.

[544] *Manow,* Politische Ökonomie d. Populismus, S. 136.

[545] Ebd., S. 137.

kutierten Koalitionsoptionen für die Regierungsbildung bei der Wahl zum 21. Bundestag, so wären daran nur Parteien beteiligt gewesen, die sich nach ihrer politischen Ausrichtung zur internationalen Zusammenarbeit verpflichten und diese in den jeweiligen Teilbereichen ausbauen wollen.[546] Die neue Koalition aus SPD, den Grünen und der FDP verpflichtet sich ausdrücklich zur Zusammenarbeit mit ihren internationalen Partnern.

Die Gründe eines solchen Bias sind vielfältig und übersteigen die methodischen Möglichkeiten einer rechtswissenschaftlichen Auseinandersetzung. Zu vermuten ist, dass sie u. a. in der persönlichen und biografischen Prägung vieler in der Politik engagierter Menschen liegen. In jüngerer Zeit haben sich mehrere Ansätze herausgebildet, die die Gesellschaft anhand ihrer Einstellung zu Globalisierungs- und Internationalisierungstendenzen grob in zwei Gruppen einteilen: Je nach Begrifflichkeit stehen sich dabei *Kosmopoliten* oder *Anywheres* und *Kommunitaristen* oder *Somewheres* gegenüber. Während Erstere eine Weltgesellschaft als Bezugsrahmen wählen, sind Letztere in ihrer lokalen Gemeinschaft (Staat, Region, Wohnort) stark verhaftet.[547] Wenn man diesen stark schematischen Ansatz auf die hier zu beantwortende Fragestellung überträgt, so lässt sich vermuten, dass ein großer Teil der Abgeordneten eher kosmopolitisch ausgerichtet ist und für sein Handeln der staatliche Raum nicht der ausschließliche Bezugsrahmen ist. Darüber hinaus besteht mit Blick auf die deutsche Vergangenheit ein besonderes Bewusstsein für die Chancen friedlicher Kooperation und die Bedeutung der Integration Westdeutschlands in die internationale Staatengemeinschaft.[548]

Die zur Repräsentation Berufenen – Bundestag und Bundesregierung – sehen sich daher vielfach zwei Räumen gegenüber verantwortlich. Neben der Repräsentanz des Wahlvolkes müssen sie, besonders die Bundesregierung, die wachsende Zahl völkerrechtlicher Regelungen und Prinzipien sowie auch von Vetospielern in dem sie umgebenden mehrstufigen institutionellen Rahmen berücksichtigen.[549] Insofern greift die Erklärung der Beschränkung des Mandats einzelner Abgeordneter zu kurz, geht es hier doch um die ganz grundsätzliche Veränderung der Repräsentation in einem internationalen Mehrebenensystem, die die Anforderungen umfassender Responsivität zwischen Gewählten und Wahlvolk tiefgreifend verändert.

---

[546] FDP, Wahlprogramm BTW 2021, S. 48, 51; BÜNDNIS 90/DIE GRÜNEN, Wahlprogramm BTW 2021, S. 217, 224; SPD, Wahlprogramm BTW 2021, S. 6, 55, 59; ambivalent DIE LINKE, die ein solidarisches Europa fordert, aber sie nicht ausdrücklich für mehr Integration oder eine Vertiefung multilateraler Zusammenarbeit einsetzt, vgl. BTW-Wahlprogramm 2021, S. 145.

[547] *Goodhardt,* The Road to Somewhere, 2017; *Merkel,* in: Haftst/Kubbe/Poguntke (Hrsg), Parties, Government and Elites, S. 9 ff.

[548] Siehe dazu § 4 A. IV. 2. Art. 59 Abs. 2 GG – völkerrechtlicher Vertrag; *Di Fabio,* in: Geiss/Geppert/Reuschenbach, Eine Werteordnung für die Welt, S. 70.

[549] *Kriesi,* W. Eur. Pol. 2014, S. 361 (365).

III. Zwischenergebnis

Der Begriff der materiell-normativen Härtung soll als Gegensatz zur formellen deutlich machen, dass unverbindliche Instrumente über einen transnationalen Diskurs Eingang in den innerstaatlichen Raum finden und dortiges Handeln sowie die zukünftige Regelsetzung entscheidend mitbestimmen können. Einige progressive Zukunftsprojekte wie die Agenda 2030 wurden innerstaatlich bereitwillig durch das Parlament aufgenommen und sind zum Gegenstand eigener Reformbemühungen geworden. Teile des Bundestages forderten in diesem Fall mehr von der Regierung ein als das, wozu sie sich völkerrechtlich verpflichtet hat. Darin spiegelt sich die Internationalisierung auch des Parlaments wider, das eine große Bereitschaft besitzt, seine Handlungsoptionen an internationalen Diskursen und Trends auszurichten. Dadurch wird der Diskussionsraum im Einzelfall verlegt; das Parlament als entscheidender öffentlicher Kommunikationsraum besitzt nicht mehr den ersten Zugriff, ein Thema zu adressieren, sondern ist mit den Vorannahmen und Vorprägungen, transportiert u. a. durch unverbindliche Instrumente, einer Vielzahl internationaler Akteure konfrontiert.

C. Ergebnis zu § 4: Marker einer normativen Verhärtung

Ziel dieses Abschnittes war es, die Interaktion von Soft Law mit Völkerrecht und so bewirkte Rückwirkungen in den innerstaatlichen Rechtsraum umfassend zu untersuchen. Dabei konnte herausgearbeitet werden, dass Soft Law an die Rechtsquellen des Völkerrechts andockt und in seiner Gestalt als informelles Instrument dortige Defizite ausgleichen und Entwicklungspotenziale nutzen kann. Daneben zeigt sich, dass Soft Law materiell wegen seines wertgestaltenden Inhalts als Diskursträger strategisch genutzt wird. Die normative Härtung beginnt dabei im Völkerrecht und wird sodann in den innerstaatlichen Rechtsraum übersetzt, wo sich die jeweils mit der Öffnungsnorm verbundene Wirkung voll entfalten kann.

Der Abschnitt hat gezeigt, dass bestimmte Marker einen solchen normativen Härtungsprozess in formeller oder materieller Hinsicht fördern oder beeinträchtigen können:

Entscheidend ist zunächst der *Aushandlungs- und Annahmeprozess*. Je mehr Staaten an diesem Aushandlungsprozess beteiligt sind und sich letztendlich zu einem Soft Law-Dokument bekennen, desto wahrscheinlicher ist es, dass dieses sich normativ verhärtet.

Damit eng verknüpft ist das *institutionelle Setting*. Dazu gehört zum einen das Forum, welches zur Aushandlung und späteren Annahme gewählt wird. Besonders potent sind Resolutionen der UN-Generalversammlung, die einstimmig oder nahezu einstimmig angenommen werden. Zum institutionellen Setting gehört ferner die Frage, ob das betreffende Dokument in den Tätigkeitsbereich eines Gerichts oder einer internationalen Organisation oder Unterorganisation fällt. Entscheidend ist ferner die Regelungsdichte des betroffenen Gebietes. Bildet Soft Law hier den ersten Regelungsansatz, so kann es unter Umständen rechtsähnliche Wirkungen entfalten. Ist der Bereich bereits besonders umfassend normiert, kann Soft Law am ehesten eine ergänzende und erweiternde Funktion einnehmen. Verläuft Soft Law konträr zu anerkanntem Recht, ist die normative Härtung sehr unwahrscheinlich. Zuletzt ist es relevant, ob in dem Regelungsbereich typischerweise auf unverbindliche Instrumente zurückgegriffen wird; auch dann ist eine normative Härtung wahrscheinlicher.

Mit Blick auf das einzelne Dokument sind die *Sprache* und der *Inhalt* entscheidend. Normativ härten kann sich ein Instrument nur dann, wenn es überhaupt einen Regelungsanspruch formuliert, also Sollenssätze, Definitionen oder Verpflichtungen enthält. Inhaltlich ist entscheidend, auf welche vorausgegangenen Instrumente und Prinzipien Bezug genommen wird und ob über Wert- und Zielformulierungen ein Gestaltungsanspruch erhoben wird.

Zuletzt ist der *politische Kontext* entscheidend. Darin verbergen sich Fragen zur Motivation der Aushandelnden, zu den Machtverhältnissen der Beteiligten und zur gesamtpolitischen Gemengelage, zuletzt die Interessen und die Autorität der das Soft Law-Instrument anwendenden politischen Akteure.

Diese Marker können als Prüfraster für eine Prognose dienen, ob ein einzelnes Soft Law-Instrument das Potenzial besitzt, sich durch die Interaktion mit den völkerrechtlichen Rechtsquellen und die Inkorporation ins staatliche Recht (formell) oder über seine Vorprägung politischer Diskurse und Rezeption in nationalen Kommunikationsräumen (materiell) normativ zu härten. Eine Eigenart dieses Prozesses ist jedoch seine Unvorhersehbarkeit; anders als bei bewusster Rechtsetzung hängt vieles mit dem – mitunter kontingenten – Zusammenspiel verschiedener staatlicher und nicht staatlicher Akteure zusammen.

§ 5 Die Anwendung auf den Migrationspakt

Die gewonnenen Erkenntnisse sollen in einem zweiten Schritt auf den Migrationspakt übertragen werden. Dafür wird die oben gewählte Unterteilung nach formeller und materieller Härtung fortgesetzt.

A. Formelle Härtung

I. Erstarken zu Gewohnheitsrecht

Das entwickelte Prüfraster legt auf den ersten Blick eine gewohnheitsrechtliche Härtung des Migrationspaktes nahe: Der Pakt wurde als Resolution der Generalversammlung auf einer eigens dafür veranstalteten Konferenz von den Staaten selbst und später durch ihre Vertreter in der Generalversammlung angenommen. Die Aushandlung dauerte mehrere Jahre und wurde möglichst inklusiv und transparent im Sinne eines Multi-Stakeholder-Ansatzes ausgestaltet. Das Migrationsvölkerrecht ist nur in Teilbereichen rechtsverbindlich geregelt. Seit sich die internationale Kooperation seit den 2000er Jahren intensiviert hat, wurde ausschließlich auf Soft Law zurückgegriffen.[550] Der Migrationspakt steht somit nicht gegensätzlich zu bereits etabliertem Migrationsvölkerrecht, sondern bildet vielmehr den ersten umfassenden Regelungsversuch. Zuletzt konkretisiert der Migrationspakt einzelne Nachhaltigkeitsziele der Agenda 2030; idealerweise hätte er von der die Agenda begleitenden hohen Befolgungs- und Umsetzungsbereitschaft in der internationalen Staatengemeinschaft profitieren können.

Die die Annahme begleitenden Zitate und die Symbolik der Konferenz in Marrakesch legen nahe, dass die Initiatoren auf eine ähnliche Wirkung gehofft hatten.[551] Das den Migrationspakt begleitende Potenzial normativer Härtung wird jedoch entscheidend durch die Ablehnung und fehlende Partizipation eines beträchtlichen Teils der Staaten gehemmt.[552] Die Haltung dieser Staaten lässt sich schwerlich als Beitrag zu einer nahezu universellen Rechtsüberzeugung werten, wie sie zur Herausbildung von Gewohnheitsrecht erforderlich ist. Hierin spiegelt sich erneut die Relevanz, die in den Potenzialen normativer Härtung von Soft Law inzwischen verankert ist: Wollen Staaten verhindern, dass sie in Zukunft an ein rein politisches Abkommen rechtlich gebunden werden, so sind harte Maßnahmen erforderlich, um die ansonsten regelmäßig ausgelösten Normativierungsprozesse bei Annahme zu verhindern.

Selbst die Staaten, die den Migrationspakt grundsätzlich befürworteten, hatten innenpolitisch mit Diskussionen und Ablehnungen zu kämpfen. In Deutschland wurde von der Bundesregierung mehrfach betont und vom Bundestag in einem Parlamentsbeschluss festgehalten, dass der Pakt nicht rechtsverbindlich sei und allein politische Verpflichtungen enthalte.[553] Selbst wenn nach der Rechtsprechung des Bundesverfassungsgerichts die innerstaatliche Geltung einer gewohnheitsrechtlichen Norm (Art. 25 GG) nicht die Beteiligung Deutschlands an der Entstehung voraussetzt, wäre es institutionell schwer vermittelbar, wenn das Bundesverfassungsgericht im Wege des Normenverifikationsverfahrens gegen den ausdrücklichen Willen der anderen Verfassungsorgane die Geltung gewohnheitsrechtlicher Normen unter Zuhilfenahme des Migrationspaktes begründen würde. Dies ist gerade auch deswegen unwahrscheinlich, weil das Gericht in einem Eilverfahren kurz vor Annahme des Paktes durch die Bundesregierung (§ 32 BVerfGG) ebenfalls feststellte, dass der Pakt keine unmittelbaren Rechts-

---

[550] Zur Funktion von Soft Law im Migrationsvölkerrecht siehe *Chetail*, Int. Migration Law, S. 300 ff.

[551] Tatsächlich wurde der Pakt am 10. Dezember 2018 angenommen, also auf den Tag genau 70 Jahre nach der Annahme der Allgemeinen Erklärung der Menschenrechte. Siehe dazu § 3 Der Migrationspakt.

[552] *Thym*, ZAR 2019, S. 131 (132).

[553] BT-Drs. 19/5815, 35; 19/1751, 1; 19/2945, 2 f.; Stellungnahmen des Wissenschaftlichen Dienstes des Bundtestages vom 19.04.2019, WD 2 – 3000 – 052/18, 3.

wirkungen in den unterzeichnenden Staaten auslöse und primär ein politisches Bekenntnis zur internationalen Zusammenarbeit im Migrationsrecht sei.[554]

Wegen der breiten Unterstützung der New Yorker Erklärung und des Globalen Flüchtlingspaktes wurde vereinzelt vorgeschlagen, dass das Prinzip der gemeinsamen Verantwortung *(shared responsibility)* sich als gewohnheitsrechtliche Norm herausgebildet habe[555] oder, übersetzt als Solidarität, als Rechtsprinzip des Völkerrechts zu betrachten sei.[556] Ein solches Prinzip verbiete es Staaten, sich vollumfänglich ihrer Verantwortung gegenüber dem Flüchtlingsschutz zu entziehen. Gewohnheitsrechtlich sei dann ein Mindestmaß an staatlichem Engagement zu erwarten.[557] Ein vergleichbarer Ansatz findet sich im Migrationspakt lediglich im Narrativ, dass alle Staaten entweder als Entsende-, Transit- oder Aufnahmestaat von Migration betroffen sind, unter der Überschrift *Gemeinsame Verantwortung.*

Auf Anfrage der Fraktion Bündnis 90/Die Grünen, ob mithilfe des Flüchtlingspaktes das Prinzip der geteilten Verantwortung gestärkt werden solle, antwortete die Bundesregierung ausweichend, dass bereits die New Yorker Erklärung auf den Prinzipien internationaler Kooperation sowie Lasten- und Verantwortungsteilung beruhe. Sie setze sich insbesondere für Maßnahmen ein, die auf das Engagement von solchen Mitgliedstaaten abzielen würden, die sich bis jetzt wenig engagiert hätten.[558] Würde man der Annahme folgen, dass sich im Flüchtlingsrecht ein solches Rechtsprinzip herauszubilden beginnt, so muss festgehalten werden, dass sich beide Pakte voneinander unterscheiden, insofern als der Flüchtlingspakt auf einem lang etablierten Völkerrechtsregime aufbaut. Die Verantwortung der Staaten, internationalen Schutz zu gewähren, ist völkerrechtlich schon lange durch die Genfer Flüchtlingskonvention nahezu universell akzeptiert. Hinzu kommt, dass in diesem Bereich wegen der zeitlichen Begrenzung und der sachlichen Einschränkung der Schutzgewährleistung sich die Interessen der Staaten nicht notwendigerweise so deutlich unterscheiden wie im Migrationsvölkerrecht.

Abschließend ist daher davon auszugehen, dass mit dem Migrationspakt kein neues Völkergewohnheitsrecht geschaffen wurde und wegen der fehlenden gemeinsamen Rechtsüberzeugung eine dahingehende Entwicklung unwahrscheinlich ist.[559]

---

[554] BVerfG, Beschluss der 2. Kammer des Zweiten Senats v. 07.12.2018 – BvQ 105/18–, Rn. 16.

[555] *Schmalz,* „The principle of responsibility-sharing in refugee protection – an emerging norm of customary international law", Völkerrechtsblog v. 06.03.2019 (letzter Zugriff am 20.03.2023).

[556] *Prechtl/Qistauri/Uerpmann-Wittzack,* AVR 2020, S. 349 (364).

[557] *Schmalz,* „The principle of responsibility-sharing in refugee protection – an emerging norm of customary international law", Völkerrechtsblog v. 06.03.2019 (letzter Zugriff am 20.03.2023).

[558] BT-Drs. 19/2945, 11.

[559] BVerfG: „Erzeugt keine unmittelbaren Rechtspflichten." Siehe den Beschluss der 2.

II. Völkerrechtlicher Vertrag

Teilbereiche des Migrationspaktes besitzen hingegen das Potenzial, bestehende völkervertragsrechtliche Auslegungen herauszufordern. Bezug genommen wird damit auf die dynamische Vertragsauslegung, die Gerichten und anderen Spruchkörpern erlaubt, zur Auslegung des Vertragstextes auch Soft Law miteinzubeziehen. Für den innerstaatlichen Rechtsraum sind besonders die Aktivitäten des Europäischen Gerichtshofes für Menschenrechte und des Europäischen Gerichtshofes der Union entscheidend.

Der Europäische Gerichtshof für Menschenrechte entwickelte ab den frühen 1990er Jahren auch im Migrationsrecht eine dynamische Rechtsprechung, bei der einzelne Konventionsrechte im Hinblick auf den Schutz von Migranten aufgeladen wurden.[560] Diese Entwicklung ging mit einer konzeptuellen Umpolung einher, die den Menschenrechtsschutz zum zentralen Inhalt der Souveränität erklärte und die staatliche Kontrollbefugnis immer stärker unter Rechtfertigungsdruck setzte.[561] Die expansive Rechtsprechungslinie fand ein vorläufiges Ende in zwei jüngeren grundlegenden Entscheidungen, in denen das Gericht den staatlichen Anspruch, den Gebietszutritt zu kontrollieren, stärkte und der Begründung eines individuellen Rechts auf Asyl aus der EMRK nicht folgte.[562]

Im Gegensatz dazu agierte der Europäische Gerichtshof im Migrationsrecht vorsichtig, gerade auch im Vergleich zu anderen Politik- und Rechtsfeldern der Union wie beispielsweise der Unionsbürgerschaft,[563] in denen er bedeutsame primärrechtliche Vertiefungen betrieb.[564] In der Europäischen Union ist als weitere Akteurin die Kommission entscheidend, die als Hüterin der Verträge durch ihre diversen formellen und informellen Aktivitäten die Auslegung und Vertiefung des Unionsrechts vorantreibt (Art. 288 AEUV).

Die folgende Untersuchung geht in zwei Schritten vor: Die Rechtsprechung des Europäischen Gerichtshofes für Menschenrechte wird an einem konkreten, einschlägigen Beispiel dahingehend untersucht, ob der Migrationspakt bereits die Auslegung durch das Gericht beeinflussen konnte. Weil durch die Organe der Union ein grundsätzlicher Gestaltungsanspruch erhoben werden kann, soll hier losgelöst von einem konkreten Einzelfall der Einfluss des Migrationspaktes auf die Politikbereiche des Asyl- und Migrationsrechts sowie der Entwicklungszusammenarbeit untersucht werden.

Kammer des Zweiten Senats v. 07.12.2018 – BvQ 105/18–, Rn. 16; BT-Drs. 19/5534, 3; BT-Drs. 19/5815S, 35; *Chetail:* „[Der Migrationspakt] will remain marginal for international law.", siehe *ders.* Int. Migration Law, S. 337; *Griesbeck,* ZAR 2019, S. 85 (90), *Schiedermair,* ZRP 2019, S. (48); *Thym,* ZAR 2019, S. 131.

[560] *Thym,* ZaöRV 2020, S. 989 (1011).

[561] Ebd.

[562] Ebd., (992); EGMR [GK], No. 3599/18 – M.N. u. a./Belgien (2020); No. 8675/15 u. 8697/15 – N.D., N.T./Spanien (2020).

[563] Siehe dazu *Weber,* JZ 2019, S. 449 ff.

[564] *Thym,* EuR 2018, S. 672 (692); ausf. *Weber,* in: Wollenschläger (Hrsg.), Enzyklopädie Europarecht, Bd 10, S. 107 ff.

1. Der Migrationspakt in der EGMR-Judikatur

Der andauernde Migrationsdruck an den europäischen Außengrenzen hat eine umfangreiche Rechtsprechung des Europäischen Gerichtshofes für Menschenrechte hervorgebracht, die sich im Spannungsfeld zwischen staatlichem Steuerungsanspruch und dem Schutz der Migranten bewegt.[565] In der Diskussion stehen in diesem Feld verschiedene Konventionsrechte, etwa das Recht auf Leben (Art. 2), das Verbot der Folter oder unmenschlicher und erniedrigender Behandlung (Art. 3), das Verbot der Kollektivausweisung (Art. 4, Zusatzprotokoll Nr. 4), das Recht auf ein faires Verfahren (Art. 6) und das Recht auf Freiheit und Sicherheit (Art. 5).

Für die Untersuchung bietet sich besonders eine Bestimmung des Migrationspaktes an, die über das Schutzniveau des vom Straßburger Gericht in seiner Rechtsprechung Gewährten hinausgeht, also im Gegensatz zur ständigen Rechtsprechung steht. Eine das Schutzniveau erweiternde Rechtsprechungsänderung würde selbst ohne die ausdrückliche Erwähnung des Migrationspaktes dessen Einfluss nahelegen, da eine anlasslose Rechtsprechungsänderung, die nicht zumindest materiell auf einem sich ändernden europäischen Verständnis beruht, das Gericht angreifbar macht und zugleich in diesem Bereich eine eher restriktive Rechtsprechungslinie im Interesse staatlicher Souveränität begründet wurde, wobei im Falle einer Abweichung von dieser die Akzeptanz durch den indirekten Rückgriff auf politische Abkommen erhöht werden könnte.

a) Die Rechtsprechung zu Art. 5 Abs. 1 lit. f EMRK

Der Migrationspakt statuiert als Ziel, Freiheitsentziehungen von Migranten bei Einreise, Transit oder im Rückkehrverfahren nur als letztes Mittel zu verwenden und sich um menschenrechtsbasierte Alternativen zu bemühen.[566] Die Staaten sagen zu, dass jegliche Freiheitsentziehung einem rechtsstaatlichen Verfahren unterliegt sowie willkürfrei und auf der Grundlage eines Gesetzes angeordnet werden muss. Die Notwendigkeit und Verhältnismäßigkeit der Freiheitsentziehung sollen im Einzelfall überprüft werden.[567] Damit wird auf den ersten Blick eine rechtsstaatliche Selbstverständlichkeit formuliert.[568]

Die Freiheitsentziehung von Migranten ist zwar nur ein Teilbereich des weitaus größeren Komplexes der einschlägigen Konventionsrechte bei Einreise und Abschiebung, interessanterweise aber zugleich ein Bereich, in dem die restriktive Rechtsprechung des Gerichts auffällt. Die EMRK nennt als einen der Rechtfertigungsgründe die Freiheitsentziehung zur Verhinderung der unerlaubten Einreise oder beim Auslieferungs- und Ausweisungsverfahren (Art. 5 lit. f.).

---

[565] Krit. zur extensiven Auslegung des Art. 3 EMRK, *Haefeli,* ZAR 2020, S. 25 (27 f.).
[566] Globale Pakt für eine sichere, geordnete und reguläre Migration, A/Res/73/195 v. 19.12.2018, Ziel 13, Ziff. 29.
[567] Ebd., Ziel 13, Ziff. 29.
[568] *Thym,* ZAR 2019, S. 131 (134).

Das Gericht äußerte sich erstmals im Verfahren *Saadi gg. Vereinigtes Königreich* zu den Voraussetzungen der Freiheitsentziehung bei unerlaubter Einreise.[569] Wegen des in der Souveränität des Staates wurzelnden Rechts, über den Gebietszutritt von Ausländern zu entscheiden, sei die Einreise so lange unerlaubt, wie sie nicht durch einen Aufenthaltstitel legalisiert werde.[570] Der Begriff „unerlaubt" setze nicht voraus, dass sich der Betroffene den Einreisebestimmungen zu entziehen versuche.[571] Sodann entwickelt das Gericht einen Prüfungsmaßstab für die Rechtmäßigkeit einer Freiheitsentziehung, den es wie bei der Freiheitsentziehung bei Auslieferungs- oder Ausweisungsverfahren (Art. 5 Abs. 1 lit. f) an einer Verurteilung (Art. 5 Abs. 1 lit. a) ausrichtet.[572] Danach verlangen beide Alternativen des Rechtfertigungstatbestandes keine Verhältnismäßigkeitsprüfung, bei der gesondert untersucht werden müsse, ob ein milderes Mittel vorliege, und zuletzt, ob das Interesse der demokratischen Gesellschaft an der Freiheitsentziehung gegen das Freiheitsrecht des Betroffenen abgewogen werden müsse. Damit seien die Anforderungen an die Rechtfertigung in diesem Bereich geringer als bei den anderen Tatbeständen des Art. 5 Abs. 1 EMRK.[573] Der hier einschlägige Willkürmaßstab verlange nur, dass die Freiheitsentziehung in gutem Glauben vorgenommen wird und darauf gerichtet ist, eine unerlaubte Einreise des Betroffenen zu verhindern. Beim Unterbringungsort und bei den Unterbringungsbedingungen müsse berücksichtigt werden, dass es sich bei dem Betroffenen um keinen verurteilten Straftäter handelt, sondern um einen Schutzsuchenden. Zuletzt dürfe der Freiheitsentzug nicht länger dauern, als man vernünftigerweise zur Prüfung einer Einreiseberechtigung oder Abschiebung brauche. Werde eine Person festgehalten, ohne dass das Verfahren vorangetrieben wird, so könne eine Verhältnismäßigkeitsprüfung im Einzelfall erforderlich werden, die bei zu langer Dauer zum Schluss der Unverhältnismäßigkeit führen müsse.[574]

Das im Migrationspakt formulierte Ziel und die Verpflichtung zur Prüfung der Verhältnismäßigkeit im Einzelfall gehen somit über die nach der Rechtsprechung in der EMRK enthaltenen Verpflichtungen hinaus. Die politische Mehrverpflichtung der Staaten bietet das Potenzial, als Argument auf Betroffenenseite in die Verfahren vor dem EGMR eingeführt zu werden und, sofern sich das Gericht diesem Auslegungsangebot anschließt, mittelbar als Gewährleistungsstandard für die Konventionsstaaten zu gelten (Art. 5 Abs. 1 lit. f EMRK).[575]

---

[569] EGMR, No. 13229/03, Rn. 61 – Saadi/Vereinigtes Königreich (2008).

[570] Ebd., Rn. 65.

[571] EGMR, No. 13229/03, Rn. 65 – Saadi/Vereinigtes Königreich (2008); krit. *Elberling,* in: Karpenstein/Mayer (Hrsg.), EMRK, 2. Aufl., Art. 5, Rn. 81.

[572] EGMR, No. 13229/03, Rn. 71 f. – Saadi/Vereinigtes Königreich (2008).

[573] Ebd., Rn. 70.

[574] Ebd., Rn. 74, 72.

[575] Besonders im Rahmen der strategischen Prozessführung, siehe dazu § 2 B. II. 3. a) Nichtregierungsorganisationen.

In der Entscheidung *Ilias und Ahmed gg. Ungarn* aus dem Jahr 2019 fand der Migrationspakt jedoch keine Erwähnung.[576] Die beiden Beschwerdeführer aus Bangladesch rügten wegen ihres Aufenthalts im Transitzentrum Röszke an der ungarischen Grenze und ihrer anschließenden Rückführung nach Serbien eine Verletzung der Art. 3 und 5 Abs. 1 lit. f EMRK. Da den Beschwerdeführern die Möglichkeit offenstand, das Transitzentrum Richtung Serbien zu verlassen, und die Beschränkung sich somit nur einseitig auf die Einreise nach Ungarn bezog, entschied das Gericht, dass ihr dortiger Aufenthalt nicht als Freiheitsentziehung i. S. d. Art. 5 EMRK zu qualifizieren sei.[577] Damit unterscheidet das Gericht Transitzentren von Transitbereichen an internationalen Flughäfen, wofür es vormals in seinem Grundsatzurteil *Amuur gg. Frankreich* aus dem Jahr 1996 den Verbleib als Freiheitsentziehung einordnete.[578] In seiner damaligen Entscheidung zu Transitbereichen an Flughäfen befand das Gericht, dass die Ausreisemöglichkeit nur noch theoretisch bestanden habe, da kein Staat bereit gewesen sei, die Beschwerdeführer aufzunehmen.[579]

Dass das Gericht die Ausreisemöglichkeit in seinen Entscheidungen unterschiedlich beurteilte, wurde kritisiert. Denn als sicherer Drittstaat im Sinne des Unionsrechts war Serbien zwar verpflichtet, die Beschwerdeführer zurückzunehmen, jedoch weigerten sich die dortigen Behörden, die legale Einreise zu ermöglichen.[580] Die Kritiker brachten daher vor, dass es argumentativ widersprüchlich sei, die rein theoretische Ausreisemöglichkeit nach Serbien als Ausschlussgrund einer Freiheitsentziehung zu qualifizieren und die erfolgte Abschiebung zugleich als Verletzung von Art. 3 EMRK einzuordnen.[581]

Das Verfahren besitzt darüber hinaus eine institutionelle Dimension: Die ungarische Praxis an der Außengrenze zu Serbien war parallel Gegenstand zweier Verfahren vor dem Europäischen Gerichtshof, nämlich eines Vorabentscheidungs-[582] und eines Vertragsverletzungsverfahrens.[583] Dieser sah in der Praxis der ungarischen Behörden einen Verstoß gegen diverse Vorschriften des Uni-

---

[576] EGMR, No. 47287/15 – Ilias und Ahmed/Ungarn (2019); Dass die Entscheidung auch intern umstritten war, zeigen die beiden Sondervoten der Richter *Bianko* und *Vucinic*.

[577] Ebd., Rn. 236 ff.

[578] EGMR, No. 19776/92, Rn. 48 – Amuur/Frankreich (1996).

[579] Ebd., Rn. 48.

[580] Abkommen zwischen der Europäischen Gemeinschaft und der Republik Serbien über die Rückübernahme von Personen mit unbefugtem Aufenthalt, Amtsbl. L 334/46 v. 19.12.2007, Art. 3 Abs. 1 b.; *Brandl,* NLMR 2020, S. 85 (91); *Lehnert,* NVwZ 2020, S. 766 (768).

[581] *Brandl,* NLMR 2020, S. 85 (91); *Lehnert,* NVwZ 2020, S. 766 (768); Einschränkend ist anzuerkennen, dass wegen der fehlenden Eröffnung des Schutzbereichs der Prüfungsmaßstab der Freiheitsentziehung nicht thematisiert wurde. Angesichts der restriktiven Anwendung des Art. 5 EMRK lässt sich mutmaßen, dass das Gericht den weiteren Willkürmaßstab beibehalten hätte.

[582] EuGH [GK], Rs. C-924/19 u. C-925/19, ECLI:EU:C:2020:357 – PPU.

[583] EuGH [GK], Rs. C-808/18, ECLI:EU:C:2020:1029.

onsrechts. Die Unterbringung der Schutzsuchenden seit Antragstellung bis zur Rückführung oder Abschiebung ordnete das Gericht wegen der nur theoretisch bestehenden Möglichkeit der Ausreise nach Serbien, die zugleich das Ende des Asylverfahrens in Ungarn bedeutet hätte, als Freiheitsentziehung und die Transitzentren gleichzeitig als Hafteinrichtungen ein.[584] Das Transitzentrum Röszke war inzwischen geschlossen worden. Mit Blick auf die divergierende rechtliche Einschätzung der Transitzentren an den Außengrenzen ist nicht auszuschließen, dass sich die Rechtsprechung beider Gerichte hinsichtlich des staatlichen Pflichtenkataloges weiter auseinanderbewegt.[585] Trotz des über Art. 52 Abs. 3 S. 1 GRCh vermittelten Gleichlaufes der Gewährleistungen der Grundrechtecharta mit der EMRK behält sich der Europäische Gerichtshof in diesen Entscheidungen vor, Art. 6 GRCh weiter auszulegen, als es der Europäische Gerichtshof für Menschenrechte bei Art. 5 EMRK tut.[586] Auch unionales Sekundärrecht geht über den nach Art. 5 EMRK gewährten Schutz hinaus: Eine Inhaftierung ist nur als letztes Mittel zulässig und unterliegt dem Grundsatz der Verhältnismäßigkeit.[587] Der nach dem unionalen Sekundärrecht gegenüber der EMRK höhere Schutzstandard kann jedoch weniger effektiv geltend gemacht werden, da eine der Individualklage vergleichbare Rechtsschutzmöglichkeit vor dem Europäischen Gerichtshof fehlt.[588]

Zwar nutzte der Europäische Gerichtshof für Menschenrechte die Entscheidung *Ilias und Ahmed gg. Ungarn* zur Konkretisierung der Risikoprognose, die ein Staat treffen muss, bevor er in einen als sicher geltenden Drittstaat mit Blick auf das Non-Refoulement-Prinzip zurückschiebt,[589] dennoch überrascht die als restriktiv zu begreifende Entscheidung, insbesondere in Bezug auf die Reformüberlegungen im Gemeinsamen Europäischen Asylsystem, in Zuge derer noch mehr als zuvor die Verlagerung der Asylprüfung an die Außengrenzen vorgesehen ist. Dieser Befund wird trotz der vor kurzem ergangenen Entscheidung *R. R.*

---

[584] EuGH [GK], Rs. C-924/19 u. C-925/19, ECLI:EU:C:2020:357, Rn. 227 ff. – PPU; EuGH [GK], Rs. C-808/18, ECLI:EU:C:2020:1029, Rn. 162 ff.

[585] In seinen Schlussanträgen erwähnt Generalanwalt *Pikamäe* die Entscheidung des EGMR ausdrücklich und stellt fest, dass das vorliegende Vorabentscheidungsverfahren dadurch einen sensiblen Charakter besäße, GA Pikamäe, Rs. C-924/19 u. C-925/19, ECLI:EU:C:2020:294, Rn. 2.

[586] Folgt insofern den Ausführungen des Generalanwaltes, der eine autonome Auslegung der Charta vorschlägt, solange damit ein höheres Schutzniveau verbunden ist, GA Pikamäe, Rs. C-924/19 u. C-925/19, ECLI:EU:C:2020:294, Rn. 146 ff. (148).

[587] EU, Richtlinie 2013/33/EU [Aufnahmerichtlinie], Art. 8 Abs. 1, 3 u. Erwägungsgrund Ziff. 15; Richtlinie 2008/115/EG [Rückführungsrichtlinie], Art. 15, Erwägungsgrund Ziff. 16; Richtlinie, 2013/32/EU [Asylverfahrensrichtlinie], Ar. 26 verweist auf die Vorschriften der Aufnahmerichtlinie.

[588] *Schüller*, ZAR 2015, S. 64 (68).

[589] Der EGMR kommt dabei zu dem Schluss, dass die Risikoprognose der ungarischen Regierung Serbien als sicheren Drittstaat einzuordnen wegen der realen Gefahr der Weiterschiebung nach Nordmazedonien und Griechenland die Beschwerdeführer in Art. 3 EMRK verletzt hat, EGMR, No. 47287/15, Rn. 163 – Ilias und Ahmed/Ungarn (2019).

u. a. gg. **Ungarn** aufrechterhalten, in der der Europäische Gerichtshof für Menschenrechte den Aufenthalt mehrerer Antragsteller in der Transitzone als Freiheitsentziehung i. S. d. Art. 5 Abs. 1 lit. f. EMRK einstufte.[590] Diese Entscheidung als Anschluss des Straßburger Gerichts an den breiteren völkerrechtlichen und unionalen Konsens zu verstehen, nach dem der Aufenthalt in Transitzonen grundsätzlich als Haft einzuordnen ist, wird der Entscheidung nicht gerecht.[591] Im Kern wird die restriktive Auslegung aus *Ilias und Ahmed gg. Ungarn* aufrechterhalten. Die Freiheitsentziehung wird nur wegen der außergewöhnlich langen Dauer und ihrer fehlenden gesetzlichen Maximalzeit bejaht.

b) Zwischenergebnis

Die kurze Zeitspanne, die seit Annahme des Migrationspaktes vergangen ist, erlaubt nur eine vorsichtige Annäherung. Festzuhalten ist, dass auch in anderen wichtigen Entscheidungen, in denen die Miteinbeziehung einzelner Verpflichtungen aus dem Migrationspakt sachlich nahegelegen hätte, der Europäische Gerichtshof für Menschenrechte seine Entscheidungen nicht auch auf den Migrationspakt stützte. In der Entscheidung *N. D. u. N. T. gg. Spanien*[592] zu sogenannten Pushbacks an der spanischen Außengrenze, beispielsweise in Ceuta, hätte nach *Kluth* die Verpflichtung aller Staaten zur Beschaffung der Identitätspapiere sinnvoll gegenüber Marokko in Stellung gebracht werden können.[593]

In zwei prominenten Entscheidungen hat sich das Gericht somit vielmehr staatenorientiert zur Lage an den europäischen Außengrenzen positioniert.[594] Einige kritisieren diese Zurückhaltung,[595] für andere ist sie eine dringend notwendige Kurskorrektur zugunsten staatlicher Hoheitsansprüche.[596] Die politische Mehrverpflichtung hat das Gericht gerade nicht zum Anlass genommen,

---

[590] EGMR, No. 36037/1, Rn. 78 ff. – R.R. u .a./Ungarn (2021).

[591] *Ruiz Ramos,* The Strasbourg Reversal after the ‚Refugee Crisis': ECtHT Deference to State Sovereignty in Asylum Detention Cases, EU Immigration & Asylum Law & Policy Blog v. 12.07.2021, abrufbar unter: https://eumigrationlawblog.eu/the-strasbourg-reversal-after-t he-refugee-crisis-ecthr-deference-to-state-sovereignty-in-asylum-detention-cases/ (letzter Zugriff am 20.03.2023).

[592] EGMR [GK], Nos. 8675/15 u. 8697/15 – N.D. und N.T./Spanien (2020).

[593] Globaler Pakt für geordnete, sichere und reguläre Migration, A/Res/73/195 v. 19.12.2018, Ziel 4; *Kluth,* ZAR 2020, S. 291 (293).

[594] EGMR [GK], Nos. 8675/15 u. 8697/15 – N.D. und N.T./Spanien (2020) u. EGMR [GK], No. 47287/15 – Ilias und Ahmed/Ungarn (2019); EGMR [GK], No. 3599/18 – M.N. u. a./Belgien (2020) lässt sich ebenfalls zu dieser restriktiven Trendwende zählen, betrifft aber nicht die physische Außengrenze, sondern die Frage, ob Konventionsstaaten in ihren Botschaften aufgrund von Art. 3 EMRK dazu verpflichtet sind humanitäre Visa zu gewähren.

[595] Gegenüber der Entscheidung/den Entscheidungen kritisch *Lehnert,* NVwZ 2020, S. 766 (771); *Matthes/Judith/du Maire,* Kein Vor und kein Zurück: Die praktische Auswirkung einer Fiktion der Nicht-Einreise an den EU-Außengrenzen, VerfBlog v. 11.12.2020, abrufbar unter: https://verfassungsblog.de/kein-vor-und-kein-zuruck/ (letzter Zugriff am 20.03.2023).

[596] *Thym,* ZaöRV 2020, S. 989 (1019).

seine Rechtsprechung zu ändern und den nach Art. 5 EMRK gewährten Schutz auszuweiten.[597]

2. Der Migrationspakt im Unionsrecht

Sachlich fällt der Migrationspakt in zwei Politikbereiche des Unionsrechts, in denen er als Auslegungshilfe Relevanz erlangen könnte. Naheliegend erscheint eine Anwendung in der Asyl- und Einwanderungspolitik (Art. 78–80 AEUV) oder in der Entwicklungshilfe als Teilbereich der Außenpolitik der Union (Art. 208 AEUV).

a) Die Reform des Gemeinsamen Europäischen Asylsystems

Der Reformvorschlag der Kommission für ein neues Asyl- und Migrationssystem hat das Potenzial, den Politikbereich in den kommenden Jahren entscheidend zu verändern. Er soll deshalb daraufhin untersucht werden, ob die Verpflichtungen und Ziele des Migrationspaktes in ihm Niederschlag gefunden haben.

Das Gemeinsame Europäische Asylsystem steht spätestens seit der Flüchtlingskrise in den Jahren 2015/16 unter Reformdruck. Die massenhafte Einreise im Zuge des Syrienkonfliktes überlastete die Aufnahmekapazitäten der südlichen Grenzmitgliedstaaten der Union, insbesondere Griechenlands und Italiens, die nach der Dublin-Verordnung als Staaten der Ersteinreise ins Unionsgebiet regelmäßig zuständig waren. Dies führte zum einen zu unhaltbaren Zuständen in den Aufnahmelagern an den Außengrenzen der Union und zum anderen zu einer unkontrollierten Sekundärmigration, die faktisch zur Aussetzung des Zuständigkeits- und Verteilungsmechanismus führte.[598] Die wegen der innerunionalen Spannungen stagnierenden Reformdiskussionen wurden im September 2020 durch den Vorstoß der Kommission wieder angeschoben. In einer Mitteilung an die verschiedenen Legislativorgane der Union präsentierte die Kommission einen umfassenden Ansatz, der diverse Legislativvorschläge, Neufassungen und Umwandlungen umfasst. Damit unternimmt die Kommission den Versuch, den schwelenden Konflikt zwischen den Mitgliedstaaten durch ein System gerechter Lastenteilung nach dem Grundsatz der Solidarität (Art. 80 AEUV) zu lösen. Besonders die geografische Position der Mitgliedstaaten entscheidet dabei über ihre Positionierung in diesem Konflikt; während sich die Staaten an den südlichen/östlichen Außengrenzen durch das Dublin-System übervorteilt sahen, drängten die Staaten West- und Nordeuropas auf eine bessere Kontrolle irregulärer Sekundärmigration.[599] Das Reformpaket wurde entsprechend dem dafür

---

[597] Nach den in den Urteilen wiedergegebenen Anträgen haben auch die Kläger in den Verfahren nicht auf den Migrationspakt Bezug genommen.

[598] Siehe dazu § 3 A. Die Flüchtlingskrise als Katalysator für das Migrationsrecht.

[599] *Thym*, Zwei Seiten einer Medaille. Bessere Rechtsbeachtung durch intelligentes Regelungsdesign in der Sekundärmigration, Verf. Blog v. 02.11.2020, abrufbar unter: https://verfassungsblog.de/zwei-seiten-einer-medaille/ (letzter Zugriff am 20.03.2023).

vorgesehenen Programm während der deutschen Ratspräsidentschaft veröffent-licht.[600]

Auf den ersten Blick erscheint der Einfluss des Paktes gering. Tatsächlich kritisiert der Europäische Ausschuss für Wirtschaft und Soziales als einer der Adressaten der Mitteilung ausdrücklich, dass der Migrationspakt als multilate-raler Vorläufer eines Vorschlages für internationales Migrationsmanagement keine Erwähnung findet.[601] Auch insgesamt präsentiert sich der Vorschlag der Union deutlich ausgeglichener als der Migrationspakt; eine tendenziell migrati-onsfreundliche oder -fördernde Grundhaltung lässt sich ihm nicht entnehmen. Als Versuch eines konsensfähigen Kompromissvorschlages zwischen den gegen-sätzlichen Positionen in der Union ist er gleichermaßen auf die Aufnahme und Gewährleistung des Zuganges zum Unionsgebiet und die Rückführung bei irre-gulärer Einwanderung gerichtet.

Durch das Reformpaket sollen die Asyl- und Rückkehrverfahren gestrafft werden. Dafür soll an der Grenze ein nahtloses Verfahren eingeführt werden, bei dem alle Drittstaatsangehörigen, die die Grenze unbefugt überqueren, vor Ein-reise zunächst ein Screening durchlaufen.[602] Das Screening umfasst die Identifi-zierung, eine Gesundheits- und Sicherheitsüberprüfung und die Aufnahme der so gewonnenen Daten in die Eurodac-Datenbank. An das Screening schließt das Asylverfahren an, welches im Falle der Ablehnung sofort in einem zügigen Rück-kehrverfahren enden soll.[603] Um die enge Verknüpfung zwischen Asyl- und Rück-kehrverfahren sicherzustellen, sollen beide im selben Rechtsinstrument, einer neuen Verordnung über Asyl- und Migrationsmanagement, geregelt werden.[604] Die Aufwertung der Vorschriften in Form einer Verordnung (Art. 288 AEUV), die ohne weitere Umsetzungsakte in den Mitgliedstaaten gilt, soll durch die so erreichte Harmonisierung die Funktionsfähigkeit des Asylsystems stärken.

Für Asylanträge mit einer geringen Erfolgsaussicht sieht der Vorschlag ein besonders beschleunigtes Asyl- und Rückkehrverfahren vor, für welches die An-tragsteller nicht legal in die Union einreisen müssen. Damit bedeutet die Antrag-stellung an den Außengrenzen nicht zugleich ein automatisches Recht auf Ein-reise in die Union.[605] Die Rückführung irregulärer Migranten soll neben der

---

[600] Gemeinsam. Europa wieder stark machen, Programm der deutschen EU-Ratspräsi-dentschaft, S. 19 f, abrufbar unter: https://www.eu2020.de/blob/2360246/d0e7b758973f0b1f 56e74730bfdaf99d/pdf-programm-de-data.pdf (letzter Zugriff am 20.03.2023); kritisch: An-trag der Fraktion die LINKE, BT-Drs. 19/22125 u. Antrag der Fraktion Bündnis 90/Die Grünen, BT-Drs. 19/18680.

[601] Stellungnahme des EWSA, Ein neues Migrations- und Asylpaket, SOC/649 v. 27.01.2021, Rn 1. 3.

[602] Vorschlag für eine VO zur Einführung des Screenings von Drittstaatsangehörigen an den Außengrenzen, COM(2020), 612 final v. 23.09.2020.

[603] Mitteilung der Kommission, Ein neues Migrations- und Asylpaket, COM(2020) 609 final, v. 23.09.2020, 5.

[604] Ebd., 6.

[605] Ebd.

Zusammenführung beider Verfahren an den Außengrenzen ferner durch einen neuen gemeinsamen Rahmen für Solidarität und Lastenteilung effektiviert werden, bei dem Staaten Solidaritätsbeiträge nicht nur durch die Aufnahme von international Schutzsuchenden oder Schutzberechtigten leisten können, sondern auch, indem sie sogenannte Rückkehrpatenschaften übernehmen.[606] Flankiert wird der innerunionale Lastenausgleich durch die Bemühungen der Union, außenpolitisch mithilfe von Anreizen, Partnerschaften und strategischen Kopplungen irreguläre Migration zu reduzieren und die Rücknahmebereitschaft gegenüber den eigenen Staatsangehörigen weiter zu erhöhen.[607]

Der Vorschlag zeigt, dass die Kommission versucht, auf die während der sogenannten Flüchtlingskrise offenbar gewordenen Strukturdefizite zu reagieren. Das neue Asyl- und Migrationspaket erscheint insgesamt als ein sehr realitätsnaher Versuch, ein zukunftsfähiges Gemeinsames Europäisches Asylsystem zu konzipieren. Diese faktengestützte Politikgestaltung zeigt sich beispielsweise daran, dass die verpflichtende Umverteilung, wie sie durch den umstrittenen Ratsbeschluss im Jahr 2015 eingeführt worden war, aufgegeben wurde.[608] Staaten können durch alternative Beiträge ihrer Pflicht nach Art. 78 ff. AEUV nachkommen, wobei sich hinter dem euphemistischen Begriff der „Rückführungspartnerschaft" eine Form der Abschiebehilfe verbirgt. Dadurch sollen Staaten, die unter einem hohen Migrationsdruck stehen, entlastet werden. Die realistische Haltung zeigt sich auch daran, dass in Teilen die irreguläre Sekundärmigration legalisiert wird, beispielsweise indem der Familienbegriff ausgeweitet wird.[609] Die Legalisierung der Sekundärmigration ist im Zusammenhang mit dem Schengenraum zu sehen; die andauernden Binnenkontrollen zur Verhinderung der irregulären Sekundärmigration seit der Flüchtlingskrise sichern dessen langfristigen Erhalt.[610]

Die Kommission hat ermittelt, dass zwar die Zahl der irregulären Einreisen seit der Flüchtlingskrise zurückgegangen ist, dass jedoch der Anteil der Migranten, die aus Ländern mit einer Anerkennungsquote von weniger als 20 Prozent

---

[606] Ebd., 7 f.; Vorschlag für eine Verordnung über Asyl- und Migrationsmanagement, COM(2020) 610 final, v. 23.09.2020, Art. 45, 55; Übernimmt ein Staat eine Rückkehrpatenschaft und kann der Drittstaatsangehörige innerhalb von acht Monaten nicht rückgeführt werden, so ist der Betroffene in das Hoheitsgebiet des Patenstaates zu überführen, ebd., Art. 55 Abs. 2.

[607] COM(2020) 609 final, v. 23.09.2020, S. 21 ff.; COM(2020) 610 final, v. 23.09.2020, Art. 7.

[608] *Rossi,* in: Calliess/Ruffert (Hrsg.), EUV/AEUV, 6. Aufl., Art. 78 AEUV Rn. 36.

[609] Umfasst auch den Begriff des Geschwisters und erklärt den Staat für zuständig, in dem das Verfahren für den Familienangehörigen geprüft wurde oder wird, Art. 16–18 i. V. m. Art. 2 lit. g, Erwägungsgrund 47, Vorschlag für eine Verordnung über Asyl- und Migrationsmanagement, COM(2020) 610 final, v. 23.09.2020; *Thym,* Zwei Seiten einer Medaille. Bessere Rechtsbeachtung durch intelligentes Regelungsdesign in der Sekundärmigration, Verf. Blog v. 02.11.2020, abrufbar unter: https://verfassungsblog.de/zwei-seiten-einer-medaille/ (letzter Zugriff am 20.03.2023).

[610] COM(2020) 609 final, v. 23.09.2020, 18 ff.

kommen, von nur 13 Prozent im Jahr 2015 auf 55 Prozent im Jahr 2018 gestiegen ist.[611] Bezieht man diese Zahlen mit ein, bedeutet der Vorschlag der Kommission, dass die Anträge von mehr als der Hälfte der Ankommenden an der Grenze in Transitzentren oder sogenannten Hotspots bearbeitet werden müssten. Zwar soll sichergestellt werden, dass jede Person individuell bewertet wird und ihre Menschen- und Grundrechte während des gesamten Verfahrens aufrechterhalten bleiben,[612] u. a. über ein zusätzliches Monitoring;[613] die jüngsten Verfahren vor den europäischen Gerichten wegen der Unterbringungsbedingungen in ungarischen Transitzentren lassen daran allerdings Zweifel aufkommen.

Die bisweilen restriktive Politikgestaltung, die die Kommission vorschlägt, ist ein Blickwinkel, durch den der Reformvorschlag betrachtet werden kann. So kritisiert der Europäische Ausschuss für Wirtschaft und Soziales aus seiner Perspektive, dass sich die meisten Vorschläge im neuen Paket auf das Außengrenzen- und Rückführungsmanagement bezögen und dass regulären Einwanderungsmöglichkeiten, sicheren Asylverfahren und der Integration von Drittstaatsangehörigen nicht die gebührende Aufmerksamkeit gewidmet werde.[614]

Auf der anderen Seite finden sich in der Mitteilung der Kommission verstreut Ansatzpunkte, Formulierungen und Akzentuierungen, die sprachlich und inhaltlich unmissverständlich an den Migrationspakt erinnern. Ebenso wie im Migrationspakt[615] wählt die Kommission einen umfassenden Ansatz, bei dem Strategien in den Bereichen Asyl, Migration, Rückkehr und Rückführung, Schutz der Außengrenzen, Bekämpfung der Schleuserkriminalität und Beziehung zu Drittstaaten zusammengeführt werden. Aus Sicht der Kommission bedeutet diese umfassende Betrachtungsweise einen Neubeginn in der Migrationspolitik.[616] Die Neuausrichtung bringe mit sich, dass Asylpolitik zusammen mit Migrationspolitik verhandelt wird. Dahinter steckt die aus dem Migrationspakt gewonnene Erkenntnis,[617] dass Migrationsströme zunehmend heterogen sind,[618] wobei in beiden Instrumenten die grundsätzliche Unterscheidung zwischen Migranten und Flüchtlingen aufrechterhalten bleibt.[619] Sowohl die Asylpolitik (Art. 78 AEUV) als auch die Einwanderungspolitik (Art. 79 AEUV) unterfallen der geteilten Zuständigkeit und damit dem Subsidiaritäts- und Verhältnismäßig-

---

[611] Ebd., 12.

[612] Ebd., 6.

[613] Ebd., 8.

[614] Stellungnahme des EWSA, Ein neues Migrations- und Asylpaket, SOC/649 v. 27.01.2021, Rn. 1. 2.

[615] Globaler Pakt für geordnete, sichere und reguläre Migration, A/Res/73/195 v. 19.12.2018, Rn. 8.

[616] COM(2020) 610 final, v. 23.09.2020, Rn. 1.1, Art. 3.

[617] Siehe zum Hintergrund und der Entwicklung des Migrationspaktes bereits § 3 Der Migrationspakt.

[618] COM(2020) 610 final, v. 23.09.2020, 11 f.

[619] Die Verordnung ist auf Antragsteller, die internationalen Schutz suchen, also potenzielle Flüchtlinge, anwendbar, COM(2020) 610 final, v. 23.09.2020, Art. 8; Globaler Pakt für geordnete, sichere und reguläre Migration, A/Res/73/195 v. 19.12.2018, Rn. 4.

keitsprinzip.[620] Bei der Asylpolitik steht beides jedoch typischerweise einem unionalen Vorgehen nicht entgegen, da der Normzweck regelmäßig ein koordiniertes Vorgehen erfordert und ein gemeinsames europäisches Asylsystem eine Zielvorgabe des Primärrechts ist (Art. 3 Abs. 1 EUV).[621] Dies ist bei der Einwanderungspolitik anders, bei der die Unterschiede zwischen den nationalen Arbeitsmärkten und die Rücksichtnahme auf innerstaatliche Integrationsstrategien gegen eine vorschnelle Harmonisierung sprechen können. Diese Wertung spiegelt sich auch im Kompetenztitel selbst wider, welcher die Union im Bereich der Integration auf eine koordinierende Rolle beschränkt (Art. 79 Abs. 4 AEUV) und ausdrücklich nicht das Recht der Mitgliedstaaten berühren soll, selbst festzulegen, wie viele Drittstaatsangehörige einreisen.[622] Das erklärt auch, warum einzelne Teilbereiche wie die Ausweitung der legalen Migrationsmöglichkeiten und die Förderung der Integration und Inklusion nur oberflächlich angesprochen werden.[623]

Ferner findet sich im Reformvorschlag der Kommission das schon aus dem Migrationspakt bekannte Narrativ, dass Migration ein immerwährender Bestandteil der Menschheitsgeschichte ist und, gut gesteuert, zu Wachstum, Innovation und sozialer Dynamik beitragen könne.[624] Das Potenzial von Migranten, zu Wohlstand und zum Wohlergehen beizutragen, wird erneut im Abschnitt zur Förderung der Integration für eine inklusive Gesellschaft aufgegriffen.[625] Dass ein solcher Abschnitt eingefügt wurde, der der Wortwahl des Migrationspaktes entspricht, lässt für diesen Bereich vermuten, dass an dieser Stelle konkludent auf diesen Bezug genommen werden soll. Auch hier erinnert die Wortwahl an die Zielvorgaben des Migrationspaktes, der mehr Inklusion für Migranten fordert.[626]

---

[620] *Rossi,* in: Calliess/Ruffert (Hrsg.), EUV/AEUV, 6. Aufl., Art. 79 AEUV Rn. 9; *Thym,* in: Grabitz/Hilf/Nettesheim (Hrsg.), EU/AEUV, 74. EL September 2021, Art. 78 AEUV, Rn. 21, Art. 79 AEUV Rn. 18; Eine gemeinsame Einwanderungspolitik ist zwar ebenfalls Zielvorgabe (Art. 3 Abs. 1 EUV), dennoch besitzen die Mitgliedstaaten in diesem Bereich nach der Konzeption der Verträge mehr Handlungsspielraum.

[621] *Thym,* in: Grabitz/Hilf/Nettesheim (Hrsg.), EU/AEUV, 74. EL September 2021, Art. 78 Rn. 21.

[622] *Rossi,* in: Calliess/Ruffert (Hrsg.), EUV/AEUV, 6. Aufl., Art. 79 AEUV Rn. 39; *Thym,* in: Grabitz/Hilf/Nettesheim (Hrsg.), EU/AEUV, 74. EL September 2021, Art. 79, Rn. 18; ausdr. anerkennend COM(2020) 609 final, v. 23.09.2020, S. 28.

[623] An dieser Stelle von der Kommission selbst festgestellt, COM(2020) 609 final, v. 23.09.2020, 28; zur Rolle der Union bei Integrations- und Inklusionskonzepten, *Brandl,* Integration in the New Pact: A difficult compromise between a limited EU competence and a sucessful policy, EU Immigration and Asylum Law and Policy v. 26.03.2021; abrufbar unter: https://eumigrationlawblog.eu/integration-in-the-new-pact-a-difficult-compromise-between-the-lack-of-competence-and-the-importance-of-integration-for-a-successful-migration-policy/ (letzter Zugriff am 20.03.2023).

[624] COM(2020) 609 final, v. 23.09.2020, 2; siehe zu diesem Narrativ im Migrationspakt bereits § 3 B. II. 2. Migration als Quelle des Wohlstandes – Narrative und Sprache.

[625] COM(2020) 609 final, v. 23.09.2020, 34.

[626] Globaler Pakt für geordnete, sichere und reguläre Migration, A/Res/73/195 v. 19.12.2018, Ziel 16.

Interessanterweise wird im Primärrecht der Begriff „Integration" (Art. 79 Abs. 4 AEUV) und nicht „Inklusion" verwendet.

Weitere Aspekte wie die Ausweitung der legalen Zugangswege nach Europa,[627] die Verstärkung der Bekämpfung der Schleuserkriminalität,[628] die Seenotrettung[629] oder die Verknüpfung von globalem Migrationsmanagement mit dem Entwicklungspotenzial der Staaten[630] tauchen zwar im Migrationspakt auf, jedoch ist an dieser Stelle schwer zu beurteilen, ob sie wegen des Migrationspaktes aufgegriffen werden oder ob sie dem derzeitigen Konsens über Reformbereiche im Migrationsmanagement entsprechend inkludiert wurden.

Nicht zu unterschätzen ist jedoch die Bedeutung des neuen, umfassenden Ansatzes, der von der Kommission beworben wird. Bei diesem lässt sich eine direkte Parallele zum Migrationspakt feststellen, als dessen wichtigster Beitrag genau dieser neue Regelungsansatz zu nennen ist. Langfristig soll Migration nicht mehr in diversen Sonderregimen, sondern in allen ihren Dimensionen durch ein umfassendes Migrationsmanagement gesteuert werden. Diese Neuausrichtung kann langfristig zu einem veränderten Verständnis dessen führen, was ein effektives Gemeinsames Europäisches Asylsystem im Sinne der Verträge umfassen muss.

Damit muss man hinsichtlich der Fragestellung dieses Abschnittes zu einem ambivalenten Ergebnis kommen. Ausdrücklich hat der Migrationspakt den Reformvorschlag wenig beeinflusst. Das gilt insbesondere für die großen Anteile der migrationsbegrenzenden Maßnahmen. Das kann nicht sonderlich überraschen, vertraten die Mitgliedstaaten der Union und die Kommission während der Verhandlung gegenüber Erleichterungen und Ausweitungen im Einzelnen doch immer wieder eine restriktive Position.[631] Hinsichtlich der Konzeption, der Sprache und des umfassenden Steuerungsansatzes sind durchaus Parallelen zu erkennen.

Mit Blick auf die jüngeren Entscheidungen des Europäischen Gerichtshofes in Bezug auf das Schutzniveau der Grundrechtecharta an den Außengrenzen der Union ist nicht auszuschließen, dass das Unionsrecht den Gesetzgeber in einzelnen Bereichen zu mehr verpflichtet, als es der derzeitige Vorschlag vorsieht. Damit könnte sich das Politikfeld des Asyl- und Migrationsrechts in Teilen an den deutlich migrationsfreundlichen Pakt materiell annähern, freilich begründet durch das Unionsrecht selbst.[632]

---

[627] COM(2020) 609 final, v. 23.09.2020, 28.

[628] Ebd., 20.

[629] Ebd., 17.

[630] Ebd., 25.

[631] Siehe § 3 B. I. 1. Koordination der Mitgliedstaaten durch die Europäische Union.

[632] So auch in den Entscheidungen und dem Schlussanträgen selbst, die weitergehende Auslegung von Art. 6 GRCh im Verhältnis zu Art. 5 Abs. 1 lit. f EMRK wird ausschließlich mit dem unionalen Sekundärrecht (Aufnahmerichtline und Rückführungsrichtlinie) begründet, siehe § 5 A. II. 1. Der Migrationspakt in der EGMR-Judikatur.

b) Die Entwicklungspolitik der Union

Die Europäische Union ist in ihrer Außenpolitik der nachhaltigen Entwicklung mit dem vorrangigen Ziel der Armutsbekämpfung verpflichtet (Art. 21 Abs. 2 lit. d EUV). Die Politik der Union beschränkt sich dabei nicht auf Maßnahmen, die unmittelbar die Bekämpfung der Armut betreffen, sondern fördert darüber hinaus Maßnahmen in Bezug auf die Wirtschaft, Gesellschaft und Umwelt in den Entwicklungsländern.[633] Die Annahme der Agenda 2030 hat eine Neuausrichtung der Entwicklungspolitik der Union bewirkt, die im Neuen Europäischen Konsens über die Entwicklungspolitik aus dem Jahr 2017 festgehalten wurde.[634] Darauffolgend wurden in diverse von der Union ausgehandelte Freihandelsabkommen Nachhaltigkeitsziele aus der Agenda 2030 aufgenommen.[635]

Bereits in diese Absichtserklärung wurde die in der Agenda 2030 eingeführte Verknüpfung eines erfolgreichen globalen Migrationsmanagements mit nachhaltiger Entwicklung aufgenommen. Die Mitgliedstaaten und die Europäische Union verpflichten sich in der Absichtserklärung ferner, zum Gelingen der damals noch in der Aushandlung befindlichen Pakte für Migration und Flüchtlinge beizutragen.

Unter Annahme der durch den Europäischen Gerichtshof entwickelten weiten Definition der Entwicklungspolitik im Sinne der Verträge folgert der Juristische Dienst der Kommission, dass die einzelnen Ziele des Migrationspaktes jeweils eine Entwicklungsdimension besäßen und damit in den Anwendungsbereich des Art. 208 Abs. 2 lit. d AEUV fielen. Der Migrationspakt habe demnach rechtliche Auswirkungen auf die Entwicklungspolitik der Union.[636] Der Juristische Dienst unterstützt seine Einschätzungen mit weiteren Argumenten: Der Pakt wurzle in der Agenda 2030 und sei als Konkretisierung der in ihr enthaltenen Nachhaltigkeitsziele zur Migration konzipiert.[637] Zusammen mit dem durch eine Verordnung errichteten Finanzierungsinstrument für die Entwicklungszusammenarbeit,[638] das die Bedeutung geregelter Migration für nachhaltige Entwicklung hervorhebt, und dem Neuen Europäischen Konsens über die Entwicklungspolitik diene der Migrationspakt zur Erfüllung und Implementierung der Nachhaltigkeitsziele und der Agenda 2030.[639] Ferner lasse sich der Migrations-

---

[633] EuGH [GK], Rs. C-377/12, ECLI:EU:C:2014:1903, Rn. 37.

[634] The New European Consensus on Development, Joint Statement by the Council and Representatives of the Member States v. 07.06.2017, DG C 1, Rn. 5.

[635] *Huck/Kurkin,* ZaöRV 2018, S. 375 (396).

[636] Europäische Kommission, Jur. Dienst, The Legal effects of the adoption of the Global Compact for Safe, Orderly and Regular Migration by the UN General Assembly, 01.02.2019, Rn. 33 ff.

[637] Ebd., Rn. 33.

[638] Verordnung (EU) Ziff. 233/2014 v. 11.03.2014 zur Schaffung eines Finanzierungsinstruments für die Entwicklungszusammenarbeit für den Zeitraum 2014–2020, Amtsbl. L 77/44.

[639] Europäische Kommission, Jur. Dienst, The Legal effects of the adoption of the Global

pakt unter den Begriff der multilateralen *Lösung* fassen, derer sich die Union in ihren Außenbeziehungen verpflichtet (Art. 21 Abs. 1 UAbs. 1 EUV). Es sei anzunehmen, dass durch ihn die zukünftige unionale Gesetzgebung entscheidend beeinflusst werden würde.[640] Diese Auslegung führt in der Konsequenz dazu, dass die Kompetenzen der Union einschlägig sind.

Bei der hier dargestellten Einordnung des Migrationspaktes handelt es sich um eine nicht bindende Einschätzung des Juristischen Dienstes. Dennoch offenbart sie einen Blick darauf, wie die wichtigste gestaltende Institution der Union, die Kommission, den Migrationspakt vermutlich einschätzt. Die Verknüpfung des Migrationspaktes mit der Entwicklungspolitik ist auch deswegen nicht zu unterschätzen, weil die Union weltweit die größte Geberin von Entwicklungshilfe ist.[641] Wie schon bei anderen Abkommen der Union wäre es naheliegend, dass auch in Entwicklungspartnerschaften, insbesondere mit afrikanischen Staaten, Nachhaltigkeitsziele der Agenda 2030 oder Aspekte des Migrationsmanagements aufgenommen werden. Nachdem die Mitgliedstaaten der Afrikanischen Union im Jahr 2018 eine Freihandelszone gegründet hatten, begann die Kommission mit Sondierungsarbeit im Hinblick auf eine Freihandelszone zwischen den Kontinenten.[642] Zeitgleich wurde eine neue Allianz für Afrika und Europa ins Leben gerufen, die dem vorrangigen Ziel nachhaltiger Wirtschaftsentwicklung durch Investitionen und die Schaffung von Arbeitsplätzen dienen soll.[643]

Der Migrationspakt könnte als Begründungsmittel für neue Gesetzgebungsvorhaben in diesem Politikfeld verwendet werden. Regelmäßig wird in solchen Fällen eine Vielzahl von Soft Law herangezogen und zitiert. Mit dieser argumentativen Verdichtung soll ein besonderer Handlungsbedarf oder ein bereits bestehender Konsens der Beteiligten aufgezeigt werden. Das liegt im Falle des Migrationspaktes besonders nahe, da einige der in ihm enthaltenen Ziele, wie die Verbesserung der Konditionen bei Rücküberweisungen, bereits im Neuen Europäischen Konsens über die Entwicklungszusammenarbeit enthalten sind und sich daher eine konsistente Argumentationslinie bilden lässt.[644] Selbst der Vorschlag zum neuen Asyl- und Migrationsmanagement erwägt in diesem Bereich Reformen.[645] Insofern fügt sich der Migrationspakt in die Entwicklungspolitik der Union ein und führt sie zugleich weiter.

Compact for Safe, Orderly and Regular Migration by the UN General Assembly, 01.02.2019, Rn. 44.

[640] Ebd., Rn. 46.

[641] COM(2020) 609 final, v. 23.09.2020, 25.

[642] *Hahn,* in: Calliess/Ruffert (Hrsg.), EUV/AEUV, 6. Aufl., Art. 207 Rn. 227.

[643] Ebd.; EU Kommission, State of the Union 2018, Strengthening the EU's partnership with Africa, abrufbar unter: https://ec.europa.eu/commission/presscorner/detail/en/IP_18_5702 (letzter Zugriff am 20.03.2023).

[644] The New European Consensus on Development, Joint Statement by the Council and Representatives of the Member States v. 07.06.2017, DG C 1, Rn. 40; Globaler Pakt für geordnete, sichere und reguläre Migration, A/Res/73/195 v. 19.12.2018, Ziel 20.

[645] COM(2020) 609 final, v. 23.09.2020, 26.

c) Zwischenergebnis

Der Einfluss des Migrationspaktes lässt sich nicht linear nachvollziehen. Obwohl eine ausdrückliche Referenz in inhaltlich naheliegender Rechtsprechung und beim Reformvorschlag der Union zum Asyl- und Migrationssystem fehlt, finden sich in Letzterem vereinzelt Hinweise darauf, dass die Kommission durchaus Teile des Migrationspaktes berücksichtigt hat. Das gilt insbesondere für den erstmalig gewählten umfassenden Ansatz, der Migration in all ihren Dimensionen erfassen soll.

Anders stellt es sich in der Entwicklungspolitik dar, in der zumindest aus Sicht des Juristischen Dienstes der Kommission durch den Migrationspakt ein entscheidender Beitrag zur zukünftigen Ausrichtung der Entwicklungspolitik geleistet wird. Da auch der Reformvorschlag der Kommission die Entwicklungsdimension des Migrationsmanagements betont und Migration als zentrales Thema in den Außenbeziehungen der Union ansiedelt, ist davon auszugehen, dass die Verknüpfung beider Themenbereiche in Form eines Partnerschaftsansatzes mit Drittstaaten entscheidend sein wird.[646] Was dies im Einzelnen bedeutet, muss während der nächsten Finanzierungsrunden der Entwicklungspolitik beobachtet werden. Mit in den Blick zu nehmen sind dabei auch die Weiterentwicklung und Verfestigung des Paktes durch die Umsetzungs- und Follow-up-Mechanismen.

B. Materielle Härtung

Die Annahme des Migrationspaktes war von einer ungewöhnlich heftigen Auseinandersetzung begleitet, in deren Zuge sich mehrere Staaten aus dem Pakt zurückzogen und selbst die Staaten, die den Pakt weiter befürworteten, mit innenpolitischen Spannungen konfrontiert waren. Die plötzliche Politisierung des Paktes ist vermutlich in seinem Regelungsgegenstand begründet. Migration ist – und war es auch nach der Flüchtlingskrise – ein hochpolitisches Thema. Zum anderen polarisierten das im Migrationspakt transportierte Narrativ und seine politische Bewertung des Phänomens.[647] Um die Dynamik der Diskussion besser zu verstehen, müssen die verschiedenen Ebenen zeitlich und institutionell voneinander getrennt werden. Die innenpolitische Rezeption des Migrationspaktes und die Reaktion auf ihn sollen sodann Gegenstand des folgenden Abschnittes sein. An ihr zeigen sich die Gegenkräfte, die (inzwischen) gegen transnationale Gemeinwohldiskurse mobilisiert werden können. Da eines der Argumente der Befürworter des Paktes der Verweis darauf war, dass für Deutschland nicht notwendigerweise ein Handlungsbedarf bestehe, da das Vereinbarte bereits erfüllt werde, soll ein Blick darauf geworfen werden, ob Gesetzesvorhaben ausdrücklich auf den Migrationspakt zurückzuführen sind.

---

[646] *Benedek*, in: Grabitz/Hilf/Nettesheim (Hrsg.), EUV/AEUV, 74. EL September 2021, Art. 208 AEUV, Rn. 22.

[647] *Graf Kielmansegg*, Über Migration reden, F.A.Z., 04.02.2019, Nr. 29, S. 6.

I. Konfliktlinien und Diskussionsräume

Nach der Annahme der New Yorker Erklärung im September 2016 diskutierten die beteiligten Staaten im Rahmen der Aushandlung des Migrationspaktes über dessen Inhalt und Reichweite. Die zweijährige Aushandlungsdauer war darauf gerichtet, einen tragfähigen Kompromiss zwischen Entsende-, Transit- und Zielländern zu erarbeiten. Die Berichte der deutschen Delegation zeigen, dass die Aushandlungen wegen der Maximalforderungen einiger Staaten fast zu scheitern drohten.[648] Solche Auseinandersetzungen können Aushandlungen durchaus begleiten und werden im Idealfall durch einen finalen Kompromissentwurf entschärft. Diese befriedigende Wirkung konnte durch den ausgehandelten Migrationspakt jedoch nicht erreicht werden.

Da einige der sich zurückziehenden Staaten zugleich Mitglieder der Europäischen Union sind, strahlte diese Uneinigkeit in die Union hinein und bedeutete die Aufgabe einer gemeinsamen Position. Insofern eröffnet sich als zweites Diskussionsforum, in dem es zu einer Auseinandersetzung über den Migrationspakt kam, die Europäische Union selbst. Hier hatte die Flüchtlingskrise endgültig zum Zusammenbruch des bereits vorher stark reformbedürftigen Asylsystems geführt. Im Zuge dieser unionalen Krise hatten sich die Gräben zwischen aufnahmewilligen und -unwillen Staaten aufgetan und weiter vertieft. Die Diskussion über die Annahme des Migrationspaktes verlief daher weitestgehend entlang derselben Gräben. Ungarn wie auch die Slowakei, Tschechien und Polen[649] zogen sich beispielsweise kurz nach dem amerikanischen Ausscheiden aus den noch andauernden Aushandlungen zurück. Gegenüber Einwanderung restriktiv eingestellt, wollte die ungarische Regierung nicht riskieren, mit der Annahme ein Signal für mehr Einwanderung in den Schengenraum und nach Ungarn zu geben.[650] Zugleich sei der im Pakt verfolgte menschenrechtsbasierte Ansatz nicht mit einer effektiven Grenzkontrolle vereinbar, von deren Fehlen Ungarn, als an der europäischen Außengrenze liegender Staat, in besonderem Maße betroffen wäre.[651] Zu dieser Oppositionsgruppe kamen weitere Staaten hinzu, in denen seit der Flüchtlingskrise migrationskritische, rechtspopulistische Parteien an Macht gewonnen hatten. In Italien beispielsweise wurde die Aufmerksamkeit gegenüber dem Migrationspakt durch die rechtsextreme Partei *Fratelli D'Italia* gelenkt. Ergebnis der inneritalienischen Debatte war schließlich, dass das Land nicht an

---

[648] Siehe dazu § 3 B. I. Von New York nach Marrakesch – Aushandlung.

[649] Die Visegrád Staaten vertreten eine restriktive Einwanderungspolitik und haben sich zum Höhepunkt der Flüchtlingskrise erfolglos gegen den Umverteilungsbeschluss vor dem EuGH gewehrt, EUGH, Rs. 643/15 u. C-647/15, ECLI:EU:C:2017:631.

[650] *Espinoza/Hadj-Abdou/Brumat*, Global Compact for Migration: what ist it and why are countries opposing it?, The Conversation v. 07.12.2018, abrufbar unter: https://theconversation.com/global-compact-for-migration-what-is-it-and-why-are-countries-opposing-it-106654 (letzter Zugriff am 20.03.2023).

[651] Ebd.

der Konferenz in Marrakesch teilnahm[652] und sich bei der Abstimmung in der Generalversammlung enthielt.

Diese zwischenstaatliche Dimension in der Union wird um eine institutionelle ergänzt. Die einzelnen Organe der Union vertraten unterschiedliche Positionen hinsichtlich des Migrationspaktes, wobei vor allem eine Resolution des Europäischen Parlaments als besonders konfrontativ gegenüber den opponierenden Mitgliedstaaten verstanden werden kann. Während nämlich die Kommission als Koordinatorin einer gemeinsamen europäischen Position bei den Aushandlungen gegenüber den Herkunftsstaaten restriktiv auftrat,[653] sprach sich das Europäische Parlament in einer Resolution dafür aus, dass die Union auch nach Austritt einzelner europäischer Staaten aus den Verhandlungen weiterhin vereint und mit dem Anspruch, den Fortgang der Verhandlungen entscheidend mitzubestimmen, auftreten solle. „Sie solle andere Länder verurteilen, die aus den Verhandlungen ausstiegen oder erfolgreich darin wären, den Inhalt des endgültigen Paktes zu verwässern."[654] Das Europäische Parlament unterstütze rückhaltlos, dass sich eine positive Sichtweise der Migration langfristig durchsetze, und fordere darauf gerichtete EU- und internationale Informationskampagnen.[655]

Auch in Deutschland führte die geplante Annahme des Migrationspaktes zu innenpolitischen Auseinandersetzungen. Die rechtspopulistische AfD griff das Thema schnell auf und brachte es in den Bundestag ein. Rekonstruiert man die Geschehnisse, so zeigt sich, dass es zwar bereits im April 2018 eine erste Kleine Anfrage der AfD zum Migrationspakt gab, die sich insbesondere mit der zeitgleich angenommenen Resolution des Europäischen Parlaments beschäftigte; starke Aufmerksamkeit erhielt das Thema jedoch erst im November 2018, also nur wenige Wochen vor der für Mitte Dezember geplanten Annahmekonferenz in Marrakesch. Zwar führten die Bemühungen der AfD und anderer Akteure nicht zum finalen Rückzug Deutschlands aus dem Migrationspakt – die Teilnahme der damaligen Bundeskanzlerin *Merkel* wurde vielmehr als Symbol einer humanen Flüchtlingspolitik gefeiert –, dennoch ist die geführte Debatte im Hinblick auf den vormals bestehenden Konsens der Parteien und der Öffentlichkeit während der Flüchtlingskrise bemerkenswert.[656]

Der Austritt der Vereinigten Staaten im Dezember 2017 unter Präsident *Trump* könnte noch als amerikanischer Exzeptionalismus abgetan werden. Dass so viele Staaten folgten und die Verantwortlichen diese global auftretenden Gegenbewegungen scheinbar nicht antizipiert hatten, zeigt, dass der Pakt ein Stück weit an der Öffentlichkeit vorbei ausgehandelt wurde. Selbst die Fachöffentlichkeit begleitete die Aushandlung nicht näher. In den gängigsten Fachzeitschriften für Ausländer- und Migrationsvölkerrecht – der Zeitschrift für Ausländerrecht

---

[652] Ebd.

[653] Siehe dazu § 3 B. I. 1. Koordination der Mitgliedstaaten durch die Europäische Union.

[654] Resolution des Europäischen Parlaments v. 18. April 2018, Abl. C 390/69, Ziff. 29.

[655] Ebd., Rn. 26.

[656] Siehe dazu § 3 A. Flüchtlingskrise als Katalysator für das Migrationsrecht.

und Ausländerpolitik (ZAR) und der Zeitschrift für ausländisches öffentliches Recht und Völkerrecht (ZaöRV) – wurde während des Aushandlungszeitraums kein einziger Beitrag zur New Yorker Erklärung oder zum Migrationspakt veröffentlicht. Erst als die öffentliche Debatte den Migrationspakt entdeckte, griff auch die ZAR das Thema ausführlich auf.[657]

II. „*Über Migration reden*" – *Prägung des Diskurses*

Der Migrationspakt präsentiert sich nicht als neutraler Kooperationsrahmen, sondern umfasst neben den 23 Zielvorgaben eine politische Erklärung, die sich mit dem Bild von Migration als Bestandteil der Menschheitsgeschichte seit jeher und der regulären, geordneten und sicheren Migration als Quelle des Wohlstandes, der Innovation und der nachhaltigen Entwicklung zusammenfassen lässt.[658] Greift man *Di Fabios* Ansatz politischer Vorprägung durch transnationale Gemeinwohldiskurse auf, so soll durch den Migrationspakt der Wert einer in allen Dimensionen für Migration offenen Gesellschaft transportiert werden. Die Dimensionen, die dies umfasst, sind neben der Öffnung legaler Zugangswege und damit verbunden der Öffnung des Arbeitsmarktes und der Teilhabe an sozialen Sicherungssystemen auch die Öffnung der Gesellschaft und die Inklusion von Migranten.

Seit der sogenannten Flüchtlingskrise im Jahr 2015, bei der rund eine Million Schutzsuchende in Deutschland registriert wurden, war innenpolitisch kein anderes Thema so umkämpft wie Migration und Einwanderung. An die Debatten um Obergrenzen, die (vermeintliche) Öffnung der Grenze[659] und Gewalt durch Geflüchtete schloss sich die Debatte um den Migrationspakt an, die drei Jahre nach dieser Zäsur die inzwischen entstandenen, anscheinend unversöhnlichen Lager aufzeigt. Der Protest gegen den Pakt wurde von der rechtspopulistischen AfD-Fraktion innerhalb des Bundestages organisiert, die mit der 19. Legislaturperiode erstmals im Bundestag saß. Mithilfe einer Vielzahl Kleiner Anfragen (§ 104 GO-BT),[660] der Behandlung des Themas in einer Plenardebatte[661] und eines Verfahrens vor dem Bundesverfassungsgericht[662] schaffte es die AfD-Fraktion, das Thema für kurze Zeit in den Mittelpunkt der parlamentarischen und öffent-

---

[657] Vgl. ZAR Heft 3 (2019).

[658] Siehe dazu § 3 B. II. 2. Migration als Quelle des Wohlstandes – Narrative und Sprache.

[659] In der Sache geht es um die Entscheidung der Bundesregierung in der Nacht vom 04./05.09.2015 Migranten aus Ungarn mit Zügen nach Deutschland zu holen. Im Zuge dessen und der folgenden Einreise einer Vielzahl von nicht registrierten Migranten wurde sprachlich darüber gestritten, ob die Grenze nun geöffnet wurde oder als Binnengrenze im Schengen-Raum der Union sowieso geöffnet sei, dazu *Alexander,* APuZ 2020, S. 14 (17).

[660] BT-Drs. 19/1751; 19/4973; 19/6515; 19/6050; 19/6343; 19/6827; 19/7372; 19/7528; 19/10343.

[661] BT-Drs. 19/61, TOP 5.

[662] BVerfG, Beschluss der 2. Kammer des Zweiten Senats vom 07.12.2018 – 2BvQ 105/18 –, Rn. 1 ff.

lichen Auseinandersetzung zu rücken. Ihr Ziel wird mit der Beschreibung des von ihr angesetzten Tagesordnungspunktes bei der Plenardebatte Anfang November 2018 deutlich; dort forderte sie: „Kein Beitritt zum Global Compact for Migration“.[663] Dafür setzte sie dem mit dem Pakt verfolgten Ziel, Migration durch internationale Kooperation ordnen und steuern zu können, das Bild einer durch den Migrationspakt ausgelösten Massenwanderung nach Europa entgegen. Nach ihrer Polemik bedeutete die Annahme des Migrationspaktes mehr Migration zu schlechteren Konditionen für die Zielländer.[664] Dabei offenbarten ihre Fragen an die Bundesregierung ihre offen fremdenfeindliche Haltung, indem sie sachzusammenhangslose Fragen mit politischen Ressentiments verknüpfte.[665]

Zugleich richtete sich der Protest gegen die positive Beschreibung der ausschließlichen Vorteile von Migration.[666] Im Angesicht der großen gesellschaftlichen Verschiebungen und Herausforderungen durch die Flüchtlingskrise erschien die positive Beschreibung für Teile der Gesellschaft kontrafaktisch und fand auch losgelöst von der AfD Zustimmung.[667]

Der wachsenden Kritik in der Öffentlichkeit begegnete die Bundesregierung damit, dass sie die Unverbindlichkeit des Migrationspaktes betonte. Die Umsetzung von als zu weit empfundenen Zugeständnissen liege allein in der Einschätzungsprärogative der kompetenten Verfassungsorgane.[668] Zusammen mit dem Argument, dass der im Pakt vereinbarte Standard für Migration bereits in Deutschland erfüllt werde, konnte der Eindruck geweckt werden, dass sich Deutschland vor allen Dingen als Vorbild für unwillige Staaten am Migrationspakt beteilige, ohne selbst daraus Nachteile erwarten zu müssen. Deutschland profitiere von den umfassenden Verpflichtungen, die im Pakt gegenüber den Herkunftsstaaten statuiert werden. Der Migrationspakt führe mit seinem Steuerungsansatz so zu besserer – da geregelter –[669] und insgesamt weniger Migration.[670]

Um ihrer inhaltlichen Ablehnung mehr Gewicht zu geben, richtete sich das Vorgehen der AfD-Fraktion daher genau gegen diese „Fallbacks“ gemäßigter

---

[663] BT-Drs. 19/61, TOP 5.

[664] Schriftliche Fragen, BT-Drs. 19/6321, 25 ff.

[665] Antwort der Bundesregierung auf die Kleine Anfrage der AfD-Fraktion, BT-Drs. 19/2883, 4; Äußerung des Abgeordneten *Martin Renner* (AfD), BT-Drs. 19/61, Plenardebatte v. 08.11.2018, 6820.

[666] Siehe bspw. die Äußerungen der Abgeordneten *Beatrix von Storchs* in der Plenardebatte, BT-Plen. Prot. 19/61, 6813; der Abgeordnete bezeichnet dies als „Meinungszensur“, Ebd., S. 6822.

[667] *Herdegen,* Fallstricke des Gutgemeinten, Cicero 12/2018, S. 75 (77); *Hipp* im Interview mit *Schorkopf,* „Wer in Duisburg wohnt oder Berlin-Neukölln, hat auch Rechte“, Der SPIEGEL, 49/2018 v. 30.11.2018.

[668] Stellvertretend für die Regierungsfraktionen *Stephan Harbarth* (CDU), BT-Plen. Prot.-19/61, Plenardebatte v. 08.11.2018, 6811.

[669] BT-Drs. 19/6343, 1.

[670] Äußerungen des Abgeordneten *Christoph Matschie* (SPD), BT-Plen Prot. 19/61, 6816.

Kritiker, also gegen die Betonung der fehlenden Rechtsverbindlichkeit und des fehlenden Umsetzungsbedarfs.

Immer wieder stellte die AfD-Fraktion der Bundesregierung abgewandelte Fragen nach den Auswirkungen, die die Annahme für die Souveränität Deutschlands bedeute, nach der Folgewirkung für Rechtsprechung und Legislative und nach dem Einfluss, den Äußerungen anderer Institutionen, dass sie sich dem Pakt verpflichtet sähen wie beispielsweise die Äußerungen des Europäischen Parlaments, für die Bundesregierung hätten.[671] Dabei verwendete sie in ihren Fragen auch Signalwörter, die implizieren sollten, dass es sich beim Migrationspakt um einen völkerrechtlichen Vertrag handle.[672] So fragte sie die Bundesregierung beispielsweise danach, wann und durch wen das Abkommen unterzeichnet werden würde.[673] Sie stellte mehrfach Fragen dazu, ob sich der Migrationspakt zu Völkergewohnheitsrecht entwickeln könne.[674] In der Plenardebatte behauptete einer der Abgeordneten der AfD-Fraktion, dass der Pakt direkt darauf abziele, bindendes Völkerrecht zu sein. Eine Ratifizierung sei dafür nicht notwendig. Seine Behauptung unterstützte er mit einem Verweis auf die Allgemeine Erklärung der Menschenrechte.[675]

Die anderen Fraktionen im Bundestag trugen den Migrationspakt weitestgehend mit. Die Fraktion Bündnis 90/Die Grünen kritisierte, dass die Verpflichtungen nicht weitreichend genug seien. In ihrer Kleinen Anfrage, vor Annahme des Paktes im Juni 2018, thematisierte sie beispielsweise die fehlende Ratifikation der Wanderarbeitnehmerkonvention und das Schicksal der Binnenvertriebenen und sogenannten Klimaflüchtlinge.[676] Als weitere Oppositionsfraktion kritisierte Die Linke, dass die Bundesregierung ihrer Informationspflicht während der Aushandlung des Migrationspaktes nicht nachgekommen sei und damit der Angstkampagne der AfD erst den Boden bereitet habe.[677] Die FDP-Fraktion versuchte, das Momentum des Migrationspaktes zu nutzen, um für ein neues, liberaleres Fachkräfteeinwanderungsgesetz zu werben.[678]

Das Vorgehen der Bundesregierung, die der ausgelösten Kontroverse mit dem Verweis auf die Rechtsunverbindlichkeit zu begegnen versuchte, war zwar formell zum Zeitpunkt der Annahme richtig, unterschlägt aber die Potenziale, die inzwischen als gemeinsamer Wissensstand anerkannt sind.[679] Das zeigt sich nicht zuletzt daran, dass der Bundestag in einem von den Regierungsfraktionen bean-

---

[671] Antworten der Bundesregierung auf die Kleinen Anfrage der AfD-Fraktion, BT-Drs. 19/2883, S. 2; BT-Drs. 19/6515, S. 2; BT-Drs. 19/6343, S. 1.

[672] BT-Drs. 19/6827, 1.

[673] BT-Drs. 19/6343, 2.

[674] BT-Drs. 19/6515, 2; BT-Drs. 19/6050, 3.

[675] *Martin Hebner* (AfD), BT-Plen. Prot. 19/61, Plenardebatte, 6822.

[676] BT-Drs. 19/2945, 7, 10 f.

[677] Äußerungen der Abgeordneten *Sevim Dagdelen* (LINKE), BT-Plen. Prot. 19/61, 6817.

[678] BT-Drs. 19/5534.

[679] *Rieble* bezeichnet dieses Argument „irgendwo zwischen erstaunlich und erbärmlich", *ders.,* Unverbindlich verpflichtet, FAZ Einspruch Magazin, 28.11.2019.

tragten Beschluss sein Verständnis und seine Haltung zum Migrationspakt fest-
legte.[680] Der Beschluss wurde mit 372 Ja- zu 153 Neinstimmen und 141 Enthaltungen angenommen. Der Beschluss interpretiert den Migrationspakt als Steuerungsinstrument geregelter und geordneter Migration, dessen wichtigste Ziele es
seien, die strukturellen Faktoren, die Menschen dazu veranlassen, ihre Herkunftsländer zu verlassen, zu reduzieren, Menschenschmuggel und das Schlep-
perunwesen zu bekämpfen, eine bessere Durchsetzung zur Rückübernahme eigener Staatsangehöriger zu fördern und in allen Ländern sicheren Zugang zu
Grundleistungen für Migranten, wie in Deutschland bereits erfüllt, zu gewährleisten.[681] Die nationale Souveränität Deutschlands stehe nicht zur Disposition.
Der Migrationspakt begründe keine einklagbaren Rechte und Pflichten und ent-
falte keinerlei rechtsändernde oder rechtsetzende Wirkung. Trotz starker gesellschaftlicher Anstrengungen und des beeindruckenden bürgerschaftlichen Enga-
gements würden die Grenzen der Integrationsfähigkeit im Land sichtbar.[682] Integration müsse gefördert, aber auch gefordert werden. Die Unterscheidung zwischen legaler und illegaler Migration sowie zwischen Erwerbsmigration und Asyl
müsse aufrechterhalten bleiben.[683] Mit Vorgabe einer solch restriktiven Lesart
versuchten die Regierungsfraktionen, den Konflikt zu befrieden. Die Wahl ihrer
Formulierungen und die Betonung der restriktiven Elemente des Migrationspaktes zeigen, dass der durch die AfD veranlasste Protest als politische Macht durchaus ernst genommen wurde. Der Beschluss des Bundestages lässt sich daher als
Versuch begreifen, mittels einer Verengung des Interpretationspotenzials des
Paktes die Schäden für den Erfolg des Migrationspaktes durch haltlose Speku-
lationen und den Versuch der Eskalation zu begrenzen. Dass die Formulierungen
einigen der Oppositionsfraktionen zu restriktiv waren, mag erklären, warum die
Fraktionen der Linken und Grünen gegen die Annahme des Beschlusses stimmten.[684]

Da der Migrationspakt kein völkerrechtlicher Vertrag ist, handelt es sich dabei nur um einen einfachen Parlamentsbeschluss. Dementsprechend wurde dieser
auch nicht als Vorbehalt gegen einen völkerrechtlichen Vertrag den Vereinten
Nationen übermittelt. Interessanterweise begründete die Bundesregierung die
nicht vorgenommene Übermittlung gegenüber der Nachfrage einer Abgeordneten nicht mit der fehlenden Rechtsverbindlichkeit, sondern damit, dass keine der
im Beschluss an die Bundesregierung gerichteten Forderungen in dieser Weise
hätte aufgefasst werden können.[685] Dennoch darf angenommen werden, dass der

---

[680] Antrag CDU/CSU- und SPD-Fraktionen, BT-Drs. 19/6056.
[681] Antrag CDU/CSU- und SPD-Fraktionen, BT-Drs. 19/6056, 2.
[682] Ebd., 1.
[683] Ebd., 2.
[684] Eine der Abgeordneten der Grünen-Fraktion hatte in der Plenardebatte bereits die
CDU, insbesondere Mitglieder der Werte-Union davor gewarnt, sich der „rechten Allianz
gegen den Migrationspakt anzuschließen und damit den Schulterschluss mit den Rechtspo-
pulisten *Kurz, Orban* und *Trump* zu suchen.", BT-Plen. Prot. 19/61, 6819.
[685] BT-Drs. 19/8082, 19.

Migrationspakt im Sinne des Beschlusses innerstaatlich ausgelegt werden muss und die Wirkung, die der Migrationspakt zukünftig entfalten kann, damit effektiv auf die Funktion eines rein politischen Grundsatzdokuments beschränkt wird.

An dem argumentativen Vorgehen der AfD-Fraktion zeigt sich, dass die normativen Härtungsprozesse, die im Völkerrecht möglich sind, inzwischen Eingang in die politische Debatte gefunden haben. Die beteiligten Akteure scheinen zum Teil wachsamer geworden zu sein, sich nicht unüberlegt in internationale Kooperationen zu integrieren; einige lehnen diese inzwischen grundsätzlich ab. Galt es vor einiger Zeit noch als Gemeinplatz, dass internationale Kooperation per se vorteilhaft für Deutschland sei, ist sich dagegenrichtender Protest inzwischen im Parlament angekommen und zugleich Ausdruck der zunehmenden Heterogenisierung des Bundestages seit der 19. Legislaturperiode.

Die innerstaatliche Debatte um den Migrationspakt offenbart, dass völkerrechtliche Härtungsprozesse nicht mehr am Rand oder sogar unbemerkt stattfinden, sondern selbst zum Gegenstand politischer Aushandlung werden. Das durch den Migrationspakt transportierte Narrativ hat innerstaatliche Gegenkräfte mobilisiert. In gewisser Weise hat sich am Migrationspakt die Diskussion um die sogenannte Flüchtlingskrise nachvollzogen, da mit der AfD-Fraktion nun eine Partei im Bundestag sitzt, die sich offen gegen Zuwanderung positioniert. Einfache Verweise auf die Rechtsunverbindlichkeit konnten die aufgeflammte Diskussion nicht beruhigen. Der Beschluss des Bundestages ist damit als Anerkenntnis genau solcher Härtungsprozesse zu verstehen. Zugleich liegt in ihm eine mögliche Antwort auf die Frage, wie das Parlament auf diese Prozesse sinnvoll reagieren kann. Mit der mit Mehrheit beschlossenen Vorgabe einer bestimmten Auslegung prägt der Bundestag die authentische Interpretation des Beschlossenen mit und wird dabei selbst zum Akteur im Normativierungsprozess.

III. Umsetzungsfortschritt

Die politische Prägung transnationaler und innerstaatlicher Debatten durch Soft Law kann im Einzelfall zur Verengung oder Vorbestimmung politischer Handlungsoptionen führen. Ist dies beim Migrationspakt in einem bedeutsamen Ausmaß unwahrscheinlich, so bleibt dennoch die politische Verpflichtung, die im Regelfall mit der Annahme eines prominenten Soft Law-Instruments einhergeht.

An die Verpflichtung des Migrationspaktes gebunden zu sein, bestätigte die Bundesregierung, indem sie den Migrationspakt als politisches Grundsatzdokument bezeichnete, welches eine regelbasierte internationale Zusammenarbeit und Ordnung in Migrationsfragen stärke.[686] Er sei Baustein einer umfassenden

---

[686] BT-Drs. 19/6343, 1.

Migrationspolitik[687] und die in ihm enthaltenen Verpflichtungen seien als gemeinsam gesetzte politische Ziele zu verstehen.[688]

Die Bundesregierung gibt an, dass aus deutscher Sicht der Schutz von Migranten (Ziel 7), die Minderung der Ursachen irregulärer Migration (Ziel 2), die Zusammenarbeit beim Grenzschutz (Ziel 11), das Vorgehen gegen Schleuser (Ziel 9) und die Rücküberahmepflicht eigener Staatsangehöriger (Ziel 21) besonders relevante Ziele des Paktes seien.[689] Damit benennt sie ausschließlich Ziele, deren Umsetzung den Migrationsdruck nach Deutschland mildern würde und die zugleich im Verantwortungsbereich anderer Staaten liegen oder wie beim Grenzschutz supranational geregelt werden müssten. Trotz der anderslautenden Einschätzung in der öffentlichen Debatte enthält der Pakt einzelne Ziele, die mit Blick auf die deutsche Rechtslage durchaus gesetzgeberisches Handeln und Reformbedarf bedeuten würden, sofern man sich ihrer Umsetzung ernsthaft politisch verpflichtet sieht. In Betracht kommen hier die einzelnen Verpflichtungen zur Verbesserung regulärer Migration (Ziel 5), zur Inklusion von Migranten in die Gesellschaft (Ziel 16) und zuletzt zur Erleichterung der gegenseitigen Anerkennung von Fertigkeiten, Qualifikationen und Kompetenzen (Ziel 18).

1. Reformen im Rahmen des Migrationspaketes

Die zum 1. März 2020 in Kraft getretene Reform des Aufenthaltsgesetzes zur besseren Gewinnung qualifizierter Fachkräfte aus Drittstaaten für den deutschen Arbeitsmarkt, des sogenannten Fachkräfteeinwanderungsgesetzes, liberalisiert den Zugang für Drittstaatsangehörige weiter. Es steht damit materiell im Einklang mit den Zielen des Migrationspaktes zur Vereinfachung legaler Einwanderung, hier insbesondere mit den Zielen 5 und 18.[690] Das Fachkräfteeinwanderungsgesetz ist Bestandteil eines weitaus größeren Migrationspaketes, welches im November 2019 vom Bundestag beschlossen wurde.[691]

Entscheidende Neuerung ist, dass der Begriff der Fachkraft auf Personen ausgeweitet wird, die eine anerkannte Berufsausbildung besitzen (§ 18 Abs. 3 Nr. 1 AufenthG). Auch sie können zur Arbeitsplatzsuche für bis zu sechs Monate

---

[687] Ebd., 2.

[688] Ebd., 3.

[689] Ebd., 2.

[690] Fachkräfteeinwanderungsgesetz v. 15.08.2019, BGBl. I, S. 1307.

[691] Zum Migrationspaket gehören das Fachkräfteeinwanderungsgesetz, die Verordnung zur Änderung der Beschäftigungsverordnung u. Aufenthaltsverordnung, das Duldungsgesetz, das Dritte Gesetz zur Änderung des AsylBLG, das Zweite Gesetz zur besseren Durchsetzung der Ausreisepflicht, die Verordnung zur Änderung der Verordnung zum Integrationsgesetz und der Beschäftigungsverordnung, das Gesetz zur Entfristung des Integrationsgesetzes, das Zweite Gesetz zur Verbesserung der Registrierung und des Datenaustauschs zu aufenthalts- und asylrechtlichen Zwecken, das Dritte Gesetz zur Änderung des Staatsangehörigkeitsgesetzes und das Gesetz gegen illegale Beschäftigung und Sozialleistungsmissbrauch.

ein Visum erteilt bekommen (§ 20 Abs. 1 AufenthG). Der Zugang für alle Fachkräfte zum deutschen Arbeitsmarkt wird ferner dadurch erleichtert, dass die Begrenzung auf Mangelberufe bei einer qualifizierten Berufsausbildung (Positivliste) und die Vorrangprüfung wegfallen. Wird eine berufliche oder akademische Qualifikation nicht vollständig anerkannt, kann ein Visum zum Zwecke der Nachqualifizierung erteilt werden. Wegen der besonderen Bedarfslage kann bei Personen mit besonderen IT-Kenntnissen auf eine anerkannte Qualifikation vollständig verzichtet werden. Hier reichen zur Erteilung der Aufenthaltserlaubnis ausgeprägte berufspraktische Kenntnisse (§ 19c Abs. 2 AufenthG, § 6 BeschV). Verfahrensrechtliche Reformen und Verbesserungen wie die Einführung eines beschleunigten Fachkräfteverfahrens, die Verbesserung der zwischenbehördlichen Zusammenarbeit und eine Bündelung der Zuständigkeiten bei zentralen Ausländerbehörden sollen den materiellen Ausweitungen zur Wirksamkeit verhelfen.

Über andere Fachbereiche verteilt, finden sich im Reformpaket weitere Maßnahmen, um Migranten schneller und effektiver dem Arbeitsmarkt zuzuführen. Um dem Pflegenotstand zu begegnen, wurde etwa eine Ausbildungsduldung für Assistenz- und Helferausbildungen eingeführt (§ 60c Abs. 1 Nr. 1 lit. b AufenthG). Daneben wurde als neuer Tatbestand eine sogenannte Beschäftigungsduldung eingeführt (§ 60d AufenthG). Durch die Änderung des Asylbewerberleistungsgesetzes wurde eine vorher bestehende finanzielle Förderungslücke für Asylbewerber und Geduldete geschlossen.[692]

Die Erleichterung der Erwerbsmigration wurde durch Gesetze und Verordnungen begleitet, die verhindern sollen, dass die durch die Reformen bewirkte Einwanderung in eine Belastung der Sozialsysteme umschlägt. Schon vor Inkrafttreten des neuen Fachkräfteeinwanderungsgesetzes traten daher ein Gesetz zur besseren Durchsetzung der Ausreisepflicht[693] sowie ein Gesetz zur Verhinderung illegaler Beschäftigung und zur Verhinderung des Sozialleistungsmissbrauchs in Kraft.[694]

Das umfangreiche Migrationspaket, insbesondere das Fachkräfteeinwanderungsgesetz, ist in seiner Entstehung unabhängig vom Migrationspakt. Bereits im Koalitionsvertrag kündigten CDU/CSU und SPD an, in Zukunft Migration besser steuern und ordnen zu wollen und dafür ein Fachkräfteeinwanderungsgesetz vorzuschlagen.[695] Ein erstes Eckpunktepapier wurde im Oktober 2018, also zwei Monate vor Annahme des Migrationspaktes, vorgestellt. In dem im März 2019 veröffentlichten Gesetzesvorschlag fehlte wie auch in der Gesetzes-

---

[692] Drittes Gesetz zur Änderung des Asylbewerberleistungsgesetzes v. 13.08.2019, BGBl. I, S. 1290.

[693] Zweites Gesetz zur besseren Durchsetzung der Ausreisepflicht v. 15.08.2019, BGBl. I, S. 1294.

[694] Gesetz gegen illegale Beschäftigung und Sozialleistungsmissbrauch v. 11.07.2019, BGBl. I, S. 1066.

[695] Koalitionsvertrag zwischen CDU, CSU und SPD, 19. Legislaturperiode, S. 3, 16, 105.

begründung jeglicher Verweis auf den Migrationspakt.[696] Selbst wenn damit keine direkte Linie zwischen dem Migrationspakt und den gesetzgeberischen Maßnahmen hergestellt werden kann, sind Parallelen zu beobachten – oder anders formuliert: Das Gesetzespaket steht im Einklang mit den Zielen des Migrationspaktes.

Als eine solche Parallele ist zu beobachten, dass die Bundesregierung bei der Begründung des Gesetzesvorschlages zum Fachkräfteeinwanderungsgesetz die in der Agenda 2030 angelegte und im Migrationspakt fortgeführte Einschätzung aufgreift, gezielte und gesteuerte Zuwanderung als Beitrag zu einem nachhaltigen gesellschaftlichen Wohlstand zu betrachten. Die einzelnen Maßnahmen wie die Erleichterung der Anerkennung von Qualifikationen,[697] die Beschleunigung der Verfahren,[698] die Sammlung und Auswertung von mehr Daten sowie die frühzeitige und umfangreiche Informierung von Migranten sind als Hauptziele oder Verpflichtungen zur Umsetzung der Ziele im Migrationspakt enthalten. So sieht der Migrationspakt beispielsweise vor, dass zugängliche und zweckdienliche Verfahren entwickelt werden, die den Übergang von einem Status zu einem anderen erleichtern und die Unsicherheit in Bezug auf den Status und die damit verbundenen Verwundbarkeiten mindern.[699] Die Neueinführung der Beschäftigungsduldung und die Ausweitung der Ausbildungsduldung sowie die Vereinheitlichung der Erteilungsdauer entsprechen genau dieser Zielvereinbarung.

2. Ratifikationspflichten

Als eine der wenigen konkret formulierten Verpflichtungen enthält der Migrationspakt mehrere Aufforderungen, diverse völkerrechtliche Verträge im Migrationsvölkerrecht zu ratifizieren. Genannt werden Übereinkünfte, die die internationale Arbeitsmigration, Arbeitsrechte, menschenwürdige Arbeit und Zwangsarbeit betreffen, also u. a. auch die UN-Wanderarbeiterkonvention,[700] das Protokoll gegen die Schleusung von Migranten[701] und das Protokoll zur Verhütung, Bekämpfung und Bestrafung des Menschenhandels.[702] Die Wanderarbeiterkonvention ist immer noch nicht von Deutschland ratifiziert worden.[703] Dem Zusatzprotokoll gegen die Schleusung von Migranten sowie zwei weiteren

---

[696] BT-Drs. 19/8285, am 15.08.2019 ist das Gesetz in Kraft getreten, BGBl. I, S. 1307.

[697] Globaler Pakt für geordnete, sichere und reguläre Migration, A/Res/73/195 v. 19.12.2018, Ziel Ziel 5, Ziff. 21 lit. d-f; Ziel 18 Ziff. 34 lit. a).

[698] Ziel 5 Ziff. 21 lit. f.

[699] Ziel 7, Ziff. 23 lit. h.

[700] Ziel 6, Ziff. 22 lit. a.

[701] Ziel 9, Ziff. 25 lit. a.

[702] Ziel Ziff. 10, Ziff. 26 lit. a.

[703] Antwort der Bundesregierung auf die Kleine Anfrage der Grünen-Fraktion, BT-Drs. 19/2945, 7; eine Ratifikation ist im Koalitionsvertrag zur 20. Legislaturperiode weiterhin nicht vorgesehen.

Protokollen, die zusammen als Palermo-Protokoll bezeichnet werden, trat Deutschland bereits im Jahr 2005 bei.[704]

3. Ausblick

Seit Annahme des Migrationspaktes wurde kein Gesetzesvorhaben ausdrücklich mit ihm begründet. Es fehlen eindeutige Verweise, und auch die aufgezeigten Parallelen lassen nur den Schluss zu, dass der Migrationspakt, wie von der Bundesregierung angekündigt, lediglich ein Baustein einer umfassenden Migrationspolitik ist. Obwohl die Einschätzung zu teilen ist, dass der in Deutschland gegenüber Migranten gewährleistete Standard etwa hinsichtlich der Grundleistungen, des Zuganges zu Verfahren oder der Arbeitsbedingungen dem im Migrationspakt statuierten Standard entspricht, präsentiert sich der deutsche Arbeitsmarkt aufgrund seiner Besonderheiten nach wie vor als komplexes und voraussetzungsreiches Einwanderungsregime. Einzelne Erleichterungen, wie die Vervollständigung der Qualifikationen in Deutschland oder eine Bereichsausnahme für Informatiker, entsprechen sicherlich noch nicht dem Mobilitätsverständnis flexibler und vielfältiger Zugangsmöglichkeiten, die der Pakt als Zukunft suggeriert.

Der Koalitionsvertrag „Mehr Fortschritt wagen" der neu gebildeten Regierung aus SPD, Grünen und FDP lässt erahnen, dass das Migrationsrecht in der 20. Legislaturperiode weiter umgestaltet wird. Das Einwanderungsrecht soll widerspruchsfrei ausgestaltet und einzelne Vorschriften wie der Familiennachzug für Schutzsuchende ausgeweitet werden. Als Antwort auf die große Anzahl von Geduldeten wegen der sogenannten Flüchtlingskrise wird eine Fristenlösung anvisiert, die den Betroffenen ein einjähriges Bleiberecht auf Probe geben soll.[705] Das angestrebte, übergreifende Ziel einer aktiven, ordnenden Politik, bei der Migration vorausschauend und realistisch gestaltet, irreguläre Migration reduziert und reguläre Migration erleichtert werden soll, greift sprachlich und konzeptionell sehr deutlich die Annahmen des Migrationspaktes auf.

IV. Zwischenergebnis

Der Migrationspakt hat wegen der innerstaatlichen Opposition nicht in entscheidender Weise die Ausgestaltung des Migrationsrechts beeinflussen können. Die Kontroverse hat die Bundesregierung und den Bundestag zum Zeitpunkt der Annahme vielmehr dazu veranlasst, die Unverbindlichkeit des Paktes in der Öffentlichkeit und in einem eigens dafür angenommenen Beschluss zu perpetuieren. Die neue politische Ausrichtung der in der 20. Legislaturperiode gebildeten Regierung lässt eine deutlich migrationsfreundlichere Rechtsgestaltung in den nächsten Jahren erwarten. Ob diese ausdrücklich unter Rückgriff auf den materiell einschlägigen Migrationspakt erfolgt, mag aber bezweifelt werden.

---

[704] BGBl. 2005 II, S. 954.
[705] Koalitionsvertrag zwischen der SPD, Bündnis 90/Die Grünen u. FDP zur 20. Legislaturperiode, Mehr Fortschritt wagen, S. 137 f., 140.

C. Ergebnis zu § 5: Trotz Opposition – was bleibt?

Die Aufregung um den Migrationspakt hat sich weitestgehend gelegt. Der von den Gegnern befürchtete Kontrollverlust ist nicht eingetreten und der nationale Gestaltungsspielraum durch den Migrationspakt nicht eingeschränkt worden. Umgekehrt konnte der Migrationspakt die in ihn gesetzten Hoffnungen, Migration erfolgreich global zu steuern, Migranten während des Weges zu schützen und die negativen Folgen irregulärer Migration durch internationale Zusammenarbeit und Kooperation abzufedern, nicht erfüllen. Ein Jahr nach Annahme des Migrationspaktes waren erst 1,1 Millionen Dollar in den Treuhandfonds, der die Umsetzung der 23 Ziele finanzieren soll, eingezahlt worden, und zwar nur von einem einzigen Geberland: Deutschland.[706] Das zum Monitoring der Umsetzung eingesetzte *Netzwerk Migration* hat zwar im Mai 2018 seine Arbeit aufgenommen, aber auch hier sind nach der hier vertretenen Auffassung noch keine spürbaren Erfolge hin zu einer Konstitutionalisierung oder Weiterentwicklung des Migrationsvölkerrechts sichtbar. Eine Reihe von Staaten wurde als sogenannte Champions ausgewählt, mit dem Auftrag, den Migrationspakt besonders zu bewerben und zugleich in besonderem Maße bei der Umsetzung unterstützt zu werden. Für Westeuropa wurde Portugal ausgewählt, welches sich – ob infolgedessen oder unabhängig davon – besonders der Implementierung des Migrationspaktes verschrieben hat.[707] Im Mai 2022 stand erstmalig ein Treffen des Überprüfungsforums *Internationale Migration* an; dieses wird sich alle vier Jahre zur kontinuierlichen Weiterverfolgung und Überprüfung treffen.[708] Angesichts der Umstände der Annahme und im Hinblick darauf, dass wegen aktueller Krisen wenig Bereitschaft für innovative, vertiefte Kooperation besteht, führte das Treffen zu keinen messbaren Umsetzungsfortschritten. Ein Abschlussprogramm, in dem die Erfolge oder das Vereinbarte festgehalten werden, ist online nicht auffindbar.

Ungeachtet dessen ist der Migrationspakt nicht irrelevant. Zwar konnte sich das in ihm angelegte Potenzial sich, durch seine progressive Ausrichtung normativ zu härten und damit eine über seine politische Bindung hinausgehende rechtliche Bindungswirkung zu erreichen, nicht realisieren, dieser Umstand liegt jedoch ausschließlich in der starken globalen Opposition begründet. Was ungeachtet dessen bleibt, ist der politische Ansatz, Migration ganzheitlicher zu erfassen und nicht als Annex zu anderen Rechtsgebieten zu regeln. Der Begriff des Migranten wurde, wenngleich er im Pakt nicht definiert wurde, als Gegensatz zum Flüchtling im Rechtsdiskurs weiter verfestigt.[709] War die Verwendung der

---

[706] *Leubecher*, Ein Jahr Migrationspakt – was ist passiert?, Die Welt v. 13.12.2019, S. 4.

[707] Ebd.

[708] Globaler Pakt für geordnete, sichere und reguläre Migration, A/Res/73/195 v. 19.12.2018, Ziff. 49.

[709] *Geistlinger*, Impacts of the Adoption of the Global Compact for Safe, Orderly and Regular Migration for Austria, v. 09.11.2018, S. 18 ff.

Begrifflichkeit bereits in der jüngeren Wissenschaft gebräuchlich, etabliert sie sich nun mehr auch in staatlichen und internationalen Regelungskontexten.[710] Diese Parallelisierung kann den Anfangspunkt setzen, um den Begriff als rechtliche Kategorie zu deuten.[711] Der im Pakt gewählte menschenrechtsbasierte Ansatz erinnert die Staaten an ihre bereits bestehenden menschenrechtlichen Verpflichtungen gegenüber Migranten und lässt in einer progressiven Lesart den Schluss zu, dass es, ähnlich wie gegenüber Flüchtlingen, ein exklusives Rechteprogramm auch für Migranten geben könnte.[712]

Ferner hat der Pakt die Interdependenz zwischen Migration und nachhaltiger Entwicklung weiter verstärkt. Die Auswirkung dieser Verknüpfung zeigt sich beispielsweise im Unionsrecht, in dessen Rahmen zukünftig die Entwicklungspolitik im Sinne des Migrationspaktes verstanden werden könnte. Sowieso ist in diesem Bereich der größte Niederschlag des Migrationspaktes zu erwarten; auch hier bleiben die anstehenden Reformen in den nächsten Jahren abzuwarten.

---

[710] Siehe dazu auch § 5 A. I. 2. Der Migrationspakt im Unionsrecht; Der im Juli 2022 vorgestellte Kabinettsentwurf eines neuen Einwanderungsrechts wird in der Öffentlichkeit bereits als „Migrationspaket" behandelt, siehe bspw. https://www.fdp.de/chancen-aufenthal tsrecht-ist-beginn-eines-paradigmenwechsels (letzter Zugriff am 23.03.2023); https://www.l to.de/recht/nachrichten/n/bundesinnenministerium-faeser-vorschlag-chancen-aufenthaltsre cht-migrationspaket/ (letzter Zugriff am 23.03.2023); in der Wissenschaft etwa durch *Thym,* Migrationsverwaltungsrecht, 2010 oder *Bast,* Aufenthaltsrecht und Migrationssteuerung, 2011.

[711] Ebd.

[712] Ebd., S. 22 ff.

Teil 3

Verfassungsrechtliche Rezeption von Soft Law

§ 6 Die Beteiligung des Bundestages

Obwohl sich der Bundestag inzwischen als ein internationalisiertes Parlament begreifen lässt, entspricht die Verfassungsrechtslage noch der traditionellen Vorstellung, die die Exekutive als primär verantwortliches Staatsorgan für die auswärtige Gewalt bestimmt.[1] Der verfassungsfremde Begriff der auswärtigen Gewalt bezeichnet dabei keine eigenständige, gegenständlich abgrenzbare Gewalt im Sinne der Gewaltentrennung, sondern dient als Sammelbegriff für Zuständigkeiten staatlicher Organe in den auswärtigen Beziehungen.[2] Kurz: Auswärtige Gewalt ist staatliches Entscheiden in auswärtigen Sachverhalten.[3] Wegen dieser Kompetenzzuweisung ist die Öffnung hin zu internationalen Themen vor allen Dingen auf die Selbstinitiative des Parlaments zurückzuführen sowie auf eine das Parlament in die Pflicht nehmende Rechtsprechung des Bundesverfassungsgerichts, zumindest für den Bereich der Europäischen Union.

Diese Kompetenzaufteilung gilt demnach auch für die Mitwirkung des Bundestages bei internationalem Soft Law. Die Rechtsprechung des Bundesverfassungsgerichts hat jüngst bestätigt, dass internationales Soft Law keine Beteiligung nach Art. 59 Abs. 2 GG auslöst.[4] Der Bundestag ist damit auf die ihm grundsätzlich zustehenden Kontroll-, Informations- und Fragerechte gegenüber der Bundesregierung verwiesen.

---

[1] Bis heute ist umstritten, ob die Exekutive allein oder zusammen mit der Legislative Trägerin der auswärtigen Gewalt ist. Hier wird insofern der frühen Einordnung des Bundesverfassungsgerichts gefolgt, dass die geborene Trägerin der auswärtigen Gewalt die Regierung ist und die Beteiligung nach Art. 59 Abs. 2 GG eine Durchbrechung dieses Grundprinzips ist, vgl. dazu *Kemper,* in: Mangoldt/Klein/Starck (Hrsg.), GG, 7. Aufl., Art. 59 Rn. 32; *Fastenrath,* Kompetenzverteilung, S. 215; *Hailbronner,* VVDStRL 1996, S. 7 (10); zumindest nach der Rechtsprechung des Bundesverfassungsgerichts *Röben,* Außenverfassungsrecht, S. 74; nach einer älteren Ansicht werden die unter dem Begriff zusammengefassten Kompetenzen zur „gesamten Hand" von Bundesregierung und Bundestag gleichermaßen ausgeübt, *Friesenhahn,* VVDStRL 1958, S. 9 (38).

[2] *Hailbronner,* VVDStRL 1996, S. 7 (9); zum Begriff, statt vieler: *Fastenrath,* Kompetenzverteilung, S. 56 ff.

[3] *Röben,* Außenverfassungsrecht, S. 58.

[4] BVerfG, Beschluss der 2. Kammer des Zweiten Senats v. 07.12.2018 – 2 BvQ 105/18, Rn. 16.

Die normative Bindungswirkung, die einige Soft Law-Instrumente entfalten können und in der Vergangenheit auch entfaltet haben, werfen zum Ende der Arbeit Fragen nach der Bedeutung demokratischer Legitimation und damit nach der Beteiligung des Bundestages auf.[5] Werden durch internationale Entscheidungsprozesse rechtspolitische Weichenstellungen vorbereitet, so könnte mit dem Wesentlichkeitsgedanken eine über den Rechtszustand hinausgehende Mitwirkung des Bundestages begründet werden.[6] Nimmt man an, dass die gesetzgeberische Einschätzungsprärogative durch normativ verhärtetes Soft Law im Einzelfall eingeschränkt sein kann, ließen sich ferner die Entschließungs- und Gestaltungsfreiheit des Gesetzgebers oder das freie Mandat des einzelnen Abgeordneten anführen (Art. 38 Abs. 1 S. 2 GG).

Diesen Fragen soll sich mit dem vergleichenden Blick auf die Regelungen des Grundgesetzes zur Beteiligung bei verbindlichem Völkerrecht angenähert werden. Dem zugrunde liegt die Überlegung, dass etwaige Forderungen zur Beteiligung bei internationalem Soft Law wegen der ursprünglichen Unverbindlichkeit nicht über die Beteiligungsmodi bei verbindlichem Völkerrecht hinausgehen können. Letztere müssen die äußere Grenze eines möglichen verfassungsrechtlichen Gebots zur Reform bilden und bieten zugleich Anhaltspunkte für die Gewichtung des Wesentlichkeitsgedankens und der Rechte des Bundestages in der auswärtigen Gewalt. Dazu wird auch die Mitwirkung des Bundestages bei unionalem Recht in den Blick genommen (Art. 23 GG), da die gegenüber Art. 25 GG und Art. 59 Abs. 2 GG jüngere Vorschrift bereits ein deutlich umfassenderes und komplexeres Beteiligungsmodell der gesetzgebenden Organe kennt. Es folgen Überlegungen, welche Reformen den Bundestag effektiv bei der Aushandlung und Annahme von internationalem Soft Law integrieren könnten.

A. Beteiligung des Bundestages bei verbindlichem Völkerrecht

Die (fehlenden) Regelungen zur Beteiligung des Bundestages bei verpflichtendem Völkerrecht stehen in deutlichem Kontrast zur Internationalisierung des Parlaments. Das gilt umso mehr, wenn man die Mitwirkungsrechte des Bundestages bei europäischen Angelegenheiten als Alternativmodell anführt.

I. Beteiligung nach Art. 25 GG

Die Miteinbeziehung überstaatlichen Rechts i. S. d. Art. 25 GG und die der Norm vorgelagerten Bedingungen der Entstehung gewohnheitsrechtlicher Regeln lösen zu keinem Zeitpunkt eine Beteiligungspflicht des Bundestages aus. Die Geltung einer gewohnheitsrechtlichen Norm an eine konstitutive Entschließung des Bundestages zu binden, würde die dynamische Verweisung in ihrer Funktion unterlaufen. In ihr ist eine Privilegierung von Teilen des Völkerrechts über den

---

[5] Siehe dazu ausf. § 4 Formelle und Materielle Härtung.
[6] BVerfGE 49, 89 (162).

einfachen, als einziges Verfassungsorgan direktdemokratisch legitimierten Gesetzgeber zu sehen (Art. 20 Abs. 2, 38 GG). Im Kollisionsfall geht eine gewohnheitsrechtliche Norm einem ihr widersprechenden Parlamentsgesetz vor und bedeutet als Teil der verfassungsmäßigen Ordnung dessen Nichtigkeit.[7] *Doehring* bezeichnete die gewählte Verweisungstechnik darum auch als „Akt der blinden Unterwerfung".[8]

Dieser Zustand wird dadurch abgemildert, dass Art. 25 GG als unterverfassungsrechtliche Norm seine Grenzen in der Verfassung selbst findet. Das bedeutet, dass das durch die Ewigkeitsgarantie geschützte Demokratieprinzip (Art. 20 Abs. 2, 79 Abs. 3 GG) Beachtung finden muss und dass auch das das Grundgesetz überspannende Leitbild der Völkerrechtsfreundlichkeit, dessen Ausdruck die Miteinbeziehung der allgemeinen Regeln des Völkerrechts ist, nur „im Rahmen des demokratischen […] Systems des Grundgesetzes" Bedeutung erlangt.[9] Der Staat – und damit mittelbar auch der Bundestag als eines der Verfassungsorgane – kann durch sein auswärtiges Handeln die Staatenpraxis und durch seine Äußerungen und Tätigkeiten die Rechtsüberzeugung mitbestimmen,[10] wobei einschränkend hinzugefügt werden muss, dass es in diesem Bereich primär auf das Handeln der Bundesregierung ankommt.

Die Herausbildung gewohnheitsrechtlicher Normen setzt ferner keine universelle Praxis voraus. Nach der Rechtsprechung des Bundesverfassungsgerichts ist es selbst für die Miteinbeziehung einer gewohnheitsrechtlichen Regelung nicht erforderlich, dass ein unter Art. 25 GG als allgemein deklarierter Gewohnheitsrechtssatz durch die Mitwirkung Deutschlands entstanden ist.[11] Daneben bleibt zu bedenken, dass bei einigen der neueren methodischen Ansätze immer weniger auf staatliches Handeln als Indiz der beiden Elemente überhaupt zurückgegriffen wird.[12] Es ist somit möglich, dass Deutschland an einen gewohnheitsrechtlichen Standard gebunden ist, der ohne seine Beteiligung – nicht einmal unter Beteiligung der Exekutive – entstanden ist.

Während die in Kauf genommene normative Unschärfe, die durch die dynamische Verweisungstechnik ausgelöst wird, durch das Normenverifikationsverfahren abgemildert werden kann,[13] ist das Verfahren nicht dazu geeignet oder darauf ausgerichtet, die fehlende Mitwirkung des Bundestages zu kompensieren. Mit der Ausgestaltung des Verfahrens als Richtervorlage soll zum einen der Verletzung der allgemeinen Regeln durch deutsche Gerichte vorgebeugt und zum

---

[7] BVerfGE 141, 1 (17), mit Verweis auf BVerfGE 6, 309 (363); 22, 288 (300), 31, 145 (177); 112, 1 (21 f.).

[8] *Doehring,* Die allgemeinen Regeln des völkerrechtlichen Fremdenrechts, S. 4.

[9] BVerfGE 31, 58 (75 f.); 111, 307 (317); 112, 1 (26); 123, 267 (344); BVerfGK 9, 174 (186).

[10] *Tomuschat,* in: J. Isensee/Kirchhof, HbStR, Bd. XI, § 226 Rn. 13.

[11] BVerfGE 16, 27 (33).

[12] So auch *Talmon,* JZ 2013, S. 12 (ebd.); siehe dazu ausf. § 4 I. Erstarken zu Gewohnheitsrecht.

[13] Siehe dazu ausf. § 4 A. IV. 1. Art. 25 GG – allgemeine Regeln des Völkerrechts.

anderen Rechtssicherheit gewährleistet werden.[14] Dem Bundestag verbleibt lediglich die Möglichkeit, als Verfassungsorgan gewohnheitsrechtliche Normen bei seiner Tätigkeit zu berücksichtigen oder wegen der Unvereinbarkeit mit der Verfassung außer Acht zu lassen (Art. 20 Abs. 3 GG). Die Regelungstechnik des Art. 25 GG gepaart mit der Entwicklung des Gewohnheitsrechts seit den 1970er Jahren veranlasst zu demokratischen Bedenken gegen den Status quo.

II. Beteiligung nach Art. 59 Abs. 2 S. 1 GG[15]

Die Zustimmungspflicht des Bundestages zu einem völkerrechtlichen Vertrag hängt von seinem Gegenstand ab, d. h., dass nur bestimmte völkerrechtliche Regelungen einem Gesetzesvorbehalt unterliegen.[16] Die bisweilen uneinheitliche Terminologie des Grundgesetzes und der nachfolgenden Vorschriften lässt sich systematisch so begreifen, dass zwischen zustimmungspflichtigen Staatsverträgen und nicht zustimmungspflichtigen Verwaltungsabkommen zu unterscheiden ist.[17] Letztere lassen sich als Regierungsübereinkünfte und Ressortabkommen weiter differenzieren (§ 2 Abs. 1 RvV).

1. Zustimmungspflicht des Bundestages

Staatsverträge, die der Zustimmung des Bundestages bedürfen, sind politische Verträge (Art. 59 Abs. 2 S. 1 Alt. 1 GG) und Gesetzgebungsverträge (Art. 59 Abs. 2 S. 1 Alt. 2 GG). Die Beteiligung bei Letzteren soll den allgemeinen Vorbehalt des Gesetzes[18] und den Wesentlichkeitsgedanken im Bereich der auswärtigen Angelegenheiten verwirklichen.[19] Damit soll sichergestellt werden, dass die legislatorische Entschließungsfreiheit des Parlaments nicht durch von der Exekutive ohne seine Mitwirkung geschlossene, internationale Verträge aufgrund ihrer präjudiziellen Auswirkung auf die innerstaatliche Rechtslage beeinträchtigt wird.[20] Die Beteiligung bei politischen Verträgen, also solchen, die die Existenz des Staates, seine territoriale Integrität, seine Unabhängigkeit, seine Stellung oder sein maßgebliches Gewicht in der Staatengemeinschaft selbst berühren,[21]

---

[14] *Cremer,* Allg. Regeln des Völkerrechts, in: J. Isensee/Kirchhof (Hrsg.), HbStR, Bd. XI, § 235 Rn. 42.

[15] Für die Übertragung von Hoheitsrechten auf zwischenstaatliche Institutionen ist Art. 24 Abs. 1 GG mitzudenken, dem im hier besprochenen Kontext jedoch keine eigenständige Bedeutung zukommt. Hier wird der Auffassung gefolgt wird, dass eine Übertragung von Hoheitsrechten immer auch einen Gründungsvertrag der zwischenstaatlichen Organisation nach Art. 59 Abs. 2 GG erforderlich macht, BVerfGE 90, 286 (351); *Tischendorf,* EuR 2018, S. 695 (701); siehe dazu ferner *Röben,* Außenverfassungsrecht, S. 60 ff.

[16] *Röben,* Außenverfassungsrecht, S. 95.

[17] *Schorkopf,* Staaatsrecht der int. Beziehungen, § 3 Rn. 72.

[18] *Röben,* Außenverfassungsrecht, S. 93.

[19] *Kemper,* in: Mangoldt/Klein/Starck (Hrgs.), GG, 7. Aufl., Art. 59 Rn. 37; *Schorkopf,* Staaatsrecht der int. Beziehungen, § 3 Rn. 81.

[20] BVerfGE 90, 286 (357); *Hillgruber,* in: FS Leisner, S. 64.

[21] BVerfGE 1, 372 (381); 90, 286 (359).

kann nicht mit diesem Rechtsgedanken begründet werden und ist eine genuin außenpolitische Mitentscheidungskompetenz des Parlaments.[22] Die ausnahmsweise Durchbrechung des Primats der Exekutive für auswärtige Angelegenheiten hat zu einer restriktiven Auslegung der Fallgruppe geführt, die den Begriff in einzelnen Entscheidungen mit *hochpolitisch* gleichsetzt.[23] In der Praxis führt diese Auslegung dazu, dass die Fallgruppe nur selten einschlägig ist (§ 30 Abs. 1 lit. a RvV). Relevante Verträge, die aber nicht „hochpolitisch" sind, können unter der Zustimmungsschwelle bleiben und von der Bundesregierung allein beschlossen werden. Der Grad der Ausdifferenzierung und die weitreichenden Folgen, die in diesem Sinne *unpolitische* Verträge erreichen können, lassen die Rechtsprechung des Bundesverfassungsgerichts überholt erscheinen.[24]

Die Mitwirkung des Bundestages und des Bundesrates i. S. d. Art. 59 Abs. 2 S. 1 GG erfolgt in Form des Gesetzes.[25] Das Bundesverfassungsgericht betrachtet dieses Gesetz funktionell als Regierungsakt, der in diesem Fall der Handlungsform der gesetzgebenden Organe entspricht.[26] Bundestag und Bundesrat besitzen ein politisches Mitgestaltungsrecht,[27] welches sich im sachlichen Anwendungsbereich der Vorschrift darauf bezieht, die Vertragspolitik der Bundesregierung zu konsentieren. Das Parlament besitzt gestalterisch nur die negative Kompetenz, einem zustimmungspflichtigen Vertrag seine Zustimmung zu verweigern. Eine darüber hinausgehende aktive, gestaltende Einflussnahme auf die Außenpolitik ist verfassungsrechtlich nicht vorgesehen.[28] Dem folgt die Regelung in der Geschäftsordnung, die Änderungsanträge zu Zustimmungsgesetzen nicht zulässt (§ 82 Abs. 2 GO-BT). Der Bundestag befindet sich also in einer binären Entscheidungssituation: Ihm verbleibt ausschließlich die Möglichkeit, den Vertragstext als Ganzes anzunehmen oder abzulehnen. Die sogenannte Ratifikationslage mindert den Gestaltungsraum, den der Gesetzgeber im Vergleich zu regulären Gesetzgebungsverfahren hat,[29] und reduziert damit die integrativ-legitimatorische Wirkung, die durch die Beteiligung des Bundestages erreicht werden soll.

---

[22] *Hillgruber,* Die Fortentwicklung völkerrechtlicher Verträge als staatsrechtliches Problem, in: FS Leisner, 1999, S. 64.

[23] *Kemper,* in: Mangoldt/Klein/Starck (Hrgs.), GG, 7. Aufl., Art. 59 Rn. 64.

[24] *Hailbronner,* VVDStRL 1996, S. 7 (11); *Nettesheim,* in: Dürig/Herzog/Scholz, GG-Kommentar, 95. EL Juli 2019, Art. 59 Rn. 101; *Schorkopf,* Staaatsrecht der int. Beziehungen, § 3 Rn. 79; *Tietje/Nowrot,* Parlamentarische Kontrolle und Steuerung, in: Morlok/Schliesky/Wiefelspütz (Hrsg.), Parlamentsrecht, § 45 Rn. 26; *Vöneky,* Völkerrecht und Verfassungsrecht, in: J. Isensee/Kirchhof, HbStR, Bd. XI, § 236 Rn. 17.

[25] BVerfGE 68, 1 (85).

[26] BVerfGE 90, 286 (357).

[27] Ebd.

[28] *Hailbronner,* VVDStRL 1996, S. 7 (10); *Hillgruber,* Die Fortentwicklung völkerrechtlicher Verträge als staatsrechtliches Problem, in: FS Leisner, 1999, S. 65; *Wolfrum,* VVDStRL 1996, S. 39 (49).

[29] *Ruffert,* Parlamentarisierung, in: Morlok/Schliesky/Wiefelspütz (Hrsg.), Parlamentsrecht, § 42 Rn. 63.

Die politischen Kosten, die für den Bundestag mit einer Ablehnung eines bereits ausgehandelten Vertrages, gerade eines multilateralen, einhergehen können, führen dazu, dass die Mehrheit, selbst bei Kritik, regelmäßig zustimmen wird. Das gilt umso mehr, als die Bundesregierung auf die sie tragenden Regierungsfraktionen als Mehrheit im Bundestag zählen kann. Die Ratifikationslage kann durch die Erklärung eines Vorbehalts, Protokollerklärungen oder das Beifügen einer Auslegungserklärung abgemildert werden,[30] wobei von der Möglichkeit, Vorbehalte anzubringen, aus Sicht der Bundesregierung zurückhaltend Gebrauch gemacht werden soll (§ 32 RvV).

Zugleich darf der Blick auf die beschränkten formellen Gestaltungsmöglichkeiten des Bundestages nicht darüber hinwegtäuschen, dass die am Ende stehende Zustimmungspflicht auf die Vertragsverhandlungen vorwirken kann. Nicht nur muss die Bundesregierung fürchten, dass sie der völkerrechtlichen Pflicht zur Ratifikation nicht nachkommen kann und dadurch mindestens an außenpolitischem Ansehen verliert, die Vetoposition des Bundestages bedeutet vielmehr, dass eine Regierung schon mit Blick auf eine erfolgreiche Zustimmung die Vertragsverhandlungen führen muss. Die Beteiligung des Bundestages steht zwar am Ende eines völkerrechtlichen Vertrages, bestimmt aber von Anfang an die Prämissen und Bedingungen der Aushandlung.[31] Letztendlich lässt sich die Herausbildung von Soft Law gerade auch als Antwort auf die damit einhergehenden Unwägbarkeiten einordnen.[32]

2. Dynamische Vertragsentwicklung

Die Beteiligung des Bundestages spiegelt das singuläre Element des Vertragsabschlusses wider. Eine erneute Beteiligung wird im Zweifel nur bei einer förmlichen Vertragsänderung ausgelöst. Weil die meisten Vertragsverhandlungen mehrjährige, komplexe Verfahren sind, wird häufig von größeren Vertragsveränderungen nach Inkrafttreten abgesehen. Zu unwägbar erscheint den Vertragsparteien das Risiko, sich nicht erneut einigen zu können. Möglicherweise haben sich die Interessenlagen seit Vertragsschluss geändert oder erst die Vertragsanwendung Dissens zwischen den Parteien offenbart.[33]

Ein Weg, wie im Völkervertragsrecht darauf reagiert wird, ist es, bei umfangreichen Vertragsregimen vereinfachte Vertragsänderungsverfahren einzuführen, die im Einverständnis der Staatenvertreter beschlossen werden können.[34] Daneben wird die Inflexibilität des einmal Beschlossenen durch die dynamische Ver-

---

[30] *Röben,* Außenverfassungsrecht, S. 102.

[31] Zu den Formen der Beteiligung des Bundestages bei Vertragsverhandlungen siehe *Röben,* Außenverfassungsrecht, S. 100 f.

[32] Siehe ausf. § 2 C. Funktionsdimensionen.

[33] *Schorkopf,* Grundgesetz und Überstaatlichkeit, S. 141.

[34] Art. 48 Abs. 6 EUV; Art. 108 UN-Charta mit dem Erfordernis einer Zweidrittelmehrheit aller Mitglieder und dem Einverständnis der Mitglieder des UN-Sicherheitsrates.

tragsentwicklung kompensiert.[35] Sowohl über im Vertrag angelegte Öffnungstatbestände sowie Verweise als auch über die Einsetzung zur Setzung von Sekundärrecht befugter Organe oder die Einsetzung zur Rechtsprechung befugter Organe besteht die Möglichkeit, dass sich über die Zeit das Vertragswerk von dem ursprünglich durch die Zustimmung gedeckten Gegenstand entfernt.[36] In diesen Fällen bedarf es daher der Abgrenzung, ob sich die Vertragsentwicklung noch im Bereich der durch das Zustimmungsgesetz gedeckten Ermächtigung befindet oder ob es sich um eine konkludente Vertragsveränderung handelt, die die erneute Zustimmung des Bundestages auslöst. Fest steht, dass das Zustimmungsgesetz im Regelfall einen relativ weiten, auslegungsbedürftigen Ermächtigungsrahmen absteckt, der von der Bundesregierung als Trägerin der auswärtigen Gewalt ausgefüllt werden muss.[37] Erst darüber hinausgehende, extensive Auslegungen bedürfen der oben dargestellten Abgrenzung.

Prototypisch kann dieser Konflikt an der Entwicklung der NATO-Organisation in den 1990er Jahren nachvollzogen werden.[38] Ursprünglich gegründet als Verteidigungsbündnis im Kalten Krieg, erweiterten seine Vertragsparteien die Funktion der Organisation hin zu Friedensmissionen und -interventionen mit und ohne Mandat des UN-Sicherheitsrates nach Kapitel VII der UN-Charta.[39] Der Aufgabenwandel kulminierte in einem neuen NATO-Strategiekonzept, zu welchem die damalige Opposition der PDS im Bundestag im Wege des Organstreitverfahrens versuchte, eine Zustimmungspflicht des Bundestages zu erstreiten.[40]

Die Rechtsprechung des Bundesverfassungsgerichts hielt an der restriktiven Auslegung des Art. 59 Abs. 2 GG fest:[41] Selbst die Ausweitung des NATO-Vertrages auf Einsätze außerhalb des Bündnisfalls (Art. 5 NATO-Vertrag) löse keine direkte oder entsprechende Anwendung des Art. 59 Abs. 2 GG aus.[42] Bei dem Strategiekonzept handle es sich weder um einen völkerrechtlichen Vertrag noch um eine konkludente Vertragsänderung.[43] Die Konkretisierung eines Vertrages

---

[35] Siehe dazu § 4 A. II. Dynamische Vertragsentwicklung.

[36] *Hillgruber,* Die Fortentwicklung völkerrechtlicher Verträge als staatsrechtliches Problem, in: FS Leisner, 1999, S. 53; *Schorkopf,* Grundgesetz und Überstaatlichkeit, S. 142; *Wolfrum,* VVDStRL 1996, S. 39 (54); ausf. zur dynamischen Vertragsentwicklung siehe § 4 A. II.

[37] *Hillgruber,* Die Fortentwicklung völkerrechtlicher Verträge als staatsrechtliches Problem, in: FS Leisner, 1999, S. 62.

[38] Ebd., S. 53.

[39] Ebd.; zur Entwicklung der NATO in den 1990er Jahren vgl. *Sauer,* ZaöRV 2000, S. 317 (319 ff.).

[40] BVerfGE 104, 151 ff.

[41] Ausdrücklich keiner erweiternden Auslegung zugänglich: BVerfGE 104, 151 (206); Dass die Rechtsprechung zu dynamischen Vertragsentwicklungen selbst im Bundesverfassungsgericht nicht unumstritten war, zeigt die Entscheidung BVerfGE 90, 286, in der immerhin die Hälfte des Senats für eine erweiternde Auslegung des Art. 59 Abs. 2 S. 1 GG eingetreten war, vgl. ebd. (359 ff., 390).

[42] BVerfGE 104, 151 (206).

[43] Ebd. (201 f.); a. A. *Hillgruber,* Die Fortentwicklung völkerrechtlicher Verträge als

und die Ausfüllung des mit ihm niedergelegten Integrationsprogramms seien die Aufgabe der Bundesregierung. Das Grundgesetz habe in Anknüpfung an die traditionelle Staatsauffassung der Regierung im Bereich auswärtiger Politik einen weit bemessenen Spielraum zur eigenverantwortlichen Aufgabenwahrnehmung überlassen. Eine extensive Auslegung würde die außen- und sicherheitspolitische Handlungsfähigkeit der Bundesregierung ungerechtfertigt beschneiden und auf eine nicht funktionsgerechte Teilung der Staatsgewalt hinauslaufen.[44] Das parlamentarische System stelle dem Bundestag ausreichend Instrumente für die politische Kontrolle der Bundesregierung zur Verfügung: die Anwesenheits- und Antwortpflicht der Bundesregierung (Art. 43 Abs. 1 GG), das parlamentarische Budgetrecht, Zustimmungserfordernisse bei der Aufnahme neuer Mitglieder in die NATO, den wehrverfassungsrechtlichen Parlamentsvorbehalt und die Möglichkeit, mit schlichten Parlamentsbeschlüssen auf das Handeln der Bundesregierung Einfluss zu nehmen, zuletzt das Organstreitverfahren für die Oppositionsfraktionen.[45]

Die von der Wissenschaft kritisierte Rücknahme der Kontrolldichte bei der Vertragsentwicklung[46] konkretisierte das Bundesverfassungsgericht in Folgeentscheidungen dahingehend, dass die Fortentwicklung eines Vertrages unterhalb der Schwelle einer förmlichen Vertragsänderung nur dann zulässig sei, wenn die Änderungen nicht wesentlich seien oder die Identität des Vertrages nicht beträfen.[47] Flankiert wird diese Rechtsprechung des Bundesverfassungsgerichts von der Rechtsfigur der Integrationsverantwortung, die sich seit dem Vertrag von Lissabon stärker zu einem unionsbezogenen Auftrag an alle Staatsorgane weiterentwickelt hat.[48] Das Gericht betont, dass sich die Verantwortung des Parlaments sich nicht in einem einmaligen Zustimmungsakt erschöpfe, sondern sich auf den weiteren Vertragsvollzug erstrecke.[49] Die Verfassung sehe vor, dass Regierung und Legislative im Bereich der auswärtigen Gewalt zusammenwirken.[50] Wenn die Legitimation überstaatlicher sekundärer Hoheitsakte nicht unmittelbar durch das Zustimmungsgesetz hergestellt werden kann, dann soll zumindest das Organ mit der größten Legitimationsgrundlage für die Zukunft einbezogen sein und entsprechende Legitimation fortlaufend vermitteln.[51] Damit übersetzt

---

staatsrechtliches Problem, in: FS Leisner, 1999, S. 72; *Sauer,* ZaöRV 2002, S. 317 (337), der wegen Völkerrechtswandels, eine erweiternde Auslegung des Art. 59 Abs. 2 S. 1 GG bei materiellen Vertragsänderungen für unverzichtbar hält.

[44] BVerfGE 104, 151 (207); 90, 286 (363); 68, 1 (87).

[45] BVerfGE 104, 151 (208); *Wolfrum,* VVDStRL 1996, S. 39 (55); krit. *Hillgruber,* Die Fortentwicklung völkerrechtlicher Verträge als staatsrechtliches Problem, in: FS Leisner, 1999, S. 53 (63); *Schorkopf,* Grundgesetz und Überstaatlichkeit, S. 145.

[46] Exempl. *Sauer,* ZaöRV 2002, S. 317 (330 ff).

[47] *Nettesheim,* in: Dürig/Herzog/Scholz (Hrsg.), GG, 95. EL Juli 2021, Art. 59 Rn. 131.

[48] BVerfGE 123, 267 (351 ff.).

[49] BVerfGE 104, 151 (Rn. 152); *Krieger,* AöR 2008, S. 315 (328).

[50] BVerfGE 104, 151 (Rn. 153).

[51] *Schorkopf,* in: Kahl/Waldhoff/Walter (Hrsg.), Bonner Kommentar zum GG, Art. 23 Rn. 189.

die Integrationsverantwortung den Gedanken der Responsivität in das Staatsrecht.[52]

3. Kritische Würdigung

Die Entscheidung des Bundesverfassungsgerichts, den Anwendungsbereich des Art. 59 Abs. 2 GG nicht auszuweiten, steht im Kontrast zur zeitgleichen Weiterentwicklung der Mitwirkung des Bundestages bei europäischen Angelegenheiten. Die neue Figur des ausbrechenden Rechtsaktes, der nicht mehr vom ursprünglichen Zustimmungsgesetz gedeckt ist, wurde gerade nicht auf das Völkerrecht übertragen und macht die Differenzierung beider Rechtsbereiche umso deutlicher.[53] Insofern präsentiert Art. 59 Abs. 2 GG das tradierte Verständnis der auswärtigen Gewalt ohne Rücksicht auf das moderne Völkervertragsrecht und dessen innerstaatlichen Einfluss.[54] Im gesamten Bereich internationalen Handelns dominieren repressive Kontrollinstrumente des Parlaments gegenüber der Regierung. Steuerungsmöglichkeiten im Sinne aktiver Gestaltung im Hinblick auf die Ausgestaltung der internationalen Beziehungen hat das Parlament, wenn überhaupt, nur sehr begrenzt.[55]

Der Verweis auf die parlamentarischen Kontrollmöglichkeiten als ausreichende Handlungsoptionen des Bundestages blendet ferner aus, dass die Wahrnehmung im Zweifel von der Opposition abhängt, die je nach Instrument die entsprechenden Antragsbefugnisse gegen die Mehrheit mobilisieren muss.[56] Dass die Vorschrift dennoch unverändert seit Inkrafttreten des Grundgesetzes überlebt hat, ist zugleich Ausdruck des fehlenden Konfrontationswillens der Mehrheit im Bundestag gegenüber der Bundesregierung. Als eine der Folgen eines parlamentarischen Regierungssystems verläuft die Gewaltenteilung im Sinne politischen Einflusses und der Machtausübung nicht hauptsächlich zwischen der Regierung und dem Parlament, sondern verschiebt sich auf die Koalition im Parlament und der Regierung, der die Opposition im Parlament gegenübersteht.[57] Dieser Effekt wird umso größer, je mehr Abgeordnete Teil der Regie-

---

[52] *Schorkopf*, Staatsrecht der int. Beziehungen, § 5 Rn. 16.

[53] *Hillgruber* plädiert für die Übertragung der Ultra vires-Kontrolle in den Anwendungsbereich des Art. 59 Abs. 2 S. 1 GG, *ders.*, Die Fortentwicklung völkerrechtlicher Verträge als staatsrechtliches Problem, in: FS Leisner, 1999, S. 70 ff.; *Lepsius,* EuZW 2012, S. 761 (762); *Sauer*, ZaöRV 2002, S. 317 (333).

[54] *Schorkopf,* Grundgesetz und Überstaatlichkeit, S. 146; *Wolfrum,* VVDStRL 1996, S. 39 (42 f.).

[55] *Tietje/Nowrot*, Parlamentarische Kontrolle und Steuerung, in: Morlok/Schliesky/Wiefelspütz (Hrsg.), Parlamentsrecht, § 45 Rn. 13.

[56] *Röben*, Außenverfassungsrecht, S. 84; *Schambeck*, Grundprobleme des deutschen Regierungssystems, in: FS Leisner, 1999, S. 456; *Schorkopf*, Grundgesetz und Überstaatlichkeit, S. 141.

[57] *Schambeck*, Grundprobleme des deutschen Regierungssystems, in: FS Leisner, 1999, S. 456; *Wittreck*, ZG 2011, S. 122 (133); differenziert: *Schliesky*, Parlamentsfunktionen, in: Morlok/ders./Wiefelspütz (Hrsg.), Parlamentsrecht, § 5 Rn. 70.

rungsfraktionen sind. In der 18. Legislaturperiode waren die Mehrheiten so verteilt, dass die Oppositionsfraktionen die für die Kontrollinstrumente notwendi-
gen Quoren nicht erreichen konnten.[58] Machterhalt oder die Sicherung der be-
ruflichen Existenz setzen Anreize für Abgeordnete der Regierungsfraktionen,
nicht in jedem Fall die Vorhaben der Exekutive zu behindern.[59] Zwar nicht formell und direkt, aber dafür mittelbar und faktisch können die die Regierung
tragenden Fraktionen auf das Schicksal völkerrechtlicher Verträge Einfluss nehmen. Diese Möglichkeit wird von großen Teilen des Bundestages als ausreichend
wahrgenommen, wobei in Teilen die notwendige Sensibilität für völkerrechtliche
Sachverhalte und Zusammenhänge nicht ausreichend vorhanden ist.[60]

III. Beteiligung bei europäischen Angelegenheiten

Die Beteiligung des Bundestages und Bundesrates wurde parallel zur Annahme
des Gründungsvertrages der Europäischen Union (Vertrag von Maastricht) in
Art. 23 GG festgeschrieben und hat sich seitdem als eigenständiges Mitwirkungs-
system kontinuierlich weiter ausdifferenziert. Die Reform des Art. 23 GG
signalisiert bereits auf Verfassungsebene deutlich die Loslösung des Europa-
rechts von den allgemeinen völkerrechtlichen Vorschriften (Art. 24 Abs. 1, 25,
59 Abs. 2 GG) und seine Konstituierung als autonomes überstaatliches Rechtsregime in Praxis und Rechtsprechung.[61] Den Hintergrund des in Art. 23 GG
gespiegelten, tiefgreifenderen demokratischen Legitimationsbedarfs bildeten
mehrere Vertragsveränderungen in den 1990er Jahren, durch die die Union deutlich mehr Kompetenzen gewann und ihre internen Verfahrensvorschriften än-
derte, beispielsweise im Rat den Anwendungsbereich für Mehrheitsentscheidungen ausweitete.[62]

Sinnbildlich für die deutsche Haltung zur Europäischen Union beginnt der
Europaartikel mit der äußeren Verpflichtung der Bundesrepublik Deutschland,
an der Verwirklichung eines vereinten Europas mitzuwirken (Art. 23 Abs. 1 S. 1
GG). Damit wird das Bild der „immer engeren Union" aufgegriffen und eine
derart geförderte Union zugleich auf die sich selbst gegebenen Werte verpflichtet.
Dazu können Hoheitsrechte durch Zustimmungsgesetz übertragen werden, so-

---

[58] Der Bundestag half sie damals mit, die Quoren in der GO-BT entsprechend zu senken.
Dieses Entgegenkommen wirkte jedoch nur parlamentsintern war auf die verfassungsrechtlichen Zulässigkeitsvoraussetzungen für Verfahren i. S. d. Art. 93 GG nicht anwendbar, vgl.
§ 126a GO-BT [Besondere Anwendung von Minderheitsrechten in der 18. Wahlperiode] und
BVerfGE 142, 25 (53).

[59] *Wittreck,* ZG 2011, S. 122 (133 f.).

[60] *Schorkopf,* Grundgesetz und Überstaatlichkeit, S. 145.

[61] *Mayer,* Regelungen des Artikels 23 GG, in: Morlok/Schliesky/Wiefelspütz (Hrsg.), Parlamentsrecht, § 43 Rn. 133 f.

[62] *Nettesheim,* in: Pechstein (Hrsg.), Integrationsverantwortung, S. 13; zur Verantwortung
und Responsivität nationaler Regierungen in der EU aus politikwissenschaftlicher Sicht
Rose, West European Politics 2014, S. 253 ff.

fern der Identitätsvorbehalt des Grundgesetzes gewahrt bleibt (Art. 23 Abs. 1 S. 2, 3 GG).[63] Dieser Gesetzes- und Parlamentsvorbehalt wurde durch die Rechtsprechung des Bundesverfassungsgerichts zusätzlich geschärft: Demnach ist die Vorschrift nicht ausschließlich auf Verträge der Europäischen Union selbst, sondern auch auf solche anzuwenden, die in einem Ergänzungs- oder sonstigen besonderen Näheverhältnis zum Recht der Europäischen Union stehen.[64]

Der externe Mitwirkungsauftrag wird innerstaatlich auf die drei Verfassungsorgane aufgeteilt:[65] In Angelegenheiten der Europäischen Union wirken der Bundestag und über den Bundesrat die Länder mit (Art. 23 Abs. 2 S. 1 GG). Eine ausdrückliche Erwähnung der Bundesregierung ist obsolet, steht doch dem Grundsatz nach das auswärtige Handeln in ihrer Prärogative und braucht nur die interne Abkehr davon die verfassungsrechtlichen Erwähnung. Der Europaartikel bewirkt also, dass das Handeln Deutschlands in europäischen Angelegenheiten nicht mehr ausschließliches Vorrecht der Bundesregierung ist.[66]

Die im Vergleich zum Völkerrecht als Paradigmenwechsel[67] zu verstehende Kompetenzaufteilung zwischen Bundesregierung, Bundestag und Bundesrat reagiert auf das supranationale Unionsrecht.[68] Besonders für die Länder bedeutet der kontinuierliche Kompetenztransfer nach Brüssel einen entscheidenden Gestaltungsverlust,[69] weswegen der Reformimpuls auf den Bundesrat zurückzuführen ist, der sich eine effektive Beteiligung gegenüber der Bundesregierung erstritt. Auch in diesem Bereich fällt die Zurückhaltung der die Regierung tragenden Mehrheit gegenüber einer effektiven Kontrolle „ihrer" Exekutive auf.[70] Die effektive Ausgestaltung der ihnen nach dem Grundgesetz zustehenden Unterrichtungspflichten wurde maßgeblich durch die Rechtsprechung des Bundesverfassungsgerichts beeinflusst.[71] Die in der *Lissabon*-Entscheidung verlangte Stärkung

---

[63] Zur Verfassungsidentität als Integrationsgrenze siehe *Walter,* ZaöRV 2012, S. 177 ff.

[64] BVerfGE 131, 152 (199); 153, 74 (143).

[65] *Hufeld,* in: v. Arnauld/ders. (Hrsg.), Lissabon-Kommentar, 4. Aufl., § 1 Rn. 4; *Scholz,* Europapolitik zwischen Exektuve und Legislative, in: FS Kloepfer, 2013, S. 224.

[66] *Schorkopf,* in: Kahl/Waldhoff/Walter (Hrsg.), Bonner Kommentar zum GG, Art. 23 Rn. 184.

[67] *Mayer:* revolutionär, *ders.,* in: Franzius/ders./Neyer (Hrsg.), Modelle des Parlamentarismus, S. 83.

[68] *Möllers/Limpert,* ZG 2013, S. 44 (57).

[69] *Grimm/Hummrich,* DÖV 2005, S. 280 (ebd.); *Papier,* ZParl 2010, S. 903 (904); *Huber,* NordÖR 2012, S. 161 (162); *Schwanengel,* DÖV 2014, S. 93 (ebd.).

[70] *Wittreck,* ZG 2011, S. 122 (133); a. A. *Mayer,* Regelungen des Artikels 23 GG, in: Franzius/ders./Neyer (Hrsg.), Modelle des Parlamentarismus, S. 99, der ein neues parlamentarisches Selbstbewusstsein des Parlaments gegenüber der Regierung in europäischen Angelegenheiten beobachtet.

[71] BVerfGE 131, 152 (202 ff.); *Schmahl,* Integrationsverantwortung, Demokratieprinzip und Gewaltenteilung, in: Festgabe Knemeyer, 2012, S. 767; *Wittreck* bemüht das Bild eines Hundes, der noch zum Jagen getragen werden müsse, *ders.* ZG 2011, S. 122 (135); *Nettesheim* ordnet die extensive Rechtsprechung des BVerfG als gegenläufig zum ursprünglichen Willen des Gesetzgebers bei Reform des Art. 23 GG ein, *ders.,* in: Pechstein (Hrsg.), Integrationsverantwortung, S. 21.

der Rechte beider Gesetzgebungsorgane in Angelegenheiten der Europäischen Union war Bedingung für die verfassungskonforme Ratifikation des Lissabon-Vertrages.[72]

Im Gegensatz zu Art. 59 Abs. 2 GG erschöpft sich die Beteiligung nach Art. 23 GG nicht in einem singulären Ereignis, sondern ist auf eine kontinuierliche Mitwirkung aller drei Organe bei europäischen Angelegenheiten ausgelegt.[73] Das Konzept der Integrationsverantwortung verlangt, dass „bei der Übertragung von Hoheitsrechten und bei der Ausgestaltung der europäischen Entscheidungsverfahren dafür Sorge zu tragen [ist], dass in einer Gesamtbetrachtung sowohl das politische System der Bundesrepublik Deutschland als auch das der Europäischen Union demokratischen Grundsätzen i. S. d. Art. 20 Abs. 1 und 2 i. V. m. Art. 79 Abs. 3 GG entspricht."[74] Die organspezifische Verantwortung bedeutet auf den Bundestag und nachgeordnet auf den Bundesrat bezogen, dass sie darüber mitbefinden muss, ob bei beabsichtigten Integrationsschritten das demokratische Legitimationsniveau der unionalen Verträge ausreicht oder ggf. eine Primärrechtsänderung erforderlich ist oder im Einzelfall der Identitätsvorbehalt des Grundgesetzes berührt wird.[75] Integrationsverantwortung ist damit ein relationales Konzept, welches Elemente der Steuerung und Responsivität zum Gegenstand hat. Es geht um die Bereitstellung argumentativer Strukturen, mit denen eine politische Verschränkung sowohl der unionalen als auch der mitgliedstaatlichen Ebene in kompetenzieller und institutioneller Hinsicht bewirkt werden kann.[76]

Um dieser Integrationsverantwortung gerecht werden zu können, müssen Bundestag und Bundesrat frühzeitig unterrichtet werden (Art. 23 Abs. 2 GG). Zu geplanten Rechtsetzungsakten wird dem Bundestag die Gelegenheit zur Stellungnahme gegeben, die von der Bundesregierung bei den Verhandlungen berücksichtigt werden muss (Art. 23 Abs. 3 GG). Die Beteiligung des Bundesrates ist je nach Gegenstand des Gesetzgebungsverfahrens gestaffelt und sieht als Ultima Ratio vor, dass ein durch den Bundestag berufener Vertreter der Länder anstelle der Bundesregierung in die Verhandlungen geht (Art. 23 Abs. 6 GG). Zuletzt nimmt Art. 23 Abs. 1a GG die verfahrensrechtliche Möglichkeit der Subsidiaritätsrüge und -klage auf, die zum Schutze der Gestaltungsmöglichkeiten aller nationalen Parlamente auf unionaler Ebene durch den Vertrag von Lissabon eingeführt wurde.[77]

---

[72] BVerfGE 123, 267 (270); Daraufhin wurde das IntVG verabschieden, BGBl. 2009 I, S. 3022.

[73] *Mayer,* Regelungen des Artikels 23 GG, in: Franzius/ders./Neyer (Hrsg.), Modelle des Parlamentarismus, S. 84 f.

[74] BVerfGE 12, 267 (356); siehe auch § 1 IntVG.

[75] *Schorkopf,* in: Kahl/Waldhoff/Walter (Hrsg.), Bonner Kommentar zum GG, Art. 23 Rn. 190.

[76] *Nettesheim,* in: Pechstein (Hrsg.), Integrationsverantwortung, S. 25.

[77] Zur Entstehungsgeschichte vgl. *Schorkopf,* in: Kahl/Waldhoff/Walter (Hrsg.), Bonner Kommentar zum GG, Art. 23 Rn. 151 ff; zur Funktionsweise *Sensburg,* in: Pechstein (Hrsg.), Integrationsverantwortung, S. 117 ff.

Anders als im Völkerrecht, wo die Beteiligung auf den zustimmungspflichtigen völkerrechtlichen Vertrag beschränkt ist, knüpft die Unterrichtungspflicht der Bundesregierung im Unionsrecht an den denkbar weit auszulegenden Begriff der europäischen Angelegenheiten an.[78] Die Novellierung des EUZBBG hat inzwischen den verfassungsrechtlichen Begriff als Ausgangspunkt gewählt. Der umfangreiche Katalog zu Vorhaben ist erhalten geblieben und ist inzwischen für die Art der Zuleitung und nicht mehr dafür, ob das Dokument überhaupt für den Bundestag bestimmt ist, relevant.[79]

Damit ist der Anwendungsbereich des Art. 23 Abs. 2 S. 1 GG gleich in zweifacher Hinsicht gegenüber Art. 59 Abs. 2 GG weiter: Nicht nur ist die Bundesregierung zu einer kontinuierlichen Unterrichtung des Bundestages verpflichtet, die zugleich vom Bundestag im Sinne der Integrationsverantwortung rezipiert werden muss, sondern der Gegenstand, über den unterrichtet werden muss, ist nicht auf eine bestimmte Handlungsform beschränkt. Vielmehr zeigt der systematische Zusammenhang mit dem Recht zur Stellungnahme bei Rechtsetzungsakten (Art. 23 Abs. 3 S. 1 GG), dass unter den Begriff der europäischen Angelegenheiten auch vorrechtliche und nicht rechtliche Handlungsformen fallen müssen.[80] Der Begriff europäische Angelegenheit bezieht sich demnach auf alle Dokumente und schriftlosen Vorgänge in der Union, sofern die Bundesregierung selbst einen politischen Handlungsbedarf sieht.[81] Die so bewirkte frühzeitige Unterrichtung des Bundestages soll ihm von vornherein ermöglichen, sich politisch zu europäischen Themen zu positionieren.[82] Damit wird verhindert, dass die aus dem Völkerrecht bekannte Ratifikationslage entsteht, bei der der Bundestag den politischen Prozess nachvollzieht, anstatt ihn mitzugestalten.

Um die Unterrichtung des Bundestages herum ist ein dichtes Netz diverser Begleitgesetze entstanden, die hinsichtlich ihres Anwendungsbereichs nicht immer klar voneinander abzugrenzen sind.[83] Während einige Gesetze ausdrücklich einem Politikbereich zugeordnet sind (StabMechG/ESMFinG),[84] regeln das IntVG und das EUZBBG die Mitwirkung im Allgemeinen. Das IntVG ist insbesondere der Mitwirkung bei Vertragsänderungen gewidmet und wurde daher bildhaft von *Calliess* als „Beteiligungsrechte für den Sonntag der europäischen

---

[78] Vgl. § 1 Abs. 2 EUZBBG.

[79] Vgl. § 5 EUZBBG; *Schäfer/Schulz,* integration 2013, S. 200 (203); zur Abgrenzung und Entwicklung beider Gegenstände vgl. *Koch,* in: in: v. Arnauld/Hufeld (Hrsg.), Lissabon-Kommentar, 4. Aufl., § 10 Rn. 17 ff.; *Schorkopf,* in: Kahl/Waldhoff/Walter (Hrsg.), Bonner Kommentar zum GG, Art. 23 Rn. 202 ff.

[80] Zum Begriff der europäischen Angelegenheiten siehe auch BVerfGE 131, 152 (Rn. 99 ff.).

[81] *Schorkopf,* in: Kahl/Waldhoff/Walter (Hrsg.), Bonner Kommentar zum GG, Art. 23 Rn. 196.

[82] Ebd. Rn. 197.

[83] *Koch,* in: v. Arnauld/Hufeld (Hrsg.), Lissabon-Kommentar, 4. Aufl., § 10 Rn. 7.

[84] Die grundsätzlichen Regelungen der §§ 1–4 EUZBBG finden auch hier Anwendung. Nach § 5 Abs. 3 Ziff. 1, Ziff. 2 EUZBBG sind Angelegenheiten aus diesem Bereich jedoch aus den Regelungen über Vorhaben ausgenommen.

Gesetzgebung" bezeichnet.[85] Demgegenüber umfasst das EUZBBG alle anderen Angelegenheiten, den Normalbetrieb, der Europäischen Union.[86] Die Unterrichtung folgt den Grundsätzen der Schriftlichkeit, der Rechtzeitigkeit, der Kontinuität und der Vollständigkeit (§ 3 EUZBBG). Die Informationen müssen von der Bundesregierung in einer parlamentsfreundlichen Weise aufbereitet werden.[87]

Die extensive Ausgestaltung der Mitwirkungsrechte bedeutet, dass der Bundestag auch bei nicht rechtlichen Vorhaben, europäischem Soft Law, zu unterrichten ist. Vergleicht man daher die Stellung des Bundestages in diesem Fall mit der oben beschriebenen fehlenden obligatorischen Beteiligung bei internationalem Soft Law, so ist festzuhalten, dass dem Bundestag bei europäischem Soft Law deutlich mehr Mitwirkungsrechte zustehen. Bezieht man in diese Überlegung den Umstand mit ein, dass die Kommission versucht hat, die Aushandlung des Migrationspaktes an sich zu ziehen, so ist die Schlussfolgerung unvermeidlich, dass aus Sicht des Bundestages die Aushandlung durch ein unionales Organ eine intensivere, obligatorische Beteiligung von Beginn an bedeutet hätte. Zugleich wäre damit die verfassungsrechtliche Erwartung verbunden, dass sich der Bundestag anders als in auswärtigen Angelegenheiten mit der Sache beschäftigt hätte, um der Konstruktion der dem Art. 23 GG zugrundeliegenden Integrationsverantwortung gerecht zu werden.

Den Bundestag zu einem bestimmten Mitwirkungsniveau verpflichtet anzusehen, ist zwar Ausdruck einer zu individualisierten Betrachtungsweise der Verfassungsorgane,[88] eine berechtigte Erwartung bei international relevanten Vorhaben, die gelieferten Information zu verarbeiten, dürfte jedoch zumindest politisch vertretbar sein. Die materielle Besserstellung des Bundestages bei europäischem Soft Law steht im Konflikt mit dem höheren Maß an demokratischer Legitimation, das bei der Aushandlung durch die Bundesregierung erreicht wird. Diese Spannungslage ist durch die Weiterentwicklung des Unionsrechts gegenüber dem Völkerrecht zu erklären.[89] Das gilt nicht nur für den Gegenstand selbst (supranational statt zwischenstaatlich), sondern auch für die das Unionsrecht spiegelnde innerstaatliche Rezeption. Hinzu kommt, dass unionales Soft Law durch die Kommission als Steuerungsinstrument insgesamt aufgewertet wurde und wegen seiner daher zu erwartenden Wirkung mehr Mitwirkung des demokratisch legitimierten Gesetzgebers verlangt.

In der Gesamtschau präsentiert sich der Europaartikel als ambitionierter Versuch, die durch die europäische Integration bestehenden Gefahren der Entstaatlichung und Entparlamentarisierung zu entschärfen.[90] Der Bundestag wird durch

---

[85] *Calliess*, ZG 2010, S. 1 (19).

[86] *Koch*, in: v. Arnauld/Hufeld (Hrsg.), Lissabon-Kommentar, 4. Aufl., § 10 Rn. 8.

[87] *Schorkopf*, in: Kahl/Waldhoff/Walter (Hrsg.), Bonner Kommentar zum GG, Art. 23 Rn. 204, 205.

[88] Ebd. Rn. 186.

[89] *Schorkopf*, ZAR 2019, S. 90 (94).

[90] *Hufeld*, in: v. Arnauld/ders. (Hrsg.), Lissabon-Kommentar, 4. Aufl., § 1 Rn. 8; *Schorkopf*, in: Kahl/Waldhoff/Walter (Hrsg.), Bonner Kommentar zum GG, Art. 23 Rn. 199.

die Ausgestaltung mit in die Pflicht genommen und gefordert, selbst Verantwortung für politische Vorhaben auf europäischer Ebene zu übernehmen und dabei zugleich der Wächter der demokratischen Rückkopplung europäischer Integrationsschritte und des Alltagsgeschäfts zu sein.

IV. Rückschlüsse

Das Grundgesetz steht in der Tradition der allgemeinen Herrschaftslehre, die die auswärtige Gewalt der Exekutive des Gesamtstaates zuweist.[91] Das Parlament taucht in diesem Bereich nur am Rand auf. Selbst völkerrechtliche Verträge bedürfen nicht in jedem Fall der Zustimmung des Bundestages. Gewohnheitsrecht findet aufgrund seiner Eigenschaften ohne jegliche unmittelbare Beteiligung statt. Diese Traditionslinie wurde für das Unionsrecht durchbrochen. In diesem Bereich nimmt der Bundestag zusammen mit der Bundesregierung die Integrationsverantwortung wahr. Der Ausnahmecharakter der verfassungsrechtlichen und einfachgesetzlichen Ausgestaltung dieses Mitwirkungsgebots macht fehlende vergleichbare Regelungen im Völkerrecht umso sichtbarer. Nur im Bereich zustimmungspflichtiger völkerrechtlicher Verträge findet der Wesentlichkeitsgrundsatz gegenüber dem Primat exekutiver Eigenverantwortung Berücksichtigung. Hier müssen die Entschließungs- und Gestaltungsfreiheit des Gesetzgebers geschützt werden.

Die Rechtsprechung des Bundesverfassungsgerichts bestätigt die restriktive Auslegung des Art. 59 Abs. 2 GG und hat in mehreren Entscheidungen einem möglichen Wandel ohne ausdrückliche Verfassungsänderung den Riegel vorgeschoben. Dieses restriktive Verständnis bei verbindlichem Völkerrecht legt nahe, dass die Beteiligung bei unverbindlichem Völkerrecht erst recht nicht verfassungsrechtlich geboten ist. Zuletzt in der Entscheidung zum Migrationspakt lehnte das Bundesverfassungsgericht eine direkte oder analoge Anwendung der Beteiligung nach Art. 59 Abs. 2 GG ab. Nach der Konzeption des Grundgesetzes muss die Annahme von Soft Law in der Alleinverantwortung der Exekutive liegen, die freilich der parlamentarischen Kontrolle unterworfen bleibt. Die Aktivierung der ihm zustehenden Kontroll-, Untersuchungs- und Fragerechte ermöglicht dem Bundestag, innerstaatlich am völkerrechtlich relevanten Außenhandeln teilzunehmen. Zuletzt verbleibt bei internationalem Soft Law die Möglichkeit, in Zukunft innerstaatlich anders zu handeln. Es besteht gerade keine Gefahr eines Völkerrechtsbruchs, wie er durch Art. 59 Abs. 2 GG mediatisiert wird. Die „gefühlte" Beschränkung, die durch außenpolitische Bindungen unterhalb der Rechtsverbindlichkeit entsteht, ist keine formelle, die nicht durch die parlamentseigene Handlung des Gesetzes überwunden werden kann. Es ginge daher zu weit, hier eine Verletzung der Entschließungs- und Gestaltungsfreiheit, gar des freien Mandats des Abgeordneten zu konstruieren. Der Bundestag besitzt die verfassungsrechtlich gebotenen Mittel, seiner Funktion gerecht zu werden.

---

[91] *Schorkopf,* in: in: Kahl/Waldhoff/Walter (Hrsg.), Bonner Kommentar zum GG, Art. 23 Rn. 186.

B. Reformüberlegung

Eine verfassungsrechtliche Pflicht, den Bundestag bei internationalem Soft Law über den Status quo beteiligen zu müssen, kann nicht begründet werden. Dennoch regt die Behandlung des Migrationspaktes zu Reformüberlegungen an.[92] In der Schweiz führte der Migrationspakt beispielsweise zu einem Dialog zwischen Regierung und Parlament darüber, wie eine sinnvolle demokratische Beteiligung aussehen könnte.[93] Dort ist die Kompetenz zum auswärtigen Handeln auf beide Organe verteilt.[94] Wegen demokratischer Bedenken hatte sich die Schweiz kurz vor Annahme vom Migrationspakt zurückgezogen, jetzt wird überlegt, ob die Resolution nachträglich angenommen werden kann. Anders als bei völkerrechtlichen Verträgen, bei denen unter Umständen auch der spätere Beitritt möglich ist, fehlen vergleichbare Regelungen für Soft Law. Für die Zukunft werden Gesetzesvorschläge diskutiert, die die Beteiligung des Parlaments oder seiner Ausschüsse ab einer bestimmten inhaltlichen, materiell entscheidenden Hemmschwelle vorsehen.[95]

Bis auf einen Reformvorschlag, der in der 19. Legislaturperiode von den Fraktionen der Grünen und der FDP eingebracht wurde, sind aktuell keine politischen Reformüberlegungen für das deutsche Recht bekannt. Der Abschnitt dient daher einem rechtspolitischen Ausblick; wozu Reformüberlegungen innerhalb des bereits bekannten Beteiligungssystems analog zu Art. 59 Abs. 2 GG oder zur formellen Ausweitung der Integrationsverantwortung auf völkerrechtliche Belange, wie sie in Art. 23 GG für die europäische Integration entwickelt wurde, angestellt werden. Neben diesen primärrechtlichen Überlegungen lässt sich als Rückgriff eine verfahrensrechtliche Lösung andenken, bei der bestehende Verfahrensarten vor dem Bundesverfassungsgericht um die Potenziale normativer Härtung erweitert werden, damit etwaige Beteiligungsdefizite zumindest ex post aufgefangen werden können.

I. Anwendung bestehender Vorschriften

Ein naheliegender Vorschlag wäre, Art. 59 Abs. 2 S. 1 GG um die Anwendung auf internationales Soft Law zu erweitern. Vergleichbar mit völkerrechtlichen Verträgen wäre eine obligatorische Beteiligung des Bundestages notwendig. In Be-

---

[92] Siehe rechtsvergleichend zu internen Richtlinien zur Behandlung unverbindlicher internationaler Normen in Kanada und den Vereinigten Staaten *Pauwelyn/Wessel/Wouters*, EJIL 2014, S. 733 (752) m. w. N.

[93] *Cicéron Bühler*, Soft Law: How to Improve its Democratic Legitimacy While Ensuring Effective Governmental Action in Foreign Affairs, Opinio Juris v. 02.09.2021, abrufbar unter: http://opiniojuris.org/2021/09/02/soft-law-how-to-improve-its-democratic-legitim acy-while-ensuring-effective-governmental-action-in-foreign-affairs/(letzter Zugriff am 20.03.2023).

[94] Ebd.

[95] Ebd.

tracht kämen eine analoge Anwendung der Vorschrift oder eine ausdrückliche Ergänzung um Soft Law als Gegenstand, die einer verfassungsrechtlichen Änderung bedürfte (Art. 79 Abs. 1, 2 GG).

1. Erweiterung oder entsprechende Anwendung des Art. 59 Abs. 2 S. 1 GG

Ein Teil des international angenommenen Soft Law ähnelt äußerlich völkerrechtlichen Verträgen. Das gilt primär für bestimmte Deklarationen der Generalversammlung, Schlussvereinbarungen bei Staatenkonferenzen oder zwischenstaatliche Absichtserklärungen. Jedoch darf wegen dieses Teilausschnittes nicht darüber hinweggesehen werden, dass sich völkerrechtliche Verträge nach wie vor maßgeblich von Soft Law-Abmachungen unterscheiden. Ein Großteil des relevanten Soft Law wird häufig unbemerkt und nur von der Fachöffentlichkeit begleitet in abgeleiteten Foren oder Expertengremien entworfen und angenommen. Die besondere Annahmeform des Migrationspaktes auf einer eigens dafür veranstalteten Konferenz beispielsweise ist nicht die Regel, sondern eine seltene Ausnahme.[96] Daran schließen sich mehrere Folgeüberlegungen an: Die Beteiligung des Bundestages setzt Kenntnis über eine geplante Annahme von Soft Law voraus. Sofern bei der Aushandlung deutsche Vertreter beteiligt sind, kann diese Information mittelbar über die Bundesregierung an den Bundestag gelangen. Nicht jedes Gremium ist jedoch mit Vertretern aller Staaten besetzt. Hier könnte der Bundestag im Zweifel keine Kenntnis im Vorhinein erlangen.

Doch selbst wenn der Bundestag rechtzeitig vor Annahme Kenntnis erlangen würde, stellte sich die Frage, worauf sich die Beteiligung des Bundestages beziehen soll. Die Bundesregierung vor Annahme einer Soft Law-Abmachung dazu zu verpflichten, zunächst die Zustimmung des Bundestages einzuholen, würde große Teile des auswärtigen Handelns unter einen absoluten Parlamentsvorbehalt stellen.[97] Bei der Beteiligung nach Art. 59 Abs. 2 GG handelt es sich um eine eng zu interpretierende Durchbrechung des Grundsatzes der Gewaltenteilung, der die Bundesregierung als originäre Trägerin der auswärtigen Gewalt bestimmt.[98] Die Ausweitung des Art. 59 Abs. 2 GG bedürfte demnach einer ausdrücklichen Verfassungsänderung. Eine solche Verfassungsänderung erscheint verfassungsrechtlich jedoch nicht nur nicht geboten zu sein, sondern würde im Ergebnis eine vollständige Neuausrichtung der Verteilung der Kompetenzen in auswärtigen Angelegenheiten bewirken. Eine solche Neuausrichtung könnte das effektive Handeln der Bundesregierung in auswärtigen Angelegenheiten bedrohen. Parallelen können hier zur Beteiligung des Bundestages bei Auslandsein-

---

[96] Siehe dazu § 3 B. I. Von New York nach Marrakesch – Aushandlung.

[97] Im Kontext nichtförmlicher Vertragsänderungen gegenüber einem Totalvorbehalt zugunsten der Legislative im Bereich des auswärtigen Handelns ablehnend, *Tietje/Nowrot,* Parlamentarische Kontrolle und Steuerung, in: Morlok/Schliesky/Wiefelspütz (Hrsg.), Parlamentsrecht, § 45 Rn. 35.

[98] *Schwarz,* NVwZ 2021, S. 860 (862).

sätzen der Bundeswehr und der Rückbindung des Vertreters im Rat der Europäischen Union gezogen werden.[99] Nicht einmal mehr rechtsunverbindliche Abmachungen treffen zu können, würde die Fähigkeit der Bundesregierung, die außenpolitische Position und Haltung Deutschlands zu steuern, merklich einschränken. Die Bedeutung rechtsunverbindlicher Instrumente im auswärtigen Handeln der Bundesregierung spiegelt sich in der Gemeinsamen Geschäftsordnung der Bundesministerien wider, die vorsieht, dass im Zweifel eine Abmachung unter der Schwelle des völkerrechtlichen Vertrages gewählt werden soll. So soll außenpolitisch der größtmögliche politische Nutzen ausgehandelt werden können, ohne innerstaatliche Rechtspflichten zu riskieren (§ 72 Abs. 1 GGO). Ob dies im Hinblick auf die normativen Potenziale unverbindlicher Rechtsinstrumente noch adäquat ist, ist fraglich. Jedoch darf nicht außer Acht gelassen werden, dass ein beträchtlicher Teil der Abmachungen unter der Schwelle eines völkerrechtlichen Vertrages keine normative Härtung erfährt und als flexibles, wenig in Kompetenzen eingreifendes, Instrument sinnvollerweise zur Regelung zwischenstaatlicher Sachverhalte verwendet wird. Insofern lässt sich darüber nachdenken, ob nicht an dieser Stelle eine ausdifferenzierte Handlungsanweisung notwendig und möglich wäre, die den Ministerien bei bestimmten internationalen Organisationen oder Rechtsgebieten aufgibt, unverbindliche Instrumente auszuhandeln, zugleich aber in bestimmten Bereichen den Vorbehalt unter Umständen zugunsten einer vorhersehbaren Rechtspflicht umdreht.

Weitere Überlegungen sprechen gegen eine solche Reformüberlegung: Eine derart ausgestaltete Beteiligung adressiert nicht den Fall, dass internationales Soft Law ohne Mitwirkung eines deutschen Vertreters zustande kommt. In diesem Fall müsste sich die Beteiligung auf die Verpflichtung zur Einflussnahme der Bundesregierung innerhalb der internationalen Organisation beziehen. Hier wäre eine Zustimmung obsolet, weil es an einem zustimmungsfähigen Gegenstand mangelt.

Hinzu kommt als weitere Eigenart von Soft Law, dass der Zeitpunkt und die Umstände der Annahme nicht notwendigerweise die entscheidenden Kriterien für die mögliche normative Härtung sind. Es gilt lediglich, dass ein geringes Maß an Zustimmung regelmäßig bedeutet, dass das betreffende Dokument keine quasirechtliche Wirkung erlangen wird. Anders ist es beim völkerrechtlichen Vertrag, bei dem die Ratifikation den Anfang der völkerrechtlichen Verpflichtung bedeutet und die Beteiligung des Bundestages zu diesem Zeitpunkt u. a. einen später eintretenden Völkerrechtsbruch verhindern soll und die Beteiligung des Bundestages zwingend zu diesem Zeitpunkt erfolgen muss.

Eine Beteiligung nach Art. 59 Abs. 2 GG bedürfte daher, um überhaupt effektiv wirken zu können, einer genaueren Eingrenzung des Beteiligungsgegenstandes. In Betracht käme eine Eingrenzung nach Art der Abmachung, also

---

[99] *Glawe,* NVwZ 2011, S. 1051 (1052); *Scholz,* in: Dürig/Herzog/ders. (Hrsg), GG-Kommentar, 95. EL Juli 2021, Art. 23 GG Rn. 174, 179.

beispielsweise auf Soft Law, welches von Staaten selbst angenommen wird, auf solches, welches in universellen oder für den Anwendungsbereich universellen Foren ausgehandelt oder angenommen wird, oder auf solches, welches von einer bestimmten Anzahl an Staaten oder Beteiligten angenommen wird. Damit fiele Soft Law, welches von abgeleiteten Gremien und Foren angenommen wird, aus dem Anwendungsbereich heraus.

Eine andere Eingrenzung wäre, dass man auf die Form und den Inhalt des Dokuments selbst abstellt. Vergleichbar mit dem aus Art. 59 Abs. 2 GG bekannten Begriff des „politischen Vertrages" würde man dadurch ein qualitatives Kriterium einführen, welches einen Großteil der Masse an Soft Law-Dokumenten aus dem Anwendungsbereich herausfallen ließe.[100] Marker hierfür könnten die Formulierung von Verpflichtungen, die Einrichtung zwischenstaatlicher Foren oder Überprüfungsmechanismen sowie die Feststellung eines progressiven Elements durch Sprache, Kontext oder institutionelle Einbettung sein. Zuletzt wäre es denkbar, eine urheberbezogene Einschränkung festzulegen, etwa dass bestimmte Handlungsformen einiger internationaler Organisationen der Beteiligung bedürfen, beispielsweise Deklarationen der UN-Generalversammlung.

Wegen der fehlenden Völkerrechtsverbindlichkeit müsste die Zustimmung des Bundestages als schlichter Parlamentsbeschluss gefasst werden.[101] Eine Zustimmung in Form eines Gesetzes ließe Soft Law innerstaatlich eine höhere Rechtswirkung zukommen als völkerrechtlich geboten. Prozessual würde man sich damit der Beteiligung des Bundestages nach dem Parlamentsbeteiligungsgesetz beim Einsatz bewaffneter deutscher Streitkräfte im Ausland annähern, die immerhin mit der Einordnung der Bundeswehr als Parlamentsheer begründet wird.[102]

Zu bedenken gilt zuletzt, dass eine Erweiterung oder entsprechende Anwendung des Art. 59 Abs. 2 GG auf internationales Soft Law insgesamt oder auf einen näher bestimmten Teilbereich zugleich die Inkorporation der mit diesem Beteiligungsmodus verbundenen Defizite und Probleme bedeuten würde.[103]

Die dem Art. 59 Abs. 2 GG zugrundeliegende binäre Vorstellung von Rechtsverbindlichkeit und -unverbindlichkeit lässt sich auf ein hybrides Instrument wie Soft Law nicht einfach erweitern.[104] Eine solche Reform würde keinen substan-

---

[100] So etwa ein Vorschlag in der Schweiz zur besseren Beteiligung des Parlaments, *Cicéron Bühler*, Soft Law: How to Improve its Democratic Legitimacy While Ensuring Effective Governmental Action in Foreign Affairs, Opinio Juris v. 02.09.2021, abrufbar unter: http://opiniojuris.org/2021/09/02/soft-law-how-to-improve-its-democratic-legitimacy-while-ensuring-effective-governmental-action-in-foreign-affairs/(letzter Zugriff am 20.03.2023).

[101] So der Vorschlag von *Vöneky*, Völkerrecht und Verfassungsrecht, in: J. Isensee/Kirchhof, HbStR, Bd. XI, § 236 Rn. 25.

[102] BVerfGE 90, 286 (393 ff.) – Out-of-Area-Einsätze; 121, 135 (162 ff.) – AWACS II; 140, 160 (190 ff.) – Operation Pegasus.

[103] *Schwarz* stellt fest, dass die Beteiligung des Parlaments nach Art. 59 Abs. 2 GG seit jeher als defizitär wahrgenommen wird, *ders.*, NVwZ 2001, S. 860 (ebd.).

[104] Ebenso *Vöneky*, Völkerrecht und Verfassungsrecht, in: J. Isensee/Kirchhof, HbStR, Bd. XI, § 236 Rn. 25.

ziellen Gewinn für die Beteiligung des Bundestages bedeuten, sondern vielmehr die Effektivität auswärtigen Handelns gefährden. Eine solche Reform erscheint daher verfassungsrechtlich weder geboten noch gewünscht.

2. Verfassungsrechtliche Unterrichtungspflicht i. S. d. Art. 23 Abs. 2 GG

Vielversprechender erscheint daher eine Mitwirkung des Bundestages, wie sie für europäische Angelegenheiten in Art. 23 GG vorgesehen ist. Die Prozeduralisierung der Integrationsverantwortung bedeutet, dass der Bundestag neben der Bundesregierung von Anfang an und je nach Vorhaben unterschiedlich an unionalen Sachverhalten mitwirken kann. Schließlich wurde diese ursprünglich für die kontinuierliche Begleitung dynamischer völkerrechtlicher Verträge durch den Bundestag entwickelt.[105]

Vorteil einer für auswärtige Angelegenheiten einschlägigen Unterrichtungspflicht wäre, dass der Bundestag von Beginn an parlamentsfreundlich aufbereitete Informationen zu laufenden Aushandlungen erhielte. Bei prestigereichen Soft Law-Projekten könnte er frühzeitig eine Position dazu entwickeln und das Thema durch Plenardebatten politisieren. Damit und mit unterstützenden oder ablehnenden Parlamentsbeschlüssen könnte er das Schicksal gewisser Soft Law-Instrumente beeinflussen.

Eine solche Reform sah ein von den Oppositionsfraktionen der FDP und der Grünen eingebrachter Gesetzesentwurf in der 19. Legislaturperiode vor, der im Ergebnis nicht angenommen wurde.[106] Ziel des Entwurfes war die Verbesserung der Aufsichtsfunktion des Parlaments gegenüber der Regierung bei internationalen Entscheidungsprozessen.[107] Mit der zunehmenden Bedeutung solcher Vorhaben sei es erforderlich, dass die Regierung das Parlament aktiv und frühzeitig über die Lage innerhalb der europäischen und internationalen Gremien aufkläre und dem Parlament auf diese Weise auch die Möglichkeit einräume, die Verhandlungslinie Deutschlands mitzuprägen. Ansonsten drohe im Rahmen der Internationalisierung der Politik wegen der Alleinvertretung Deutschlands durch die Bundesregierung eine Umgehung der Aufsichtsfunktion des Parlaments und damit der Gewaltenteilung.[108]

Der Vorschlag sah ein mit dem EUZBBG vergleichbares Gesetz zur Zusammenarbeit von Bundesregierung und Deutschem Bundestag im Rahmen internationaler Beziehungen (IntZBBG) vor.[109] Bei Treffen des Europäischen Rates,

---

[105] BVerfGE 104, 151 (208) – NATO-Strategiekonzept; *Schorkopf,* Staatsrecht der int. Beziehungen, § 5 Rn. 16.

[106] Entwurf eines Gesetzes zur Sicherung der Gewaltenteilung bei internationalen Entscheidungsprozessen, BT-Drs. 19/11151 v. 25.06.2019, nicht ganz überraschend ist es, dass ein solches Vorhaben bis jetzt durch die Fraktionen, die in der 20. Legislaturperiode die Mehrheit bilden, nicht erneut aufgegriffen wurde.

[107] BT-Drs. 19/11151, 1.

[108] BT-Drs. 19/11151, 2.

[109] Das EUZBBG hätte im Zuge der Reform, um einen Abschnitt zur Vorbereitungs- und

der G7- und G20-Staaten, der Mitgliedstaaten der NATO und der OSZE sowie den Sitzungen der Generalversammlung auf Ebene der Staats- und Regierungschefs hätte eine gesetzliche Verpflichtung bestanden, eine Vorbereitungs- und ggf. eine Nachbereitungsdebatte im Bundestag anzusetzen (§ 1, 2 IntZBBG). Die Bundesregierung wäre im Vorhinein verpflichtet gewesen, die Sachlage, ihre Ziele und Themen der anstehenden Treffen in Form einer Regierungserklärung zu erläutern. In der Vorbereitungsdebatte sollte die politische Haltung um die Verbesserungsvorschläge aller Fraktionen ergänzt werden können. Auf Antrag eines Viertels der Mitglieder wäre es im Anschluss an das Treffen der Bundesregierung zu einer Nachbereitungsdebatte gekommen, in der die gemachten Vorschläge mit dem Erreichten der Bundesregierung abgeglichen worden wären.[110]

Der sachliche Anwendungsbereich des Gesetzesvorschlages wird durch die Beschränkung auf ausgewählte, besonders bedeutende zwischenstaatliche Foren begrenzt. Denkbar wäre es auch gewesen, Regelungen zu Plenardebatten über die Geschäftsordnung des Bundestages zu erweitern. Ein Gesetz gegenüber einer Geschäftsordnungsänderung bietet sich als Instrument an, weil es überhaupt erst ermöglicht, die Bundesregierung zu binden. Ferner unterliegt es nicht dem Grundsatz der Diskontinuität und erlaubt kein Abweichen auf Antrag und mit Zustimmung von zwei Dritteln der anwesenden Abgeordneten (§ 126 GO-BT).[111] Zwar werden in der Gesetzesbegründung weder der Migrationspakt noch andere vorausgegangene Großprojekte wie die Agenda 2030 genannt, die Ausgestaltung des Entwurfs und der zeitliche Rahmen deuten dennoch darauf hin, dass die Vorschlagsgeber sehr deutlich auf die Geschehnisse rund um die Behandlung des Migrationspaktes im Plenum reagieren wollten. Aus Sicht der Bundesregierung hätte eine solche Unterrichtungspflicht neben einem gewissen Verwaltungsaufwand bedeutet, dass nicht öffentliche oder zumindest nicht öffentlich rezipierte Aushandlungsprozesse politisiert würden. Das kann Verhandlungen erschweren und verlängern.

Gegen eine verfassungsrechtliche Unterrichtungspflicht des Bundestages sprechen zwei Argumente: Erstens besitzt der Bundestag bereits die Kontroll- und Informationsrechte, die es ihm ermöglichen, bis zur Grenze des Kernbereichs exekutiver Eigenverantwortung Kenntnis über die Tätigkeiten der Bundesregierung zu erlangen.[112] Die Behandlung des Migrationspaktes zeigt, dass auch ohne eine verfassungsrechtliche Pflicht durch Fragerechte und Debatten Informationen erlangt werden können und eine Politisierung bestimmter Themen erreicht wird. Wenn der Bundestag im Zweifel keinen Gebrauch von seinen Kontrollrechten gegenüber der Bundesregierung macht, so ist dies primär ein

---

Nachbereitungsdebatte ergänzt werden müssen, BT-Drs. 19/11151, 6, obwohl bereits § 4 Abs. 4 EUZBBG umfangreiche Informationspflichten bei Treffen des Europäischen Rates vorsieht.

[110] BT-Drs. 19/11151, S. 2.
[111] *Schwarz,* NVwZ 2021, S. 860 (862).
[112] BVerfGE 67, 100 (139); 110, 199 (215); 124, 78 (121); 137, 185 (234 f.); 143, 65 (137).

politisches und kein rechtliches Problem. Im Hinblick auf den Migrationspakt hätte dies bedeutet, dass die Fraktionen im Bundestag, gerade auch die Regierungsfraktionen, durch Fragestunden den Prozess der Aushandlung deutlich engmaschiger hätten kontrollieren können. Sie hätten sich auch bereits bei Aushandlung politisch in Form eines Beschlusses positionieren können, welcher die Bundesregierung zwar nicht formell gebunden, aber dennoch über die eigene Abhängigkeit von den Regierungsfraktionen Druck für ihre Verhandlungsposition bedeutet hätte. Als Ultima Ratio hätte sich der Bundestag politisch gegen den Migrationspakt stellen können, im Zweifel unter Bezugnahme auf ein drohendes Misstrauensvotum gegen die Bundesregierung insgesamt. Diese letzte Handlungsoption ist jedoch praktisch fernliegend, da sie die politische Bedeutung des Migrationspaktes deutlich überhöht hätte. Dass bezüglich europäischer Angelegenheiten der Bundestag verpflichtend zu unterrichten ist, liegt in der Supranationalität des Unionsrechts und dem damit verbundenen Gestaltungsverlust des Parlaments begründet. Eine ähnliche Bedrohungslage lässt sich jedoch bei Soft Law, selbst wenn sich solches im Einzelfall normativ härten kann, grundsätzlich nicht feststellen.

Zweitens spricht gegen die Unterrichtungspflicht die faktische Mehrbelastung, die für den Bundestag damit einherginge. Im Anwendungsbereich des Art. 23 GG stößt der Bundestag an seine Kapazitätsgrenzen, die ihm zur Verfügung gestellten Dokumente sinnvoll zu verarbeiten.[113] Gleiches drohte, würde man die Unterrichtungspflicht auf völkerrechtliche Belange ausdehnen. Die so verursachte Zusatzbelastung könnte darüber hinaus faktisch zulasten der Mitwirkungskapazitäten des Bundestages in europäischen Angelegenheiten gehen.

Hätte der Gesetzesentwurf Erfolg gehabt, so wäre nach der Auffassung der Verfasserin dieser Arbeit zwingend eine Verfassungsänderung vor Annahme des Gesetzes erforderlich gewesen. Das Grundgesetz kennt nur an wenigen Stellen Berichtspflichten der Bundesregierung, die immer Ausfluss zumindest einer Mitzuständigkeit oder Kompetenz auch des Bundestages sind.[114] Das gilt gerade nicht für auswärtige Angelegenheiten.

---

[113] *Scholz,* Europapolitik zwischen Exekutive und Legislative, in: FS Kloepfer, 2013, S. 226; In diesem Lichte lässt sich die Vorschrift verstehen, die dem Bundestag ermöglicht auf die Unterrichtung zu einzelnen Vorhaben zu verzichten (§ 3 Abs. 5 EUZBBG). Sie ruft zu Recht verfassungsrechtliche Bedenken hervor, vgl. *Nettesheim,* NJW 2010, S. 177 (182): mit der Integrationsverantwortung unvereinbar; *Schorkopf,* in: Kahl/Waldhoff/Walter (Hrsg.), Bonner Kommentar zum GG, Art. 23 Rn. 208; zu den praktischen Problemen des Bundestages bei der Subsidiaritätsrüge, die vorgesehen achtwöchige Frist einzuhalten, *Sensburg,* in: Pechstein (Hrsg.), Integrationsverantwortung, S. 125; Zur Entlastung besteht ferner die Möglichkeit die Rechte nach Art. 23 GG auf den Europaausschuss zu übertragen (Art. 45 S. 2–3 GG, § 93 b Abs. 2 GO-BT).

[114] Art. 53 S. 3 GG, Art. 53a Abs. 2 S. 1 GG, Art. 114 Abs. 1 GG, Art. 23 Abs. 2 S. 1 GG; *Schwarz,* NVwZ 2021, S. 860 (861).

3. Verfahrensrechtliche Antwort

Um drohenden demokratischen Gestaltungsverlust des Gesetzgebers zu verhindern, kann statt der direkten Beteiligung und Mitwirkung des Gesetzgebers auf eine nachträgliche verfassungsgerichtliche Kontrolle zurückgegriffen werden. Dies kann im Rahmen der bestehenden Verfahren oder durch die Weiterentwicklung sowie Reform dieser Verfahren erreicht werden.

Dieser Weg wird seit der Entscheidung zum Vertrag von Maastricht vom Bundesverfassungsgericht im Hinblick auf die Kontrolle der europäischen Integration beschritten. Durch seine Entscheidungen hat das Bundesverfassungsgericht inzwischen ein engmaschiges Instrumentarium und ausdifferenzierte Maßstäbe entwickelt, an denen sich Verfassungsorgane in europäischen Angelegenheiten messen lassen müssen.[115] Dazu gehören die Konkretisierungen der einzelnen verfassungsrechtlichen Vorgaben, die Kontrolle der einfachgesetzlichen Umsetzung, die Einführung einer absoluten Integrationsgrenze sowie die Durchbrechung des Vorranges des Unionsrechts im Falle eines ausbrechenden Rechtsaktes.[116] Seine Kontrollbefugnisse übt das Bundesverfassungsgericht neben dem Organstreit in der Verfassungsbeschwerde aus, die es verfahrensrechtlich durch seine Rechtsprechung zur Subjektivierung des Demokratieprinzips ausgeweitet hat.[117] Die extensive Auslegung der Beschwerdebefugnis bei der Verfassungsbeschwerde wird in der Lissabon-Entscheidung zugleich flankiert von einer eher restriktiven Auslegung des Anwendungsbereichs des Organstreitverfahrens, sofern es um die Geltendmachung von Verletzungen der Rechte einzelner Abgeordneter oder von Organrechten des Bundestages aus Art. 38 Abs. 1 GG selbst geht.[118] Die Subjektivierung des Art. 38 Abs. 1 GG erlaubt dem Bundesverfassungsgericht einen weiteren Zugriff, um die fortschreitende europäische Integration verfassungsrechtlich zu kontrollieren.[119] Mehr noch als der Kontrolle der eigenen Verfassungsorgane, insbesondere der Bundesregierung, dient dieser Rechtsprechungsausbau auch dazu, sich gegenüber dem Europäischen Gerichtshof zu behaupten. Der Dialog der Verfassungsgerichte hat in der erstmaligen

---

[115] *Durner,* in: J. Isensee/Kirchhof (Hrsg.), HbStR, Bd. X, § 216 Rn. 2; *Kirchhof,* Der deutsche Staat im Prozess der europäischen Integration, in: J. Isensee/ders. (Hrsg.), HbStR, Bd. X, § 214 Rn. 172; krit. *Möllers,* EuR 2013, S. 409 (419).

[116] *Tischendorf,* EuR 2018, S. 695 (711 ff.).

[117] *Lehner* bezeichnet sie deswegen als Integrationsverfassungsbeschwerde, *ders.,* Der Staat 2013, S. 535 (540); siehe dazu auch *Tischendorf,* EuR 2018, S. 695 (718 ff.); zusammenfassend dazu das BVerfG in der Entscheidung zur Bankenunion: Danach vermittelt Art. 38 Abs. 1 S. 1 den Bürgern in seinem durch Art. 20 Abs. 1 und Abs. 2 i. V. m. Art. 79 Abs. 3 GG geschützten Kern nicht nur Schutz vor einer substanziellen Erosion der Gestaltungsmacht des Bundestages, sondern darüber hinaus ein Recht darauf, dass Organe, Einrichtungen und sonstige Stellen der Europäischen Union nur die Zuständigkeiten ausüben, die ihnen nach Art. 23 GG zustehen, BVerfGE 151, 202 (275).

[118] *Lehner,* Der Staat 2012, S. 535 (539); *Trute,* in: von Münch/Kunig (Hrsg.), GG-Kommentar, Art. 38 Rn. 16.

[119] *Trute,* in: von Münch/Kunig (Hrsg.), GG-Kommentar, Art. 38 Rn. 19.

Feststellung eines Ultra-vires-Aktes in der *PSPP*-Entscheidung einen vorläufigen Höhepunkt erreicht.[120]

Vergleichbare Impulse des Bundesverfassungsgerichts sind in den Verfahren um die Inkorporation des Völkerrechts ins innerstaatliche Recht nicht zu beobachten. Die einzige Ausnahme hierzu bildet die Rezeption der Rechtsprechung des Europäischen Gerichtshofes für Menschenrechte. Auch hier scheint die Herausbildung eines potenziell einflussreichen Gegenspielers das Bundesverfassungsgericht herausgefordert zu haben, verfassungsrechtliche Grenzen zu bestimmen und die Rezeption im Einzelnen auszudifferenzieren.[121] Gerade bei der Rechtsprechung zur EMRK wird indirekt regelmäßig internationales Soft Law mitverhandelt, auf welches der Europäische Gerichtshof im Zuge der dynamischen Auslegung zurückgreift.[122]

Die fehlende Weiterentwicklung der bestehenden Verfahren durch das Bundesverfassungsgericht lässt auch den Schluss zu, dass aus seiner Sicht in diesem Bereich keine substanzielle Bedrohung des demokratischen Gestaltungsrahmens besteht. Denkbar wäre auch, dass die dafür einschlägigen Verfahren, namentlich das Organstreitverfahren und das Normenverifikationsverfahren, keine naheliegenden Ausweitungen zulassen.

Das Organstreitverfahren setzt voraus, dass der Antragsteller durch eine Maßnahme oder ein Unterlassen in den ihm durch das Grundgesetz übertragenen Rechten oder Pflichten verletzt oder unmittelbar gefährdet ist (§ 64 Abs. 1 BVerfGG). Das Verfahren dient der Auflösung verfassungsrechtlicher Konflikte und ist daher darauf gerichtet, bereits bestehende Kompetenzen und Rechte gegeneinander abzuwägen. Damit das Organstreitverfahren auch bei internationalem Soft Law anwendbar wäre, müsste ein potenziell zu verletzendes Beteiligungsrecht des Bundestages bestehen. Das Organstreitverfahren vollzieht also die verfassungsrechtliche Rechtslage nur nach. Eine Änderung ausschließlich des Verfahrens selbst brächte daher keinen Mehrgewinn für die Beteiligung des Bundestages.

Auch die für die europäische Integration entwickelte Subjektivierung des Art. 38 Abs. 1 GG bietet sich nicht als Lösung an. Nach der hier vertretenen Auffassung bedeutet die Beteiligung der Bundesregierung auch an umfangreichen Soft Law-Vorhaben gerade keine Verletzung des Mandats des Abgeordneten. Insofern fehlt es an dem Recht des Einzelnen oder einer Fraktion, welches gegenüber der Bundesregierung geltend gemacht werden kann. Vielmehr ist, wie bereits beschrieben, die mitunter fehlende extensive Kontrolle solcher Vorhaben

---

[120] BVerfGE 154, 17 ff. – PSPP.

[121] BVerfGE 148, 296 (350 ff.) – Beamtenstreikverbot.

[122] Im Verfahren zum Beamtenstreikrecht ist das BVerfG gerade nicht auf die Begründung des Streikrechts mithilfe von Soft Law durch den EGMR eingegangen, BVerfGE 148, 296 (373 ff.); siehe dazu ausf. § 4 A. II. 1. a) Living-Instrument-Doktrin in der Rechtsprechung des EGMR.

durch den Bundestag Ausdruck der Binnenverhältnisse des Bundestages, dessen Mehrheit im Regelfall die Vorhaben der Bundesregierung mitträgt.[123]

Das Normenverifikationsverfahren ist als Sonderfall der konkreten Normenkontrolle ausgestaltet (Art. 100 Abs. 2 GG). Das Verfahren ließe sich der abstrakten Normenkontrolle annähern, indem der Bundestag als Antragsberechtigter aufgenommen und der Antragsgegenstand auf die Vereinbarkeit einer gewohnheitsrechtlichen Regelung mit dem Bundesrecht oder die Geltung einer gewohnheitsrechtlichen Regelung unabhängig von einem Anwendungsfall erweitert würde. Anders als beim Antragsgegenstand der abstrakten Normenkontrolle, der Bundes- und Landesrecht umfasst, ist ein Großteil des Gewohnheitsrechts ungeschrieben und wenig konkret. Ohne einen Anwendungsfall erscheint es schwierig, über relevantes Gewohnheitsrecht Kenntnis zu erlangen und darüber ausreichend bestimmt beim Bundesverfassungsgericht vorzutragen. Die ausdrückliche Zuweisung des Verwerfungs- und Bestimmungsmonopols über die Miteinbeziehung gewohnheitsrechtlicher Normen nach Art. 25 GG auch außerhalb konkreter Anwendungsfälle von Gerichten würde zugleich eine Unterordnung des Bundestages bedeuten. Selbst wenn der Bundestag oder Teile des Bundestages in einem solchen Verfahren antragsberechtigt wären, würde dies nur prozessual ihre Position stärken, nicht aber legitimatorisch der über Art. 25 GG vermittelten Offenheit des Grundgesetzes begegnen können.

Dieser Gedanke lässt sich abschließend insgesamt als warnender Vorbehalt gegen eine verfahrensrechtliche Reform zur besseren Beteiligung des Bundestages anbringen: Die Erweiterung bestehender Verfahren oder die Einführung neuer Verfahren zugunsten des Bundestages setzt immer am Ende eines strittigen Sachverhaltes an und bedeutet nur eine Kontrollmöglichkeit im Einzelfall, sofern es überhaupt zu einem zulässigen Antrag kommt. Dieser Reformweg verlagert außerdem den Gestaltungsimpuls weg vom Gesetzgeber hin zum Bundesverfassungsgericht.[124] So lässt sich die Rechtsprechung des Bundesverfassungsgerichts zur Effektivierung des Demokratieprinzips zugleich kritisch als Belastung des demokratisch legitimierten Gesetzgebers einordnen, dessen Handlungsspielräume durch immer genauere Vorgaben zur Mitwirkung eingeschränkt werden.[125]

4. Zwischenergebnis

Eine substanzielle Beteiligung oder Mitwirkung des Bundestages bei internationalem Soft Law würde eine Verfassungsänderung voraussetzen, die die bestehende Kompetenzzuweisung der auswärtigen Angelegenheiten zugunsten des

---

[123] Siehe dazu § 4 B. II. Rückwirkung in nationale Kommunikationsräume.

[124] *Hailbronner,* VVDStRL 1996, S. 7 (11).

[125] *Mayer,* Regelungen des Artikels 23 GG, in: Franzius/ders./Neyer (Hrsg.), Modelle des Parlamentarismus, S. 94 f.; *Trute,* in: von Münch/Kunig (Hrsg.), GG-Kommentar, Art. 38 Rn. 19.

Bundestages ändern würde. Die hybride Gestalt vieler Soft Law-Instrumente und ihre progressiven Entwicklungspotenziale sprächen bei einer Verfassungsänderung für ein umfassendes Programm, wie es beispielsweise mit der Figur der Integrationsverantwortung für die europäische Integration erreicht wird. Eine rein singuläre Beteiligung, wie sie für völkerrechtliche Verträge vorgesehen ist, kann keine adäquate demokratische Legitimation generieren, weil sie die binäre Unterscheidung zwischen Rechtsverbindlichkeit und -unverbindlichkeit rezipiert, in die sich internationales Soft Law nicht ohne weiteres einordnen lässt. Schließlich käme das Ausweiten oder Einführen einschlägiger Verfahren vor dem Bundesverfassungsgericht einer Ausweichlösung gleich, die den gewollten Gestaltungsimpuls vom Gesetzgeber weg zum Gericht verlagern würde.

C. Ergebnis zu § 6: Keine verfassungsrechtliche Beteiligungspflicht

Das Grundgesetz enthält wenige Regelungen zur Mitwirkung des Bundestages bei der Annahme von Völkerrecht. Das Handeln in auswärtigen Angelegenheiten gehört trotz des Wandels des Völkerrechts in die Alleinverantwortung der Exekutive. Die Kompetenzverteilung lässt den Schluss zu, dass verfassungsrechtliche Reformen zur besseren Beteiligung des Bundestages bei internationalem Soft Law nicht geboten sind. Eine Untersuchung mehrerer Reformüberlegungen zeigt darüber hinaus, dass eine Beteiligung, wie sie für verbindliches Völkerrecht zu Teilen vorgesehen ist, auch nicht wünschenswert ist. Je mehr Beteiligungsrechte dem Bundestag bei internationalem Soft Law zugestanden werden, desto höher sind die Befolgungserwartungen, die mit Soft Law verbunden werden. Das führt zu dem paradoxen Ergebnis, dass eine obligatorische Beteiligung im Ergebnis weniger Gestaltungsmöglichkeiten für den Bundestag bedeuten könnte. Der Bundestag ist daher angehalten, die ihm verfassungsrechtlich übertragenen Rechte gegenüber der Bundesregierung selbstbewusst zu nutzen und sich damit den partizipativen Charakter von Soft Law zu eigen zu machen, ohne die ihm nach dem Grundgesetz zustehende umfassende Einschätzungsprärogative für alle wesentlichen Belange aufzugeben.

Teil 4

Rückwirkungen auf Soft Law

§ 7 Ergebnis

Zum Ende der Arbeit soll ein Blick darauf geworfen werden, wie sich eine verpflichtende Beteiligung des Bundestages und damit eine Formalisierung internationaler Rechtsetzung innerstaatlich auf Soft Law als alternatives Regelungsinstrument auswirken würden. Die Arbeit schließt mit einer Zusammenfassung der wichtigsten Erkenntnisse in Thesenform.

A. Kritische Bewertung

Zu Beginn dieser Arbeit wurde herausgearbeitet, dass sich internationales Soft Law als Reaktion auf die institutionellen, fachlichen und personellen Veränderungen im Völkerrecht im Anschluss an den Zweiten Weltkrieg herausgebildet hat. Die Heterogenisierung der Staatengemeinschaft, das regelmäßige Zusammentreffen in internationalen Foren und die neuen technischen Herausforderungen einer immer engeren Vernetzung bedurften eines flexiblen Instruments, welches sich im Quellenkanon des Art. 38 IGH-Statut nicht finden ließ. Internationales Soft Law hat seitdem wichtige Funktionen im Völkerrecht erfüllt: Es wird als Alternative zu völkerrechtlichen Verträgen verwendet, wenn noch keine Einigung in Form eines völkerrechtlichen Vertrages möglich oder gewollt ist. Als Auslegungshilfe ermöglicht es die dynamische Weiterentwicklung bestehender Völkervertragsregime, die sich dadurch als relevante Regelungsregime bewährt haben. Zuletzt konnten sich unverbindlich angenommene Menschenrechtsverpflichtungen zu gewohnheitsrechtlichen Mindeststandards entwickeln, an die die internationale Staatengemeinschaft in ihrer Gesamtheit gebunden ist.

Diese Erfolge müssen um eine kritische Beobachtung ergänzt werden: Die Informalisierung der Rechtsquellen hat zu einem Machtzuwachs internationaler Gerichte und Organisationen geführt, für die sich das nach wie vor ungelöste Problem einer ausreichenden demokratischen Legitimation stellt. Völkerrechtliche Verträge werden im Einzelnen durch unverbindliche Alternativinstrumente entwertet,[1] weniger völkerrechtliche Verträge werden angenommen, dringende Reformen, wenn überhaupt, durch unverbindliche Instrumente kompensiert.[2]

---

[1] *Shaffer/Pollack,* Minn. L. Rev. 2010, S. 706 (770).
[2] Siehe dazu § 4 A. II. Dynamische Vertragsentwicklung.

Die Auswirkungen, die die Herausbildung von internationalem Soft Law als Handlungskategorie internationaler Akteure und Staaten hat, lassen sich demnach nur ambivalent beurteilen. Fest steht aber, dass Soft Law eine nicht mehr wegzudenkende Kompensationsfunktion in internationalen Entscheidungsprozessen zukommt.

Auf den ersten Blick liegt die Lösung dieser ambivalenten Gestalt von internationalem Soft Law darin, den Bundestag verfassungsrechtlich in internationale Entscheidungsprozesse miteinzubeziehen. Vollkommen unstreitig ist, dass solche Entscheidungsprozesse zunehmenden Einfluss auf innerstaatliche Sachverhalte gewonnen haben. Es erscheint darauf bezogen schlicht nicht hinnehmbar, dass wichtige gesellschaftliche Weichenstellungen ohne jegliche verpflichtende Beteiligung des Bundestages vorgenommen werden.

Zu bedenken ist jedoch, dass jegliche Prozeduralisierung Soft Law normativ aufwerten würde. Ohne die Beteiligung des Bundestages trifft die Bundesregierung eine politische Befolgungspflicht, die über den Grundsatz der Völkerrechtsfreundlichkeit auch den Bundestag binden kann. Eine verfassungsrechtliche Beteiligungspflicht des Bundestages könnte zu einer rechtlichen Befolgungspflicht umschlagen. Wenn der Bundestag einer Soft Law-Abmachung zustimmt, kann erwartet werden, dass er sein Handeln danach ausrichtet. Das würde dazu führen, dass die Probleme und Defizite, die die Annahme und Aushandlung von Soft Law-Abmachungen kennzeichnen, in den Verfassungsraum hineingetragen werden würden.

Eine nur politische Befolgungspflicht kann hingegen durch rechtliches Handeln überwunden werden. Der Bundestag besitzt in jedem Fall die Möglichkeit, gegenteilig zu international ausgehandeltem Soft Law zu handeln. Selbst bei völkerrechtlichen Verträgen hat das Bundesverfassungsgericht dem Demokratieprinzip Vorrang vor der Völkerrechtsfreundlichkeit gegeben: Der Bundestag könne mit einem einfachen Gesetz ungewollte vertragliche Verbindungen überschreiben.[3] Das Einzige, was dabei droht, ist, politisches Ansehen im Ausland und im Inland zu verlieren. Darüber hinausgehende Sanktionen können nicht eintreten. Der Rechtsprechung des Bundesverfassungsgerichts, das davon ausgeht, dass der Bundestag im Bereich der auswärtigen Gewalt ausreichende Kontroll- und Interventionsmöglichkeiten besitzt, um auf die Bundesregierung Einfluss zu nehmen, ist zu folgen. Es muss also bei der Beteiligung des Bundestages nicht so sehr um eine rechtliche Ermächtigung gehen, sondern, wenn gewollt, um eine politische.

Dies ermöglicht einen neuen Blick auf die Behandlung des Migrationspaktes im Bundestag. Abgesehen von haltlosen Behauptungen der rechtspopulistischen AfD-Fraktion hat es der Bundestag geschafft, das Thema aufzugreifen und in seinen Handlungsformen zu verarbeiten. Die Politisierung in einer Plenarde-

---

[3] Siehe zum sog. *Treaty Override* § 4 A. IV. 2. a. Rand und Anwendung in der nationalen Rechtsordnung.

batte, ein abschließender Parlamentsbeschluss zur Unterstützung des Migrationspaktes und die Diskussion in der allgemeinen politischen Öffentlichkeit können als Beispiel für die Handlungsfähigkeit des Bundestages bei internationalen Entscheidungsprozessen dienen.

B. Zusammenfassende Schlussbetrachtung in Form von Thesen

1. Die Herausbildung von Soft Law als eigenständige Handlungskategorie völkerrechtlicher Rechtsetzung lässt sich auf die Expansion in subjektiver Hinsicht im Völkerrecht, also auf die Emanzipation der ehemaligen Kolonien und auf seine materielle Ausdehnung zurückführen.

2. Die Beziehung von Soft Law und internationalem Recht ist nicht nur eine behauptete, in der Ermangelung besserer Begriffe, sondern eine tatsächlich zu beobachtende. Statt rechtsverbindlicher Handlungsformen wie des völkerrechtlichen Vertrages wählen Staaten oder internationale Akteure Soft Law.

3. Staaten und nicht staatliche Akteure verfolgen im Völkerrecht einen pragmatischen Ansatz. Es wird dasjenige Handlungsinstrument gewählt, welches die größten Aussichten hat, den angestrebten Erfolg zu verwirklichen. Erst in einem weiteren Schritt tauchen Überlegungen und Fragen hinsichtlich Legitimation und Verfahren auf.

4. Die Nüchternheit des Flüchtlingspaktes lässt im Vergleich umso mehr die progressiv-gestaltende Ausrichtung des Migrationspaktes erkennen. Die Aushandelnden bewegen sich hier in einem erst global zu erschließenden Rechtsgebiet und können daher nicht selbstverständlich auf bereits etablierte Definitionen, Rechtsstrukturen oder einen generellen Befolgungswillen der Staatengemeinschaft zurückgreifen.

5. Einmal verschriftlicht, sind unverbindliche Rechtssätze unabhängig von ihrem Rechtsstatus als Werkzeug viel zu attraktiv, um in Wissenschaft und Praxis nicht angewandt zu werden. Mit ihnen kann der beschwerliche Weg, Gewohnheitsrecht festzustellen, abgekürzt werden.[4]

6. Die Interaktion von Soft Law mit den herkömmlichen Rechtsquellen des Völkerrechts schlägt durch die Öffnungsnormen des Grundgesetzes unmittelbar auf die nationalstaatliche Ebene durch. Diese Verschränkung bedeutet, dass völkerrechtliche Trends nicht isoliert betrachtet werden können, sondern hinsichtlich ihrer Auswirkungen auf den eigenen Rechtsraum mitgedacht werden müssen.

---

[4] In die Richtung ebenfalls *Barelli*, ICLQ 2014, S. 535 (548).

7. Die parlamentarischen Initiativen rund um die Agenda 2030 zeigen, dass sich die Abgeordneten unterschiedlich und selbstständig in ihren Fraktionen zu solchen Projekten äußern. Die Mehrheit der Abgeordneten knüpfen mit ihrer Politik bewusst und willentlich an überstaatliche Konzepte an.

8. Der Begriff der materiell-normativen Härtung soll als Gegensatz zur formellen deutlich machen, dass unverbindliche Instrumente über einen transnationalen Diskurs Eingang in den innerstaatlichen Raum finden und dortiges Handeln sowie die zukünftige Regelsetzung entscheidend mitbestimmen können.[5]

9. Die Potenziale formeller Härtung des Migrationspaktes liegen am ehesten im Unionsrecht. Nicht zu unterschätzen ist die Bedeutung des neuen, umfassenden Ansatzes, der von der Kommission für die Reform des Gemeinsamen Europäischen Asyl- und Migrationsprogramms vorgeschlagen wird. Bei diesem lässt sich eine direkte Parallele zum Migrationspakt feststellen, als dessen wichtigster Beitrag genau dieser neue Regelungsansatz zu nennen ist.

10. Weitere Potenziale formeller Härtung liegen im Politikbereich der Entwicklungszusammenarbeit der Europäischen Union. Da die Kommission die Entwicklungsdimension des Migrationsmanagements betont und Migration als zentrales Thema in den Außenbeziehungen der Union ansiedelt, ist zu erwarten, dass die so verknüpften Themenbereiche gegenüber Drittstaaten in Form eines Partnerschaftsansatzes entscheidend sein werden.

11. Durch den Migrationspakt soll der Wert einer in allen Dimensionen für Migration offenen Gesellschaft transportiert werden. Die Dimensionen, die dies umfasst, sind neben der Öffnung legaler Zugangswege und damit verbunden der Öffnung des Arbeitsmarktes sowie der Teilhabe an sozialen Sicherungssystemen auch die Öffnung der Gesellschaft und die Inklusion von Migranten.

12. Die innerstaatliche Debatte um den Migrationspakt offenbart, dass völkerrechtliche Härtungsprozesse selbst zum Gegenstand politischer Aushandlung geworden sind. Dies wird durch den zum Migrationspakt angenommenen Beschluss des Bundestages (BT-Drs. 19/6056) eindrücklich bewiesen.

13. Werden die Verhandlungen zur Annahme von internationalem Soft Law durch Organe der Europäischen Union geleitet, so bedeutet dies aus Sicht des Bundestages die Möglichkeit einer intensiven, obligatorischen Beteiligung nach Art. 23 GG. Im Vergleich zur Aushandlung durch die Bundesregierung ist der Bundestag somit verfassungsrechtlich bessergestellt.

---

[5] Weiterentwicklung des Konzepts politischer Vorprägung *DiFabios,* siehe dazu die ausf. Nachweise unter § 4 B. I. Politische Prägung in transnationalen Gemeinwohldiskursen.

14. Nach der Konzeption des Grundgesetzes liegt die Annahme von internationalem Soft Law allein in der Verantwortung der Exekutive. Die Einführung einer verpflichtenden Beteiligung oder einer Unterrichtungspflicht des Bundestages bedürfte einer Verfassungsänderung.

15. Die hybride Gestalt vieler Soft Law-Instrumente und ihre progressiven Entwicklungspotenziale sprächen im Falle einer Reform für die Einführung eines umfassenden Programms, wie es beispielsweise mit der Institutionalisierung der Integrationsverantwortung über Art. 23 GG für die Europäische Union erreicht wird. Eine rein singuläre Beteiligung kann keine adäquate demokratische Legitimation generieren, weil sie die binäre Unterscheidung zwischen Rechtsverbindlichkeit und -unverbindlichkeit rezipiert, in die sich internationales Soft Law nicht ohne weiteres sinnvoll einordnen lässt.

Literaturverzeichnis

Abbott, Kenneth W./Keohane, Robert O./Moravcsik, Andrew/Slaughter, Anne-Marie/Snidal, Duncan, The Concept of Legalization, in: International Organization 54 (2000), S. 401–419.

Abott, Kenneth W./Snidal, Duncan, Hard and Soft Law in International Governance, in: International Organization 54 (2000), S. 421–456.

Abi-Saab, Georges M., The Newly Independent States and the Rules of International Law: An Outline, in: Howard Journal of International Law 95 (1962), S. 95–121.

Agarwala, P.N., The New International Economic Order – An Overview, New York 1983.

Akehurst, Michael, Custom as a Source of International Law, in: British Yearbook of International Law 47 (1974/75), S. 1–53.

Akinsanya, Adeoye/Davies, Arthur, Third World Quest for a New International Economic Order. An Overview, in: The International and Comparative Law Quarterly, 33 (1984), S. 208–217.

Alkoby, Asher, Non-State Actors and the legitimacy of international environmental law, in: Non-State Actors and International Law 3 (2003), S. 23–98.

Alvarez, José E., International Organizations as Law-makers, Oxford 2005.

ders., Are Corporations „Subjects" of International Law?, in: Santa Clara Journal of International Law 9 (2011), S. 1–36.

Alvarez-Jiménez, Alberto, Methods for the Identification of Customary International Law in the International Court of Justice's Jurisprudence: 2000–2009, in: International Comparative Law Quarterly 60 (2011), S. 681–712.

Anand, Ram P., Confrontation or Cooperation? The General Assembly at Crossroads, in: Robert Akkermann/Peter van Krieken/Charles Pannenborg (Hrsg.), Declarations on Principles. A Quest for Universal Peace, Liber Amicorum Discipulorumque Prof. Dr. Bert V. A. Röling, Leiden 1977.

ders., Origin and Development of the Law of the Sea, Den Haag 1983.

ders., Development of Modern International Law and India, Baden-Baden 2005.

Annan, Kofi, The Quiet Revolution, in: Global Governance 4 (1998), S. 123–138.

Anderson, Kenneth, The Ottawa Convention Banning Landmines, the Role of International Non-governmental Organizations and the Idea of International Civil Society, in: European Journal of International Law 11 (2000), S. 91–120.

Ansprenger, Franz, Politik im Schwarzen Afrika, Köln 1961.

Arajärvi, Noora, The Changing Nature of Customary International Law. Methods of Interpreting the Concept of Custom in International Criminal Tribunals, New York 2014.

Arangio-Ruiz, Gaetano, The Normative Role of the General Assembly of the United Nations and the Declaration of Principles of Friendly Relations, in: Recueil des Cours 137 (1972), S. 431–628.

Arnauld, Andreas von, Völkerrecht, 4. Auflage, Heidelberg 2019.

Arndt, Dominik E., Sinn und Unsinn von Soft Law. Prolegomena zur Zukunft eines indeterminierten Paradigmas, Baden-Baden 2011.

Asamoah, Obed Y., The Legal Significance of the Declarations of the General Assembly of the United Nations, Den Hague 1966.

Aston, Jurij D., Sekundärgesetzgebung internationaler Organisationen zwischen mitgliedstaatlicher Souveränität und Gemeinschaftsdisziplin, Berlin 2005.

Baade, Björnstjern, Eine „Charta für Kriminelle"? Zur demokratietheoretischen Kritik am EGMR und dem aktiven Wahlrecht von Gefangenen, in: Archiv des Völkerrechts 51 (2013), S. 339–368.

ders., Der Europäische Gerichtshof für Menschenrechte als Diskurswächter, Berlin 2017.

Bachmann, Gregor, Private Ordnung. Grundlagen ziviler Regelsetzung, Tübingen 2006.

Bailey, Saki/Mattei, Ugo, Social Movements as Constituent Power: The Italian Struggle for the Commons, in: Indiana Journal of Global Legal Studies 20 (2013), S. 965–1013.

Bajon, Philip, Europapolitik „am Abgrund". Die Krise des „leeren Stuhls" 1965–66, Stuttgart 2012.

Baldwin-Edwards, Martin, Towards a Theory of Illegal Migration: historical and structural components, in: Third World Quarterly 29 (2008), S. 1449–1459.

Barelli, Mauro, The Role of Soft Law in the International Legal System: The Case of the United Nations Declaration on the Rights of Indigenous Peoples 58 (2009), S. 957–984.

Barkin, J. Samuel/Rashchupkina, Yuliya, Public Goods, Common Pool Resources, and International Law, in: American Journal of International Law 111 (2017), S. 376–394.

Bast, Jürgen, Der Global Compact for Migration und das internationale Migrationsregime, in: Zeitschrift für Ausländerrecht und Ausländerpolitik 39 (2019), S. 96–99.

Baude, William, Is Originalism our law?, in: Columbia Law Review 115 (2015), S. 2349–2408.

Baxi, Upendra, The Softening of Hard Law and the Hardening of Soft Law: an Extended Synopsis, in: Daniel D. Bradlow/David B. Hunter (Hrsg.), Advocating Social Change through International Law. Exploring the Choice between Hard and Soft International Law, Leiden/Boston 2020, S. 16–32.

Baxter, Richard R., International Law in Her Infinite Variety, in: International and Comparative Law Quarterly 29 (1980), S. 549–566.

Bedjaoui, Mohammed, Towards a New International Economic Order, Paris 1979.

Beer, Max, Afrikanisch-asiatische Vorherrschaft in den Vereinten Nationen, in: Vereinte Nationen 10 (1962), S. 97–103.

Beisheim, Marianne, Die Umsetzung der VN-Agenda 2030 für nachhaltige Entwicklung, in: Stiftung Wissenschaft und Politik-Aktuell Nr. 19 (2016), S. 1–4.

Bernhardt, Rudolf, Ungeschriebenes Völkerrecht, in: Zeitschrift für ausländisches und öffentliches Recht und Völkerrecht 36 (1976), S. 50–76.

ders., Encyclopedia of Public International Law, Band IV, Amsterdam 2000

Betts, Alexander, Introduction: Global Migration Governance, in: ders. (Hrsg), Global Migration Governance, Oxford 2011, S. 1–33.

Betts, Alexander/Collier, Paul, Gestrandet. Warum unsere Flüchtlingspolitik allen schadet – und was jetzt zu tun ist, München 2017.

Betts, Alexander/Kainz, Lena, The history of global migration governance, in: Refugee Studies Centre Working Paper Series No. 122 (2017), S. 1–18.

Betts, Raymond F., Decolonization. A brief history of the word, in: Els Bogaerts/Remco Raben (Hrsg.), Beyond Empire and Nation, Leiden 2012, S. 23–37.

Bishop, William W., General Course of Public Law, in: Recueil des Cours (1965), Band II, S. 146–470.

Blutman, László, In the Trap of a Legal Metaphor: International Soft Law, in: International and Comparative Law Quarterly 59 (2010), S. 605–624.

Bodansky, Daniel, Customary (And Not so Customary) International Environmental Law, in: Indiana Journal of Global Legal Studies 3 (1995), S. 105–119.

Bogdandy, Armin von/Goldmann, Matthias, Die Ausübung internationaler öffentlicher Gewalt durch Politikbewertung. Die PISA-Studie der OECD als Muster einer neuen völkerrechtlichen Handlungsform, in: Zeitschrift für ausländisches öffentliches Recht und Völkerrecht 69 (2009), S. 52–101.

Bogdandy, Armin von/Venzke, Ingo, Zur Herrschaft internationaler Gerichte: Eine Untersuchung internationaler öffentlicher Gewalt und ihrer demokratischen Rechtfertigung, in: Zeitschrift für ausländische öffentliches Recht und Völkerrecht 70 (2010), S. 1–49.

Bogdandy, Armin von/Wolfrum, Rüdiger/Bernstorff, Jochen von/Dann, Philipp/Goldmann, Matthias (Hrsg.), The Exercise of Public Authority by International Institutions: Advancing International Institutional Law, Heidelberg 2010.

Bogdandy, Armin von/Dann, Philipp/Goldmann, Matthias, Völkerrecht als öffentliches Recht. Konturen eines rechtlichen Rahmens, in: Rainer Forst/Klaus Günther (Hrsg.), Die Herausbildung normativer Ordnungen. Interdisziplinäre Perspektiven, Frankfurt 2011, S. 227–264.

Bolton, John R., Is there Really Law in International Law, in: Transnational Law and Contemporary Problems 10 (2000), S. 1–48.

Bordin, Fernando L., Reflections of Customary International Law: The Authority of Codification Conventions and ILC Draft Articles in International Law, in: The International and Comparative Law Quarterly 63 (2014), S. 535–567.

Bothe, Michael, „Soft Law" in den Europäischen Gemeinschaften?, in: Ingo von Münch (Hrsg.), Festschrift für Hans-Jürgen Schlochauer, Berlin 1981, S. 761–775.

Bouchez, Leo J., Some Reflections on the Present and Future Law of the Sea, in: Maarten Bos (Hrsg.), The Present State of International Law and other Essays, Deventer 1973, S. 131–141.

Boyle, Alan, Soft Law in International Law-Making, in: Malcom D. Evans (Hrsg.), International Law, 5. Auflage, Oxford 2018, S. 119–137.

Boyle, Alan/Chinkin, Christine, The Making of International Law, Oxford 2007.

Bradlow, Daniel D./Hunter, David B., Hard and Soft International Law and Social Change, in: dies. (Hrsg.), Advocating Social Change through International Law. Exploring the Choice between Hard and Soft International Law, Leiden/Boston 2020, S. 1–15.

Brandl, Ulrike, Anhaltung von Asylbewerbern in Transitzentren: Zum Urteil der Großen Kammer im Fall *Ilias und Ahmed gg. Ungar,* in: Newsletter Menschenrechte 29 (2020), S. 85–91.

dies., Integration in the New Pact: A difficult compromise between a limited EU competence and a successful policy, EU Immigration and Asylum Law and Policy v. 26.03.2021; (abrufbar unter: https://eumigrationlawblog.eu/integration-in-the-new-pact-a-difficult-compromise-between-the-lack-of-competence-and-the-importance-of-integration-for-a-successful-migration-policy/, letzter Zugriff am 20.03.2023).

Braun, Johanna, Leitbilder im Recht, Tübingen 2015.

Brauneck, Jens, Flüchtlingsstrom 2015: EU-Notfallumverteilungsmechanismus ohne wirksame Beteiligung von EU-Parlament und EU-Kommission, in: Europarecht 53 (2018), S. 62–87.

Breuer, Marten, Zulässigkeit und Grenzen richterlicher Rechtsfortbildung in der Rechtsprechung des EGMR, in: Zeitschrift für öffentliches Recht 68 (2013), S. 729–766.

Brinkmann, Matthias, Majoritätsprinzip und Einstimmigkeit in den Vereinten Nationen, Frankfurt a. M. 1978.

Brownlie, Ian, Legal Status of Natural Resources in International Law (Some Aspects), in: Recueil des Cours 162 (1979), S. 253–317.

Brunée, Jutta, COPing with COnsent: Lawmaking Under Multilateral Environmental Agreements, in: Leiden Journal of International Law 15 (2002), S. 1–52.

Buergenthal, Thomas, Proliferation of International Courts and Tribunals: Is it Good or Bad?, in: Leiden Journal of International Law 14 (2001), S. 267–276.

Bullock, Alan, The Stevenson Memorial Lecture: Europe Since Hitler, in: International Affairs 47 (1971), S. 1–18.

Byers, Michael, Custom, Power and the Power of Rules. International Relations and Customary International Law, Cambridge 1999.

Calliess, Christian, Nach dem Lissabon-Urteil des Bundesverfassungsgerichts: Parlamentarische Integrationsverantwortung auf europäischer und nationaler Ebene, in: Zeitschrift für Gesetzgebung 25 (2010), S. 1–34.

Calliess, Christian/Ruffert, Matthias (Hrsg.), EUV/AEUV. Das Verfassungsrecht der Europäischen Union mit Europäischer Grundrechtecharta, 6. Auflage, München 2022.

Cameron, Maxwell A., Democratization of Foreign Policy: The Ottawa Process as a Model, in: ders./Robert J. Lawson/Brian W. Tomlin (Hrsg.), To Walk without Fear. The Global Movement to Ban Landmines, Oxford 1998, S. 424–447.

Carrera, Sergio/Petkova, Bilyana, The potential of civil society and human rights organizations: through third-pary interventions before the European Courts: the EU's area of freedom, security and justice, in: Mark Dawson/Bruno de Witte/Elise Muir, Judicial activism at the European Court of Justice, Cheltenham/Northhampton 2013, S. 233–263.

Carreau, Dominique/Marrella, Fabrizio, Droit International, 11. Auflage, Paris 2012.

Cassese, Antonio, International Law in a Divided World, Oxford/New York 1986.

Casteñada, Jorge, Legal Effects of United Nations Resolutions, New York 1969.

Cerone, John, A Taxonomy of Soft Law: Stipulating a Definition, in: Stéphanie Lagoutte/ Thomas Gammeltoft-Hansen/ John Cerone (Hrsg.), Tracing the Roles of Soft Law in Human Rights, Oxford 2016, S. 15–26.

Charlesworth, Hilary, Law-making and Sources, in: James Crawford/Martti Koskenniemi (Hrsg.), The Cambridge Companion to International Law, Cambridge 2012, S. 187–202.

Charney, Jonathan I., The Impact of the International Legal System of the Growth of International Courts and Tribunals, in: New York University Journal of International Law and Politics 31 (1999), S. 697–709.

Cheng, Bin, Custom: The Future of General State Practice in a Divided World, in: Ronald St. J. Macdonald/Douglas M. Johnston (Hrsg.), The Structure and Process of International Law: Essays in Philosophy, Doctrine and Theory, Dordrecht/Boston/Lancaster 1983, S. 513–554.

ders. Studies in International Space Law, Oxford 1997.

Chetail, Vincent, International Migration Law, Oxford 2019.

Chimni, B.S., Third World Approaches to International Law: A Manifesto, in: International Community Law Review 8 (2006), S. 3–27.

ders., International Law and World Order. A Critique of Contemporary Approaches, 2. Auflage, Cambridge 2017.

Chinkin, Christine, The Challenge and Soft Law: Development and Change in International Law, in: International Comparative Law Quarterly 38 (1989), S. 850–866.

dies., Normative Development in the International Legal System, in: Dinah Shelton (Hrsg.), Commitment and Compliance. The Role of Non-Binding Norms in the International Legal System, Oxford 2003, S. 21–42.

Cholewinski, Ryszard/Perruchoud, Richard/MacDonald, Euan, International Migration Law: Developing Paradigms and Key Challenges, Den Haag 2007.

Churchill Robin R./Ulfstein, Geir, Autonomous Institutional Arrangements in Multilateral Environmental Agreements: A Little-Noticed Phenomenon in International Law 94 (2000), S. 623–659.

Cicéron Bühler, Corinne, Soft Law: How to Improve its Democratic Legitimacy While Ensuring Effective Governmental Action in Foreign Affairs, Opinio Juris v. 02.09.2021, (abrufbar unter: http://opiniojuris.org/2021/09/02/soft-law-how-to-improve-its-democratic-legitimacy-while-ensuring-effective-governmental-action-in-foreign-affairs/r, letzter Zugriff am 20.03.2023).

Lipham, Andrew, Human Rights Obligations of Non-State Actors, Oxford 2006.

Colby, Thomas B./Smith, Peter J., Living Originalism, in: Duke Law Journal 59 (2009), S. 239–307.

Collier, Paul, Exodus. Warum wir Einwanderung neu regeln müssen, München 2014.

Cordonier Segger, Marie Claire, Commitments to sustainable development through international law and policy, in: Cordonier Segger/Christopher G. Weeramantry (Hrsg.), Sustainable Development Principles in the Decisions of International Courts and Tribunals. 1992–2012, London/New York 2017, S. 29–98.

Corea, Gamani, UNCTAD and the New International Economic Order, in: International Affairs 53 (1977), S. 177–187.

Crawford, James, Brownlie's Principles of Public International Law, 9. Auflage, Oxford 2012.

Cremer, Hans-Joachim, Völkerrecht – Alles nur Rhetorik?, in: Zeitschrift für ausländisches öffentliches Recht und Völkerrecht 67 (2007), S. 267–296.

Cromwell White, Lyman, The Structure of Private International Organizations, Philadelphia 1933.

Cullen, Holly/Morrow, Karen, International Civil Society in International Law: The Growth of NGO Participation, in: Non-State Actors and International Law 1 (2001), S. 7–39.

D'Amato, Anthony, The Concept of Custom in International Law, Ithaca 1971.

ders., Trashing Customary International Law, in: American Journal of International Law 81 (1987), S. 101–106.

D'Amato, Anthony/Chupra, Sudhir, Whales: Their Emerging Right to Life, Faculty Working Papers 2010, Nr. 63, S. 19–47 (abrufbar unter: https://scholarlycommons.law.northwestern.edu/cgi/viewcontent.cgi?article=1062&context=facultyworkingpapers, letzter Zugriff am 20.03.2023).

Danilenko, Gennady M., The Theory of International Customary Law, in: German Yearbook of International Law 31 (1988), S. 9–47.

Dann, Philipp/Engelhardt, Marie von, Legal Approaches to Global Governance and Accoutability: Informal Lawmaking, International Public Authority, and Global Administrative Law Compared, in: Joost Pauwelyn/Ramses A. Wessel/Jan Wouters (Hrsg.), Informal International Lawmaking, Oxford 2012, S. 106–124.

D'Aspremont, Jean, Softness in International Law: A Self-Serving Quest for New Legal Materials, in: European Journal of International Law 19 (2008), S. 1075–1093.

ders., Bindingness, in: Jean D'Aspremont/Sahib Singh (Hrsg.), Concepts for International Law. Contributions to Disciplinary Thought, Cheltenham/Northampton 2019, S. 67–82.

De Brabandere, Eric, Human Rights and Transnational Corporations: The Limits of Direct Corporate Responsibility, in: Human Rights and International Legal Discourse 4 (2010), S. 66–88.

De Tocqueville, Alexis, Democracy in America, Volume I, Nachdruck 2004, New York.

Dickmann, Fritz, Der Westfälische Frieden, 6. Auflage, 1992 Münster.

Di Fabio, Udo, Luhmann im Recht – Die juristische Rezeption soziologischer Beobachtung, in: Helga Gripp-Hagelstange (Hrsg.), Niklas Luhmanns Denken. Interdisziplinäre Einflüsse und Wirkungen, Konstanz 2000, S. 139–155.

ders., Herrschaft und Gesellschaft, Tübingen 2018.

ders., Das atlantische Völkerrecht zwischen staatlicher Partikularität und universeller Rechtsgeltung, in: Peter Geiss/Dominik Geppert/Julia Reuschenbach (Hrsg.), Eine Werteordnung für die Welt? Universalismus in Geschichte und Gegenwart, Baden-Baden 2019, S. 25–44.

Doehring, Karl, Die allgemeinen Regeln des völkerrechtlichen Fremdenrechts und das deutsche Verfassungsrecht, Köln 1963.

Dörr, Oliver/Grote, Rainer/Marauhn, Thilo (Hrsg.), EMRK/GG. Konkordanzkommentar zum europäischen und deutschen Grundrechtsschutz, 2. Auflage, Tübingen 2017

Dreier, Ralf, Der Begriff des Rechts, in: Neue Juristische Wochenschrift 39 (1986), S. 890–896.

Dreyer-Plum, Domenica, Kosmo-polis EU – Eine kosmopolitsche Untersuchung europäischer Grenz- und Asylpolitik, Baden-Baden 2017.

Dupuy, René J., Declaratory Law and Programmatory Law: From Revolutionary Custom to „Soft Law", in: Robert Akkerman/Peter van Krieken/Charles Pannenborg (Hrsg.), Declarations on Principles. A Quest For Universal Peace. Liber Amicorum Discipulorumque Prof. Dr. Röling, Leyden 1977, S. 247–257.

Dürig, Günter/Roman Herzog/Rupert Scholz (Hrsg.), Grundgesetz. Kommentar, 94. EL Januar 2021, München.

Durner, Wolfgang, Common Goods: Statusprinzipien von Umweltgütern im Völkerrecht, Baden-Baden 2000.

Düvell, Franck, Irregular Migration, in: Alexander Betts (Hrsg.), Global Migration Governance, Oxford 2011, S. 78–108.

Eckert, Andreas, Spätkoloniale Herrschaft, Dekolonisation und internationale Ordnung. Einführende Bemerkungen, in: Anja Kruge (Hrsg.), Dekolonisation. Prozesse und Verflechtungen 1945–1990, S. 3–20.

El-Ayouty, Yassin, The United Nations and Decolonization: The Role of Afro-Asia, Den Haag 1971.

Eliantonio, Mariolina/Korkea-aho, Emilia/Ştefan, Oana, EU Soft Law in the Member States. Theoretical Findings and Empirical Evidence, Oxford/New York/Dublin, 2021.

Elias, Taslim O., Africa and the Development of International Law, Dordrecht 1988.

Elias, Olufemi, The Nature of the Subjective Element in Customary International Law, in: International Comparative Law Quarterly 44 (1995), S. 501–520.

Ellis, Jayce, Shades of Grey: Soft Law and the Validity of Public International Law, in: Leiden Journal of International Law 25 (2012), S. 313–334.

Espinoza, Marcia V./Hadj-Abdou, Leila/Brumat, Leiza, Global Compact for Migration: what ist it and why are countries opposing it?, The Conversation v. 07.12.2018 (abrufbar unter: https://theconversation.com/global-compact-for-migration-what-is-it-and-why-are-countries-opposing-it-106654, letzter Zugriff am 20.03.2023).

Falk, Richard, On the Quasi-Legislative Competence of the General Assembly, in: The American Journal of International Law 60 (1966), S. 782–791.

Farahat, Anuscheh, Progressive Inklusion, Heidelberg 2013.

Fastenrath, Ulrich, Kompetenzverteilung im Bereich der auswärtigen Gewalt, München 1986.

ders., Relative Normativity in International Law, in: European Journal of International Law 4 (1993), S. 305–340.

ders., Zur Abgrenzung des Gesetzgebungsvertrags vom Verwaltungsabkommen i. S. d. Art. 59 Abs. 2 GG am Beispiel der UNESCO-Welterbekonvention, in: Die Öffentliche Verwaltung 61 (2008), S. 697–706.

Fehling, Michael, Die „neue Verwaltungsrechtswissenschaft" – Problem oder Lösung, in: Die Verwaltung. Beiheft Nr. 12 (2017), S. 64–101.

Fidler, David, Challenging the Classical Concept of Custom: Perspectives on the Future of Customary International Law, in: German Yearbook of International Law 39 (1996), S. 198–248.

Finkelstein, Lawrence S., What Is Global Governance?, in: Global Governance 1 (1995), S. 367–372.

Fisch, Jörg, Das Selbstbestimmungsrecht der Völker. Die Domestizierung einer Illusion, München 2010.

Fitzmaurice, Gerald, The General Principles of International Law. Considered from the Standpoint of the Rule of Law, in: Recueil des Cours 92 (1957), Band II, S. 1–227.

Frau, Robert, Der Gesetzgeber zwischen Verfassungsrecht und völkerrechtlichem Vertrag, Tübingen 2015.

French, Duncan, The Sofia Guiding Statements on sustainable development principles in the decisions of international tribunals, in: Marie-Claire Cordonier Segger/Christopher G. Weeramantry (Hrsg.), Sustainable Development Principles in the Decisions of International Courts and Tribunals. 1992–2012, London/New York 2017, S. 177–241.

Friede, Wilhelm, Das Estoppel-Prinzip im Völkerrecht, in: Zeitschrift für ausländisches und öffentliches Recht und Völkerrecht 5 (1935), S. 517–545.

Friedmann, Wolfgang, Half a Century of International Law, in: Virginia Law Review 50 (1964), S. 1333–1358.

ders., The Changing Structure of International Law, London 1964.

Friesenhahn, Ernst, Parlament und Regierung im modernen Staat, in: Veröffentlichungen der Vereinigung der Staatsrechtslehrer 16 (1958), S. 9–65.

Fukuyama, Francis, The End of History?, in: The National Interest 4 (1989), S. 3–18.

ders., The End of History and the Last Man, New York 1992.

Funke, Andreas, Keine Abwägung im Auswärtigen, in: Die Öffentliche Verwaltung 69 (2016), S. 833–839.

Gärditz, Klaus Ferdinand, Die „Neue Verwaltungswissenschaft" – Alter Wein in neuen Schläuchen?, in: Die Verwaltung. Beiheft Nr. 12 (2017), S. 106–146.

Garibaldi, Oscar M., The Legal Status of General Assembly Resolutions: Some Conceptual Observations; in: American Society of International Law, Proceedings of the 73rd Annual Meeting, April 26.–28. 1979, S. 324–327.

Geiger, Rudolf, Zur Lehre vom Völkergewohnheitsrecht in der Rechtsprechung des Bundesverfassungsgerichts, in: Archiv des öffentlichen Rechts 103 (1978), S. 382–407.

Genscher, Hans-Dieter, Von der Konfrontation zur Weltmarktwirtschaft: Der Standpunkt der Deutschen Bundesregierung zur neuen Wirtschaftsordnung, in: Vereinte Nationen 23 (1975), S. 129–134.

Gény, François, Méthode d'interprétation et sources en droit privè positif: essai critique, Paris 1899.

Georgi, Fabian, Migrationsmanagement in Europa: eine kritische Studie am Beispiel des International Centre for Migration Policy, Development (ICMPD), Saarbrücken 2007.

ders., Managing Migration?: Eine kritische Geschichte der Internationalen Organisation für Migration (IOM), 2. Auflage, Berlin 2019.

German Branch Committee of the ILA, Declaration on the Progressive Development of Principles of Public International Law relating to a New International Economic Order, in: Thomas Oppermann/Ernst-Ulrich Petersmann (Hrsg.), Reforming the International Economic Order, S. 47–58.

Germelmann, Claas F., Moderne Rechtssetzungsformen im Umweltvölkerrecht – Entwicklung und Perspektiven sekundärrechtlicher Regelungsmechanismen, in: Archiv des Völkerrechts 52 (2014), S. 325–374.

Giersch, Carsten, Das international Soft Law. Eine völkerrechtsdogmatische und völkerrechtssoziologische Bestandsaufnahme, Berlin 2015.

Gill, Terry D., Rosenne's the World Court. What It is and how It works, 6. Auflage, Leiden/Boston 2003.

Glawe, Robert, Quo vadis, Bündnispartner Deutschland? Zur Konditionierung des konstitutiven Parlamentsvorbehalts, in: Neue Zeitschrift für Verwaltungsrecht (2011), S. 1051–1052.

Glöckle, Caroline/Würdemann, Aike, Die Appellate Body-Krise der WTO – eine Analyse der US-Kritikpunkte, in: Europäische Zeitschrift für Wirtschaftsrecht 29 (2018), S. 976–982.

dies., Die ungewisse Zukunft des WTO Appellate Body, in: Europäische Zeitschrift für Wirtschaftsrecht 31 (2020), S. 356–364.

Goldmann, Matthias, We need to Cut Off the Head of the King: Past, Present, and Future Approaches to International Soft Law, in: Leiden Journal of International Law 25 (2012), S. 335–368.

ders., Internationale öffentliche Gewalt. Handlungsformen internationaler Institutionen im Zeitalter der Globalisierung, Heidelberg/New York 2013.

ders., Relative Normativity, in: Jean D'Aspremont/Sahib Singh (Hrsg.), Concepts for International Law. Contributions to Disciplinary Thought, Cheltenham/Northampton 2019, S. 740–759.

Goldsmith, Jack L./Posner, Eric A., The Limits of International Law, Oxford 2005.

Goodhardt, David, The Road to Somewhere. The New Tribes Shaping British Politics, New York 2017.

Goodwin-Gill, Guy S./McAdam, Jane, The Refugee in International Law, 3. Auflage, Oxford 2011.

Grabenwater, Christoph/Pabel, Katharina, Europäische Menschenrechtskonvention, 7. Auflage, München 2021.

Grabitz, Eberhard/Hilf, Meinhard/Nettesheim, Martin (Hrsg.), Das Recht der Europäischen Union: EUV/AEUV, Band I, 73. Ergänzungslieferung: Stand Mai 2021, München.

Greene, Jamal/Persily, Nathaniel/Ansolabehere, Stephan, Profiling Originalism, in: Columbia Law Review 111 (2011), S. 356–418.

Griesbeck, Michael, Von der New Yorker Erklärung über den Sutherland-Report zum Global Compact for Migration – Zur Vorgeschichte des Migrationspaktes und den Erkenntnissen für die Diskussion, in: Zeitschrift für Ausländerrecht und Ausländerpolitik 39 (2019), S. 86–90.

Grimm, Christoph/Hummrich, Martin, Zum Einfluss der Landesparlamente auf die Stimmabgabe im Bundesrat im Falle der Übertragung von Länderkompetenzen, in: Die Öffentliche Verwaltung 58 (2005), S. 280–289.

Guzman, Andrew, Saving Customary International Law, in: Michigan Journal of International Law 27 (2005), S. 115–176.

Haefeli, Fulvio, Steuerung der Migrationsströme und Non-refoulement-Prinzip gemäß GFK und EMRK, in: Zeitschrift für Ausländerrecht und Ausländerpolitik 40 (2020), S. 25–33.

Hailbronner, Kay, Kontrolle der auswärtigen Gewalt, in: Veröffentlichungen der Vereinigung der Deutschen Staatsrechtslehrer 56 (1996), S. 8–37.

Hailbronner, Kay/Thym, Daniel, Grenzenloses Asylrecht? Die Flüchtlingskrise als Problem europäischer Rechtsintegration, in: JuristenZeitung 71 (2016), S. 753–763.

Haltern, Ulrich, Europarecht. Dogmatik im Kontext, Band II: Rule of Law, Verbunddogmatik, Grundrechte, 3. Auflage, Tübingen 2017.

Hanschel, Dirk, Klimaflüchtlinge und das Völkerrecht, in: Zeitschrift für Ausländerrecht und Ausländerpolitik 37 (2017), S. 1–7.

Hart, H. L. A., The Concept of Law, Oxford 1961.

Harvard Law Review Association, Original Meaning and Its Limits, in: Harvard Law Review 120 (2007), S. 1279–1300.

Haug, Thomas, Die Pflicht deutscher Gerichte zur Berücksichtigung der Rechtsprechung des EGMR, in: Neue Juristische Wochenschrift 71 (2018), S. 2674–2677.

Herdegen, Matthias, Informalisierung und Entparlamentarisierung politischer Entscheidungen als Gefährdungen der Verfassung?, in: Veröffentlichungen der Vereinigung deutscher Staatsrechtslehrer 62 (2002), S. 9–32.

Hesselhaus, Sebastian/Nowak, Carsten (Hrsg.), Handbuch der Europäischen Grundrechte, 2. Auflage, München 2020.

Heusel, Wolfgang, „Weiches" Völkerrecht. Eine vergleichende Untersuchung typischer Erscheinungsformen, Baden-Baden 1991.

Higgins, Rosalyn, The Development of International Law through the Political Organs of the United Nations, Oxford 1963.

dies., The Role of Resolutions of International Organizations in the Process of Creating Norms in the International System, in: William E. Butler (Hrsg.), International Law and the International System, Dordrecht 1987.

dies., Problems & Process. International Law and How We Use It, Oxford 1995.

dies., The ICJ, the ECJ, and the Integrity of International Law, in: International & Comparative Law Quarterly 52 (2003), S. 1–20.

Hillgenberg, Hartmut, A Fresh Look at Soft Law, in: European Journal of International Law 10 (1999), S. 499–515.

Hillgruber, Christian, Die Fortentwicklung völkerrechtlicher Verträge als staatsrechtliches Problem: Wie weit trägt der Rechtsanwendungsbefehl des Zustimmungsgesetzes nach Art. 59 Abs. 2 S. 1 GG?, in: Josef Isensee/Helmut Lecheler (Hrsg.), Freiheit und Eigentum. Festschrift für Walter Leisner zum 70. Geburtstag, Berlin 1999, S. 53–74.

Hilpold, Peter, Opening up a new chapter of law-making in international law: The 2018 Global Compacts on Migration and Refugees, in: European Law Journal 26 (2020), S. 1–20.

Hobe, Stephan, Der offene Verfassungsstaat zwischen Souveränität und Interdependenz: eine Studie zur Wandlung des Staatsbegriffs der deutschen Staatslehre im Kontext internationaler und internationalisierter Kooperation, Berlin 1998.

Hoffmann-Riem, Wolfgang/Schmidt-Aßmann, Eberhard/Voßkuhle, Andreas (Hrsg.), Grundlagen des Verwaltungsrechts, München 2006.

Hoof, Godefridus J. van, Rethinking the Sources of International Law, Deventer 1983.

Huber, Peter M., Der Bundesstaat in Europa – was bleibt für die Stadtstaaten?, in: Zeitschrift für öffentliches Recht in Norddeutschland 15 (2012), S. 161–169.

Huber, Berthold/Eichenhofer, Johannes/Endres de Oliveira, Pauline (Hrsg.), Aufenthaltsrecht, München 2017.

Huber, Berthold/Paulus, Andreas L., Cooperation of Constitutional Courts in Europe, in: Mads Andenas/Duncan Fairgrieve (Hrsg.), Courts and Comparative Law, Oxford 2015, S. 282–299.

Huck, Winfried/Kurkin, Claudia, Die UN-Sustainable Development Goals (SDGs) im transnationalen Mehrebenensystem, in: Zeitschrift für ausländisches und öffentliches Recht und Völkerrecht 78 (2018), S. 375–424.

Hunter, David B., The Hard Choice for Soft Commitments in the Climate Change Regime, in: Daniel D. Bradlow/David B. Hunter (Hrsg.), Advocating Social Change through International Law. Exploring the Choice between Hard and Soft International Law, Leiden/Boston 2020, S. 138–167.

Huntington, Samuel P., Clash of Civilizations and the Remaking of World Order, New York 1996.

Hwang, Shu-Perng, Die EMRK im Lichte der Rechtsprechung des BVerfG: Die Entwicklung eines Grundrechtspluralismus zur Überwindung des Gegensatzes von Monismus und Dualismus, in: Europarecht 52 (2017), S. 512–532.

Ijalaye, David A., The Extension of Corporate Personality in International Law, New York/Leiden 1978.

Isensee, Josef/Kirchhof, Paul (Hrsg.), Handbuch des Staatsrechts, Band X: Deutschland in der Staatengemeinschaft, 3. Auflage, Heidelberg 2012.

dies., Handbuch des Staatsrechts, Band XI: Internationale Bezüge, 3. Auflage, Heidelberg 2013.

Islebe, Walter, Die Blockbildung in der Generalversammlung, in: Vereinte Nationen 10 (1962), S. 42–45.

Jaenicke, Günther, The Law of the Sea Convention and the Development of a New International Economic Order, in: Thomas Oppermann/Ernst-Ulrich Petersmann (Hrsg.), Reforming the International Economic Order. German Legal Comments, Berlin 1987, S. 147–160.

Jägers, Nicola, Corporate Human Rights Obligations: in Search of Accountability, Utrecht 2002.

Jennings, Robert/Watts, Arthur, Oppenheim's International Law: Vol. 1, Peace, Oxford 2008.

Jimenez de Arechaga, Eduardo, Custom, in: Antonio Cassese/Joseph H. H. Weiler (Hrsg.), Change and Stability in International Law-Making, Berlin/New York 1988, S. 1–4.

Kadens, Emily/Young, Ernest A., How Customary is Customary International Law, in: William & Mary Law Review 54 (2012–2013), S. 885–920.

Kahin, Mc Turnan George, The Asian-African Conference. Bandung, Indonesia, April 1955, Ithaca 1956.

Kalter, Frank, Migration, in: Johannes Kopp/Anja Steinbach (Hrsg.), Grundbegriffe der Soziologie, 12. Auflage, Berlin, S. 313–317.

Kamann, Hans-Georg/Irmscher, Philipp, Das Sorgfaltspflichtengesetz – Ein neues Sanktionsrecht für Menschenrechts- und Umweltverstöße in Lieferketten – in: Neue Zeitschrift für Wirtschafts-, Steuer- und Unternehmensstrafrecht 10 (2021), S. 250–256.

Kamau, Macharia/Chasek, Pamela/O'Connor, David, Transforming Multilateral Diplomacy. The Inside Story of the Sustainable Development Goals, London/New York 2018.

Kamminga, Menno T.; Zia-Zarifi, Saman (Hrsg.), Liability of Multinational Corporations under International Law, Den Haag 1999.

Karns, Margaret P., General Assembly and Assemblies of State Parties, in: Jacob Katz Cogan/Ian Hurd/Ian Johnstone (Hrsg.), The Oxford Handbook of International Organizations, S. 757–781.

Karpenstein, Ulrich/Mayer, Franz C. (Hrsg.), Konvention zum Schutz der Menschenrechte und Grundfreiheiten: EMRK, 2. Auflage, München 2015.

Kay, Richard S., Adherence to the Original Intentions in Constitutional Adjudication: Their Objections and Responses, in: 82 Northwestern University Law Review (1988), S. 226–292.

Keller, Helen/Grover, Leena, General Comments of the Human Rights Committee and their legitimacy, in: Helen Keller/Geir Ulfstein (Hrsg.), UN Human Rights Treaty Bodies, Law and Legitimacy, Cambridge 2012, S. 116–198.

Kelly, J. Patrick, Customary International Law in Historical Context. The Exercise of Power without General Acceptance, in: Brian Lepard (Hrsg.), Reexamining Customary International Law, New York 2017, S. 47–85.

Kelsen, Hans, Reine Rechtslehre, Studienausgabe der 1. Auflage 1934 hrsg. von Matthias Jestaedt, Tübingen 2008.

Kielmansegg, Peter Graf, Über Migration reden, in: Frankfurter Allgemeine Zeitung, 04.02.2019, Nr. 29, S. 6.

Kingsbury, Benedict, Foreword: Is the Proliferation of International Courts and Tribunals a Systemic Problem, in: New York University Journal of International Law and Politics 31 (1999), S. 679–696.

Kinley, David/Tadaki, Junko, From Talk to Walk: The Emergence of Human Rights Responsibilities for Cooperations at International Law, in: Virginia Journal of International Law 44 (2003), S. 931–1024.

Kirgis, Frederic L., Custom on a Sliding Scale, in: American Journal of International Law 81 (1987), S. 146–151.

Kirsch, Philippe/Holmes, John T., The Rome Conference on an International Criminal Court: The Negotiating Process, in: American Journal of International Law 93 (1999), S. 2–12.

Klabbers, Jan, The Redundancy of Soft Law, in: Nordic Journal of International Law 65 (1996), S. 167–182.

ders., An Introduction to International Institutional Law, 2. Auflage, Cambridge 2009.

ders., Formal Intergovernmental Organizations, in: Jacob Katz Cogan/Ian Hurd/Ian Johnstone (Hrsg.), The Oxford Handbook of International Organizations, Oxford 2016, S. 141–151.

ders., Notes on the ideology of international organizations law: The International Organization for Migration, state-making, and the market for migration, in: Leiden Journal of International Law 32 (2019), S. 383–400.

Klein, Josef, Pro und Kontra. Diskurs und Gegendiskurs in der deutschen Flüchtlingsdebatte, in: Jin Zhao/Michael Szurawitzki (Hrsg.), Nachhaltigkeit und Germanistik. Fokus, Kontrast und Konzept, Frankfurt a. M. 2017, S. 71–83.

Klocke, Daniel M., Die dynamische Auslegung der EMRK im Lichte der Dokumente des Europarates, in: Europarecht 50 (2015), S. 148–169.

Kluth, Winfried, Ausübung von Hoheitsgewalt, Begriff der Ausweisung, Verbot der Kollektivausweisung, Anspruch auf individuelle Ausweisungsentscheidung, Nichtnutzung legaler Einreiseverfahren, EZAR NF 50 Nr. 15, in: Zeitschrift für Ausländerrecht und Ausländerpolitik 40 (2020), S. 291—294.

Knauff, Matthias, Der Regelungsverbund: Recht und Soft Law im Mehrebenensystem, Tübingen 2010.

Knirsch, Peter, Die RGW-Länder und die Dritte Welt: Rückblick und neue Tendenzen in den Wirtschaftsbeziehungen, in: Osteuropa 27 (1977), S. 487–501.

Knöbl, Wolfang, Buchbesprechung: Di Fabio, Udo, Herrschaft und Gesellschaft, in: Der Staat 58 (3019), S. 485–487.

Knop, Daniel, Völker- und Europarechtsfreundlichkeit als Verfassungsgrundsätze, Tübingen 2013.

Koch, Anne/Kuhnt, Jana, Migration und die Agenda 2030: Es zählt nur, wer gezählt wird, in: Stiftung Wissenschaft und Politik-Aktuell Nr. 55 (2020), S. 1–4.

Kolb, Robert, Selected Problems in the Theory of Customary International Law, in: Netherlands International Law Review 54 (2003), S. 119–150.

Kooijmans, Peter H., The International Court of Justice: Where Does It Stand?, in: A.S. Muller/D. Raič/J.M. Thuránsky (Hrsg.), The International Court of Justice. Its Future Role after Fifty Years, Den Haag/Leiden/Boston 1977, S. 407–418.

Koser, Khalid, International Migration and Global Governance, in: Global Governance 16 (2010), S. 301–315.

Koskenniemi, Martti/Leino, Päivi, Fragmentation of International Law? Postmodern Anxieties, in: Leiden Journal of International Law 15 (2002), S. 553–580.

Koskenniemi, Martti, International Legislation Today: Limits and Possibilities, in: Wisconsin International Law Journal 23 (2005), S. 61–92.

Krieger, Heike, Zur Herrschaft des Fremden – Zur demokratietheoretischen Kritik des Völkerrechts, in: Archiv des öffentlichen Rechts 133 (2008), S. 315–345.

dies., Positive Verpflichtungen unter der EMRK: Unentbehrliches Element einer gemeineuropäischen Grundrechtsdogmatik, leeres Versprechen oder Grenze der Justiziabilität, in: Zeitschrift für ausländisches öffentliches Recht und Völkerrecht 74 (2014), S. 187–213.

Kriesi, Hanspeter, The Populist Challenge, in: West European Politics 37 (2014), S. 361–378.

Krisch, Nico, The Decay of Consent. International Law in an Age of Global Public Goods, in: American Journal of International Law 108 (2014), S. 1–40.

ders., Pouvoir constituant *and* pouvoir irritant *in the postnational order,* in: International Journal of Constitutional Law 14 (2016), S. 657–679.

Krueger, Anna, Die Bindung der Dritten Welt an das postkoloniale Völkerrecht, Berlin/ Heidelberg 2018.

Kukovec, Damjan, Brexit – a Tragic Continuity of Europe's Daily Operation, Verf. Blog. v. 07.10.2016, (abrufbar unter: https://verfassungsblog.de/brexit-a-tragic-continuity-of-europes-daily-operation/, letzter Zugriff am 20.03.2023).

Kuptsch, Christiane/Martin, Philip, Low-Skilled Labour Migration, in: Alexander Betts (Hrsg.), Global Migration Governance, Oxford 2011, S. 34–59.

Kurth, Eberhard, Lima-Konferenz – Kein Konsensus, aber Abbau der Konfrontation: UNIDO-Generalkonferenz verabschiedet Deklaration und Aktionsprogramm über industrielle Entwicklung und Kooperation, in: Vereinte Nationen 23 (1975), S. 74–78.

Kutscher-Puis, Fabienne, Neues zum Lieferkettengesetz? Ausblick nach Frankreich, in: Zeitschrift für Vertriebsrecht 2020, S. 174–178.

Lagoutte, Stéphanie/Gammeltoft-Hansen, Thomas/Cerone, John (Hrsg.), Tracing the Roles of Soft Law in Human Rights, Oxford 2016.

Lauterpacht, Hersch, The Development of International Law by the International Court, Cambridge 1958.

Lauterpacht, Elihu, Aspects of the Administration of International Justice, Cambridge 1991.

Lehner, Roman, Die „Integrationsverfassungsbeschwerde" nach Art. 38 Abs. 1 S. 1 GG: Prozessuale und materiell-rechtliche Folgefragen zu einer objektiven Verfassungswahrungsbeschwerde, in: Der Staat 52 (2013), S. 535–562.

ders., Bailout in der Flüchtlingskrise. Zum Notfallumsiedlungsbeschluss des Rates der EU vom 22.09.2015, in: Zeitschrift für Ausländerrecht und Ausländerpolitik 35 (2015), S. 363–373.

Lehnert, Matthias, Menschenrechtliche Vorgaben an das Migrationsrecht in der jüngeren Rechtsprechung des EGMR, in: Neue Zeitschrift für Verwaltungsrecht 39 (2020), S. 766–771.

Lepard, Brian, Introduction, in: ders. (Hrsg.), Reexamining Customary International Law, Cambridge 2017, S. 1–46.

ders., Toward a New Theory of Customary International Human Rights Law, in: ders. (Hrsg.), Reexamining Customary International Law, Cambridge 2017, S. 233–265.

Lepsius, Oliver, ESM-Vertrag, Fiskalpakt und das BVerfG, in: Europäische Zeitschrift für Wirtschaftsrecht 23 (2012), S. 761–762.

Leubecher, Marcel, Ein Jahr Migrationspakt – was ist passiert?, Die Welt, 13. 12. 2019, S. 4.

Lillich, Richard B., The Growing Importance of Customary International Human Rights Law, in: Georgia Journal of International & Comparative Law 25 (1995/96), S. 1–30.

Lindblom, Anna-Karin, Non-Governmental Organizations in International Law, Cambridge 2005.

Lörcher, Klaus, Die Zukunft des EGMR nach der „Erklärung von Brighton" – Gelingt die „Befreiung" aus Überlastung und Regierungsdruck?, in: Kritische Vierteljahresschrift für Gesetzgebung und Rechtswissenschaft 96 (2015), S. 223–255.

Luard, Evan, A History of the United Nations, Volume 1: The Years of Western Domination, 1945–1955, London 1984.

Maaß, Frederike, Der europäische Konsens und die Rolle rechtsunverbindlicher Europarechtsdokumente in der Rechtsprechung des Europäischen Gerichtshofes für Menschenrechte, Berlin 2021.

Makarczyk, Jerzy, Principles of a New International Economic Order, Dordrecht 1988.

Malik, Jakob, Rede als Ständiger Vertreter der UdSSR bei den Vereinten Nationen, in: Bundesministerium für wirtschaftliche Zusammenarbeit, Entwicklungspolitik, Materialien Nr. 51 (1975), S. 42–53.

Mangoldt, Hermann von/Klein, Friedrich/Starck Christian (Hrsg.), Kommentar zum Grundgesetz: GG, 7. Auflage, München 2018.

Manow, Philip, Die politische Ökonomie des Populismus, Berlin 2018.

Marx, Reinhard, Konventionsflüchtlinge ohne Rechtsschutz – Untersuchungen zu einem vergessenen Begriff, in: Zeitschrift für Ausländerrecht und Ausländerpolitik (1992), S. 3–14.

ders. Europäische Integration durch Solidarität beim Flüchtlingsschutz, in: Kritische Justiz 49 (2016), S. 150–166.

Maurer, Marcus/Hassler, Joerg/Jost, Pablo/Kruschinski, Simon, Auf den Spuren der Lügenpresse: Zur Richtigkeit und Ausgewogenheit der Medienberichterstattung in der „Flüchtlingskrise", Dezember 2018, (abrufbar unter: https://www.researchgate.net/pub

lication/329843108_Auf_den_Spuren_der_Lugenpresse_Zur_Richtigkeit_und_Ausge
wogenheit_der_Medienberichterstattung_in_der_Fluchtlingskrise, letzter Zugriff am
20.03.2023).

dies., Medienberichterstattung über Flucht und Migration, (abrufbar unter: https://www.
stiftung-mercator.de/content/uploads/2021/07/Medienanalyse_Flucht_Migration.pdf,
letzter Zugriff am 20.03.2023).

Matthes, Inga/Judith, Wiebke/du Maire, Johanna, Kein Vor und kein Zurück: Die praktische Auswirkung einer Fiktion der Nicht-Einreise an den EU-Außengrenzen, VerfBlog
v. 11.12.2020, (abrufbar unter: https://verfassungsblog.de/kein-vor-und-kein-zuruck/,
letzter Zugriff am 20.03.2023).

Mayer, Franz C., Der Ultra vires-Akt. Zum PSPP-Urteil des BVerfG v. 5.5.2020 – 2 BvR
859/15 u. a., in: JuristenZeitung 75 (2020), S. 725–734.

McAdam, Jane, Environmental Migration, in: Alexander Betts (Hrsg.), Global Migration
Governance, Oxford 2011, S. 153–188.

dies., Swimming against the Tide: Why a Climate Change Displacement Treaty is Not the
Answer, in: Journal of International Refuge Law 23 (2011), S. 1–27.

McCall-Smith, Kasey L., Interpreting International Human Rights Standards. Treaty
Body General Comments as a Chisel or a Hammer, in: Stéphanie Lagoutte/Thomas
Gammeltoft-Hansen/John Cerone (Hrsg.), Tracing the Roles of Soft Law in Human
Rights, Oxford 2016, S. 27–46.

Meinel, Florian, Forsthoffs Erben. Neu-altes Verwaltungsrecht, in: Frankfurter Allgemeine Zeitung, 22.11.2017, Nr. 271, S. N3.

Merkel, Wolfgang, Kosmopolitismus versus Kommunitarismus: Ein neuer Konflikt in der
Demokratie, in: Philipp Harfst/Ina Kubbe/Thomas Poguntke (Hrsg.), Parties, Government Elites: The Comparative Study of Democracy, Berlin 2017, S. 9–23.

Metz, Steven, American Attitudes Toward Decolonization in Africa, in: Political Science
Quarterly 99 (1984), S. 515–533.

Michaels, Ralf, Privatautonomie und Privatkodifikation, in: Rabels Zeitschrift für ausländisches und internationales Privatrecht 62 (1998), S. 580–626.

ders., The UNIDROIT Principles as Global Background Law, in: Uniform Law Review
19 (2014), S. 643–668.

Miljan, Toivo, Die Sowjetunion auf der Seerechtskonferenz von Carácas, in: Osteuropa
25 (1975), S. 434–445.

Möller, Franz/Limpert, Martin, Die Parlamentarisierung der politischen Willensbildung in
europäischen Angelegenheiten, in: Zeitschrift für Gesetzgebung 28 (2013), S. 44–59.

Möllers, Christoph/Voßkuhle, Andreas/Walter, Christian (Hrsg.), Internationales Verwaltungsrecht. Eine Analyse anhand von Referenzgebieten, Tübingen 2007.

Möllers, Thomas, Das Bundesverfassungsgericht als europäischer Gesetzgeber oder als
Motor der Union?, in: Europarecht 48 (2013), S. 409–432.

Molnár, Tamás, The EU shaping the Global Compact for Safe, Orderly and Regular
Migration: the glass half full or half empty?, in: International Journal of Law in Context
16 (2020), S. 321–338.

Morlok, Martin/Schliesky, Utz/Wiefelspütz, Dieter (Hrsg.), Parlamentsrecht. Praxishand-
buch, Baden-Baden 2015.

Mosler, Hermann, National- und Gemeinschaftsinteressen im Verfahren des EWG-Minis-
terrats. Die Beschlüsse der außerordentlichen Tagung des EWG-Rates in Luxemburg
vom 29. Januar 1966, in: Zeitschrift für ausländisches und öffentliches Recht und Völkerrecht 26 (1966), S. 1–32.

Moyn, Samuel, The Last Utopia. Human Rights in History, Boston 2010.

Müller, Wolfgang, A Good Example of Peaceful Coexistence? The Soviet Union, Austria and Neutrality, 1955–1991, Wien 2011.

Müller-Graf, Peter-Christian, Das Soft Law der europäischen Organisationen, in: Europarecht 47 (2012), S. 18–34.

Munck, Ronaldo, Globalisation, Governance and Migration: An Introduction, in: Third World Quarterly 29 (2008), S. 1227–1246.

Mutua, Makau, What is TWAIL?, in: Proceedings of the 94th Annual Meeting, 5.–8.04.2000, American Society of International Law, S. 31–40.

Nettesheim, Martin, Die Integrationsverantwortung – Vorgaben des BVerfG und gesetzgeberische Umsetzung, in: Neue Juristische Wochenschrift 63 (2010), S. 177–183.

ders., Integrationsverantwortung – Verfassungsrechtliche Verklammerung politischer Räume, in: Matthias Pechstein (Hrsg.), Integrationsverantwortung, Baden-Baden 2012, S. 11–52.

ders., Das PSPP-Urteil des BVerfG – ein Angriff auf die EU?, in: Neue Juristische Wochenschrift (2020), S. 1631–1634.

Neuhold, Hanspeter, The Inadequacy of Law-Making by International Treaties: „Soft Law" as an Alternative?, in: Rüdiger Wolfrum/Volker Röben (Hrsg.), Developments of International Law in Treaty Making, Berlin 2005, S. 39–52.

Newland, Kathleen, The Governance of International Migration: Mechanisms, Processes, and Institutions, in: Global Governance 16 (2010), S. 331–343.

Noortmann, Math, Non-Governmental Organisations: Recognition, Roles, Rights and Responsibilities, in: Math Noortmann/August Reinisch/Cedric Ryngaert (Hrsg.), Non-State Actors in International Law, Oxford/Portland 2017, S. 205–224.

Nowrot, Karsten, Legal Consequences of Globalization: The Status of Non-Governmental Organizations Under International Law, in: Indiana Journal of Global Legal Studies 6 (1999), S. 579–645.

ders., Reconceptualising International Legal Personality of Influential Non-State Actors: Towards a Rebuttable Presumption of Normative Responsibility, in: Philippine Law Journal 80 (2006), S. 563–586, abgedruckt in: Fleur Johns (Hrsg.), International Legal Personality, London/New York 2012, S. 369–392.

Nümann, Britta, Umweltflüchtlinge? Umweltbedingte Personenbewegungen im internationalen Flüchtlingsrecht, Baden-Baden 2014.

dies., Kein Flüchtlingsschutz für „Klimaflüchtlinge", in: Zeitschrift für Ausländerrecht und Ausländerpolitik 35 (2015), S. 165–172.

Nussberger, Angelika, Flüchtlingsschicksale zwischen Völkerrecht und Politik. Zur Rechtsprechung des EGMR zu Fragen der Staatenverantwortung in Migrationsfällen, in: Neue Zeitschrift für Verwaltungsrecht 35 (2016), S. 815–822.

dies., Hard Law or Soft Law – Does it Matter? Distinction Between Different Sources of International Law in the Jurisprudence of the ECtHR, in: Anne van Aaken/Iulia Motoc (Hrsg.), The European Convention on Human Rights and General International Law, Oxford 2018, S. 41–60.

O'Brien, Conor C., Die Vereinten Nationen und Afrika, in: Vereinte Nationen 11 (1963), S. 17–21.

O'Brien, Terence, The United States and the United Nations, in: Roberto Rabel (Hrsg.), The American Century? In Retrospect and Prospect, Westport/London 2002, S. 123–134.

O'Connell, Mary E., The Role of Soft Law in a Global Order, in: Dinah Shelton (Hrsg.), Commitment and Compliance. The Role of Non-Binding Norms in the International Legal System, Oxford 2000, S. 100–114.

Oda, Shigeru, The Compulsory Jurisdiction of the International Court of Justice: A Myth – A Statistical Analysis of Contentious Cases, in: International & Comparative Law Quarterly 49 (2000), S. 251–277.

Ohler, Christoph, Internationale Regulierung im Bereich der Finanzmarktaufsicht, in: Christoph Möllers/Andreas Voßkuhle/Christian Walter (Hrsg.), Internationales Verwaltungsrecht, Tübingen 2007, S. 259–278.

Ohne Autor, Anhang: Die Sowjet-Vetos im Sicherheitsrat, in: Ost-Probleme 3 (1951), S. 1155–1156.

Olivier, Michéle, The Relevance of ‚soft law‘ as a Source of International Human Rights, in: The Comparative and International Law Journal of Southern Africa 35 (2002), S. 289–307.

Omari Lichuma, Caroline, (Laws) Made in the `First World`: A TWAIL Critique of the Use of Domestic Legislation to Extraterritorially Regulate Global Value Chains, in: Zeitschrift für ausländisches öffentliches Recht und Völkerrecht 81 (2021), S. 497–532.

Oppermann, Thomas/Petersmann, Ernst-Ulrich (Hrsg.), Reforming the International Economic Order, Berlin 1987.

Orakhelashvili, Alexander, Akehurst's Modern Introduction to International Law, 8. Auflage, London 2018.

Osakwe, Christopher, Contemporary Soviet Doctrine on the Sources of General International Law, in: American Society of International Law, Proceedings of the 73rd Annual Meeting, April 26.–28.1979, S. 310–324.

Papier, Hans-Jürgen, Zur Verantwortung der Landtage für die europäische Integration, in: Zeitschrift für Parlamentsfragen 41 (2010), S. 903–908.

Paust, Jordan J., Human Rights Responsibilities of Private Corporations, in: Vanderbilt Journal of Transnational Law 35 (2002), S. 801–825.

Pauwelyn, Joost/Wessel, Ramses A./Wouters, Jan, When Structures Become Shackles: Stagnation and Dynamics in International Lawmaking, in: European Journal of International Law 25 (2014), S. 733–764.

dies., Informal International Lawmaking, Oxford 2012.

Pauwelyn, Joost, Is it International Law or Not, and Does it even matter?, in: Joost Pauwelyn/Ramses A. Wessel/Jan Wouters (Hrsg.), Informal International Lawmaking, Oxford 2012, S. 125–161.

Payandeh, Mehrdad, Grenzen der Völkerrechtsfreundlichkeit. Der Treaty-Override-Beschluss des BVerfG, in: Neue Juristische Wochenschrift 69 (2016), S. 1279–1282.

ders., Rechtsauffassungen von Menschenrechtsausschüssen der Vereinten Nationen in der deutschen Rechtsordnung, in: Neue Zeitschrift für Verwaltungsrecht (2020), S. 125–129.

Pécoud, Antoine, Narrating an ideal migration world? An analysis of the Global Compact for Safe, Orderly and Regular Migration, in: Third World Quarterly 42 (2021), S. 16–33.

Peters, Anne, The Global Compact for Migration: to sign or not to sign?, EJIL: *Talk!* v. 21.11.2018, (abrufbar unter: https://www.ejiltalk.org/the-global-compact-for-migration-to-sign-or-not-to-sign/, letzter Zugriff am 20.03.2023).

Petersmann, Ernst, Die Dritte Welt und das Wirtschaftsvölkerrecht. „Entwicklungsland“ als privilegierter Rechtsstatus, in: Zeitschrift für ausländisches öffentliches Recht und Völkerrecht 36 (1976), S. 492–548.

Petersen, Niels, Customary Law Without Custom? Rules, Principles, and the Role of State Practice in International Norm Creation, in: American University International Law Review 23 (2007), S. 275–310.

ders., Demokratie als teleologisches Prinzip. Zur Legitimität von Staatsgewalt im Völkerrecht, Berlin 2009.

Peterson, M. J., General Assembly, in: Thomas Weiss/Sam Daws (Hrsg.), The Oxford Handbook on the United Nations, 2. Auflage, Oxford 2018.

Plender, Richard, International Migration Law, Leiden 1972.

Pollack, Mark A./Shaffer, Gregory C., The Interaction of Formal and Informal International Lawmaking, in: Joost Pauwelyn/Ramses A. Wessel/Jan Wouters (Hrsg.), Informal International Lawmaking, Oxford 2012, S. 241–270.

Popitz, Heinrich, Soziale Normen, Frankfurt am Main 2006.

Prandini, Riccardo, The Morphogenesis of Constitutionalism, in: Petra Dobner/Martin Loughlin (Hrsg.), The Twilight of Constitutionalism, Oxford 2010, S. 309–326.

Prechtl, Alina/Qistauri, Qetevan, Uerpmann-Wittzack, Robert, Klimamigration an den Grenzen des Individualrechtsschutzes. Die Auffassungen des UN-Menschenrechtsausschusses in der Sache Teitiota, in: Archiv des Völkerrechts 58 (2020), S. 349–365.

Quaritsch, Helmut, Recht auf Asyl. Studien zu einem mißgedeuteten Grundrecht, Berlin 1985.

Ratner, Steven R., Corporations and Human Rights: A Theory of Legal Responsibility, in: Yale Law Journal 111 (2001), S. 443–545.

Reiling, Katharina, Die Anwendung des Grundsatzes der Völkerrechtsfreundlichkeit auf rechtsunverbindliche Standards, in: Zeitschrift für ausländisches öffentliches Recht und Völkerrecht 78 (2018), S. 311–338.

Reisman, W. Michael, Scholarly Opinions: The Cult of Custom in the Late 20th century, in: California Western International Law Journal 17 (1987), S. 133–145.

ders., The Democratization of Contemporary International Law-Making Processes and the Differentiation of Their Application, in: Rüdiger Wolfrum/Volker Röben (Hrsg.), Developments of International Law in Treaty Making, Berlin 2005, S. 15–30.

Rieble, Volker, Unverbindlich verpflichtet, in: Frankfurter Allgemeine Zeitung Einspruch Magazin, 28.11.2018.

Riedel, Eibe, Standards and Sources. Farewell to Exclusivity of the Sources Triad in International Law?, in: European Journal of International Law 2 (1991), S. 58–70.

ders., Aussprache, in: Veröffentlichung der Vereinigung Deutscher Staatsrechtslehrer 62 (2002), S. 85–115.

Rigaux, François, Transnational Corporations, in: Mohammed Bedjaoui (Hrsg.), International Law: Achievements and Prospects, Paris/Dordrecht 1991, S. 121–134.

Röben, Volker, Außenverfassungsrecht. Eine Untersuchung zur auswärtigen Gewalt des offenen Staates, Tübingen 2007.

Roberts, Anthea, Traditional and Modern Approaches to Customary International Law: A Reconciliation, in: American Journal of International Law 95 (2001), S. 757–791.

Roberts, Anthea/Sivakumarani, Sandesh, The Theory and Reality of the Sources of International Law, in: Evans, Malcom D. (Hrsg.), International Law, 5. Auflage, Oxford 2018, S. 89–118

Robin, Alexander, Sprachkämpfe um die Flüchtlingskrise, in: Aus Politik und Zeitgeschichte 70 (2020), Vol. 30–32, S. 14–19.

Röhl, Hans Christian, Internationale Standardsetzung, in: Christoph Möllers/Andreas Voßkuhle/Christian Walter (Hrsg.), Internationales Verwaltungsrecht, Tübingen 2007, S. 319–344.

Romano, Cesare P., The Proliferation of International Judicial Bodies: The Pieces of the Puzzle, in: New York University Journal of International Law and Politics 31 (1999), S. 709–752.

Rose, Richard, Responsible Party Government in a World of Interdependence, in: West European Politics 37 (2014), S. 253–269.

Rowe, Edward T., The Emerging Anti-Colonial Consensus in the United Nations, in: The Journal of Conflict Resolution 8 (1964), S. 209–230.

Ruggie, John G., Business and Human Rights: The Evolving International Agenda, in: American Journal of International Law 101 (2007), S. 819–840.

Ruffert, Matthias, Der Entscheidungsmaßstab im Normverifikationsverfahren nach Art. 100 Abs. 2 GG, in: JuristenZeitung 56 (2001), S, 633–639.

Ruiz Ramos, Juan, The Strasbourg Reversal after the ‚Refugee Crisis‘: ECtHR Deference to State Sovereignty in Asylum Detention Cases, EU Immigration & Asylum Law & Policy Blog v. 12.07.2021, (abrufbar unter: https://eumigrationlawblog.eu/the-strasbou rg-reversal-after-the-refugee-crisis-ecthr-deference-to-state-sovereignty-in-asylum-det ention-cases/, letzter Zugriff am 20.03.2023).

Russel, Harold S., The Helsinki Declaration: Brobdingnag or Lilliput, in: American Journal of International Law 70 (1976), S. 242–272.

Sauer, Heiko, Die NATO und das Verfassungsrecht: neues Konzept – alte Fragen, in: Zeitschrift für ausländisches öffentliches Recht und Völkerrecht 62 (2002), S. 317–346.

Sauvant, Karl P., Von der politischen zur wirtschaftlichen Unabhängigkeit? Die Ursprünge des Programms der Neuen Weltwirtschaftsordnung, in: Vereinte Nationen: German Review on the United Nations 27 (1979), S. 49–52.

Scalia, Antonin, Common Law Courts in a Civil-Law System, in: Amy Gutman (Hrsg.), A Matter of Interpretation, S. 3–48.

Schachter, Oscar, The Twilight Existence of Nonbinding International Agreements, in: American Journal of International Law 71 (1977), S. 296–304.

ders., The UN Legal Order: An Overview, in: Christopher C. Joyner (Hrsg.), The United Nations and International Law, 3. Auflage, Cambridge 1999, S. 3–26.

Schäfer, Alex/Schulz, Fabian, Der Bundestag wird europäisch – zur Reform des Beteiligungsgesetzes EUZBBG, in: integration 36 (2013), S. 200–212.

Schambeck, Herbert, Grundprobleme des parlamentarischen Regierungssystems, in: Josef Isensee/Helmut Lecheler (Hrsg.), Freiheit und Eigentum. Festschrift für Walter Leisner zum 70. Geburtstag, Berlin 1999, S. 449–466.

Scharf, Michael, Customary International Law in Times of Fundamental Change – Recognizing Grotian Moments, Cambridge 2013.

Schermers, Henry G./Blokker, Niels, International Institutional Law. Unity within diversity, 6. Auflage, Leiden 2018.

Schiedermair, Stephanie, Der Migrationspakt zwischen Recht und Politik, in: Zeitschrift für Rechtspolitik 52 (2019), S. 48–51.

Schilling, Theodor, Rang und Geltung von Normen in gestuften Rechtsordnungen, Berlin 1994.

Schmahl, Stefanie, Integrationsverantwortung, Demokratieprinzip und Gewaltenteilung – Die Mitwirkung der deutschen Verfassungsorgane in Angelegenheiten der Europäischen Union, in: Eric Hilgendorf/Frank Eckert (Hrsg.), Subsidiarität – Sicherheit – Solidarität. Festgabe für Franz-Ludwig Knemeyer zum 75. Geburtstag, Würzburg 2012, S. 765–784.

Schmalz, Dana, „The principle of responsibility-sharing in refugee protection – an emerging norm of customary international law“, Völkerrechtsblog v. 06.03.2019 (abrufbar unter: https://voelkerrechtsblog.org/de/the-principle-of-responsibility-sharing-in-refu gee-protection/, letzter Zugriff am 20.03.2023).

Scholz, Rupert, Europapolitik zwischen Exekutive und Legislative, in: Claudio Franzius/ Stefanie Lejeune/Kai von Lewinski u. a. (Hrsg.), Beharren. Bewegen. Festschrift für Michael Kloepfer zum 70. Geburtstag, Berlin 2013, S. 217–232.

Schorkopf, Frank, Grundgesetz und Überstaatlichkeit. Konflikt und Harmonie in den auswärtigen Beziehungen Deutschlands, Tübingen 2007.

ders., Das Romantische und die Notwendigkeit eines normativen Realismus, in: Christoph Grabenwater (Hrsg.), Der Staat in der Flüchtlingskrise. Zwischen gutem Willen und geltendem Recht, Paderborn 2016, S. 11–17.

ders., Staatsrecht der internationalen Beziehungen, München 2017.

ders., Staat und Diversität. Agonaler Pluralismus für die liberale Demokratie, Leiden/ Boston 2017.

ders., Der Deutsche Bundestag und der Migrationspakt – Anlass zur Stärkung parlamentarischer Beteiligung an völkerrechtlichen Soft Law-Prozessen?, in: Zeitschrift für Ausländerrecht und Ausländerpolitik 40 (2019), S. 90–96.

ders., Wer wandelt die Verfassung? Das PSPP-Urteil des Bundesverfassungsgerichts und die Ultra vires-Kontrolle als Ausdruck europäischer Verfassungskämpfe, in: Juristen-Zeitung 75 (2020), S. 734–740.

Schrijver, Nico, Advancements in the principles of international law on sustainable development, in: Marie-Claire Cordonier Segger/Christopher .G. Weeramantry (Hrsg.), Sustainable Development Principles in the Decisions of International Courts and Tribunals. 1992–2012, London/New York 2017, S. 99–108.

Schröder, Hinrich, Das novellierte Gesetz über die Zusammenarbeit von Bundesregierung und Deutschem Bundestag in Angelegenheiten der Europäischen Union (EUZBBG), in: Zeitschrift für Parlamentsfragen 44 (2013), S. 803–812.

Schüller, Flip, Strategien und Risiken: Zur Durchsetzung migrationsrelevanter Menschenrechte vor dem Europäischen Gerichtshof für Menschenrechte, in: Zeitschrift für Ausländerrecht und Ausländerpolitik (2015), S. 64–68.

Schwanengel, Wito, Integrationsverantwortung im Bundesstaat, in: Die Öffentliche Verwaltung 67 (2014), S. 93–103.

Schwarz, Karl-Peter, Der kulturelle Unterschied, FAZ, v. 02.02.2016, Nr. 27, S. 8.

Schwebel, Stephen M., The Effect of Resolutions of the U.N. General Assembly on Customary International Law, in: American Society of International Law, Proceedings of the 73rd Annual Meeting, April 26.–28. 1979, S. 302–309.

Schweisfurth, Theodor, Zur Frage der Rechtsnatur, Verbindlichkeit und völkerrechtlichen Relevanz der KSZE-Schlussakte, in: Zeitschrift für ausländisches und öffentliches Recht und Völkerrecht 36 (1976), S. 681–726.

Schweizer, Gerhard, Syrien verstehen. Geschichte, Gesellschaft und Religion, 2. Auflage, Stuttgart 2015.

Schwenke, Michael, Treaty Override im Lichte des Demokratieprinzips. Offenes und verdecktes Treaty Override: Was ist geklärt, was offen?, in: Deutsches Steuerrecht 56 (2018), S. 2310–2314.

Sensburg, Matthias, Wahrnehmung der Integrationsverantwortung durch den Bundestag in der Praxis, in: Matthias Pechstein (Hrsg.), Integrationsverantwortung, Baden-Baden 2012, S. 117–133.

Shaffer, Gregory C./Pollack, Mark A., Hard vs. Soft Law: Alternatives, Complements, and Antagonists in International Governance, in: Minnesota Law Review 94 (2010), S. 706–799.

Shany, Yuval, No Longer a Weak Department of Power? Reflections on the Emergence of a New International Judiciary, in: European Journal of International Law 20 (2009), S. 73–91.

Shaw, Malcom N., International Law, 8. Auflage, Cambridge 2017.

Silagim, Michael, Die allgemeinen Regeln des Völkerrechts als Bezugsgegenstand in Art. 25 und Art. 26 EMRK, in: Europäische Grundrechte Zeitschrift 7 (1980), S. 632–653.

Simma, Bruno/Alston, Philip, The Sources of Human Rights Law: Custom, Jus Cogens, and General Principles, in: Australian Yearbook of International Law 12 (1988/1989), S. 82–108.

Sinner, Stefan, in: Ulrich Karpenstein/Franz C. Mayer (Hrsg.), EMRK. Konvention zum Schutz der Menschenrechte und Grundfreiheiten, 3. Auflage, München 2022, Artikel 3.

Skupnik, Wilfried, Die Vetos im Sicherheitsrat der Vereinten Nationen, in: Vereinte Nationen: German Review of the United Nations 18 (1970), No. 1, S. 13–22; No. 2, S. 55–57.

Sloan, F. Blaine, The Binding Force of a Recommendation of the General Assembly of the United Nations, in: British Yearbook of International Law 25 (1948), S. 1–33.

Slobodian, Quinn, Globalisten. Das Ende der Imperien und die Geburt des Neoliberalismus, Berlin 2019.

Sohn, Louis B., The Development of the Charta of the UN, in: Maarten Bos (Hrsg.), The Present State of International Law and Other Essays, Deventer 1973, S. 39–59.

Stein, Ted L., The Approach of the Different Drummer: The Principle of the Persistent Objector in International Law, in: Harvard International Law Journal 26 (1985), S. 457–482.

Stein, Torsten/Buttlar, Christian von/Kotzur, Christian, Völkerrecht, 14. Auflage, München 2017.

Steinhardt, Ralph G., Corporate Responsibility and the International Law of Human Rights, in: Philip Alston (Hrsg.), Non-State Actors and Human Rights, Oxford 2005, S. 177–226.

Steininger, Silvia, With or Without You: Suspension, Expulsion, and the Limits of Membership Sanctions in Regional Human Rights Regimes, in: Zeitschrift für ausländisches öffentliches Recht und Völkerrecht 81 (2021), S. 533–566.

Strauß, Franziska, Soft Law als Steuerungsinstrument in der Bankenaufsicht. Eine Untersuchung im Völkerrecht, europäischen Unionsrecht und deutschen Verfassungsrecht am Beispiel der Basler Akkorde, Baden-Baden 2016.

Strupp, Karl, Les Régles Générales du Droit de la Paix, in: Recueil des Cours 47 (1934), Bd. 1, S. 263–591.

Stumpf, Gerrit, Der Ruf nach der „Rückkehr zum Recht" bei der Bewältigung der Flüchtlingskrise, in: Die Öffentliche Verwaltung 69 (2016), S. 357–378.

Talmon, Stefan, Die Grenzen der Anwendung des Völkerrechts im deutschen Recht, in: JuristenZeitung 68 (2013), S. 12–21.

Tardu, Maxime E., The United Nations Convention against Torture and other Cruel, Inhuman or Degrading Treatment or Punishment, in: Nordic Journal of International Law 56 (1987), S. 284–302.

Tasioulas, John, In Defence of Relative Normativity: Communitarian Values and the *Nicaragua* Case, in: Oxford Journal of Legal Studies 16 (1996), S. 85–128.

Tévar, Nicolás Zambrana, Shortcomings and Disadvantages of Existing Mechanisms to Hold Multinational Corporations Accountable for Human Rights Violations, in: Cuadernos de Derecho Transnacional 4 (2012), S. 398–410.

Tesón, Fernando R., Fake Custom, in: Brian D. Lepard (Hrsg.), Reexamining Customary International Law, Cambridge 2017, S. 86–110.

Teubner, Gunter, Constitutional Fragments: Societal Constitutionalism and Globalization, Oxford 2012.

ders., Quod Omnes Tangit, Transnationale Verfassungen ohne Demokratie?, in: Der STAAT 57 (2018), S. 171–194.

Thirlway, Hugh, International Customary Law and Codification, Leiden 1972.

ders., The Sources of International Law, 2. Auflage, Oxford 2019.

Thomale, Chris, Unternehmerische Haftung für Menschenrechtsverletzungen in transnationalen Lieferketten, in: Europäische Zeitschrift für Arbeitsrecht 14 (2021), S. 40–60.

Thym, Daniel, Migrationssteuerung im Einklang mit den Menschenrechten – Anmerkungen zu den migrationspolitischen Diskursen der Gegenwart, in: Zeitschrift für Ausländerrecht und Ausländerpolitik 39 (2018), S. 193–200.

ders., Rolle des EuGH in der Migrationspolitik: zwischen „Verwaltungsethos" und Verfassungsimagination", in: Europarecht (2018), S. 672–695.

ders., Viel Lärm um Nichts? – Das Potential des UN-Migrationsrechts zur dynamischen Fortentwicklung der Menschenrechte, in: Zeitschrift für Ausländerrecht und Ausländerpolitik 39 (2019), S. 131–137.

ders., Menschenrechtliche Trendwende? Zu den EGMR-Entscheidungen über „heiße Zurückweisungen" an den EU-Außengrenzen und humanitäre Visa für Flüchtlinge, in: Zeitschrift für ausländisches öffentliches Recht und Völkerrecht (2020), S. 989–1020.

ders., Zwei Seiten einer Medaille. Bessere Rechtsbeachtung durch intelligentes Regelungsdesign in der Sekundärmigration, Verf. Blog v. 02.11.2020, (abrufbar unter: https://verfassungsblog.de/zwei-seiten-einer-medaille/, letzter Zugriff am 20.03.2023).

Tietje, Christian, Internationalisiertes Verwaltungshandeln, Berlin 2001.

Tischendorf, Michael, Europa unter deutscher Supervision. Die Verantwortung der Verfassungsorgane des Bundes für die Geld- und Außenhandelspolitik der Europäischen Union, in: Europarecht (2012), S. 695–724.

Tomuschat, Christian, Die Neue Weltwirtschaftsordnung, in: Vereinte Nationen 23 (1975), S. 93–100.

ders., Die Charta der wirtschaftlichen Rechte und Pflichten der Staaten, in: Zeitschrift für ausländisches und öffentliches Recht und Völkerrecht 36 (1976), S. 444–491.

ders., Die Völkerrechtskommission der Vereinten Nationen, in: Zeitschrift für die Vereinten Nationen und ihre Sonderorganisationen 8 (1988), S. 180–186.

ders., Human Rights: between Idealism and Realism, 3. Auflage, New York 2014.

ders, Ein globales Recht auf Migration?, in: Frankfurter Allgemeine Zeitung, 08.11.2018, Nr. 260, S. 6.

Tunkin, Gregory, Remarks on the Juridical Nature of Customary Norms of International Law, in: California Law Review 49 (1961), S. 419–430.

ders., General Principles of Law in International Law, in: René Marcic/Hermann Mosler (Hrsg.), Internationale Festschrift für Alfred Verdross zum 80. Geburtstag, München 1971, S. 523–532.

ders., The Role of Resolutions of International Organizations in Creating Norms of International Law, in: William E. Butler, International Law and the International System, Dordrecht 1987, S. 5–30.

Uerpmann-Wittzack, Robert, Europarat, in: Armin Hatje/Peter-Christian Müller-Graff (Hrsg.), Europäisches Organisations- und Verfassungsrecht, Band 1, 2. Auflage, Baden-Baden 2021, S. 1071–1103.

Verdross, Alfred, Kann die Generalversammlung der Vereinten Nationen das Völkerrecht weiterbilden?, in: Zeitschrift für ausländisches öffentliches Recht und Völkerrecht 26 (1966), S. 690–697.

ders., Die Quellen des universellen Völkerrechts – Eine Einführung, Freiburg 1973.

Verdross, Alfred/Simma, Bruno, Universelles Völkerrecht, 3. Auflage, Berlin 2010.

Vesting, Thomas, Staatstheorie: ein Studienbuch, München 2019.

Villeneuve, Léticia, Could the Progressive „Hardening" of Human Rights Soft Law Impair its Further Expansion? Insights from the UN Declaration on the Rigths of Indigenous Peoples, in: Stéphanie Lagoutte/Thomas Gammeltoft-Hansen/John Cerone (Hrsg.), Tracing the Roles of Soft Law in Human Rights, Oxford 2016, S. 213–234.

Virally, Michel, Vers un droit international du développement, in: Annuaire Français de Droit International (1965), S. 3–12.

Vitzthum, Wolfgang Graf/Proelß, Alexander, Völkerrecht, 8. Auflage, Berlin 2019.

Voeten, The Impartiality of International Judges: Evidence from the European Court of Human Rights, in: American Political Science Review 2008, S. 417–433.

Vogel, Klaus, Die Verfassungsentscheidung des Grundgesetzes für eine internationale Zusammenarbeit, in: Recht und Staat in Geschichte und Gesellschaft, Tübingen 1964, S. 3–51.

Volkmann, Uwe, Leitbildorientierte Verfassungsanwendung, in: Archiv des öffentlichen Rechts 134 (2009), S. 158–196.

ders., Rechtsgewinnung aus Bildern – Beobachtungen über den Einfluss dirigierender Hintergrundvorstellungen auf die Auslegung des heutigen Verfassungsrechts, in: Julian Krüper/Heike Merten/Martin Morlok (Hrsg.), Grenzen der Rechtsdogmatik, Tübingen 2010, S. 77–90.

Wagner, Gerhard, Klimaschutz durch Gerichte, in: Neue Juristische Wochenschrift 74 (2021), S. 2256–2563.

Walter, Christian, 60 Jahre offene Staatlichkeit, in: Fabian Wittreck (Hrsg.), 60 Jahre Grundgesetz. Verfassung mit Zukunft!?, Baden-Baden 2010, S. 61–77.

Walter, Maja, Integrationsgrenze Verfassungsidentität – Konzept und Kontrolle aus europäischer, deutscher und französischer Perspektive, in: Zeitschrift für ausländisches öffentliches Recht und Völkerrecht 72 (2012), S. 177–200.

Weber, Max, Politik als Beruf, 11. Auflage, Berlin 2010.

Weber, Albrecht, Menschenrechtlicher Schutz von Bootsflüchtlingen. Bedeutung des Straßburger *Hirsi-Jamaa*-Urteils für den Flüchtlingsschutz, in: Zeitschrift für Ausländerrecht und Ausländerpolitik 32 (2012), S. 265–270.

Weber, Ferdinand, Status und Staatsangehörigkeit, Tübingen 2018.

ders., Freundliche Übernahme? Die Einhegung des Staatsangehörigkeitsrecht durch den Gerichtshof der Europäischen Union, in: JuristenZeitung 74 (2019), S. 449–454.

ders., Die Unionsbürgerschaft als Status, in: Ferdinand Wollschläger (Hrsg.), Enzyklopädie Europarecht, Band 10, Baden-Baden 2021, S. 107–160.

Weeramantry, Christopher G., Achieving sustainable justice through international law, in: Marie-Claire Cordonier Segger/Christopher G. Weeramantry (Hrsg.), Sustainable Development Principles in the Decisions of International Courts and Tribunals. 1992–2012, London/New York 2017, S. 109–124.

Weil, Prosper, Towards Relative Normativity in International Law?, in: American Journal of International Law 77 (1983), S. 413–442.

Weiler, Joseph H./Haltern, Ulrich, Constitutional or International? The Foundation of the Community Legal Order and the Question of Judicial Kompetenz-Kompetenz, in: Anne-Marie Slaughter/Alec Stone Sweet/Joseph H. Weiler (Hrsg.), The European Court and National Courts – Doctrine and Jurisprudence. Legal Changes in Its Social Context, 2. Auflage, Oxford 2000, S. 331–364.

Weissbrodt, David/Kruger, Muria, Human Rights Responsibilities of Businesses as Non-State Actors, in: Philip Alston (Hrsg.), Non-State Actors and Human Rights, Oxford 2005, S. 315–350.

Weissbrodt, David/Ni Aoláin, Fionnuala/Fitzpatrick, Joan/Newman, Frank, International Human Rights: Law, Policy, and Process, 4. Auflage, New Providence 2009.

Weiss, Wolfgang, Allgemeine Rechtsgrundsätze des Völkerrechts, in: Archiv des Völkerrechts 39 (2001), S. 394–431.

ders., Die Rechtsquellen des Völkerrechts in der Globalisierung: Zu Notwendigkeit und Legitimation neuer Quellenkategorien, in: Archiv des Völkerrechts 53 (2015), S. 220–249.

Weitnauer, Manuel, Der Deutsche Corporate Governance Kodex. Rechtsnatur, Geltung und gerichtliche Anwendung, Baden-Baden 2019.

Weschka, Marion, Human Rights and Multinational Enterprises: How Can Multinational Enterprises Be Held Responsible for Human Rights Violations Committed Abroad?, in: Zeitschrift für ausländisches öffentliches Recht und Völkerrecht 66 (2006), S. 625–661.

Westad, Odd Arne, The Global Cold War – Third World Interventions and the Making of Our Times, Cambridge 2007.

Wettig, Gerhard, Zum Ergebnis der KSZE, in: Osteuropa 25 (1975), S. 977–986.

Wilde, Ralph, Trusteeship Council, in: Thomas G Weiss/Sam Daws (Hrsg.), The Oxford Handbook on the United Nations, 2. Auflage, Oxford 2018, S. 179–186.

Williams, Jody/Goose, Stephen, The International Campaign to Ban Landmines, in: Maxwell A. Cameron; Robert J. Lawson; Brian W. Tomlin (Hrsg.), To Walk without Fear: The Global Movement to Ban Landmines, Oxford 1998, S. 20–47.

Wittreck, Fabian, Wächter wider Willen. Probleme der Beteiligung von Parlamenten am europäischen Integrationsprozess auf Bundes- und Landesebene, in: Zeitschrift für Gesetzgebung 26 (2011), S. 122–135.

Wolfrum, Rüdiger, Kontrolle der auswärtigen Gewalt, in: Veröffentlichungen der Vereinigung der Deutschen Staatsrechtslehrer 56 (1996), S. 39–66.

ders. (Hrsg.), The Max Planck Encyclopedia of Public International Law, Band II, Oxford 2012.

Wood, Michael, Foreword, in: Brian Lepard (Hrsg.), Reexamining Customary International Law, New York 2017, S. XIII–XVI.

Wouters, Jan/Chané, Anna-Luise, Multinational Corporations in International Law, in: Math Noortmann/August Reinisch/Cedric Ryngaert (Hrsg.), Non-State Actors in International Law, Oxford 2017, S. 225–251.

Yahyaoui Krivenko, Ekaterina, The Role and Impact of Soft Law on the Emergence of the Prohibition of Violence against Women within the Context of the CEDAW, in: Stéphanie Lagoutte/Thomas Gammeltoft-Hansen/John Cerone (Hrsg.), Tracing the Roles of Soft Law in Human Rights, Oxford 2016, S. 47–67.

Zemanek, Karl, The Legal Foundations of the International System, in: Recueil des Cours 266 (1997), S. 21–335.

Register